삶의
절벽에서 만난 스승,
공자

삶의 절벽에서 만난 스승, 공자

이인우 지음

삶을 사랑한 인간, 세상을 품은 거인

책세상

차례

2부
위대한 실패자 : 삶이 하나의 사상이 된 사람

별록 : 공자와 노자

하늘을 원망하지 않는다.

사람을 탓하지도 않는다.

아래로 사람을 배워 위로 천명에 이르고자 했을 뿐이다.

하늘만은 이런 나를 알아주시리라.

不怨天 不尤人 下學而上達 知我者 其天乎 _《논어》〈헌문〉37장

나, 이생李生은 삼가 머리를 조아려 하늘에 감사드린다. 불초한 몸으로, 한 위대한 인간의 삶을 가까이서 지켜볼 수 있는 행복을 누렸다. 나는 본래 노魯나라 사람이 아니라 동쪽 바다 건너 청구 땅 동이東夷 사람이다. 이곳 사람들은 믿으려 하지 않았지만 공자孔子께서 세상을 떠난 지 2500여 년 뒤에 태어났다. 어느 깊은 밤 집으로 돌아가는 길이었다. 지친 몸을 공원 그네에 두고 캄캄한 하늘을 무연히 바라보다가 문득 잠이 들었는데 깨어나 보니 춘추시대 말엽의 중국이었다.

나는 졸지에 미지의 과거에 떨어져 낯선 시간, 낯선 공간을 떠돌았다. 그러던 어느 날 이상을 찾아 열국을 주유하던 공자와 조우하여 그 일행의 짐꾼이 되는 행운을 얻었다. 동행하는 동안 나는 미래에서 막연히 알던 공자라는 사람과 그 제자들의 이상을 향한 열정과 선의에 대한 믿음을 교감했다. 그때 가슴을 파고들었던 벅찬 감동은 어떤 말로도 표현할 도리가 없다. 그 놀라운 기쁨에 젖어 나는 집으로 돌아가려는 열망조차 잊었다. 아! 나, 이생은 비록 짐을 나르고 교실을 청소하는 어눌한 이방인에 불과하나, 먼 미래로부터 불려 온 것은 한 위대한 사람의 생애를 증거하라는 소명召命이었음을 비로소 깨달았다. 이에 나는 감히 스스로 보고 들은 바를 기록하려 한다. 부디 이 죽간들이 만고풍상을 견뎌내어 인간 공자의 꿈과 뜻이 온 누리에 퍼지는 데 작은 보탬이라도 되기를 간절히 바라본다.

일러두기

1. 이 책은 공자의 삶과 사상을 소설 형식으로 쓴 것이다. 그러나 책 속의 대부분 내용은《논어》,《사기》〈공자세가〉 등을 비롯한 원전과 후대 학자들에 의해 밝혀지고 공인된 연구 결과에 근거하고 있으며, 이야기 전개상 필요한 경우에만 허구적 요소를 가미했다.

2. 이 책에 수록된 〈공자세가〉의 역문은 '제자백가 중국철학서 전자화 계획(http://ctext.org/zh)'의 〈공자세가〉 원문을 저본으로 하였으며 다음을 참고했다. 시라카와 시즈카, 《공자전》, 김하중 옮김(지인사, 1977). 사마천,《사기 세가》, 김원중 옮김(민음사, 2007). 필요한 경우 필자가 보충한 말이나 짤막한 설명은 ( ) 안에 넣었다.

공자, 위대한 사상의 시작

후세에 공자, 즉 '공 선생님'으로 불리게 될 공구孔丘는 기원전 551년에 태어나 479년에 죽었다. 고대 중국의 역사가 사마천司馬遷은 공자 사후 388년 뒤에 완성한 불후의 명저《사기史記》에서 공자의 일생을 '세가世家', 즉 제후의 전기에 포함시켰다. 그는《사기》〈공자세가〉*에서 공자 사상의 위대성과 후세에 미친 영향을 총평한 뒤, 공자를 '지극한 성인[至聖]'으로 결론지었다.

나는 공씨의 서를 읽고 그 사람됨의 위대함을 상견했다. 노나라에 가서 공자의 묘당에 있는 수레와 의복과 예기禮器를 보았으며, 여러 유생들이 그 집에서 예를 시습하는 것을 보았다. 나는 경모하는 마음에 고개를 숙인 채 배회하며 한동안 그곳을 떠나지 못했다. 천하에는 군주로부터 현인에 이르기까지 많은 인물이 있었지만, 살았을 당시에는 영화로웠으나 죽고 나면 그것으로 모두 그만이었다. 공자는 포의布衣의 신분으로 그 덕이 십여 대에 걸쳐 전승되고, 학자는 그를 종주로 삼고 있다. 천자, 왕후로부터 중국에서 육예六藝를 말하는 자는 모두 선생을 표준으로 여기고 있으니, 참으로 최고의 성인可謂至聖이라 할 만하다.[1]

---

* 부록의 번역 전문 참조

사마천이 공자를 성인이라고 말하고 나서 또 2000여 년의 시간이 흘렀다. 유교 문명권 밖에서도 공자는 수세기 전부터 주목의 대상이었다. 20세기 저명한 중국사가 중 하나인 미국 역사가 헤어리 글레스너 크릴 Herrlee Glessner Creel은 서구 세계에 공자의 진면목을 전한 명저《공자 : 인간과 신화Confucius, the Man and the Myth》(1949)의 첫머리를 이렇게 쓰고 있다.

2500년 전 중국에서 태어난 한 사람의 일생처럼 인류 역사에 커다란 영향을 미친 예도 없을 것이다.

사마천과 크릴이 시공과 문명의 차이를 초월해 공감한 것은 공자 사상의 위대한 휴머니즘이다. 공자가 인간을 사랑하고 인간성의 본질을 이해했으며, 인간다운 세상을 만드는 일을 끝까지 포기하지 않은 최초의 사상가라는 데 의견이 일치했던 것이다.

공자는 인仁에 대해 묻는 제자에게 이렇게 말했다.

"사람을 사랑하는 것이다.[愛人]"[2]

공자의 이런 교육적 언설은 인류 평등의 본질을 고뇌해온 후세의 사람들에게는 혁명의 외침이나 다름없었다.

공자는 특정한 종교적 교리나 이념을 세우기 위해 자기 생각을 주창하지 않았다. 그는 먼저 인간을 중심으로 놓고 인간다운 세상을 만드는 데 필요한 '인간다운' 덕목들을 인간성에서 이끌어내 함양하고자 했다. 그는 위정자는 덕으로 백성을 다스려야 하며, 백성은 올바른 도리로 교화되어야 한다고 생각했다. 그래서 지배자 또는 지도자는 반드시 도덕과 예의를 갖추어야 하며, 다스림을 받는 백성들은 교육받을 권리가 있다고 보았다. 사람은 지위나 권력이 아니라 도덕적 수양의 정도에 따라 군자와 소인으로 나뉜다고 역설했다. 이러한 생각은 단순한 개인적 수양론에 머물지 않고 현실 속으로 들어가 계급을 초월하여 도덕 중심의 인간관과 사회관을 형성했다.[3]

공자가 살던 때는 어떤 시대였을까? 기원전 5~6세기 지구촌 곳곳에서는 철학과 종교의 새싹이 돋고 있었다. 그리스 도시국가에서는 피타고라스학파가 처음으로 '철학Philosophia'이라는 말을 사용하며 플라톤과 아리스토텔레스의 등장을 예고했다. 중동의 이란 고원에서는 차라투스트라가 나타나 선악의 투쟁이라는 자신의 세계상을 가르쳤으며, 팔레스타인 땅에서는 예수 신앙의 모태가 되는 히브리 선지자들이(엘리아에서부터 이사야, 예레미아, 그리고 제2의 이사야까지) 줄지어 출현하고 있었다. 또한 인도 문명권에서는 힌두경전《우파니샤드Upanisad》의 형성과 더불어 석가모니가 공자와 거의 동시대를 살며 종국에는 종교가 될 자신의 사상을 전파한 때였다.[4]

이때의 중국은 이른바 춘추시대 말기에 해당한다. 이미 목가적인 부족 시대도, 왕도王道의 시대도 끝나고, 바야흐로 패권의 시대가 열리고 있었다. 격렬한 약육강식의 다툼은 훗날의 사가들이 전국시대라 부르는 시기의 서막이었다. 정의가 승자를 결정하는 것이 아니라, 이긴 자가 정의를 결정하는 타락과 혼란의 시대 한복판에 공자라는 사람이 서 있었던 것이다.

노나라(지금의 중국 산동성 지역) 곡부曲阜 동남쪽에 위치한 창평향 추읍에서 태어난 공자는 이름이 구丘이고 자字는 중니仲尼이다. 아버지 숙량홀은 공자가 세 살 때 죽었으며, 어머니 안징재는 공자가 20대 초반 무렵에 사망한 것으로 보인다. 공자는 10대부터 생계를 떠맡아 창고지기, 목장지기 등 여러 직업을 전전했다.[5] 공자는 자신이 이것저것 할 줄 아는 게 많은 데 대해 사람들이 궁금해하자 미천한 출신이어서 그렇다고 담담하게 토로했다. 만년에는 자신의 일생을 다음과 같은 유명한 말로 요약했다.

열다섯에 학문에 뜻을 두었고, 서른에 주관을 세웠다. 마흔에는 마음의 흔들림이 없게 되었고, 쉰에 이르러 하늘이 부여한 사명을 알았다. 예순이 되니 험한 말에도 웃을 수 있었고, 일흔이 되어서는 마음이 가는 대로 하여도 도에 벗어남이 없었다.[6]

나, 이생이 가까이서 지켜본 공자는 희노애락을 아는 지극한 사람이었다. 그는 욕망을 완전히 지배하거나 욕망을 거세하는 데서 인간의 선성善性을 구하지 않았다. 실재하는 욕망을 이상의 실현을 위해 집중하는 방법에 대해 고뇌한 사람이었다. 누군가 내게 공자를 직접 관찰해본 사람으로서 공자라는 사람을 물어온다면, 외람되지만 나는 내가 좋아한 공자의 일면을 이렇게 말할 수 있다.

"우리 선생님은 다만 '허물을 줄이려고 노력하지만 늘 거기에 미치지 못해 안타까워하는 사람[欲寡其過而未能也]'[7]들을 위로하고 격려하는 사람이다. 선생님의 위대함이 흐르는 세월 속에 희미해지기는커녕 더욱 뚜렷해지는 것은 그가 이 지상의 모든 '안타까운 사람들'에게 기꺼이 벗이자 동지이자 스승이 되어주었기 때문이다."

공자는 한미한 가문에서 태어나 스스로 삶을 개척했다. 그의 말처럼 하늘을 원망하지도, 사람을 탓하지도 않으며, 오로지 자신의 힘으로 쉼 없이 배워서 천리에 통달하려고 한 일생이었다. 그는 서른에 자립한 이래 혼란한 시대를 자신의 이상으로 구하고자 했다. 그러나 현실은 실패의 연속이었다. 그의 이상은 한 사람의 추구로 실현할 수 있는 사업이 아니었다. 그는 그가 살던 시대에 비해 지나치게 미래의 사람이었고, 그의 시대는 그의 이상이 실현되기에는 아직도 먼 과거였다.

공자는 50대에 이르러 정치에 나서 노나라 개혁을 시도했다가 귀족들과 기득권 세력에 막혀 실패하자 망명길에 올랐다. 여러 나라를 떠돌며 자신의 이상을 펼치려고 했으나 그의 생각을 받아들이는 나라가 없었다. 몇 차례 죽을 고비를 넘기고, 장기간 굶주림에 시달리는 곤경에 처할 때도 그는 자신의 이상을 버리지 않았다.

공자의 학당은 중국 역사상 최초의 민간 학교였다. 철저한 귀족 중심의 사회에서 공자가 일반 서민 자제까지를 교육 대상으로 삼은 민간 교육기관을 연 것은 실로 획기적인 일이었다. 그는 이렇게 외쳤다.

"가르침에는 차별이 없다[有敎無類]."[8]

공자가 당시까지는 귀족의 학문이었던 시詩·서書·예禮·악樂을 가르치기 시작하자 사방에서 구름같이 사람들이 몰려와 마침내 공자의 문도가 3천 명을 넘었다는 찬탄의 소리가 천하에 퍼졌다. 그들 가운데 각 분야에서 뛰어난 재능과 학문을 발휘하여 공자의 직제자로 인정된 문도는 70명이 조금 넘었다. 공자가 14년 동안 이상을 찾아 여러 나라를 유랑할 때 스승과 함께 풍찬노숙하며 간난신고를 겪었던 자로子路, 안연顏淵, 자공子貢, 재여宰予 등 열 명의 제자는 공자의 제자 가운데 특히 학덕이 뛰어난 공문십철孔門十哲이라는 영광스러운 이름으로 기억되었다. 만년의 공자는 제자들과 함께 시서예악의 전적들을 정리하고 노나라 역사서 《춘추春秋》를 찬술하며 위대한 고도古道를 후세에 전했다. 공자는 망명에서 돌아온 후 5년여를 더 살다가 일흔셋의 나이에 수많은 제자들의 애통 속에 곡부 북쪽 사수泗水 근처 언덕에 묻혔다. 개혁가로선 실패한 삶이었으나, 교사로서는 행복한 죽음이었다.

공자의 죽음은 위대한 사상의 시작이었다. 나는 생전에 선생님이 즐겨 신으시던 가죽신을 가슴에 품고 운구 행렬의 맨 뒤에서나마 선생님의 마지막 가는 길을 참례하는 영광을 누렸다. 제자들은 예법에 따라 스승의 묘를 3년간 지켰다. 세상에 전하는 가장 위대한 책, 《논어論語》는 시묘하던 제자들이 밤마다 각자 스승에게 들었던 가르침을 서로 확인하며 기록한 데서 기원했다. 나는 묘당으로 저녁밥을 나르며 그들이 치열하게 토론하는 것을 즐거운 마음으로 지켜보았다. 나는 꿈속에서 노나라로 건너왔으나, 그것이 하늘의 뜻임을 진심으로 확신하게 된 것은 나에게도 저 위대한 무덤가의 시간이 있었기 때문이다. 공자는 위대한 교사였으며, 저 문도들은 아름다운 제자들이었다. 낯선 시공을 방황하다 우연히 공자 일행의 짐꾼이 되었던 나, 이생은 지상 최대의 행운아다. 수천 년의 시간을 거슬러 올라가 선생님의 곁에서 그 말씀을 들을 수 있었으니.

1부

군자의 길

하늘을 배워 천명에 이르리라

노나라 정치개혁에 실패한 공자는 55세 때 자신의 이상을 실현할 나라와 임금을 찾아 망명길에 올랐다. 주유열국周遊列國은 14년간 계속됐으나 대부분의 나라에서 공자는 떠돌이 망명객에 지나지 않았다. 그러나 공자는 끝까지 문명의 계승자를 자임하며 이상적인 인간과 나라를 향한 꿈을 포기하지 않았다. 그는 68세 때 노나라에 돌아와 73세에 죽을 때까지 후학을 가르치고 고전을 정리하여 자신의 사상을 후세에 남겼다.

이 최후의 20년을 같이한 자로, 안연, 자공, 재여 등의 제자들은 한 사람 한 사람이 모두 공자의 분신이었다. 그들도 자신의 시대를 인간다운 세상으로 만들기 위해 선의善意를 다 바친 사람들이었다. 스승과 더불어 저 풍찬노숙의 시간을 함께하면서 사상의 정수를 가다듬으며 후세의 동아시아인들이 경외하는 이상적 인간의 원형질을 빚어냈다. 그들이 비바람 속에 걷던 광야의 길 위에서 지금 우리가 사색하고 행위하는 사상과 도덕, 정의와 용기, 인간성에 대한 신뢰와 사랑의 씨앗들이 뿌려졌다.

군자가 유랑할 때 길은 비로소 의미를 획득한다. 이상을 좇는 그들을 반겨주는 현실의 목적지는 없다. 유랑하는 군자는 길 위에서 꿈을 꾸고 길 위에서 죽는다. 2500년의 시간이 흐른 지금도 군자의 유랑은 수많은 동아시아인의 마음과 정신 속에서 계속되고 있다.

1장

유랑하는 군자

사람을 사랑한다는 것, 세상을 품는다는 것

윗사람을 편안하게 해주고
친구에게는 믿음직하며
아랫사람을 품어주는 사람이고자 한다.
老者安之 朋友信之 少者懷之 _《논어》〈공야장〉25장

공자 일행을 따라 궐리闕里*에 온 나는 공문의 일꾼이 되었다. 학당 안
팎을 청소하고 공자와 주요 제자들의 수발도 거들었다. 공자의 주유천
하 시절 나를 짐꾼으로 채용했던 자공이 오갈 데 없는 내 처지를 딱하
게 여겨 특별히 배려해준 일자리였다. 나는 학당에서 부지런히 몸을 놀
려 금세 새 문도들에게도 성실한 사람이라는 소리를 들었다. 쉬는 시간
에는 귀동냥으로 들은 공부에 대해 질문해 문도들을 놀라게 하기도 했
다. 친숙해진 젊은 문도들은 그저 짐꾼에 불과한 나를 특별히 이생이라
불러주었다. 떠돌이 이방인 출신인 나로서는 과분한 호칭이었다.
　사실상 제2의 개교를 맞이한 학당에는 가르침을 청하는 학생들이 줄
을 이었다. 맹희자孟僖子 같은 노나라의 저명한 귀족들도 자식들의 교육
을 맡길 만큼 공자는 훌륭한 교사로 인정받았다.[1] 그런 일급 교사가 유
수한 제자들을 이끌고 와서 학생들을 가르치고 있다는 소식이 사방 퍼

---

* 노나라 수도 곡부의 마을 이름. 공자가 자란 곳으로 알려져 있다. 현재 공자의 사당이 있다.

지자 노나라는 물론 이웃나라에서도 천 리를 마다하지 않고 청년 학도들이 궐리의 학당으로 몰려든 것이다. 나는 아침저녁으로 교문 앞을 쓸면서 죽간 보따리를 짊어지고 손에는 정성스레 준비한 예물을 든 청운의 젊은이들을 흐뭇한 마음으로 지켜보았다. 찾아오는 학생들로 이처럼 문전성시를 이루자, 학당의 부교장 겸 학생회장 격인 공자의 수제자 자로는 신이 나서 온 궐리가 떠나가도록 소리치기도 했다. "누가 노나라에 현자가 없다고 하는가? 천하의 준재들이 모두 궐리에 모이고 있지 않은가!"

일찍이 공자는 "육포 한 꾸러미를 들고 오는 정도의 예[束脩之禮]를 갖춘다면 모두 가르치겠다"[2]고 했다. 공자의 계급을 초월한 교육 방침은 신분의 굴레에 묶여 있던 많은 젊은이들을 자극해 학문의 길로 이끌었다. 공문의 명성이 높아지자 하루는 미개하여 말조차 잘 통하지 않는 호향이라는 마을에서 한 소년이 찾아왔다. 몇몇 제자들이 이 야민족 소년을 내쫓으려 했으나 공자는 그를 만나 따스한 말로 격려해주었다. 제자들이 호향 풍속의 야만성을 들어 공자의 태도에 의문을 제기하자 공자는 이렇게 말했다.

옳은 길로 나아가려는 사람은 그 선함을 받아들이고, 옳은 길에서 멀어지고자 하는 사람은 그 불선함을 받아들이지 않으면 될 뿐인데, 굳이 사람에게 심하게 할 필요가 있느냐. 그 사람이 몸과 마음을 깨끗이 하고 다가오면 그 깨끗함으로 받아들이고 지나간 허물은 따지지 말자.[3]

유가가 제자백가諸子百家 중에서 사상의 최종 승자가 될 수 있었던 데는 물론 공자 사상의 보편성이 있지만, 내가 지켜본 바로는 다른 문파에 비해 상대적으로 우수한 인재가 많았고 스승에 대한 믿음이 그 어떤 학파보다 강했던 것도 한 이유가 될 것이다. 유능하고 충성스러운 제자들이 공문에서 많이 배출될 수 있었던 배경에는 바로 교육에는 신분의 차별이 없다는 시대를 앞선 공자의 혁신적 교육관이 있었다.

사람은 누구나 교육받을 권리가 있다. 가르침에는 신분의 차별을 두어서는 안 된다.[4]

만세사표萬歲師表의 첫 출발

공자는 서른 살 무렵 본격적인 전업 교사의 길로 들어선 것으로 보인다. '서른에 자립했다[三十而立]'고 한 공자의 말은 실제로 그 무렵 학인學人으로서 그리고 교사로서 독립적인 행보를 본격화했던 자신의 체험을 술회한 것으로 보아도 무방할 것이다.

그런데 미래에서 온 속인俗人으로서 나는 무려 2500여 년 전에 어떻게 공자가 전업 교사로 나설 생각을 했는지 궁금했다. 그것도 완고한 귀족 중심의 신분사회에서 일반 서민까지 교육 대상으로 삼았는지 말이다. 설사 민중을 대상으로 한 교육 시설을 구상한다 해도, 집단으로 사람을 교육하려면 그 시대가 요구하는 교육 목표와 내용, 교수 방법 등을 갖추고 있어야 하는데, 부유한 귀족이 아닌 가난한 사 계급의 젊은이가 사실상 최초로 그것을 실현했다는 것이 놀라울 따름이었다.

어느 날 나는 공자의 가장 오랜 제자로서 젊은 시절의 공자를 누구보다 잘 알고 있는 자로를 붙잡고 참았던 질문을 던졌다.

"자로 님, 저는 이 학교의 일꾼이 된 것이 무척 자랑스럽습니다. 중국에 나라가 세운 관학 말고 이렇게 큰 사학이 또 있을까요?"

"단언컨대 없다."

"우리 선생님은 어떻게 젊은 나이에 이런 멋진 학교를 세울 생각을 했을까요? 자로 님은 오래전부터 선생님과 함께하셨으니 잘 아시겠지요?"

자로가 단호하게 말했다.

"선생님은 공경대부公卿大夫도 아니고 부자도 아니셨기 때문이다."

"네?"

"선생님은 부유한 귀족이 아니라서 정식으로 관학에 들어가 배울 수 없었다. 선생님은 배움을 원하고 배울 능력을 가진 사람은 누구나 학교에서 배울 수 있어야 한다는 생각을 일찍이 가지셨다."

"그런 생각을 오로지 선생님만 한 것은 아닐 텐데요?"

"선생님은 홀어머니 봉양을 위해 여러 직업을 전전했는데, 일하는 틈틈이 예악禮樂과 역사, 시를 공부했다. 일정한 스승은 없으셨다. 그저 모르는 게 있으면 각 분야의 여러 전문인을 찾아가 예를 갖춰 질문하기를 누구보다 즐기셨다. '나면서부터 아는 사람이 어디 있느냐? 옛것을 좋아해 힘써 배우기를 누구보다 열심히 했다'[5]는 선생님의 회고는 이때의 학구열을 두고 하신 말씀이다. 이처럼 열심히 공부해 점차 선생님의 학문이 깊어지자 이번에는 거꾸로 선생님에게 질문하러 오는 전문인들이 생겼다. 선생님은 이들과 효율적으로 문답하기 위해 날과 장소를 정해 모임을 가졌는데, 여기에 공부를 하고 싶어 하는 사람들이 약간의 예물을 가지고와 참석하기를 청하면서 자연스레 학당이 만들어진 것이다."

"아, 그것이 선생님이 전업 교사로도 생계를 유지할 수 있는 발판이 되었겠군요?"

"그렇다고 봐야겠지? 사람들이 선생님에게 예물을 바친다는 소문을 듣고 내가 세금을 걷으러 갔었으니까. 하하하!"

"그게 무슨 말씀이신지요?"

그러자 자로가 고개를 한번 갸웃하더니 말했다.

"이보게 이생. 정말로 몰라서 묻는 건가? 아니면 괜히 나의 옛일을 들 춰보고 싶은 건가?"

자로의 과거사를 어느 정도 알고 있던 나는 속이 뜨끔했지만, 자로의 입을 통해 공자의 젊은 시절을 듣고 싶었다.

"세금을 걷다니요? 정말 몰라서 묻습니다."

자로초견 子路初見

자로는 솔직하고 용감하고 정의감이 강한 사람이었다. 그는 주나라 제후국 시민권자인 국인 출신이 아니라, 토착민으로서 이류 국민 대접을 받던 야인 출신이었다. 어려서 집을 떠나 협객 무리에서 무예를 익혔다. 돈이 모이면 식량을 사서 백 리 길을 짊어지고 가서 부모에게 직접 밥을 지어드리는 효심을 발휘하는 사람이었다.[6]

자로는 10대 후반에 곡부 시장의 무뢰한이 되었던 것 같다. 말하자면 동네 건달 두목쯤 되었는데, 스스로는 가난한 사람들의 보호자를 자임했다. 그는 훗날 사마천이 《사기》 〈유협열전游俠列傳〉에 담은 유협의 원형 같은 인물이었다.

어느 날 자로는 궐리에 사는 한 남자가 자기 초옥에 학당 간판을 내걸고 사람 가르치는 일로 먹고산다는 소식을 들었다. 알아보니 공구라는 이름의 키다리인데, 나이가 자기보다 불과 아홉 살밖에 많지 않았다.

"어떤 놈이 내 허락도 없이 이 동네에서 영업을 하는가?"

자로는 부하들을 이끌고 공자의 집으로 찾아갔다. 겁을 줘서 이른바 '세금'을 뜯어낼 작정이었다. 자로는 사립문을 밀치고 들어가 학생들이 보는 앞에서 대뜸 칼을 뽑아들고 춤을 추기 시작했다.

"어떠냐? 키만 껑충한 위선자 같으니라고. 내 칼춤 솜씨에 기가 팍 죽지?"

자로가 의기양양하게 공자를 노려보며 칼춤을 끝내자, 공자는 태연하게 한번 웃은 뒤 정색하며 말했다.

"그래, 그대가 잘하는 것이 그것입니까?"

"그렇다. 긴 칼이었다면 더 잘했을 거다."

"내가 묻는 건 그게 아닙니다. 칼솜씨에 학식을 갖춘다면 누가 그런 사람을 우습게 여기겠습니까?"

"네 눈엔 내가 우습게 보이냐? 공부? 그딴 거 없어도 날 우습게 여기는 놈은 이 바닥에 아무도 없다."

"사람은 가르쳐주는 친구가 없으면 들은 것조차 잃게 됩니다. 나무도 먹줄을 받은 뒤라야 비로소 반듯해지고[木受繩則直] 사람도 충고하는 말을 잘 받아들여야 지혜로워지는 법입니다[人受諫則聖]. 그러므로 배움은 묻는 것이 중요하니[受學重問] 군자라면 배우지 않을 수 없는 것입니다[君子不可不學]."

무식해서는 골목대장 노릇조차 쉽지 않다는 걸 체험으로 알고 있던 자로는 공자의 말에 번개를 맞은 듯했다. '어라, 이건 뭐지? 저 부드러우면서도 힘차고, 굽은 듯하면서도 탄력 있게 뿜어 나오는 저 강기[剛氣]

는? 앎이란 저런 기품을 얻기 위함인가?' 머리는 이리저리 안개 속인데 말은 그냥 입에서 나오는 대로 나갔다.

"웃기고 있네. 남산의 대나무는 아무도 잡아주지 않아도 저절로 곧고, 그것을 잘라 쓰면 물소의 가죽도 뚫을 수 있다. 굳이 따로 공부를 해서는 무엇 한담?"

자로의 퉁명스러운 대답에도 공자는 이미 그의 속마음을 읽었다는 듯 다정한 목소리로 말했다.

"생각해보시겠습니까? 화살 한쪽에 깃을 꽂고 다른 한쪽에 촉을 갈아서 박는다면 깊이가 더욱 깊어지지 않겠습니까? 굳이 배움을 마다할 게 무엇입니까?"[7]

자로는 더 이상 대꾸할 말을 찾지 못했다. '거참, 번지르르하게 말은 잘하네.' 휑하니 돌아서서 나오고 말았다. 그날 이후 한동안 자로의 모습이 보이지 않았고, 저잣거리에서는 자로가 좀 이상해졌다는 소문이 돌기 시작했다. 얼마 후 공자가 길을 갈 때면 웬 젊은이가 두 팔을 크게 휘저으며 뒤따르게 되었는데, 자세히 보니 무뢰한 자로였다.

"그날 이후 나는 한시도 선생님 곁을 떠난 적이 없다. 그런 나를 선생님은 '중유는 나의 수제자요, 경호대장이다'라고 늘 말씀하셨다. 암, 수석 자리가 아니면 누가 우리 선생님을 지킬 것인가? 어떤 놈이든 하늘 같은 우리 선생님의 털끝 하나 건드리면 내 손에 죽을 것이다, 그랬지, 그때는. 하하하."

나는 예순이 코앞인 할아버지 자로가 어린아이처럼 으스대며 옛일을 추억하는 모습이 어찌나 보기 좋고 부럽기도 하던지, 슬그머니 그를 좀 골려줘야겠다는 심술이 일었다. 자로의 협객 기질이 정말 순수한 마음에서 우러난 것인지도 궁금했다.

"그래도 제가 볼 때는 안연 님이야말로 공자님의 수석 제자인 것 같습니다만…"

나는 자로가 무슨 소리냐고 되받을 틈도 주지 않고 잽싸게 말을 이어 갔다.

"선생님이 안연 님을 보실 때는 마치 사랑하는 사람이 연인을 보는 듯합니다. 어떨 때는 누가 스승이고 누가 제자인지 모를 눈빛으로 안연 님을 바라보기도 합니다. 그러니 아무리 자로 님이 수석 자리를 자처하셔도 선생님의 마음속에는 안연 님이 으뜸 제자가 아닐까요?"

자로가 어처구니없다는 듯이 나를 쳐다보더니 갑자기 너털웃음을 터뜨렸다.

"이놈. 네가 나를 시험하려 드는구나, 허허. 이생아. 너는 내가 회回(안연의 이름)를 질투하는 것 같냐? 그래, 말해주마. 사실 나는 회가 지겨울 때가 있다. 나는 회처럼 어디 하나 허물이 없는 그런 완벽한 사람은 솔직히 정이 안 간다. 그러나 나는 회를 미워할 수 없다. 이유는 한 가지, 네 말대로 선생님이 그를 너무나 사랑하시기 때문이다. 내가 사랑하는 선생님이 진심으로 사랑하는 이를 내가 어찌 미워할 수 있겠느냐?"

스승과 제자

해가 바뀌어 궐리 학당에 봄꽃이 만발할 무렵, 자로에게서 전갈이 왔다. 안연과 함께 선생님을 모시고 다과를 나눌 테니 준비를 해달라는 부탁이었다. 얼마 전 공자의 아들 백어伯魚가 병으로 죽었다. 자로는 스승이 아들처럼 사랑하는 제자 안연을 앞세워 아들을 잃은 스승을 위로하려는 것이었다. 나는 그 위안의 자리가 은근히 기다려졌다. 선생님을 가까이서 뵈며 세 군자가 나누는 대화를 직접 들을 기회가 어디 흔한가! 나는 다과는 물론 선생님을 위해 지난 가을 빚어서 고이고이 모셔둔 술을 꺼내 따뜻하게 데워놓았다.

세 사람은 학당 후원의 누각에 나란히 앉았다. 연지 옆에 세워진 이대臺에서는 학당 안의 교실들이 한눈에 내려다보였다. 스승과 두 제자는 서로 차를 따라주며 학교 일에 관해 밀린 이야기를 나누었다. 다과에 이어 준비한 술상을 내어가자 공자께서는 미소로 반기며 "자네가 빚은 술은 특히 맛이 좋으이. 고향의 술인가?" 하고 물어주셨다. 이윽고 자로가 선생님을 위해 거문고를 연주했다. 자로의 연주 실력은 별로였지만 공자께서는 즐겁게 들으셨다.

"중유仲由(자로의 이름)의 금琴 실력은 언제나 늘꼬? 허허."

뒤이어 안연이 특유의 섬세함으로 거문고를 켜자 숲의 새들도 지저귐을 멈추고 연주를 듣는 듯했다.

"오랜만에 너희와 함께 금을 연주하니 연못의 잉어들도 춤을 추는 듯하구나."

연지를 내려다보면서 혼잣말하듯 하는 공자의 목소리에서 문득 처연함이 묻어났다. 자로는 아차 싶었다. '백어의 이름 리鯉는 잉어라는 뜻이 아닌가. 백어를 잃은 슬픔을 위로하는 자리가 하필이면 잉어가 헤엄치는 연지라니, 나도 참 한심한 사람일세…' 자로가 울상을 감추며 안연에게 눈짓을 보냈다. '회야, 네가 좀 분위기를 바꿔보려무나.' 안연이 자로의 뜻을 눈치 채고 공자에게 말했다.

"선생님, 저 마당 맨 앞 교실을 보십시오. 신입생 교실인데 어느 해보다 글 읽는 소리가 청아합니다."

자로가 거들었다.

"저들이 모두 선생님의 가르침을 받고자 불원천리不遠千里한 인재들이 아닙니까! 으하하!"

공자께서도 웃으셨다.

"유는 늘 들통날 아첨만 하는구나. 안 그러냐, 회야?"

나는 웃음이 나왔지만, 안연은 더욱 진지했다.

"선생님. 사형의 말이 지당합니다. 선생님이 아니 계시면 노나라, 아니 천하에 어찌 저런 소리가 울려 퍼지겠습니까? 들어보십시오. 제가 처음 선생님께 배우러 왔을 때 해주신 바로 그 말씀이 아닙니까?"

안연이 선창한다.

배우고 때에 맞게 익히니 어찌 기쁘지 아니한가!

자로가 흥에 겨워 큰 소리로 화창한다.

벗이 있어 멀리서 찾아와주니 어찌 즐겁지 아니한가!

안연이 단정하게 무릎 자세로 고쳐 앉아 공자에게 읍揖하고, 자로는 일어서서 읍한 뒤 오른팔을 공손하게 앞으로 펼친다. 가운데 앉은 공자는 두 손을 앞으로 모아 제자들에게 답례하신다. 세 사람이 미소 가득한 얼굴로 합창한다.

남이 알아주지 않아도 서운함이 없으니 이 또한 군자가 아니겠는가!⁸

가장 이상적인 사람

감격에 겨운 듯 자로가 공자 앞으로 다가가 앉으며 말했다.

"선생님, 제게 좋은 생각이 났습니다. 신입생들이 공부하는 교실 이름을 지금부터 학습당學習堂이라고 하면 어떨까요? 들어가는 문은 학이문學而門이라 하고, 나오는 문을 시습문時習門이라고 하고요. 하하, 그러면 모두 선생님의 가르침을 어찌 잊겠습니까?"

공자가 말했다.

"유의 말이 나를 기쁘게 하는구나. 하지만 배움이란 실천으로 완성되는 것이니 교실 이름은 그리 중요하지 않다. 다만, 유야, 회야, 나는 이제 늙었으니 저 학생들의 교육을 제자인 너희에게 맡기고 싶구나. 너희는 우리를 찾아와 문행충신文行忠信[9]을 연마하고자 하는 저 갸륵한 젊은 이들을 장차 어떻게 이끌어줄 생각이냐?"

자로가 먼저 대답했다.

"외람되지만 제가 저자의 왈패에서 조그만 고을의 읍재까지 해봤습니다만, 사람은 일정한 물산物産이 있어야 자신을 지킬 수 있습니다. 그러나 그 이상의 물질은 선비로서 구할 바가 못 됩니다. 그래서 저는 저들에게 먼저 그런 모범을 보일까 합니다. 제가 타고 다니는 수레, 저의 좋은 관복이나 예복을 저들과 나눠 써서 그것이 낡고 헐어서 못 쓰게 되더라도 하나도 아쉬워하지 않겠습니다[願車馬 衣輕裘 與朋友共 弊之而無憾]."

공자가 그 대답을 듣고 흐뭇해했다.

"훌륭하다, 나의 유. 자고로 자기 가진 것을 남과 나누면서 조금도 아쉬움이 없기란 결코 쉬운 일이 아니다. 중유는 물질로서 사람을 차별하지 않는구나."

안연의 차례가 되었다.

"저는 가난해 나눌 재산이 없습니다만, 지식이 약간 있습니다. 저는 그것으로 솔선할까 합니다. 저는 남들보다 학문이 높다고 그것으로 다른 사람을 깔보지 않겠으며, 공로와 업적이 넘치더라도 그것을 자랑삼지 않겠습니다[顧無伐善 無施勞]."

공자가 그 말에도 흡족해했다.

"참으로 훌륭하구나, 나의 회. 높은 경륜과 지식을 갖고도 오만하지 않기란 결코 쉽지 않다. 회는 지극히 겸손하여 지식으로서 사람을 차별하지 않는구나."

선생님은 내가 올린 술잔을 또 비우셨다. 이윽고 자로가 공손히 말했다.

"선생님, 칭찬해주셔서 감사합니다. 그런데 선생님의 가르침이 없으니 중요한 무엇이 빠진 것만 같습니다. 선생님이 저희라면 어떻게 하시겠습니까?"

안연도 고개를 숙이며 말했다.

"사형과 더불어 감히 가르침을 청합니다."

공자가 만면에 미소를 머금고 말씀했다.

"유야, 회야. 내가 무엇을 더 새롭게 말하겠느냐? 나는 그저 저들에게 이런 사람이면 족하다."

윗사람을 편안하게 해주고, 친구들에게는 믿음직하며, 아랫사람들을 따뜻하게 품어주는 사람이다.[10]

정적이 흘렀다.

뭔가 특별한 말씀이 있을 거라고 기대했던 자로는 순간 멍한 표정이었다. 두 눈을 감은 채 듣고 있던 안연의 얼굴은 어느새 붉게 물들었다. 말씀을 마친 선생님은 글 읽는 소리가 울려 퍼지는 학당 쪽을 다정한 눈길로 바라보셨다. 몇 초의 정적이 더 흘렀을까, 두 사람은 마치 약속이나 한 듯 동시에 일어나 스승에게 절을 올리고는 한참을 그대로 엎드려 있었다. 스승이 전하는 지극히 단순하고 소박한 가르침 속에서 두 제자는 자신들의 전 생애를 두드려오는 깊고 깊은 울림을 들었던 것이다.

열락대 아래서

나는 누각 아래서 술을 데우며 세 사람의 말씀을 잇달아 들었다. 진리란, 아름다운 사제 간이란 과연 이런 것이 아닐까? 물질로도 지식으로도 인간을 차별하지 않는다는 이상理想, 윗사람에게는 편안한 사람이자 친구들에게는 신의로운 사람이자 후배들에게는 진실한 가르침을 주는 사람이 되고 싶다는 마음… 도대체 더 이상 무슨 말로 사람의 도리를 요약할 수 있을까? 이 간명한 명제가 실은 얼마나 도달하기 어려운 경지던가.

훗날 자로와 안연에게서 이날의 말씀을 전해들은 여러 제자들이 한결같은 마음으로 이 대화를 스승의 어록에 담은 것은 이 문답이 내포한 인仁의 세계를 정확히 이해한 결과였다. 적어도 현장을 지켜본 나로서는 그렇게 생각한다. 밖으로 드러나는 인과 안으로 깊이 감추는 인의 화음을 그들도 분명 들었던 것이라고.

나는 그날부터 연지의 누각을 열락대說樂臺라 부르기로 했다. 그날의 대화를 기념하고 그것을 직접 들은 기쁨을 자축하는 의미였다. 그날 밤

나는 향기 나는 먹을 갈아 깨끗이 씻은 붓으로 푸른 죽간 위에 선생님의 말씀을 한 자 한 자 정성을 다해 써내려갔다.

공자께서 말씀하셨다.
선배나 윗사람에게는 뭘 맡겨도 안심이 되는 사람,
친구와 동료에게는 뭘 같이 해도 믿을 수 있는 사람,
후배와 부하들에게는 진심으로 이끌어주는 사람.
그런 사람이었으면 한다.

자로와 안연이 이 말씀을 열락대에서 듣다.
대臺 아래에서 이생, 술을 데우며 귀를 세우다.

궁핍에 맞서다

군자는 본디 궁하다.

소인은 궁하면 흐트러진다.

君子固窮 小人窮斯濫矣 _《논어》〈위령공〉1장

꾸르륵.

옆에 누운 채蔡나라 출신 배불뚝이 짐꾼의 배에서 소리가 났다.

"밥차 오는 소리인가?"

쪼로록.

이번엔 내 배에서 나는 소리다.

"사돈 남 말 하네."

둘이서 마주보며 힘없이 웃는데, 발을 드리운 천막 안에선 거문고 소리가 낭랑하다.

배불뚝이가 명아주를 씹으며 심드렁하게 내뱉는다.

"너네 선생이란 작자는 이 와중에도 거문고를 타고 싶을까?"

아니나 다를까, 여기저기서 구시렁거리는 소리가 새나온다. 진陳나라 도읍인 완구를 출발할 때 고용된 짐꾼들은 공자에 대한 존경심이 높지 않았다. 급기야 공자는 위선자가 아닐까 하고 의심하는 말까지 나왔다.

"혹시 자기만 아는 이기주의자 아닐까? 생풀을 씹고 있는 아랫것들 생각은 조금도 안 하는 것 같아."

전란에 휩싸인 대륙

나는 중국 땅에 떨어지기 전, 열국을 주유하던 공자 일행이 진나라와 채나라 사이의 들판에서 식량이 떨어져 7일 동안 굶주림에 시달리며 고난을 겪었다는 이야기를 책에서 읽은 적이 있다. 기원전 489년, 공자가 열국을 주유한 지 8년째 되던 해의 일이다. 그런데 이른바 진채지액陳蔡之厄의 고사를 바로 내가 직접 겪게 될 줄이야…

이 무렵 중국의 여러 나라들은 크고 작은 전란에 휩싸여 있었다. 당시 공자가 주로 머물던 진나라와 채나라는 강대국인 초楚나라와 오吳나라의 쟁투에 휘말려 망국에 가까운 고초를 겪고 있었다. 이런 상황에서 공자는 북방의 강자인 진晉나라로 유세를 가려다 포기하고 방향을 바꿔 남방의 강자 초나라로 가려 했다. 초나라 소왕昭王은 공자도 높이 평가한 바 있는 임금인데, 그가 공자의 명성을 듣고 자기 나라에 초빙하고 싶어 한다는 소문이 돌던 치였다. 그래서 거리상으로도 가까운 초나라 동맹국인 진나라에 머물며 평소 공자를 존경해온 사성정자司城貞子*를 통해 초나라 쪽과 방문 교섭을 벌이던 중이었는데, 오나라 왕 부차夫差가 진나라를 침공했던 것이다. 와신상담臥薪嘗膽의 고사로 잘 알려진 숙적 월越나라 왕 구천句踐을 굴복시킨 부차는 초나라까지 제압해 명실상부한 패자覇者가 되고자 했다. 동맹국인 진나라를 친 것도 실은 초나라에 대한 선전포고나 다름없었다. 그리하여 초 소왕도 직접 대군을 이끌고 출병하기에 이른다.

두 라이벌 간의 대회전이 진나라 땅에서 벌어질 것이 확실해지자 사성정자는 공자 일행에게 피난을 권유했다.

---

* 성의 관문 방비를 담당하는 대부.

"일단 채나라 부함으로 가시기 바랍니다. 그곳 총독이 초나라 대부 심제량沈諸梁인데, 그러면 선생님을 잘 보살펴드릴 겁니다. 소왕과의 면담이 성사되면 그때 초나라에서 안전하게 모셔 갈 겁니다."

이때가 기원전 489년, 노 애공 6년으로, 공자의 나이 예순셋이었다.

공자, 계략에 빠지다

공자가 초나라로 갈 것이라는 소문이 완구의 대부들에게 알려지는 데는 그리 오랜 시간이 걸리지 않았다. 진나라와 채나라의 대부들은 공자의 움직임을 예의주시하고 있었다. 그들은 겉으로 공자를 대접하는 듯했지만, 속으로는 공자를 경원했다. 공자가 노나라에서 군주권을 강화하기 위해 귀족들의 권한을 제한하는 개혁을 추진한 사실을 그들은 잘 알고 있었다. 그런 공자가 초 소왕을 만난다는 것이 무엇을 의미하겠는가? 앞에서도 말했지만 진나라와 채나라는 초와 오 양쪽 모두의 속국이나 다름없는 신세였다. 따라서 두 나라의 권문세족들 상당수가 초와 오에 양다리를 걸치고 있었는데, 이런 사정을 잘 아는 공자가 영명한 초 소왕과 친해지는 것이 결코 달가울 리 없었다.

"공구 그 늙은이가 초나라 왕에게 그동안 우리가 공작을 벌인 일들을 고해바치면 우린 어떻게 되는 걸까?"

그들은 자기 목을 쓰다듬으며 가슴을 졸였을 것이다. 그래서 두 나라 대부들은 서로 연통을 넣어 어떻게든 공자가 소왕을 만나지 못하도록 계략을 꾸미기 시작했다.

'우리는 가병家兵을 동원해 공구 일행의 호위병을 흩어버리고 식량을 빼앗겠소.'

'우리는 어떤 마을에서도 공구가 유숙하지 못하도록 조처하겠소.'

이런 사정을 제대로 알 리 없는 공자 일행이 초나라로 향하던 중 한 강가에서 야영을 하게 되었는데, 어디선가 일단의 무리가 들이닥쳐 일행을 포위했다.

"식량을 죄다 내놓지 않으면 죽여버리겠다!"

자공이 이들을 달래어 식량을 내주며 우두머리인 듯한 사람에게 침착하게 물었다.

"당신들은 어디서 왔소?"

"우린 채나라 사람들인데 진나라 전투에 끌려갔다가 도망치는 중이다. 너희도 남쪽으로 가지 말고 북쪽으로 돌아가는 것이 좋을 게다."

그렇게 말하고는 쏜살같이 사라졌는데, 그때 나는 그자가 누더기 안에 갑옷을 받쳐 입은 것을 얼핏 보았다. 나중에 확신하게 된 일이지만, 그들은 패잔병으로 위장한 진나라 대부의 병사들이었다.

식량을 잃은 공자 일행은 그때부터 고난의 연속이었다. 맹수와 습지의 해충을 피해 이동하며 며칠째 들판을 헤맸지만, 제대로 된 식량을 구할 수 없었다. 간혹 마주친 어떤 군영이나 마을도 일행을 받아주지 않았다. 어느 마을에선가 한 선비가 귀띔을 해주는 바람에 우리는 비로소 그 이유를 대강 짐작할 수 있었다.

"윗선에서 읍재에게 낯선 대부 일행을 보면 절대 마을에 들여놓지 말라고 했답니다."

군자는 원래 궁하다

훗날 유가들 사이에서 전설이 된 이 진채지간의 고난에서 공자를 수

행한 제자는 자로, 자공, 안연, 재여 등이다. 이때 자로가 쉰다섯 살이고 나머지 사람들은 30대 초반의 젊은이였다. 이 밖에 다른 제자들도 몇 명 더 있었던 것 같은데 자주 일행을 벗어나 왕래하였기에 누가 더 있었는지 정확히 기억나지 않는다. 짐꾼으로는 위衛나라에서부터 따라온 나와 진나라에서 고용된 수레꾼을 합쳐 열 명이 채 되지 않았다.

굶주림에 시달리며 들판을 헤맨 지 이레째 되는 날, 우리 일행은 채나라 접경 마을 부근의 한 언덕에 도착했다. 그때 재여는 지치고 굶주린 상태에서 독초를 잘못 먹고 한구석에 뻗어 있었고, 안연은 나물을 다듬고, 자공과 자로는 불을 지피고 있었다. 숨겨둔 묵은 보리마저 바닥나 곡식 한 톨 없이 명아주로만 국을 끓여야 하는 절박한 상황이었다. 짐꾼들은 그 사정을 알고 지금이라도 도망쳐야 하는 게 아니냐고 수군대고 있는데, 공자가 거처하는 천막 안에서 또 거문고 소리가 난 것이다. 공자가 나지막이 시를 읊는 소리까지 흘러나왔다.[11]

"아니, 선생님은 우리 고통을 정녕 모르시는 건가? 모른 척하시는 건가?"

자로가 온 사방에 들으라는 듯이 소리치며 불쏘시개를 냅다 집어던졌다.

자공은 그런 자로를 제지하지 않은 채 묵묵히 듣고만 있었다.

"대저 선하고 의로운 자는 복이 있고, 악하고 불의한 자는 죄를 받는다고 했다. 어째서 평생 인과 의만을 쫓아온 우리가 이렇게 짐승처럼 굶주린단 말인가? 정녕 하늘은 착한 자의 편인가? 선생님에게 물어보고 싶다!"[12]

자로의 성난 불평에 우리 일행은 아연 긴장했다. 자로가 이처럼 대놓고 공자를 비난한 적은 없었다. 짐꾼들도 서로 눈치 보며 몸을 사렸다.

잠시 후 공자가 거문고 연주를 마치고 제자들을 불렀다.

"얘들아, 이리 들어오너라."

나는 은근히 걱정이 되어 가슴마저 떨려왔다. 저러다 스승과 제자 사이에 혹여 돌이킬 수 없는 금이 생기는 것은 아닐까?

"유야, 사賜(자공의 이름)야, 회야, 내게 무슨 말을 하고 싶은 것이냐?"

자로는 지금의 상황이 너무 분한 나머지 불평을 쏟아내긴 했지만, 정작 스승의 얼굴 앞에서 무슨 말을 해야 할지 몰랐다. 그저 잔뜩 굳은 얼굴로 퉁명스레 되물었다.

"선생님, 군자가 이처럼 궁지에 빠져도 되는 겁니까?"

공자는 두 눈을 지그시 감고 거문고를 쓰다듬으며 대답했다.

"군자는 원래 궁하다."

옆에서 듣던 자공의 얼굴에 일순 실망의 빛이 스쳐갔다. '사람이 굶어죽는 판에 방책은 강구하지 않고 군자연만 하실 건가?'

안연은 나뭇가지로 바닥에 뭔가를 끼적이며 골똘히 생각하는 모습이었다.

자로는 공자의 말에 억지로 누르고 있던 분노가 치밀어 오른 듯했다.

"선생님, 이 판국에 웬 궁窮자 타령이십니까?"

발끈하려는 자로를 공자가 똑바로 쳐다보며 단호한 어조로 말했다.

"소인은 궁하면 흐트러진다."[13]

자로가 순간 얼굴을 숙여 어이없다는 표정을 감춘 채 자공과 안연을 돌아보았다. '얘들아, 선생님이 지금 뭐라고 하신 거니? 그러니까 나더러 소인이라는 말인가?' 자로가 야속하고 원망스러운 마음에 고개를 돌리려는 순간 공자와 눈이 딱 마주쳤다.

공자가 말했다.

"군자는 환난에 처해서도 덕을 잃지 않는다. 소나무와 잣나무의 푸르름은 서리와 눈이 내린 뒤라야 비로소 드러나는 법이다."[14]

그러고는 비파를 끌어당겨 안더니 현을 뜯기 시작했다.

춤추는 자로

공자와 제자들 사이에 있던 이 아슬아슬한 '언쟁'에 대해 훗날 이러쿵저러쿵 말이 많았다. 실제로 제자들의 항의 강도가 훨씬 셌는데, 유가들이 공자 위주로 사실을 축소 왜곡하지 않았느냐는 게 의혹의 요지였다. 자로가 공자의 따끔한 일갈에 승복하지 못한 채 '비파 소리에 맞서 방패를 잡고 춤을 추었다'는 이야기도 후세에 전해졌는데, 이는 반대로 반유가들이 공자와 그 제자들을 폄훼하기 위해 꾸며낸 이야기가 잘못 전승된 것에 불과하다고 말하는 사람도 있다.

나는 자로가 왜 방패를 잡고 춤을 췄는지 직접 보지 못해 말하기 뭣하지만, 자로가 춤을 춘 것만큼은 틀림없는 사실이라고 이 자리에서 분명하게 말할 수 있다.

그날 그 언덕에서 내가 본 바는 이러했다. 나와 짐꾼 몇 명은 천막 앞에서 숨 막히는 일촉즉발의 사제 대결에 귀를 기울이고 있었다. 그러나 뭔가 한바탕 난리가 날 것 같던 기세는 어디로 갔는지 쥐죽은 듯하던 천막 안에서 비파 소리가 나더니, 성난 얼굴로 천막 안으로 들어간 자로가 잔뜩 풀이 죽은 모습으로 걸어 나왔다.

"그럼 그렇지. 자로 같은 단순한 사람이 노련한 공구의 상대가 못 되지. 원래 군자가 궁할 궁자인 걸 여태 몰랐단 말인감? 안다고 하면 가난뱅이 신세를 면할 수 없고, 모른다고 하면 소인이니, 그동안 따라다닌 세월이 아깝도다, 흐흐."

짐꾼들 사이에서 이런 야유가 흘러나오는데, 자로는 이를 아는지 모르는지 재여가 널브러져 있는 나무 밑으로 터벅터벅 걸어가 털썩 주저앉았다.

"선생님 말씀은 높아도 너무 높아…"

자로는 하늘에 떠가는 구름을 멍하니 바라보았다.

"에이, 모르겠다. 나라도 가서 직접 식량을 구해봐야겠다."

그리고 벌떡 일어나 언덕을 내려가기 시작했다. 곧이어 자공이 뛰어와 자로의 행방을 묻고는 자기도 식량을 구해 오겠다며 언덕을 내려갔다. 나는 안연과 함께 막 나물을 뜯으러 나서던 참이라 고갯길을 향해 가는 자로를 멀리서 볼 수 있었다. 몇십 보쯤 뒤에서 비탈에 미끄러지며 쫓아가는 자공의 모습도 보였다.

얼마쯤 지났을까? 고개 중턱을 넘어가던 자로가 걸음을 멈추고 뒤돌아서서 우리 쪽 언덕을 잠시 바라보다 다시 돌아서서 가기를 두어 번 하더니 갑자기 춤을 추기 시작했다. 멀리 떨어져 자세히 보이진 않았지만, 분명히 자기 무릎을 치고, 또 자기 머리를 몇 번 치는 듯하더니 이윽고 오른팔, 왼발, 왼팔, 오른발을 번갈아 놀리며 덩실덩실 춤을 추며 가는 것이었다.

"안연 님! 저기 보세요. 자로 님이 춤을 춥니다!"

천막에서 나온 뒤 내내 말이 없던 안연이 내 말에 눈을 동그랗게 떴다.

"어디? 중유 사형이 춤을 춘다고?"

춤추는 자로를 발견한 안연의 얼굴에 금세 기쁨의 꽃이 피어났다.

"그럼, 그렇지!"

안연은 나물이 담긴 바구니를 내던지고 공자가 있는 천막 쪽으로 달려갔다. 그 모습이 마치 오래전 집을 떠난 형이 돌아온다는 소식을 전하러 아버지에게 달려가는 막내아들 같았다.

"선생님! 중유가 춤을 춥니다!"

천막 안에서는 아무런 대답이 없었다.

"선생님, 자로 사형이 춤을 춘다니까요!"

이번에도 대답이 없었다. 안연이 기다리다 못해 발을 걷었다.

잠시 후 조용하던 천막 안에서 거문고 소리가 울리기 시작했다. 천천히 흐름결을 타던 금 소리는 어느덧 격정적인 선율을 내뿜었다.

이심전심

공자 일행이 굶주림에서 벗어나 다시 초나라를 향해 갈 때 자로가 선발대가 되어 일행과 떨어진 적이 있었다. 그때 내가 자로를 수행하면서 그날 일에 대해 물어보게 되었다.

"왜 춤을 추셨습니까?"

자로는 내 어깨를 감싸고 걸으면서 몰래 비밀을 털어놓는 소년처럼 속삭였다.

"이건 너한테만 하는 말인데, 그게 말이야, 이상했어. 나는 분명 잔뜩 화가 나 있었는데, 머릿속에선 자꾸 한 줄기 번개가 번쩍거리는 거야. 선생님의 그 눈빛! 목소리는 엄중하게 꾸짖고 있지만, 눈빛은 그게 아니었어! 그건 오직 우리 둘만이 알아볼 수 있는 눈빛이었어.

'유야, 너까지 왜 이러느냐? 너마저 이러면 나는 어떻게 해야 하느냐? 저 어린 제자와 수행자들은 또 어디에 손발을 두어야 하겠느냐? 유야, 우리는 군자다. 군자는 어려울수록 더욱 의연하고, 소인은 어려움에 빠지면 과장한다. 너와 나는 젊어서 만나 오랜 세월을 함께하며 어려운 때일수록 더욱 서로를 격려하며 의연함을 잃지 않았다. 군자가 어려움을 과장하면 소인이 된다는 걸 우린 잘 알고 있잖느냐? 선비가 현실과 타협하고 어려움 앞에 무릎 꿇을 때는 핑계를 찾게 마련이다. 그리하여 덕을 잃고 절개마저 꺾여 역사에서 오명을 뒤집어쓴 이가 얼마이더냐?'

언젠가 선생님이 내게 말씀하셨지. '이 세상에 도가 행해지지 않아 뗏목을 타고 바다 저편으로 가야 한다면, 그런 나를 따라나설 자 자로뿐이로다'[15]라고. 그 말씀을 듣고 내가 얼마나 기뻐했는지 자네는 모를 걸세. 나는 선생님의 그 눈빛에서 선생님도 한 사람의 인간이라는 사실을, 오랜 세월 선생님이 가장 믿고 의지해온 사람이 바로 나라는 사실을 확신했다네. 그 생각을 하니 어쩌나 감격스럽던지 그만 저절로 팔다리가 움직이지 않겠나?"

공자의 눈물

자로가 춤을 춘다는 안연의 외침에 나머지 일행도 모두 언덕 위로 뛰어 올라갔다. 공자의 거문고 소리가 들판 가득 퍼져가는 가운데 자로가 춤을 추며 고갯마루를 막 넘어가고 있었다. 자공이 손을 흔들며 그 뒤를 따랐다. 거문고 소리가 거기까지 들렸는지 모르겠으나, 그때 내 눈에는 마치 자로가 거문고 선율에 맞춰 춤을 추는 것처럼 보였다. 안연과 나는 나물바구니를 옆구리에 낀 채 두 사람의 모습이 고개 너머로 완전히 사라진 뒤에도 한참 더 그 자리에 서 있었다.

훗날 안연이 자로에게 귀띔하는 말을 우연히 듣게 되었는데, 그때 거문고를 켜던 공자의 눈가에도 촉촉하게 물기가 어렸다고 한다. 붉은 노을이 대륙의 지평선을 찬란하게 물들이던 어느 저녁의 일이었다.

군자는 진실로 궁한 자이니

나의 도는 하나로 꿰뚫을 뿐이다.
吾道 一以貫之 _《논어》〈이인〉15장

초나라 소왕을 만나기 위해 길을 떠난 공자 일행은 이레 동안 들판을
헤매며 굶주림에 시달리는 고난을 겪는다. 공자는 그런 곤경 속에서도
시를 읊고 거문고를 타며 의연함을 잃지 않았다. 그러나 일부 제자들은
지치고 병이 나 일어서지도 못할 지경이었다. 공자 일행이 이 위기에서
벗어난 것은 사공의 수완 덕분이었다. 식량을 구하러 마을로 내려간 자
공이 거짓말처럼 쌀을 구해 나타난 것이다.

자공의 활약으로 배고픔에서 벗어난 공자와 제자들은 모처럼 여유
로운 마음으로 한자리에 둘러앉았다. 공자가 강론을 예고한 터였다. 공
자의 이날 강론은 훗날 유가들 사이에서 공자 정신의 불굴성과 위대함
을 증언하는 대표적인 사례로 꼽히게 된다. 역사가의 엄정함과 작가적
상상력을 절묘하게 교직한 극적인 문체로 유명한 사마천이 이 전설적
이야기가 지닌 불멸성을 놓칠 리 없었다. 그는 수백 년 뒤의 사람임에
도 마치 자기 두 눈으로 직접 본 사람처럼 이날의 모습을 상세하게 묘
사해놓았다. 현장에서 직접 강론을 들은 나조차 놀랄 정도로.

아무튼 이 사건은 유가들이 스승의 사상을 전파하는 데 효과적으로
활용하면서 불후의 전설이 됐다. 기독교에서 예수가 행한 산상수훈山上

垂訓이나 오병이어五餠二魚의 기적처럼 말이다. 그날 내 눈에 비친 공자의 모습은 그 어느 때보다 신중했다. 모르는 사람들이 보면 그가 불안과 초조감을 연륜의 힘으로 제어하고 있다는 것은 생각지도 못했으리라. 그래서 말인데, 나는 가끔 이런 생각을 해본다. 어쩌면 그날 공자는 자신의 강론이 지니게 될 거대한 역사성을 의식했을지 모른다고.

이날 강론은 문답식으로 진행됐다. 사마천은 공자와 제자들이 각각 따로 문답한 것으로 기록했으나, 실제로는 언덕의 큰 살구나무 아래 스승과 제자들이 함께 둘러앉은 가운데 이뤄졌다. 강론에 참석한 사람들은 문답을 나눈 자로, 자공, 안연뿐 아니라 재여를 비롯해 몇몇 제자가 더 있었다. 장소가 노천인 덕분에 우리 짐꾼들도 뒷줄에 둘러앉아 자연스럽게 참여할 수 있었다. 그렇게 여러 사람들이 있었음에도 이날의 강론이 수천 년 동안 수많은 사람들 사이에 회자될 것이라고 생각한 사람은 아무도 없었다. 아니, 나 이생이 있으니 '거의' 없었다고 해야 할까? 그날 청강에 너무 몰두한 나머지 참석자 이름을 다 기억해주지 못하는 것이 못내 안타까울 따름이다.

나의 도에 잘못이 있는가

선생님이 강론을 시작하기에 앞서 일행을 둘러보다가 나와 눈을 맞추며 말씀하셨다.

"들판을 걸으며 불렀던 노래를 다시 한 번 불러보겠느냐?"

나는 황송하여 잠시 어쩔 줄 모르다가 배불뚝이 채인을 일으켜 세워 진나라 짐꾼들에게 배운 노래를 함께 불렀다.

어느 풀인들 시들지 않고 배겨날까

어느 날인들 우리 행군 멈출 때 있을까

슬프다 우리 신세 사람 대접 못 받네.

외뿔소도 아니고 호랑이도 아니건만

왜 들판을 헤매는가

슬프다 우리 신세 아침저녁 쉴 틈이 없네.[16]

노래를 마치자 두 눈을 지그시 감고 있던 공자가 제자 중 가장 연장자인 자로에게 먼저 말했다.

"우리도 저 노래처럼 외뿔소도 아니고 호랑이도 아닌데, 들판을 헤매고 다녔다. 왜 이런 고생을 하는가? 과연 나의 도가 아직은 많이 부족해서인가? 아니면 뭔가 잘못해서인가? 유야, 어째서 우리가 이런 지경에 이르게 되었을까?"

자로가 대답했다.

"제가 궁금한 점도 그것입니다. 선생님께서 덕을 쌓고 의를 지킨 지 오래십니다. 곤경에 처할 때도 의연히 인을 행하셨습니다. 그런데 아무도 믿어주지 않았습니다. 보십시오. 진나라, 채나라에 여러 상하 대신들이 있음에도 선이 닿는 이가 하나도 없습니다.[17] 우리가 아직 인의 경지에 들지 못해서인가요, 지의 경지에도 들지 못해서인가요? 사람들이 우리의 갈 길을 이처럼 가로막으니 말입니다."

공자가 탄식했다.

"아, 실로 덕을 안다는 것은 어려운 일이구나!"[18]

그러고는 이렇게 말했다.

"유야, 내 말해주마, 그런 것이 아니다. 네 말대로 인하다고 해서 반드시 남이 믿어준다면 백이伯夷와 숙제叔齊처럼 수양산에서 굶어죽지 않았을 것이다.* 네 말대로 지혜로운 자라고 해서 반드시 남에게 인정받는다면 왕자 비간比干이 심장이 갈라지는 화를 입지 않았을 것이다.**"

공자가 이어 모두를 향해 말했다.

"군자로서 학식이 넓고 뜻이 깊음에도 시대를 만나지 못한 이가 많다. 어찌 홀로 나뿐이겠느냐? 깊은 숲 속의 난초가 보아주는 이가 없다고 해서 향기를 내뿜지 않는 것은 아니다. 군자란 도를 닦고 덕을 세우다가 곤궁에 빠진다 해도 절의를 바꾸지 않는 법이다. 시대를 만나고 만나지 못하는 것은 시운時運이며, 살고 죽는 것은 하늘의 뜻이다. 군자는 오직 쉼 없이 자신을 닦으며 때를 기다리는 자이다."19

공자가 자공을 돌아보며 같은 질문을 했다.

"사야, 너는 어떻게 생각하느냐? 나의 도에 무슨 잘못이 있는가?"

자공이 잠시 생각하다가 조심스럽게 말했다.

"선생님의 도는 지극히 원대하여 세상의 그 누구도 감당하지 못합니다. 그러니 차라리 선생님께서 약간 도를 낮추시는 것이 낫지 않겠습니까?"

공자가 한동안 말없이 자공을 바라보다가 낮은 목소리로 말했다.

"나는 너희에게 '군자는 본래 궁하다'고 했다. 사야, 내가 너희보다 많이 배웠기에 그렇게 말할 수 있는 것이냐?"

자공이 공손하게 답했다.

---

* 백이와 숙제는 주나라 무왕의 은나라 정벌이 적절치 못함을 간했으나 무왕이 듣지 않자, 주나라의 녹을 받은 것을 부끄럽게 여겨 수양산에 들어가 고사리만 뜯어 먹다가 굶어죽었다.
** 은나라 주왕의 숙부인 비간은 주왕의 폭정을 직간하다 죽임을 당했다.

"그렇지 않습니까? 선생님이 아니라면 감히 그 경지에 이르지 못할 것입니다."

공자가 말했다.

"사야, 네가 말하고자 하는 뜻을 내가 모르는 바 아니다. 그러나 나의 도란 한쪽을 낮추어 다른 쪽을 높이고, 하나를 내주어 다른 하나를 취하는 그런 것이 아니다. 나의 도는 하나로 모두를 꿰뚫을 뿐이다."[20]

공자가 이어 모두를 둘러보며 말했다.

"훌륭한 농부가 씨 뿌리기를 잘한다고 해서 수확까지 잘되리란 보장이 있는 것은 아니다. 훌륭한 기술자가 물건을 아무리 잘 만든다고 해도 항상 모든 사람의 마음에 드는 건 아니다. 마찬가지로 군자가 아무리 그 도를 잘 닦아 기강과 계통을 세운다 할지라도 그것이 반드시 세상에 받아들여지는 것은 아니다. 지금 우리는 도를 부지런히 닦지도 않은 채, 스스로 도를 낮추어 세상에 받아들여지기만을 바라고 있다. 이래서는 그 생각이 원대해질 수 없고, 그 뜻이 넓어질 수 없는 것이다."

질문이 마침내 안연에게 돌아왔다. 우리는 마른침을 꿀꺽 삼켰다.

"회야, 너는 어떻게 생각하느냐? 너의 뜻을 듣고 싶구나."

안연이 묵상하듯 앉아 있다가 이윽고 입을 열었다. 수줍은 듯하면서도 단호한 말투였다.

"선생님의 도는 지극히 원대합니다. 천하의 그 누구도 능히 받아들일 수 없습니다. 비록 그렇기는 하지만, 선생님께서 이미 도를 추구하고 행하고 계신데 세상에 받아들여지지 않은들 무슨 걱정이겠습니까? 군자의 참모습은 세상에 받아들여지지 않고 나서야 드러나는 것입니다. 도가 닦이지 않는 것은 그들의 치욕이요, 도덕이 높은 인재를 쓰지 않는 것은 그 나라의 수치일 뿐입니다. 그들에게 받아들여지지 않는다고 해서 무슨 걱정이겠습니까? 군자의 참모습은 받아들여지지 않고 나서야 비로소 드러나는 법입니다!"

안연이 말을 마치자 공자의 얼굴에는 기쁨이 가득했다.

"보아라, 여기 안씨의 아들이 있다! 만약 회가 돈을 많이 번다면, 나는 그의 집사라도 되고 싶구나."[21]

한겨울 소나무가 푸르른 것은

나와 몇몇 제자들은 강론이 끝난 뒤에도 한참 동안 문답의 여운에 젖어 있었다. 화제는 단연 안연의 대답이었다. 다른 제자들도 공자와 안연의 문답을 들으며 희열로 가슴이 벅찼는데, 정작 안연은 스승의 칭찬에 얼굴이 빨개졌다. 그 모습을 보고 짐꾼들까지 웃음을 감추지 못했다. 안연의 답변이야말로 공자가 이 굴욕의 고난 속에서 가장 듣고 싶었던 말이자, 자신이 직접 세상을 향해 외치고 싶은 말이었을 것이다. "보아라, 여기 진정한 군자들이 있다!" 안연은 공자에게 제자이기 이전에 같은 수행의 길을 가는 벗이었다. 아니, 어쩌면 그 이상이라고 해도 좋을 것이다.

안연이 저 높은 곳에서 스승과 함께 노니는 경지를 보여주었다면, 자로는 보통사람들의 심정을 대변했다. 단순하고 감정에 솔직한 사람답게 자로의 사고 회로는 늘 선악의 인과관계를 축으로 돌아갔다. 그래서 나는 자로의 울분에 더욱 공감했다. 하늘에 도가 있다면 선한 자에게 복을 내리고 악한 자는 벌을 줘야 마땅하지 않은가? 도대체 정의는 어디에 있는가?

그러나 행한 일과 복은 반드시 일치하는 게 아니라는 것, 바로 그러하기에 천명天命이 존재한다는 걸 공자는 잘 알고 있었다.

유야, 천명과 시운은 사람의 일에 속하는 것이 아니다. 또한 군자는 학문
을 함에 있어 배부르게 먹는 것과 안락한 거처를 바라지 않는다.[22] 군자는
그러므로 보답을 바라고 인의를 행하는 자가 아니다. 먼저 실천하고 요행
히 보답이 주어진다면 따를 뿐이다.[23] 인격을 닦는 목적이 명성이나 부에
있지 않을 때, 그 도는 비로소 도로서 가치를 지닌다. 그리하여 군자는 한
겨울 소나무와 잣나무의 푸르름과 같다. 날이 추워지고 나서야 비로소 그
시들지 않는 기상을 우리가 알게 되지 않더냐?[24]

자공의 질문이야말로 다들 하고 싶었으되 감히 꺼내지 못한 우문이
었다. 자공은 불굴의 철인에게 역사상 가장 세속적인 질문을 던지는 악
역을 맡은 셈이니, 그야말로 가장 용감한 질문자였다.
"도를 약간만 낮추면 안 되겠습니까?"
참으로 절묘한 질문이 아닌가? 명민한 현실주의자 자공은 공자의 이
상이 이 비루한 세상에서는 실현될 가망이 거의 없다는 것을 잘 알고
있었다. 자공은 그래서 평소에도 이 질문을 가슴 한구석에 품고 있었을
지 모른다. '선생님은 그저 모르는 척하십시오. 눈높이를 낮추는 일은
저희가 알아서 하겠습니다. 현실 감각 하나는 끝내주는 이 자공이 선생
님을 중원 제일의 명망가로 만들겠습니다!'
이런 자공의 현실 감각을 훤히 꿰뚫어본 이가 또 누구인가? 공자는
'하늘을 상대로 한 장사꾼'이다. 그랬기에 '지상의 장사꾼'인 자공의 제
안을 웃으며 일축할 수 있었다. 공자가 일찍이 자공이 내놓은 것과 같
은 타협안을 수용했다면 일세의 명재상이 되었을지는 몰라도, 만세의

스승은 되지 못했을 것이다.

지금 노래를 부르는 이는 누구인가

감흥이 지나가자, 이상하게도 내 머릿속에는 공자가 안연을 칭찬하며 한 말이 눌러앉아서 한동안 떠나지 않았다. 안연이 돈을 많이 벌면 그의 집사가 되겠다는 말씀은 정말 유쾌한 극찬이지만, 정작 그 말뜻이 정확히 가슴에 와 닿지 않아서였다. 단표누항簞瓢陋巷의 청빈한 생활을 하던 안연은 팔자에 없는 부자의 길을 획책할 사람이 아니었다. 그런 사람이 부자가 되는 것을 전제로 그 사람의 창고지기가 되겠다니, 무슨 뜻으로 하신 말씀일까? 반어나 역설일까? '네가 결코 부자가 될 리는 없지만, 비록 가난한 삶이라도 너와 함께하마.' 아니면 비유로 해석해야 할까? '너의 창고에 도가 가득 쌓인다면 나는 그 도를 관리하는 창고지기가 되어도 좋으리…' 허허, 하필이면 왜 부자였을까? 아무래도 이건 공자가 특별히 나에게만 남겨준 숙제인 듯했다. 나는 잠자리에 들어서도 혼자 실없이 웃다가 요기尿氣를 풀러 밖으로 나왔다. 어둠 저편에 긴 그림자가 하나 서 있었다. 공자였다. 조금 더 가까이 다가서니 안연이 함께 있었다.

광활한 평원의 검은 반구에 은하수가 가득한 밤이었다.

"회야, 왜 자지 않고 나왔느냐?"

"선생님이 겪으신 고초를 생각하니 마음이 분합니다."

안연은 어제 거문고를 켜며 몰래 눈물을 흘리던 공자의 모습이 가슴에 화인火印처럼 박혀버린 모양이었다.

공자는 자신을 절대적 표상으로 여기는 순결한 정신의 안연이 무척 사랑스러우면서도 걱정이 됐다. 이상이 높으나 현실을 모르는 그가 혼탁한 세상과 부대끼다 상처를 입을까 우려했던 것이다.

어둠속에서 공자의 말이 들렸다. 낮은 목소리였지만 마치 거대한 강물이 흘러가는 것처럼 웅혼했다.

"회야, 나는 하늘이 주는 괴로움 따위는 얼마든지 견딜 수 있다. 그러나 네가 나에게 주는 이 행복과 기쁨은 뿌리치기 어렵구나. 고맙다, 회야, 그러나 지금 나의 슬픔을 너무 애달프게만 여기지 말아라. 하늘이 주는 시련을 참을 수 있는 자라면 사람이 주는 기쁨과 슬픔도 기꺼이 초월할 수 있어야 하리니. 회야, 너는 나를 그렇게 여기거라."

그 목소리는 마치 거짓 없는 삶을 살아온 가난한 아버지가 이제 막 거친 세상으로 나가려는 아들에게 하는 말처럼 들렸다.

안연의 대답은 들리지 않았다. 한동안 흐느낌 같은 바람소리만이 어두운 밤공기를 타고 들판으로 퍼져나갈 뿐이었다. 나는 두 사람을 숲속에 남겨둔 채 조심스레 인기척을 감추고 그 자리에서 멀어졌다.

약 200년 뒤에 쓰인 《장자莊子》에는 이날 두 사람의 심야 대화가 묘한 형태로 남았다. 기록한 이가 장주莊周 자신인지는 알 수 없으나, 유가를 조롱하는 빼어난 우언寓言으로 곧잘 자신들의 존재를 과시했던 장자 일파가 왜 이날의 대화를 자기들의 경전에 남겼는지 짐작 못 하는 바는 아니다. 장자의 우언들이 유파 간 경쟁에서 비롯된 교묘한 의미 조작에 불과하다고 해도, 적어도 이날에 대한 묘사만큼은 내가 목격한 진실과 맥이 통하는 바가 있었다. 아, 그때 나 말고 또 누가 어둠속에 숨어 있었단 말인가! 그때 내가 그 은자를 만날 수 있었다면 내 이 기록은 얼마나 더 풍요로워졌을까!

은자가 전하는 말에 따르면, 공자는 안연이 자신을 너무 사랑한 나머지 슬퍼할까봐 걱정되어 이런 말을 했다고 한다.

"회야! 하늘이 주는 고난쯤이야 견딜 수 있다. 그러나 사람이 주는 은혜와 기쁨은 견디기 어렵구나. 회야, 잊지 마라. 세상은 시작도 없고 끝도 없고, 하늘과 사람은 하나일 뿐이니, 지금 네 앞에서 노래를 부르는 이가 누구이겠느냐?"[25]

이것이 운명이라면

어떤 사람이 자서에 대해 묻자 공자가 말했다.

"아, 그 사람, 그 사람…"

或問子西 (子)曰 彼哉 彼哉 _《논어》〈헌문〉10장

굶주림에 시달리는 고난 속에서도 의연했던 공자는 다시 길을 떠나 마침내 초나라 변경 지대에 이르렀다.[26] 멀리 성문 위로 초나라 깃발이 보이자 제자와 짐꾼들 사이에서 함성이 터져 나왔다.

"와, 초나라다!"

"영도*에 들어서면 초나라 왕이 버선발로 달려 나와 우리 선생님을 맞이할 테니 드디어 고생이 끝나겠구나!"

모처럼 공자 일행에 웃음꽃이 만발했다.

당시 초나라는 북방의 진晉나라와 더불어 중국의 양대 강국이었다. 공자는 애초 진나라로 가려 했으나 진나라 대부들이 살해당하고 조정이 혼란에 빠지는 바람에 방향을 남쪽으로 돌린 것이다. 이처럼 공자가 강대국을 상대로 유세하려 한 까닭은, 자신의 정치사상을 전파하고 실천하는 데 더 효과적일 것이라는 판단에 있었다. 조국 노나라와 위나라에서 겪은 정치적 좌절의 반작용이기도 했다. 자로는 그때마다 탁자를

---

* 초나라의 수도.

치며 울분을 토했다.

"이럴 바엔 중앙 무대로 직행합시다! 거기에서는 훨씬 뛰어난 임금과 대부들이 우리를 제대로 평가해줄 겁니다."

나머지 제자들도 말은 안 했지만 자로의 주장에 공감했다. 특히 초나라 소왕은 나랏일에 헌신적인 군왕일 뿐 아니라, 개인적으로 공자를 존경하고 있다지 않은가.

공자 일행이 저마다 부푼 기대감에 젖어 발걸음도 가볍게 초나라 국경도시를 지나갈 때였다. 긴 머리를 아무렇게나 늘어뜨리고 얼굴은 숯을 칠한 듯 검은 사내가 조용히 공자의 수레에 접근했다. 그는 수레를 따라 걸으면서 노래를 부르기 시작했다.

봉황새야, 봉황새야, 어찌 그리 덕이 쇠했느냐?

거리의 소음 때문에 노랫소리가 멀리 퍼지지는 않았지만, 쇠똥받이 삼태기를 들고 수레 옆을 걷던 나는 분명히 들을 수 있었다. 공자가 고개를 내밀고 수레를 모는 자공에게 물었다.

"사야, 지금 이게 무슨 소리냐? 어디서 나를 부르는 것 같구나."

자공이 공자를 올려다보며 대답했다.

"선생님, 어떤 사람이 우리를 따르며 노래를 합니다."

봉황새야, 봉황새야, 어찌 그리 덕이 쇠했느냐?
지나간 일은 그렇다 쳐도, 다가올 일은 충분히 알 만하지 않은가.
그만두시게! 그만두시게!
지금 정치에 뛰어드는 건 위험천만이라네.

노랫소리를 따라 시선을 옮기던 공자의 눈이 갑자기 휘둥그레졌다. 공자가 급히 수레에서 내려서며 외쳤다.

"유야, 사야, 저분을 모셔 오너라! 내 그를 만나야 한다."

그러나 사내는 공자를 한번 힐끗 쳐다보고는 이내 인파 속으로 사라져버렸다. 사내가 모습을 감추자 공자가 길게 탄식했다.

"초나라에 올 때 내심 그와 더불어 이야기할 수 있기를 기대했다. 오늘 그가 떠났으니 다시는 볼 수 없겠구나."[27]

"선생님, 아는 사람입니까?"

자로가 물었으나, 공자는 말이 없었다. 하지만 오랜 세월을 공자와 함께해온 자로는 짚이는 데가 있었다. '아마 육통陸通일 것이다.'

눈치 빠른 자공이 자로에게 물었다.

"아까 그 미친 사람을 아십니까? 감히 선생님께 덕이 쇠했다고 지껄이다니 몹시 불경합니다. 정치를 하면 위태롭다는 건 또 뭡니까? 초나라에 가서는 안 된다는 뜻이 아닙니까?"

육통이라면 초나라 조정과 등진 채 미친 사람 행세를 하며 숨어 산다는 은사隱士였다. 언젠가 선생님이 "일어나 세상을 떠나간 은자가 일곱 있다"[28]고 하셨는데, 그중 한 사람이 육통 아니던가?* 오늘 선생님의 태도를 보니 육통과 아는 사이가 틀림없었다. 그런데 육통은 왜 굳이 여기까지 와서 선생님을 만나지 않고 가버린 것일까? 자로는 느닷없는 육통의 출몰이 왠지 불길하게 느껴졌다.

---

* 주자朱子, 즉 주희朱熹는 《논어집주論語集註》에서 "일곱 사람이 누구인지 알 수 없으니, 굳이 찾아서 채우려 할 필요는 없다"고 하였다. 그러나 후대 학자들은 《논어》의 다른 편에 등장하는 주나라 시대의 현인 또는 은자를 가리키는 것으로 해석한다. 대체로 백이, 숙제, 우중虞仲, 이일夷逸, 주장朱張, 류하혜柳下惠, 소련少連 등이다. 이 밖에 장저長沮, 걸익桀溺, 장인丈人, 신문晨門, 하조荷蓧, 의봉인儀封人 등과 더불어 육통, 즉 접여接輿가 꼽힌다.

"이보시게, 자공, 자네가 먼저 영도로 들어가 초나라 조정에 무슨 일이 있는지 상세히 알아보게. 지금은 전쟁 중이니 매사 신중하게 살펴가며 선생님을 모셔야 하지 않겠는가?"

자공을 태운 말이 뿌연 흙먼지를 일으키며 쏜살같이 남쪽으로 내달릴 즈음, 운명은 엇갈리고 있었다. 초나라 소왕이 전선으로 가는 군대와 함께 비밀리에 영도를 떠난 뒤였기 때문이다. 때는 전선의 백골이 시든 풀에 덮이기 시작하는 늦가을 무렵이었다.

불구대천의 원수, 초 소왕과 오자서

초나라 소왕은 오나라가 초나라의 위성국 진陳나라를 침공하자 원군을 보내면서 자신도 최전방 군사도시인 성보로 갔다. 소왕은 왜 왕성을 비우는 위험을 감수하면서까지 직접 출전해야 했을까? 일찍이 소왕은 오나라 왕 합려闔閭가 초나라 망명객 오자서伍子胥의 보좌를 받아 영도를 함락시킬 때 수도와 백성을 버리고 도망치는 굴욕까지 겪은 터였다.*

소왕의 아버지 평왕平王은 역사에 두 가지 오점을 남겼다. 하나는 아들의 비로 맞이한 진秦나라 여인을 후비로 삼아 소왕을 낳은 일이고, 또 하나는 간신의 참소에 속아 충신 오사伍奢와 그의 아들 오상伍尙을 무고

---

* 합려는 오나라 제24대 왕. 왕위가 사촌동생 요僚한테 넘어가자 쿠데타를 일으켜 스스로 왕위에 올랐다. 이때 오자서와 의형제 사이인 자객 전제專諸가 생선 뱃속에 감춘 비수로 요왕을 찔러 죽였다. 쿠데타에 성공한 합려는 오자서를 재상으로 삼아 초나라를 패배시키고 남방의 패자로 군림했다. 오자서는 합려와 그 아들 부차를 남방의 패자로 끌어올린 공로로 오나라 원훈으로 추앙받았으나, 정치적으로 경쟁관계에 있던 태재 백비伯嚭와 대립하다가 부차에 의해 자결을 강요받았다. 오자서는 부차가 내린 촉루검으로 자살하면서, 자기의 두 눈을 뽑아 성문에 걸어 월나라 군대가 쳐들어오는 것을 보게 하라는 유언을 남겼다. 훗날 부차는 월나라 구천에게 패하여 나라를 잃게 되자, 저승에 가서 오자서를 볼 면목이 없다며 보자기로 얼굴을 가린 채 죽었다.

하게 죽인 일이었다. 이때 오사의 작은아들 오원伍員이 복수를 맹세하며 달아났으니, 그가 희대의 책사 오자서이다.

오자서는 망명지를 전전하다 합려의 쿠데타를 도운 공으로 오나라 재상이 된다. 오자서는 《손자병법孫子兵法》으로 유명한 병법가 손무孫武와 함께 오나라 군대를 천하무적의 강군으로 조련하여 망명 19년 만인 기원전 506년 조국 초나라로 쳐들어간다. 소왕은 오나라의 침공에 수도를 빼앗기고 간신히 목숨만 부지한 채 도망쳐야 했고, 원한에 사무친 오자서는 죽은 평왕의 무덤을 파헤친 후 충신을 알아보지 못한 죄라며 시체에 채찍질을 300번이나 했다. 그 후 오자서는 초나라 충신 신포서申包胥가 자신의 행위를 비판하자 사과의 뜻을 전하며 "해는 저물고 갈 길은 멀어 도리에 어긋나는 일을 할 수밖에 없었다[吾日暮途遠 故倒行而逆施之]"29는 유명한 말을 남겼다. 오자서의 죽마고우였던 신포서는 오자서가 망명하면서 "반드시 돌아와 초나라를 뒤엎을 것"이라고 했을 때, "노력하시게, 자네가 초나라를 뒤엎는다면 나는 반드시 초나라를 부흥시킬 걸세"30라고 말한 인물이다. 신포서가 진나라 궁정 뜰에서 칠일 밤낮을 엎드려 간청한 끝에 구원병을 얻어서야 소왕은 영도로 돌아올 수 있었고, 끝내는 오나라를 피해 더 먼 곳으로 도읍을 옮기는 수모를 치렀다. 소왕은 즉위하자마자 오사를 참소했던 간신 비무기費無忌를 죽여 오자서의 분노를 달래려 한 터였지만, 이로써 오나라와는 돌이킬 수 없는 원수 사이가 되었던 것이다.

공자를 가로막은 자서

국경도시에서 육통, 이른바 초광접여楚狂接輿를 만난 뒤 분위기가 어수선해진 공자 일행 앞에 영도로 먼저 떠난 자공이 헐레벌떡 나타났다.

자로가 놀라 물었다. "아니, 어찌된 일인가?"

"사형, 영도까지 갈 필요가 없었습니다. 초 왕이 영도를 떠나 전방으로 갔다고 합니다."

"그래? 어디로 갔다고 하던가?"

"제가 알아본 바로는 성보라고 합니다."

"성보라? 차라리 잘됐다. 성보라면 여기서 가까운 곳이다."

"그런데 그게…" 자공이 말꼬리를 흐리더니 풀죽은 목소리로 말했다. "가도 소용이 없을 듯합니다. 초나라 재상 자서子西가 선생님의 초 왕 면담을 취소시켰다고 합니다."

"무엇이?" 자로는 땅을 쳤다. "자서 그 사람, 그 사람이 우리 선생님을 음해했단 말인가?"

자서는 소왕의 이복형이자 초나라의 재상인 영윤令尹이었다. 애국심과 군주에 대한 충성심이 높고, 산전수전 다 겪은 정치 경륜으로 당시 사람들에게 명재상 소리를 듣던 인물이다. 그런 그가 왜 자기 임금을 공자와 만나지 못하게 한 것일까? 전말은 이러했다.

공자가 초나라로 오려 한다는 이야기를 들은 소왕은 크게 기뻐하며 공자를 제후의 예로 맞이할 결심을 했다. 자공이 들은 바로는 소왕이 초나라 서사 땅 700리를 공자에게 봉해 다스리게 하려 했다는 것이다.[*] 그런데 지방 순시 중이던 자서가 이 소식을 듣고 일정을 취소하면서까지 급히 영도로 돌아갔다. 자서는 왕실의 맏형이자 재상으로서 오나라

---

* 원래 서사書社는 영토 안의 인명과 토지를 기록한 문서를 말한다. 25가구가 사는 지역을 묶어 1사社라 한다. 따라서 서사 700은 1만 7500가구가 있는 지역을 말한다. 이를 땅 700리라고 한 것은 사마천의 착오라는 것이 정설이다.

에 당한 치욕을 씻고 초나라를 부흥시키는 일을 필생의 사업으로 여기는 사람이었다. 그의 인재 등용 기준은 오로지 부국강병이었다. 그에게 절실한 것은 오자서 같은 책사와 손무 같은 병법가였으니, 인의를 주장하는 공자는 당장 쓸모가 없어 보였으리라.

자서는 자신의 손으로 옹립한 어린 동생이자 군주인 소왕을 앉혀놓고 물었다.

"전하께서 사신으로 삼아 다른 제후에게 보낼 만한 사람으로 자공만한 사람이 있습니까?"

"없습니다."

"전하를 보필할 신하로 안회만한 사람이 있습니까?"

"없습니다."

"전하의 장수감으로 자로만한 사람이 있습니까?"

"없습니다."

"전하의 장관감으로 재여만한 사람이 있습니까?"

"없습니다."

자서가 일어나 소왕 앞에 엎드려 말했다.

"전하! 우리 초나라 조상께서 나라를 여실 때 국토가 50리에 불과했습니다. 주나라 문왕과 무왕이 중원을 차지할 때도 그 출발은 사방 100리에 지나지 않았습니다. 그런데 지금 공자는 천하를 돌아다니며 삼황오제의 치국 방법과 주공과 소공召公의 사업을 주창하고 있습니다. 그런 공자에게 700리나 되는 땅을 하사하여 현명한 제자들과 함께 다스리도록 한다면 인심이 어디로 흐르겠습니까? 장차 전하께서는 조상이 물려주신 나라를 유지할 수 있겠습니까?"[31]

소왕은 형의 말을 듣자 등에 식은땀이 흘렀다. 가뜩이나 오나라에 눌려 자기 대에서 사직을 잃을까 심한 불안감에 시달리던 소왕은 자서의 말뜻을 금세 알아차렸다.

'비록 공구가 성인이라 하더라도 조상이 물려준 종묘사직과 바꿀 수는 없지… 아, 과인이 어리석어 잠룡潛龍에게 날개를 달아줄 뻔했구나…'

이것이 운명이라면

사태의 전말을 알게 된 공자는 한동안 깊은 사색에 잠겼다.

'소왕이 나를 존경한다고는 하지만 지금 그가 처한 정치 현실은 참으로 엄혹하기만 하다. 자서의 행위도 입장을 바꿔놓고 생각하면 아주 이해하지 못할 바가 아니다. 그렇지만 그것이 내가 초나라 왕을 만나지 못할 이유가 될 수는 없다.'

공자는 분연히 일어나 수레에 올랐다.

'바로 그렇기 때문에 더욱 나는 초 왕을 만나야 한다. 전쟁에 이리 쫓기고 저리 쫓기는 백성들의 고달픈 삶을 보라. 나는 밝은 덕으로 정치를 아름답게 밝혀 고단한 인민들을 더 높은 선의 세상으로 이끌고자 한다.[32] 비록 그곳이 화살이 빗발치는 전쟁터라 해도 나는 한순간도 인을 이루는 길을 외면할 수가 없구나![33]

"가자, 성보로! 유야, 사야, 어서 성보로 가자꾸나!"

공자 일행이 다시 행로를 바꿔 성보로 향하던 중 또 다른 급보가 전해졌다. 한 번 엇갈린 운명은 갈라진 강물처럼 되돌릴 수 없는 것일까. 초 소왕이 성보 진중에서 급사한 것이다.

병이 잦았던 소왕이 어느 날 병석에 들었을 때 하늘에 불길한 기운이 나타났다. 그런데 이것을 제대로 해석하는 이가 없자, 주나라 태사에게 사람을 보내어 점을 치게 했다. 태사는 소왕에게 불길한 징조이니 제사를 지내 그 징조를 신하들에게 돌리면 화를 면할 것이라고 했다. 그러자 소왕이 말했다. "내 병을 없애려고 그 병을 신하에게 옮겨놓는 것이 초나라에 무슨 득이 되겠는가? 나에게 큰 잘못이 없다면 하늘이 어찌 나를 죽게 내버려둘 것이며, 죄가 있어 벌을 받는다면, 그것을 다른 사람에게 옮긴다고 옮겨지는 것이겠느냐?"

진중에서 소왕의 병이 더욱 깊어지자 태사가 "황하의 신이 저주하니 하신河神에게 제사를 지내야 한다"고 주청했다. 소왕이 웃으며 거절했다. 신하들이 나서서 거듭하여 권하자 소왕이 말했다. "나는 초나라의 군주다. 내가 빌 곳이 있다면 우리 초나라의 강산이지, 중국의 강산이 아니다.* 내가 비록 부덕하나, 남의 나라 귀신에게까지 죄를 짓지는 않았다."

훗날 공자도 이 이야기를 전해 듣고 소왕의 기개를 높이 평가했다.

"소왕이 대도大道를 알았으니 그가 나라를 잃지 않음은 실로 당연하다."[34]

소왕은 임종에 앞서 자서에게 왕위를 넘기려 했다. 그러나 자서는 왕위를 사양하고 비밀리에 영도로 철군해 소왕의 어린 아들 혜왕惠王을 옹립한 뒤 소왕의 장례를 거행했다. 소왕은 군왕의 자질을 가졌으나 시운을 만나지 못한 슬픈 운명의 임금이었다. 그의 기개 어린 최후가 초나라에 전해지자 수많은 백성들이 그의 죽음을 애달파했다.

소왕의 부음을 노상에서 들은 공자는 수레를 멈추고 영도를 향해 예

---

* 황하는 초나라가 아니라 주나라에 속한 강이라는 뜻이다. 당시 초나라는 자국을 중국의 일원이 아닌 독자적인 천자국으로 여겼다.

를 갖춘 뒤 탄식했다.

"지난번에는 북방의 황하를 건너지 못하더니 이번엔 남방의 평원을 건너지 못하는구나. 아, 이것이 나의 운명이란 말인가…"

초광접여가 노래를 부른 뜻은

공자 일행은 진나라로 돌아가는 길에 초나라 국경도시를 다시 지나가게 되었다. 수행자들은 새삼 초광접여의 노래가 떠올랐다. 그 미친 자가 부른 노래의 뜻을 이제야 짐작할 수 있게 되었다.

초나라의 광인 접여, 즉 육통은 소왕의 등극을 반대한 가문 또는 파벌에 속했거나, 아니면 자서가 집권할 때 반대 세력에 속했던 인물로 추정된다. 집권 세력의 감시와 견제를 받는 일급 지식인이던 육통은 문둥병 환자처럼 꾸며 타인의 접근을 원천봉쇄함으로써 일신을 보존했다. 그것은 자신을 탄압하는 조정에 대한 야유의 한 방식이었을 것이다.

나, 이생이 훗날 여러 경로로 들은 이야기를 종합해보면, 공자는 35~37세 무렵 망명지 제나라 수도 임치에서, 아니면 46세 때 주례周禮를 배우러 갔다가 노자老子를 만나게 된 주나라 도읍지 낙양에서 육통을 알게 되었던 것 같다. 두 사람은 금세 의기투합하여 혼란스러운 천하를 구하는 도에 관해 밤을 새워가며 토론하고, 때로는 울분에 젖어 통음도 했을 것이다. 그러나 육통이 조국 초나라로 돌아간 뒤의 행적은 알려진 바가 거의 없다. 다만 초광접여라는 은자의 이름으로 공자 앞에 딱 한 번 모습을 드러낸 일만 세상에 전해질 뿐이다.

따라서 육통에 대한 나의 추론은 어디까지나 한 구경꾼의 상상력에 불과하다. 다만 '초광접여의 노래'[35]만큼은 단순한 은자의 풍자가 아닐 것이라는 게 내 생각이다. 나는 그가 풍자 이상의 실제적 그 무엇을 공자에게 암시하려 했다고 믿는다.

'여보게 중니, 예전의 총기를 잃었는가? 진晉나라 대부 두명독寶鳴犢과 순화舜華의 죽음을 보고도 모르겠나? 지금 초나라에 가면 도를 펴기는 커녕, 뼛속까지 군국주의자이자 맹목적 왕당파인 자서에게 자칫 죽임을 당할 수도 있다네. 중니, 그대는 이미 세상과 서로 어긋나 뜻이 맞지 않거늘, 다시 수레를 몰아 무엇을 구하려 하는가?[36] 하루빨리 고향으로 돌아가 본령인 교육에 전념하시게. 천하에 도가 끊어지지 않도록 하는 것만이 지금 자네가 실천해야 할 천명일세. 내가 아는 한 그 사업은 중니 자네 같은 봉황이 아니면 그 누구도 할 수 없는 일이라네.'

원한과 복수의 소용돌이

위나라로 돌아간 공자는 거기서 5년여를 더 침잠한 뒤 예순여덟의 나이가 되어서야 비로소 조국 노나라로 돌아가 후학 양성에 전념할 수 있었다. 공자와 초 소왕의 만남을 가로막은 자서는 공교롭게도 공자가 죽은 해에 같이 죽었다.

자서의 죽음은 복수가 복수를 낳는 원한의 굴레 속에 있었다. 초 소왕의 아버지인 평왕이 오자서의 아버지를 죽였고, 오자서는 평왕의 시체를 욕보였다. 오자서는 자기가 세운 왕의 아들 부차에게 자살을 강요당한 뒤 시체가 강물에 던져졌고, 소왕은 복수의 일념 속에 살다 진중에서 죽었다. 아버지 평왕에게 여자를 빼앗기고 쫓겨나 죽은 태자의 아들은 아버지의 한을 풀려다 이를 반대한 숙부 자서를 살해하고 자신도 진압군에 쫓기다 자살했다. 자서는 두 번이나 왕위를 마다하고 공자의 인의마저 사양하며 조국의 부흥을 도모했으나 조카의 손에 불의의 죽음을 당했다. 모두 자신에게 주어진 직분을 다하고자 했음에도 비극을 피하지 못했다. 이들에게도 천명은 알 수 없는 그 무엇이었을까?

　일흔셋 노경의 공자는 봄볕이 짙어갈수록 종종 가뭇없는 상념에 빠질 때가 많았다. 어느 날 한 사람이 문병을 하던 차에 문득 자서에 대해 묻자, 공자가 낮고 느린 목소리로 대답했다.

　"자서, 그 사람, 그 사람 말인가…"

즐거운 가난, 겸손한 부귀

자공이 물었다. "가난하면서도 아첨하지 않고, 부유하면서도 교만하지 않으면 어떻습니까?"

공자가 말하였다. "훌륭하다. 하지만 가난하면서도 즐겁게 살고, 부유하면서도 예의를 좋아하는 사람만은 못하다."

子貢曰 貧而無諂 富而無驕 何如 子曰 可也 未若貧而樂 富而好禮者也

_《논어》〈학이〉15장

공자 일행이 진채지간의 고난 중에 기아의 위기를 넘길 수 있었던 것은 자공의 수완 덕분이었다. 명아주로 죽을 쑤어 먹으며 버티고 있을 때 자공은 어디선가 홀연히 식량을 구해 왔는데, 그가 어떻게 쌀을 구했는지는 자세히 아는 사람이 없었다. 나도 궁금해 죽을 지경이었다.

"이생, 그게 그리 궁금한가?"

"그럼요."

그러자 자공은 씩 웃으며 이렇게 한마디 하곤 그만이었다.

"성읍 문지기가 어수룩해 보이더군."

자공이 지니고 있던 패물로 식량을 마련해 온 것으로 알려진 이 일[37]은 자공 자신에게도 하나의 전환점이었다. 본래 위나라 사람으로 뒤늦게 공문에 들어온 자공은 노나라 출신 선후배들과 마음을 터놓고 이야기하는 사이까지는 이르지 못했다. 공자 역시 자공이 출중한 재능만큼 덕을 갖추고 있는지 의문을 가졌다.

공자가 위나라에 머물 때 일이다. 자공은 공문에 들어와서 보니 자신의 재주와 학문이 다른 노나라 출신 제자에 비해 크게 뒤질 것이 없다고 생각하게 되었다. 젊은 혈기의 자공은 여러 문도 앞에서 자랑 삼아 공자에게 말했다.

"저는 남이 저에게 하지 않았으면 하는 일은 저도 남에게 하지 않으려 합니다!"

의기양양한 자공의 큰소리에 돌아온 공자의 답변은 엄정했다.

"사야, 그것은 아직 네가 실천할 수 있는 수준이 아니다."[38]

공자는 지나치게 자신만만한 자공이 스스로 깨달을 수 있게 일부러 차갑게 대꾸한 것이지만, 스승에게 자기 존재를 드러내고 싶던 자공이 이 말을 듣고 내심 얼마나 실망했을지는 짐작이 가고도 남는다.

이처럼 공문의 '굴러 온 돌' 자공이 모두가 가장 어려울 때 결정적 한 방을 터뜨리고도 자기 공을 내세우지 않자, 다른 제자들은 물론이고 공자도 자공의 인품을 '재발견'한 게 아닌가 싶다. 자공 역시 이 일로 나름 자신감을 많이 회복했던 것 같다. 그날 이후 공자와 자공은 다양한 주제로 서로 머리를 맞대고 문답하는 모습이 자주 눈에 띄었다. 이는 같은 외국인 출신에게 동병상련을 느낀 한 이방인 일꾼의 피상적인 관찰에 불과한 것일까?

안연, 스승의 밥을 먼저 먹다

자공이 쌀을 구해 오자, 자로가 불을 지피고 안연이 솥을 걸어 밥을 지었다. 그런데 개울에서 물을 길어 오던 자공이 저만치서 보니 안연이 솥에서 밥을 퍼내 먹고 있는 것이 아닌가. '아니, 안연이 밥을 몰래 먹다니! 아무리 배가 고파도 그렇지 선생님이 아직 드시지 않았는데, 어떻게 제자가 먼저 밥에 손을 대는가?'

자공은 기분이 몹시 언짢은 나머지 평소 인정해마지않던 안연의 인품마저 의심할 지경이 되었다. 안연은 공자의 유수한 제자 중에서도 인격과 학문 양면에서 으뜸으로 손꼽히고 있었다. 그런 안연을 공자는 아들처럼 사랑했다. 오죽하면 "등용되면 나아가 경륜을 펼치고, 물러나면 조용히 도를 지켜나갈 사람은 오직 나와 안회뿐이다"[39]라고 하셨으랴.

영민함만큼은 누구에게도 뒤지고 싶지 않은 자공이 부러움 반 질시 반의 눈으로 안연을 바라보는 것을 알았는지, 어느 날 공자가 자공에게 짓궂은 질문을 던졌다.

"사야, 뭐 하나 물어보자. 너는 너와 회 중에 누가 더 낫다고 생각하느냐?"

스승이 듣고자 하는 답을 자공이 모를 리 없었다. 자공은 짐짓 정색하며 대답했다.

"아이고, 선생님. 제가 어찌 감히 안회를 넘보겠습니까? 안회가 하나를 들어 열을 깨우친다면, 저는 하나를 들어 겨우 둘을 아는 정도인데요."

공자가 자공의 대답을 듣고 웃으며 답했다.

"그래, 그렇지? 너는 회만 못하지. 그런데 사야, 회만 못하긴 나도 마찬가지란다. 하하하."[40]

자공은 공자 앞에서 안연과 자신을 대등하게 비교하는 것이 무의미함을 잘 알고 있었다. 그렇다고 안연의 우위를 일방적으로 인정하기엔 솔직히 자존심이 조금 상했다. 그래서 스승에게 어리광을 부리듯 항변

해보았다.

"선생님, 안회 정도 되니까 그렇지, 사실 하나를 들어 둘을 아는 것만 해도 어딥니까?"

"그래, 사야, 너도 쓸 만한 그릇이다."

"어떤 그릇입니까?"

공자가 자공의 어깨를 두드려주며 말했다.

"너는 호련瑚璉이다."[41]

공자는 일찍이 군자란 덕과 학문으로 세상의 다양한 군상과 현상을 품어 안아 새롭게 거듭나도록 이끌어주는 존재로서, 그릇처럼 모양이 한정된 사람이어선 안 된다고, 이른바 군자불기君子不器[42]를 가르쳤다. 그런데 공자는 자공을 왕실의 종묘 제사에 쓰이는 가장 보배롭고 중요한 그릇 호련에 비교했다. 이는 자공이 비록 군자불기의 단계에 이르지는 못했지만, 거의 그 단계에 이르고 있음을 격려한 것이다.

믿음과 존경

공자의 애제자 안연이 스승의 밥에 먼저 손을 댔다는 사실은 충격 그 자체였다. 도무지 믿기지 않는 사실에 자공은 좌고우면을 거듭하다 결국 공자를 찾아가 에둘러 물었다.

"어진 사람과 청렴한 선비도 곤궁에 처하면 절개를 바꿉니까?"

"절개를 바꾸었다면 어찌 어질고 청렴하다고 할 수 있겠느냐?"

"그럼, 안회라면 그 절개를 변치 않을 사람입니까?"

"물론이다."

공자가 한 치의 망설임도 없이 대답하자, 자공은 고민에 빠졌다. '아,

이야기를 해야 하나 말아야 하나? 내가 본 바가 정녕 사실이라면 선생님이 받으실 충격은 이만저만이 아닐 텐데… 그렇다고 이대로 덮어두는 것도 옳지 않다. 이건 안연 개인만의 일이 아니다. 우리 학단 전체의 신의가 걸린 중대사이다.'

자공은 결국 최대한 조심스럽게 공자에게 자신이 본 광경을 털어놓았다. 공자는 자공의 고백을 심각한 표정으로 듣고선 잠시 생각에 잠겼다가 말했다.

"내가 안회를 어질다고 믿어온 지가 이미 오래다. 설사 네가 정확하게 본 것이라 해도 나는 안회를 의심하지 않겠다. 필시 무슨 까닭이 있으리라."

공자는 자공에게 자신의 지시가 있기 전까지는 다른 사람들에게 일절 발설하지 말도록 당부한 다음, 조용히 안연를 불러들였다.

"회야, 내가 어젯밤 꿈에 선인先人을 보았다. 이는 곤경에서 벗어날 것을 알리는 좋은 징조가 아니겠느냐? 선인에게 먼저 젯밥을 올려야겠으니 밥을 다 지었으면 이리로 가져오너라."

그러자 안연이 사색이 되어 대답했다.

"선생님, 죄송하지만 그건 안 됩니다."

"왜 안 된다는 것이냐?"

안연이 자세를 고쳐 앉아 머리를 조아리며 말한다.

"사실은 제가 그 밥에 손을 댔습니다."

"그게 무슨 말이냐?"

"제가 밥을 짓는데 그만 부주의하여 티끌과 그을음이 밥솥에 떨어지는 걸 막지 못했습니다. 그 밥을 그대로 두자니 깨끗하지 못하고, 버리자니 아까워 제가 그 부분을 떠먹었습니다. 이런 부정 탄 밥으로는 정결한 제사를 지낼 수 없습니다. 죄송합니다."

울상이 되어 곧 눈물을 쏟을 듯한 안연을 보며 공자가 말했다.

"그래? 그런 일이 있었구나. 알았다. 그런 상황이라면 나도 그 부분을 떼서 먹었을 것이다. 이왕 일이 그리되었으니 선인의 밥은 따로 짓도록 하자꾸나."

안연이 풀이 죽어 돌아간 뒤, 공자가 자공을 비롯한 다른 제자들을 불러 안연이 밥을 먼저 먹은 사연을 설명한 다음 말했다.

"오늘 같은 일이 있을 줄 알고 내가 그동안 안연을 믿어온 것이 아니다."[43]

그리고 공자는 이렇게 덧붙였다.

"제자들아, 기록해두거라. 믿을 수 있는 것은 자기 눈이겠지만, 눈으로 본 것도 믿을 수 없을 때가 있다. 믿을 것이라곤 마음이겠지만, 사실 마음도 믿을 수 없을 때가 있는 법이다. 그래서 사람을 안다는 것은 참으로 쉬운 일이 아니란다."[44]

이 일이 있은 뒤 자공을 비롯한 여러 제자들은 안연을 마음으로부터 더욱더 인정하게 되었다. 스승의 무한한 사랑과 신뢰를 한 몸에 받은 애제자 안연 역시 스승에 대한 존경심이 거의 신앙에 가까웠다. 언젠가 안연이 공자의 가르침에 감복한 나머지 동문들 앞에서 스승을 찬탄하며 읊은 시를 나도 감명 깊게 들은 적이 있다. 이 송가를 듣고도 가슴에 향학의 불이 일지 않는다면 공문의 일원이 아닐 거라고 생각하면서.

우러러볼수록 높기만 하네.

뚫을수록 더욱 단단하네.

바라보매 앞에 계신 듯한데

어느새 뒤에 계시네.

우리 선생님

차근차근 배움의 길로 이끄시어

학문으로 넓혀주시고

예로써 단속해주시네.

공부를 그만두고자 하여도 그만둘 수 없게 하시고

갖은 노력을 다해 좇아보지만

선생님의 가르침 여전히 우뚝하기만 하네.

따라가려 아무리 애를 써도

어디서 시작해야 할지 모르겠네.[45]

부유하면서도 예를 좋아함은

자공은 워낙 명민하고 대인관계가 좋아서인지 유수한 제자들 가운데서도 금세 두각을 나타냈다. 안연이 죽은 후 공자의 학통은 증자曾子를 통해 후세에 전수되었지만, 훗날 문도들이 공사의 어록을 편찬해보니 스승과 가장 많이 문답한 제자가 자공이었다. 자공은 세속적으로도 크게 성공한 사람이었다. 명성 높은 외교관이었을 뿐만 아니라, 매우 부자였다.[46] 언젠가 공자가 제자들과 인물평을 하는 자리에서 이런 자공을 안연과 비교한 적이 있다.

"회는 성현의 도에 가까이 간 사람이다. 그는 종종 쌀독이 비어도 늘 태연했다. 사는 천명을 따라 살기보다는 스스로 부유해지고자 했다. 워낙 머리가 좋아서인지 이재에 대한 그의 예측은 자주 들어맞았다."[47]

이런 자공에게도 근심이 있었으니, 우습게도 돈이었다. 돈을 벌고 증식하는 일은 도를 닦고 지키는 일과 상충되기 일쑤였다. 자공은 부와 명예가 쌓일수록, 나이를 먹어갈수록, 가난을 즐거워하던 안연이 그리워졌다. 위대한 스승마저 감탄하지 않았던가.

어질도다 회여! 한 소쿠리 밥과 한 표주박의 물로 배를 채우며 빈민굴에서 산다면 보통사람들은 그 괴로움을 견디지 못하거늘, 안회는 그 즐거움을 바꾸지 않으니, 어질도다 회여![48]

그런 자공이 그 자신의 말처럼 부유하면서도 교만하지 않았고, 사람들을 널리 예로써 대하고 덕을 베풀었던 것은 실로 스승의 사랑과 믿음 덕분이었으리라.

그 무렵 노나라에 널리 퍼진 미담 하나가 있었다. 노나라 조정에서는 전쟁포로나 노예로 다른 나라에 끌려간 사람을 되사 오면 보상금을 지급했는데, 자공은 많은 돈을 들여 노나라 사람들을 귀국시키고도 일절 보상금을 받지 않았다.[49]

누구나 인정했던 수제자 안연이 요절하자, 사람들은 자공이 공자의 후계자가 될 것이라 여겼다. 자공의 명성이 높아지자 심지어 공자보다 뛰어난 인물로 생각하는 사람들도 생겨났다. 천박한 사람들은 돈 많은 자공에게 아첨하기 위해 공자를 깎아내리기까지 했다. 아부꾼들을 자공은 이렇게 타일렀다.

궁궐 담장에 비유하면, 나 자공의 담은 어깨 정도의 높이여서 담 너머로 궁궐 안을 들여다볼 수 있지만, 선생님의 담은 높이가 여러 길이나 되어 대궐 문을 통해 정식으로 들어가지 않고는 궁궐 안의 아름다운 종묘와 수많은 문무백관들을 제대로 볼 수 없는 것과 같다. 선생님을 헐뜯고 깎아내리려 할수록, 자기 분수를 모르고 날뛰는 꼴만 더욱 드러낼 뿐이다.[50]

하늘이 큰일을 맡기려 할 때는

공자 일행이 굶주림에서 벗어나 다시 행장을 꾸려 길을 떠날 때 자공이 수레 고삐를 잡았다. 스승을 더욱 가까이 모시고 싶어 하는 자공의 뜻을 알고 자로가 배려한 것이다. 자공이 수레를 몰고 광야를 다 건널 즈음, 공자도 수레에서 내려 자공과 함께 걸었다. 곧이어 안연이 따라와 세 사람이 담소하며 나란히 걷게 되었다. 나는 쇠똥받이 삼태기를 어깨에 메고 휘파람을 불며 그 뒤를 따랐다. 이때 자공이 지나온 광야를 돌아보며 감개무량한 표정으로 말했다.

"선생님, 저는 저 황야에서 선생님과 함께 겪은 고난을 평생 잊지 못할 것입니다."

공자도 멈춰 서서 감회 어린 표정으로 들판을 바라보며 말했다.

"훌륭하구나, 고난을 잊지 않으려 함은. 나 또한 어찌 잊을 수 있겠느냐? 무릇 이 진채 사이에서 우리가 겪은 고난은 나에게도 다행이요, 나를 따라온 너희에게도 다행한 일이다. 내 듣기로 한 나라의 임금도 고난을 겪어보지 않고서는 왕도를 이룰 수 없고, 열사도 고난을 겪지 않고서는 그 장렬함을 드러낼 수 없다고 하였다. 어찌 장부의 가슴을 격동시키고 뜻을 독려하는 결심이 이러한 고난에서 시작하는 것이 아니라고 말할 수 있겠느냐?"[51]

세 사람이 서로 마주 보며 통쾌하게 웃는다. 자로와 재여 등 나머지 제자들과 짐꾼들이 하나둘씩 웃음소리가 나는 곳으로 모여든다. 그 모습이 마치 뭇 별들이 북극성을 따라 모여드는 듯하다.[52]

훗날 자사의 문도가 말했다.

"하늘이 장차 한 사람에게 큰 사명을 맡기고자 할 때는 반드시 먼저 그 마음을 고뇌하게 하고, 몸을 수고롭게 하고, 배를 굶주리게 하며, 그에게 아무것도 남은 것이 없게 하여 하는 일마다 좌절하게 하는데, 그것은 온 마음으로 자신을 인내하여 일찍이 할 수 없었던 일을 마침내 이루도록 하기 위해서이다."[53]

정치에서 가장 중요한 것

가까이 있는 사람을 기쁘게 하라.
먼 곳에서 사람들이 찾아오리라.
近者說 遠者來 _《논어》〈자로〉 16장

공자가 지천명도 훌쩍 넘긴, 당시로서는 노년이나 다름없는 50대 중반에 조국을 떠나 열국을 주유하는 대모험을 결행한 것은 자신의 이상을 현실에서 구현하고자 하는 사명감 때문이었다. 노나라에서 야심차게 시도했던 정치개혁은 기득권 세력의 벽을 넘지 못했고, 기대를 가지고 찾아갔던 위나라는 임금이 무도했다. 중원의 지도적 국가인 진晉나라는 대부들의 발호로 내전 상태나 다름없었다. 남방에서는 초나라와 오나라, 월나라가 중원 진출의 주도권을 놓고 흥망을 건 혈투를 벌이고 있었다. 약육강식과 하극상이 난무하는 시대에 각 나라의 지배층은 가문과 정권의 안위만을 위해 백성들을 착취하고 전장으로 내몰았다. 이런 천하대란의 시대에 민중의 삶을 걱정한 공자의 인의와 덕치에 대한 주장은 한 이상주의자의 고독한 투쟁일 뿐이었다. 당시의 의식 수준은 공자의 인본주의적 정치사상을 받아들이기엔 너무나 큰 시대적 한계가 있었던 것이다.

공자가 진陳나라를 떠나 광야에서 고난을 겪은 후 향한 곳은 부함이라는 낯선 도시였다. 중원의 패권을 노리던 오나라 왕 부차가 초나라를 견제하기 위해 진나라를 침공하자, 공자를 존경하던 진나라 대부 사성 정자가 공자 일행에게 부함으로 피난을 가도록 조처한 것이다. 부함이 상대적으로 안전지대인데다, 성주인 심제량이 자신과 교분이 있는 인물이라 공자를 잘 예우할 것으로 믿었기 때문이다.

부함은 채나라 땅 안에 있는 초나라 직할 성이었다. 채나라가 강대국 초나라의 속국으로 전락하는 과정에서 생겨난 기현상이었다. 채나라 임금은 초나라의 오랜 핍박에서 벗어나보려고 오나라에 붙어 도읍을 오나라 쪽에 가까운 주래라는 곳으로 옮겼다. 그러자 초나라는 부함을 전진 기지로 삼아, 주래로 이주해 가지 않은 채나라 백성과 거듭된 전쟁으로 떠돌던 여러 나라 유민들을 포섭해 초나라 변경 주민으로 만들고자 하였다. 이런 식민지 건설 및 유민 포섭 정책을 추진하기 위해 초나라가 파견한 인물이 훗날 섭공葉公이라 불린 심제량이었다. 이때의 심제량은 채나라 총독이나 다름없었다.

먹이는 것과 가르치는 것

부함은 생각보다 규모가 큰 성읍이었다. 성루에는 부함 깃발과 함께 영주 심제량의 봉지封地를 뜻하는 섭葉자 깃발이 나란히 펄럭이고 있었다. 성벽은 높고 튼튼하며 도로와 건물들도 잘 정비되어 있었다. 행진하는 군사들은 군기가 엄정했고 창검은 반짝반짝 빛을 냈다.

"성주가 군사 전문가로군."

무인 출신답게 성의 군사시설들을 면밀히 살피던 자로가 감탄하자, 자공이 말했다.

"범상치 않은 인물인 것만은 틀림없습니다."

이때 재여가 말했다.

"그런데 좀 이상하지 않나요? 성의 규모에 비해 인구가 적어 보이지 않습니까? 게다가 아무리 초나라 직할지라 해도 여기는 채나라 강역 안인데, 초나라 옷들만 눈에 띄고 채나라 사람들은 그리 많이 보이지 않는군요."

공자 일행이 부함을 향해 오면서 본 들판에는 채나라 사람을 비롯해 여러 나라 유민집단들이 있었는데, 정작 성 안에서는 그들의 수가 적어 보이는 것이 특이했다.

"도시가 번성하려면 자고로 인파로 시끌벅적해야 하는 법인데…"

재여가 아쉬운 듯 말꼬리를 흐리자 자로가 수염을 쓰다듬으며 맞장구를 쳤다.

"그러고 보니 노나라를 떠나 처음 위나라에 갔을 때가 생각나는군. 위나라 도읍의 넘쳐나는 인파를 보고 다들 눈이 휘둥그레지지 않았나?"

자로가 옛일을 회상하자 안연이 말을 이었다.

"그때 염유 사형이 선생님에게 물었지요. 백성이 많으면 다스리기가 쉽지 않을 텐데, 정치가가 해야 할 일이 무엇이냐고."

"무엇을 해야 하는데요?"

내가 참지 못하고 끼어들자, 재여가 웃으며 말했다.

"뭘 하긴? 뭐든 많이 먹여야지."

"네?"

팔짱을 낀 채 성 안을 날카롭게 살피던 자공이 말했다.

"백성들을 부유하게 만들어야 한다고 하셨다."

위나라 수도 조가는 원래 은나라 도읍이 위치했던 곳인 만큼 유서 깊고 규모가 큰 도시였다. 공자도 조가의 도로변에 집들이 많고 오가는 사람들이 많은 것을 보고 놀라워했는데, 그때 수레를 몰던 염유가 공자에게 물었던 것이다.

"선생님. 나라라면 모름지기 백성이 많아야 하지만, 그만큼 다스리기도 어려울 듯합니다. 백성이 많아진 다음에 정치가는 무엇을 해야 하는지요?"

"부유하게 해야지."

"백성들이 부유해진 다음에는 무엇을 해야 합니까?"

"가르쳐야 한다."[54]

그 이야기를 듣고 내가 호들갑스럽게 감탄했다.

"역시 선생님은 뭐가 달라도 다르시군요. 잘 먹는 게 최고죠. 그다음엔 편하게 잘 노는 거. 흐흐흐."

안연이 웃으며 말했다.

"염유 사형이 지금 있었으면 이렇게 설명해주었을 게다. 먹고 놀기만 하면 그 부유함이 얼마나 가겠느냐? 부유한 가운데서도 예의를 잃지 않아야 오래도록 부를 이어갈 수 있다. 그러니 진심으로 백성들이 오래 부유하기를 바란다면 교육만한 것이 어디 있겠느냐?"

"아, 참 좋은 말씀입니다. 그런데 문도님들, 부유하려 해도 이 부함에는 백성이 부족하군요. 어떻게 하면 백성들을 많이 오게 할 수 있을까요?"

"음, 글쎄다. 이생, 자네가 한번 선생님께 여쭤보지 그러나?"

정치에서 가장 중요한 것

심제량은 공자가 부함에 도착한 지 이틀 만에 성대한 환영 연회를 베풀었다. 심제량이 보낸 수레를 타고 섭부葉府의 영빈관으로 가는 길에 자공이 공자에게 부함의 정치에 대해 물었다. 자공은 아마도 환영연을 겸해 공자에게 부함 통치에 대한 실질적인 자문을 얻고 싶어 하는 심제 량의 속마음을 꿰고 있었을 것이다. 물론 공자도 이미 예견하고 있었을 테지만.

"정치를 어떻게 하는 것이 좋겠습니까?"

공자가 수레 밖으로 부함의 거리를 내다보며 말했다.

"경제를 풍족하게 하고, 군사를 튼튼히 하고, 백성들이 믿을 수 있도록 해야 한다."

"세 가지 가운데 어쩔 수 없이 하나를 포기해야 한다면 무엇을 먼저 포기해야 합니까?"

"군사다."

"두 가지 가운데 다시 하나를 포기할 수밖에 없다면 무엇을 포기해야 합니까?"

"경제다. 자고로 사람은 죽음을 피할 수 없지만, 믿음이 없으면 인간 사회가 성립할 수 없다."[55]

공자의 수레가 도착한 섭국의 영빈관은 허례보다는 법식을 따르기만 하면 되는 병영의 회의소 같았다. 영주가 어떤 기품의 사람인지를 짐작하게 하는 분위기였다.

연회가 무르익자 마침내 심제량이 공자에게 물었다.

"제가 곧 채나라 유민 장로들을 접견하는데, 그에 앞서 선생님의 고견을 듣고 싶습니다. 부함의 정치를 어떻게 하는 것이 좋겠습니까?"

공자는 자공과 문답했던 정치의 요체를 심제량에게 말해준 뒤 온화한 표정으로 덧붙였다.

"부디 가까운 곳의 백성들을 기쁘게 하십시오. 그러면 멀리서 사람들이 기쁜 소식을 듣고 찾아올 것입니다."[56]

덕이 먼저인가, 법이 먼저인가

심제량은 자가 자고子高로, 초나라 장왕莊王 의 후손인 심윤술沈尹戌의 아들이다. 심윤술은 기원전 506년 오자서가 이끄는 오나라 군이 초나라 영도를 공략할 때 초나라 국방 책임자인 사마司馬 자리에 있었다. 그는 진격해 오는 오나라 군의 배후를 치는 작전을 펴다 중상을 입자, 최고 지휘관으로서 포로가 되는 대신 죽음을 택했다. 심윤술은 오나라 군에게 자기 주검을 넘겨주지 않기 위해 부하에게 자기 목을 베어가지고 달아나게 했다.[57] 초 소왕은 심윤술의 장렬한 최후에 감동해 그의 아들 제량을 대부로 삼고 섭 땅을 영지로 주었다. 이런 내력을 가진 심제량은 충성과 의리를 중시하면서, 동시에 병법과 법술에도 능한 군사 전문가로 알려져 있었다.

부함 주변에 흩어져 사는 채나라 유민들을 회유하기 위해 여러 날을 순방하고 돌아온 심제량은 회견 결과가 좋았는지 공자 일행을 다시 만난 자리에서도 꽤나 상기된 표정이었다. 그는 공자가 말한 '근자열 원자래近者說 遠者來'의 가르침이 유효했다면서, 야인들에게는 법을 엄격하게 집행하고 부함 국인들에게는 각종 혜택과 이익을 보장한다면, 많은 유민이 제 발로 찾아올 것이 틀림없다고 호언했다.

"민중이란 본래 세력을 겁내고 이익을 탐하는 존재들 아닙니까? 물이 많은 골짜기에선 사람들이 물을 서로 보내주지만, 물이 부족한 습지에선 서로 물길을 내려 다투고, 흉년이 들면 형제간에도 곡식을 나누지 않는 게 사람의 본성입니다. 형제를 덜 사랑해서가 아니라, 그저 이익이 많고 적음에 따른 것이 아니겠습니까? 그러니 다스림의 요체는 아무래도 인의보다는 이익과 형률을 잘 쓰는 데 있는 것 같습니다. 이익을 주되 법의 무서움을 가르친다면, 벌이 가볍더라도 자비로 여기지 않고, 법이 무거워도 잔혹하게 여기지 않지 않겠습니까?"[58]

공자는 조용히 두 눈을 감고 심제량의 말을 듣고만 있었다. 제자들은 서로 얼굴을 쳐다보았다.

'지금 이 사람이 선생님의 말씀을 뭘로 알아들었는가? 우리가 그걸 몰라서 여태 열국을 돌아다니며 유세를 하는 줄 아는가? 정녕 이 사람은 덕치德治의 요체를 모른단 말인가, 알면서도 모르는 척하는 것인가?'

심제량은 이런 공자 일행의 마음을 아는지 모르는지, 자기 웅변에 도취되어 자신이 섭 땅을 다스릴 때의 일을 늘어놓기 시작했다.

"한 젊은이가 관청에 지기 아비를 도둑이라며 고발했습니다. 관리가 조사를 해보니 아비가 남의 양을 훔친 사실이 드러났습니다. 관리는 그 젊은이를 그 고장의 직궁直躬*으로 표창하였습니다. 어떻습니까? 참으로 투철한 준법정신이 아닙니까? 제 자랑 같지만, 섭국이 신의롭게 다스려지고 있음은 이처럼 백성은 칼같이 법을 지키고, 관리는 법에 따라 엄정하게 상벌을 적용하기 때문입니다."

그동안 심제량의 말을 꾹 참고 듣던 안연이 자리를 차고 일어나 말했다. 공손했지만 목소리는 날카로웠다.

"대부께서는 어찌 스승님 앞에서 그런 하찮은 이익을 말하십니까? 제 아버지를 고발하는 행위를 어찌 신의라고 하십니까?"

---

* 정직한 사람.

안연의 일갈에 심제량은 잠시 당황하다가 안연을 노려보며 대답했다.

"그럼 그대는 어찌해야 한다고 보는가? 도둑질한 자를 벌하고 고발한 자를 표창하지 않는다면 누가 법을 지키겠는가? 한 사람의 효가 중한가? 나라 전체의 공익이 중한가? 그대는 무엇이 치도治道의 우선이라고 여기는가?"

심제량의 이야기를 내내 듣기만 하던 공자가 이윽고 입을 열었다.

"법과 원칙이 공평무사하게 적용되어야 한다는 대부의 말씀은 지당합니다. 그러하나 우리 고장에서 정직한 사람은 대부의 나라와 다릅니다. 아비는 자식을 위해 숨기고, 자식은 아버지를 위해 숨깁니다. 정직이란 바로 그 안에 있습니다."[59]

공자가 자리에서 일어나 심제량에게 정중하게 읍한 뒤 다시 말했다.

"그대의 정치가 물이 흐르듯 부함의 백성들 사이로 골고루 스며들기를 바랍니다. 이 늙은이 부덕하나마 대부와 대부의 백성을 위해 간곡히 한 말씀 덧붙이고자 합니다."

공자가 심제량에게 다가가 두 손을 그러잡고 말을 이었다.

"정치가 법으로 이끌고 형벌로 다스리려고 들면, 백성들 또한 법망을 피하고 형벌을 면하는 것을 부끄러워하지 않을 것입니다. 그러나 도덕으로 방향을 제시하고 예절로 다스린다면, 백성들은 스스로 부끄러움을 알아 바른 길로 나아갈 것입니다."[60]

곧음이 그 안에 있나니

객사로 돌아온 제자들 사이에서 논쟁이 벌어졌다. 한쪽에서는 심제량의 인의가 위선적일지라도 백성 입장에서 보면 실천하기 어려운 도덕보다는 이익을 주는 쪽이 실질적인 정치라는 의견이 나왔다. 그런가 하면 다스리는 입장에서도 충과 효가 충돌할 때는 충을 따르도록 하는 게 효율적인 정치라는 의견도 제기됐다.

안연이 답답해 죽겠다는 표정으로 말했다.

"직궁이라고 표창을 줄 것이 아니라 사형에 처해야 마땅합니다. 아비의 도둑질을 고발한 것이 당장은 국법을 높인 것처럼 보이지만, 조금이라도 인仁을 염두에 둔 자라면 다른 방법을 찾았을 겁니다. 비록 정의를 실천하는 것이라 해도 부자의 도리를 파괴하는 것은 패륜이니, 법과 도덕 중 장기적으로 무엇이 더 나라와 백성의 이익에 부합하는 것이겠습니까?"

문도들의 난상토론을 주의 깊게 듣고 있던 객관 관리가 끼어들었다.

"저는 초나라 사람으로 일찍이 그 사건에 대해 들은 적이 있습니다. 직궁이 도둑질한 아비를 고발하자 관리가 직궁에게 포상금을 주고 아비는 도둑질한 죄를 물어 사형에 처하려 했습니다. 그러자 아들이 이번에는 아비 대신 사형을 받겠다고 나섰습니다. 아비를 고발한 것은 법을 지키기 위해서인데, 이제 아비가 사형을 당하려 하니 자식 된 도리로 대신 형을 받겠다는 것이었습니다. 관리가 그 말을 받아들어 아들을 대신 처형하려 하자, 그자가 이번엔 이렇게 말했답니다. 도둑질한 아비를 고발한 것은 정직한 일이 아닙니까? 아비 대신 처형을 받겠다고 나선 것은 효도가 아닙니까? 정직하면서 효성스러운 사람을 처형한다면, 이 나라에 처형을 면할 사람이 몇이나 되겠습니까? 이 말을 들은 관리가 옳다고 여겨 마침내 직궁을 풀어줬다고 합니다."

사람들은 이 이야기를 듣고 말문이 막혔다. 한 문도가 공자의 방으로 가서 관리의 말을 전하자 공자가 깊이 탄식하며 말했다고 한다.

"참으로 이상한 사람이로구나, 그 직궁이라는 자는. 한 아버지를 가지고 두 번씩이나 명성을 취하다니…"[61]

나는 이 전언을 듣고 옆에 있는 안연에게 물었다.

"무슨 뜻입니까? 선생님께서 하신 말씀은."

"직궁의 그 정직이란 없느니만 못하다. 직궁의 효라는 것도 차라리 없는 것만 못하다. 인도가 선 뒤라야 법도도 있는 것이다."

그때, 자공이 일어서서 분연히 말했다.

"나는 직궁의 이야기와 선생님의 말씀을 듣고 감히 이런 생각을 해본다. 세상의 사람들은 '공公과 사私가 충돌할 때 반드시 공을 앞세운다면 장차 모든 사사로움은 설 자리가 없을 것'이라고 말한다. 그런데 과연 항상 그러한가? 공을 앞세울 때 그에게는 일체의 사사로움이 없을까? 모든 사람이 사를 택하는 상황에서 어떤 사람은 그렇지 않다면 그것을 어떻게 이해해야 할까? 다른 사람들은 공을 몰라서 사를 택하고, 오로지 그 사람만 공을 알아서인가? 성인도 선택하기 어려운 순간이 있는 법인데, 그 사람은 어떤 어려운 일도 쉽게 만드는 특별한 재주라도 있는 것인가? 또한 그런 재주를 가졌다고 우긴다면 정말로 가진 것이라고 인정해줘야 하는가?"[62]

그날 저녁 나는 객사 뒤뜰에 앉아 직궁의 이야기를 곰곰이 생각해보았다. 특히 자공의 말이 가슴에 남았다. 사실 이 문제는 오랜 세월 동안 인간과 사회 관계의 본질을 탐구해온 선비들의 골치 아픈 주제였다. 지난하고 고통스럽기 마련인 윤리적 결단을 이해관계와 법리에 따라 재단하고 실행함으로써 사회정의를 추구하려 한다면, 우리는 그 행위를 어떻게 이해해야 할까? 정의를 위해서라면 윤리 따위는 내팽개쳐도 되는 것일까? 혹시 그것은 '정의의 수호자'라는 명성을 도둑질하려는 위선은 아닐까? 과연 정의를 실천하는 참된 길은 무엇일까? 생각이 거기에 미치자 공자께서 하신 말씀이 새삼 귓전을 울렸다.

아버지는 자식을 위해 숨기고, 자식은 아버지를 위해 숨긴다. 곧음이 그 안에 있다.

그렇다! 인간이라면 마땅히 그래야 한다. 어떻게든, 어떻게 하든, 그 안에서 곧음의 길을 찾으려 해야 한다. 사람이 세상을 사는 것이지, 세상이 사람을 사는 것은 아니지 않은가.[63]

늙어가는 줄도 모르는 사람

심제량은 공자를 직접 만나본 후 자신과 공자는 바라보는 방향이 다르다는 것을 알았다. 자신은 공자가 그려 보이는 세상을 감당할 그릇이 못 된다는 것도 절감했다. '중니가 말하는 인의의 정치는 차라리 안 들은 것으로 하자. 내겐 초나라 왕실의 안위라는 더 시급한 목표가 있다…'*

그날의 논쟁 이후 심제량은 더 이상 공자를 먼저 찾지 않았다. 공자도 심제량에게 가졌던 기대를 접은 듯했다. 공자는 제자들에게 곧 떠날 채비를 하도록 당부하며 말했다.

"뛰어난 정치력을 지녔다 해도 인이 뒷받침되지 않으면 자리를 얻어

---

* 심제량은 초나라 왕실의 먼 인척으로, 왕실 수호를 자신의 천명으로 여겼다. 훗날 폐세자의 아들인 백공白公 승勝이 혜왕을 몰아내고 스스로 왕위에 오르려 했을 때, 섭국의 군사를 이끌고 영도로 들어가 반란을 진압하고 왕을 구했다.

도 반드시 잃는다. 정치력과 인품을 갖추었다 해도 권위가 서지 않으면 백성들이 따르지 않는다. 정치력과 인품과 권위를 모두 갖추었다 해도, 도덕으로 백성들을 감화하지 못하면 완벽한 정치라고 할 수 없다."[64]

얼마 후 공자 일행은 부함을 떠났다. 공자가 작별인사를 위해 자로를 섭부로 보내 떠나겠다는 뜻을 전하도록 했는데, 그때의 일이 나중에 공자와 제자들 사이에서 화제가 되었다.

심제량이 자로에게 선생님의 근황을 물었는데, 자로가 보기에는 겉으로만 걱정하는 듯이 보였다. 자로는 기분이 언짢아진 나머지 제대로 대답하지 않았고, 심제량도 더 이상 공자의 안부를 궁금해하지 않았다. 부함을 떠나다 잠시 길에서 휴식을 취하던 중에 제자들로부터 이 이야기를 전해 들은 공자가 웃으며 말했다.

"중유야, 기왕이면 이렇게 말하지 그랬느냐. '중니는 덕분에 잘 지내고 있답니다. 늘 하던 대로 학문에 열중하고 있지요. 중니라는 사람은 뭔가를 한번 파고들면 밥 먹는 것도 잊고, 이치를 깨우쳐가는 즐거움에 근심 걱정도 잊어버립니다. 진리를 알아가는 즐거움에 시간 가는 줄도 잊어서 자기가 늙어가고 있다는 것조차 모르는 그런 사람이지요'라고 말이다."[65]

그러고는 다시 길을 떠나기 위해 수레에 오르며 제자들에게 말했다.

"제자들아, 노래를 불러라. 내가 화답하리라. 오늘은 너희와 더불어 사람의 노래를 부르며 가고 싶구나."

공자께서 돌아가시고 이생도 백발이 되었을 때 중원에 '섭공호룡葉公好龍'이라는 말이 유행했다. 초나라 사람 섭공이 용을 매우 좋아하여 집안의 모든 집기와 그림을 용 문양으로 장식했다. 하늘의 용이 이를 기특하게 여겨 진짜 모습을 보여주려 나타났더니, 정작 섭공은 창문에 비친 용머리만 보고도 놀라 달아나버렸다. 이후 사람들은 겉으로만 좋아하고 실제로는 좋아하지 않는 것을 '섭공이 용을 좋아하듯 한다'고 말하게 되었다.[66]

지도자를 꿈꾸는 젊은이에게

군자는 죽는 날까지 이름을 남기고자 분투하는 사람이다.

君子疾沒世而名不稱焉 _《논어》〈위령공〉19장

이제 훌륭한 지도자를 꿈꾸는 젊은이를 격려한 선생님의 말씀을 전하려 한다. 우리가 노나라에 돌아올 때 목격했던 씁쓸한 장면이 이 이야기를 하게 된 동기이다. 공자 일행이 노나라 접경을 지나가는데 저쪽에서 죄수를 실은 수레가 오고 있었다. 사람들은 그 죄수를 치중恥重이라고 불렀다. 붓을 도끼처럼 휘두르며 벼슬을 좇은 사람이었다. 출세에 도움이 된다면 누구에게든 아첨하고, 방해가 되면 누구든 음해했다. 그의 주특기는 선동과 독설이었다. 노 정공이 죽고 애공이 즉위하면서 권력층이 교체되자 그는 자기 세상이 왔다고 여겼다. 그러나 막상 벼슬이 주어지자 그동안 휘두른 험한 언설이 고스란히 자신의 목을 겨누는 창이 되어 돌아왔다. 게다가 휴가 삼아 사신 행차에 끼어 외국에 갔다가 술에 취한 채 여인을 희롱하는 죄까지 지었다. 그는 정치적 음모라고 주장했지만, 같은 당파 사람들조차 비웃었다. 짧은 벼슬살이에 부끄러운 훈장만 목에 건 채 이웃나라로 붙잡혀가는 가련한 한 선비의 말로를 유독 뜨거운 호기심으로 바라보는 청년이 있었으니, 진陳나라 출신의 제자 자장子張이었다.

야망의 빛과 그림자

자장은 성이 전손顓孫, 이름이 사師이다. 공자보다 48년 아래니 공자가 환국할 때 겨우 스무 살이었다. 하급 사족인 자장은 높은 지위의 경대부가 되는 것이 목표였다. 자장은 스승을 대면할 기회만 있으면 '벼슬 얻는 법'67을 물었다.

아직 10대 소년이던 자장이 공자를 찾아와 한 첫 질문은 이랬다.

"선생님 저는 출세하고 싶습니다. 어떻게 하면 되나요?"

공자는 자장의 치기만만한 당돌함을 풋풋한 기개로 보고 보듬어주면서 당부했다.

"젊은이, 선비는 평생 세상을 염려하며 쉼 없이 자신을 연마하는 자라네. 벼슬 따위는 선비의 궁극적인 목표가 아닐세."

자장 역시 출세의 본질이 개인적인 영달에만 있다고 보지 않았다. 자장은 사회개혁에 대한 신념이 강했다. 세상을 바꾸고 싶은 열정은 그 누구보다 뜨거웠다. 스무 살도 되기 전에 공자의 문하를 찾은 것은 당시 유명했던 정鄭나라 재상 자산子産같은 대정치가가 되겠다는 나름의 원대한 포부 때문이었다.

자장은 구세안민救世安民의 대의를 세상에 펼치기 위해서는 먼저 사람들을 그 길로 이끄는 위치에 올라야 하고, 그 지위에 걸맞은 사람이라면 마땅히 민중의 벗이 되어야 한다고 믿었다. 이런 자장의 신념과 행동은 훗날 선배 자공이 "자장은 공로와 지위를 자랑하지 않고 사람을 동등하게 여겨 힘없는 사람들을 외면하지 않는다"라고 평하고, 공자가 "민중을 아끼는 마음이야말로 군자의 인"68이라고 화답하게 할 정도였다.

자장은 확신과 열정이 지나쳐서 자기중심적인 엘리트주의자, 전체보다 개인적 야망이 앞서는 출세주의자로 비칠 때가 많았다. 자유子游가 "내 친구 자장은 대단히 유능한 사람이지만, 인자함이 부족하다"[69]고 걱정한 것도, 공자 사후 학통 계승을 놓고 치열하게 경쟁한 증자가 "자장은 자긍심이 높아 어디서나 당당하게 행동하지만, 더불어 인을 실천하기는 쉽지 않다"[70]고 평가한 것도 이런 일면 때문이었다. 그러나 어쩌면 이는 어느 시대에서나 머리 좋고 야심만만한 젊은이에게 흔히 찾아볼 수 있는 특징일 것이다. 공자도 자장이 지나친 이념성과 도덕적 우월감으로 인해 동료들과 불화하는 것을 늘 염려했다.[71] 공자는 기회 있을 때마다 자장에게 군자의 자질을 가진 자일수록 더욱 자신을 성찰하고 쉼 없이 인격을 도야하지 않으면 안 된다고 타일렀다.

군자와 지도자

자장이 스승에게 주로 던진 질문은 지도자의 덕목에 관한 것이었다. 성실·충성·청렴·능력이었다. 자장은 이 중에서 한 가지만 가져도 훌륭한 지도자가 될 수 있으리라 여겼다. 젊은 자장은 자신의 뛰어난 머리를 이용해 당장 세상에서 써먹을 수 있는 지식과 요령을 습득하는 것이 효율적인 공부라고 여기는 듯했다. 그러나 그것은 지름길을 찾는 것이지 성실한 공부와는 거리가 멀었다.

"자질이 이미 훌륭한데 굳이 옛 성현의 가르침을 배울 필요가 있습니까?"

"굳이 나쁜 짓에 물들지는 않겠지만, 격이 높은 사람으로 성장하기는 어렵지 않겠니?"[72]

소년 제자와 노인 스승의 문답은 종종 이런 식이었다. '자질이 좋으

면 충분하지 않습니까?' 하고 물으면 '아무리 자질이 훌륭해도 선인지
도善人之道를 배워서 갈고닦지 않으면 진정한 발전을 이룰 수 없는 법'이
라는 대답이 돌아왔다.

"지도자의 명석함이란 무엇을 두고 하는 말입니까?"

"마치 물이 스며들듯 은근하게 남을 헐뜯는 말과 살을 도려내는 듯
절박한 하소연이라도, 진실을 간파해 그것을 따르지 않는다면 명철할
뿐만 아니라 멀리 내다볼 줄 아는 사람이라고 할 수 있다."[73]

훌륭한 지도자는 잘 들을 줄 아는 사람이라는 뜻이었다. 지도자는 교
묘하게 남을 중상모략하는 말에 말려들지 않아야 한다. 험담에 치우쳐
사람을 잘못 판단하는 것은 지도자의 중대한 실책이다. 또한 울며불며
매달리는 호소가 아무리 절절해도 그 안의 진실만큼은 이성적으로 판
단할 수 있어야 한다.

공사가 지도자의 덕목에 앞서 군자의 덕목을 누차 강조하자, 자장은
총체적인 덕목으로서 인에 대해 물었다.

"선생님께서 말씀하시는 그 인이란 무엇입니까?"

"다음의 다섯 가지를 세상에 실현시킨다면 인이라고 할 수 있다."

"무엇입니까?"

"공손함·너그러움·신의·민첩함·은혜로움이다. 공손하면 남이 업
신여기지 못하고, 너그러우면 대중을 얻고, 신의가 있으면 사람들이 의
지하고, 민첩하면 업적을 쌓고, 은혜로우면 아랫사람이 자발적으로 따
른다는 것이다."[74]

다섯 가지 미덕과 네 가지 악덕

어느 날 자장은 스승에게 단독으로 가르침을 받을 기회를 잡았다. 이때 공자는 고희를 넘긴 뒤였으니, 자장이 스물서너 살 무렵이었다. 자장은 나를 따로 불러 큰 허리띠 하나를 내놓으며 부탁했다.

"이생. 오늘은 내 곁에서 선생님의 가르침을 한 자도 빠뜨리지 말고 적어주시구려."

자장은 언젠가 공자에게 사람이 출세해 뜻을 펼칠 수 있는 길에 대해 물은 적이 있었다. 공자가 가르침을 주었다.

"말을 성실하고 신의 있게 하고, 행동을 돈독히 하고 공손하게 하면, 비록 야만의 나라에서도 뜻을 펼칠 수 있다. 그러나 말과 행동이 그렇지 못하면 자기 마을에서조차 뜻을 펼칠 수 없다. 서 있을 때나 수레를 탔을 때나 성실·신의·돈독·공손, 이 네 단어가 항상 눈앞에 어른거릴 정도가 되어야 비로소 뜻을 펼칠 수 있다." 자장이 잊어버릴까 두려워 급히 자기 허리띠에 말씀을 기록했다.[75]

자장이 그때의 감동을 기념하고, 그때처럼 가르침을 잊지 않기 위해 특별히 별도의 비단 허리띠를 준비한 것이었다.

"선생님, 저는 벼슬도 벼슬이지만, 무엇보다 인간적으로 훌륭한 지도자라는 평판을 얻고 싶습니다."

공자가 자장을 가까이 불러 말했다.

"사야, 지금 내가 말하는 다섯 가지 미덕을 진심으로 실천하고, 네 가지 악덕을 멀리한다면 좋은 지도자가 될 수 있다. 할 수 있겠느냐?"

"최선을 다해 가르침을 받아 평생토록 잊지 않고 간직하겠습니다."

"다섯 가지 미덕이란 첫째, 사람들에게 은혜를 베풀되 낭비함이 없어야 한다. 둘째, 사람들에게 일을 시키면서 원망을 사는 일이 없어야 한다. 셋째, 마땅히 목표 실현을 추구하되 개인적인 탐욕을 부려서는 안 된다. 넷째, 어떤 상황에서도 태연함을 잃지 않되 교만하면 안 된다. 다섯째, 위엄 있되 사납지 않아야 한다."

자장의 표정이 심각해졌다.

"선생님. 참으로 쉬운 일이란 없는 것 같습니다. 하나씩 풀어서 설명해주십시오. 은혜를 베풀되 낭비함이 없어야 한다는 것은 무슨 뜻입니까?"

"사야, 생각해보아라. 먼저 사람들이 진실로 원하는 것이 무엇인지 잘 파악해 그것을 이뤄주는 데 힘을 집중하면 낭비가 없는 것이 아니겠느냐? 은혜를 베풂에 있어 사람들이 은혜의 참뜻을 모른다면, 그것은 그 사람들의 잘못이 아니라 지도자가 은혜를 베푸는 방법을 잘 모르기 때문이다."

"일을 시키면서 원망을 사지 않기란 쉽지 않습니다. 어찌해야 합니까?"

"꼭 필요한 일을 필요한 시기에 하도록 지시하고 일을 배치하면 누가 그것을 원망하겠느냐?"

"목표 달성을 독려하는 것이 자기 욕망을 위해 다른 사람들을 동원하는 것처럼 비치지는 않겠습니까?"

"누가 보더라도 지도자로서 해야 할 마땅한 목표를 제시하고 그것을 합당한 방법으로 추구해 실현한다면 그것이 어찌 개인적인 탐욕으로 폄하되겠느냐?"

"어떻게 해야 태연하면서도 교만하지 않은 것입니까?"

"중대하다 해서 신중하게 임하고 사소하다 해서 자만하고 방심하는 모습이어선 안 된다. 군자는 보는 사람이 많든 적든, 맡은 일이 크든 작든 한결같이 성실해야 한다. 이것을 태연하면서도 교만스럽지 않다고 하는 것이다."

"위엄이 넘치면서도 사납지 않으려면 어찌해야 합니까?"

"군자는 늘 용모를 단정히 하고, 표정은 밝은 가운데 진지함을 잃지 않아야 한다. 사람들은 지도자의 당당하고 의연함을 보고 스스로 조심하는 것이다. 이것이 바로 위엄이 넘치면서도 사납지 않은 모습이 아니겠느냐?"

자장은 내가 잘 기록하는지 돌아보고 다시 공자에게 물었다.

"선생님, 감사합니다. 그러면 지도자가 물리쳐야 할 네 가지 악덕에 대해 말씀해주십시오."

"사야, 잘 듣거라. 군자가 남을 부리고 이끄는 위치에 있을 때 해서는 안 될 행동은 다음과 같으니라. 첫째, 일을 제대로 가르쳐주지 않은 채 엄벌하는 것이다. 이를 지도자의 잔학이라 한다. 오만하고 관용이 부족해 아랫사람을 잔인하게 다루는 자이다. 둘째, 일을 실행함에 있어 경계할 점을 미리 일러주지 않고 성공만 요구하는 것이다. 이를 횡포라 한다. 일의 핵심은 전수해주지 않으면서 잘못한 책임을 아랫사람에게 돌리는 부류이다. 셋째, 지시는 늦게 하고 일의 달성은 사납게 독촉하는 것이다. 이것을 도둑질이라 한다. 일이 늦어지면 책임을 뒤집어씌우고, 다행히 결과가 좋으면 자기의 공으로 삼으니 도적이나 다름없다. 넷째, 마땅히 주어야 할 것을 놓고 온갖 생색을 내며 주는 것이다. 이런 자는 창고지기에 불과하다. 마치 사적으로 포상을 베푸는 것인 양 인색하게 굴고, 줄 때도 줄 듯 말 듯 하면서 아랫사람의 마음을 시험하며 공公으로 사私를 확인하려 드는 자이니, 그 그릇이 소소한 소모품 창고 열쇠를 흔들며 으스대는 자의 크기에 지나지 않는다."[76]

명성과 통달

자장은 감격했다. '아, 오미五美와 사악四惡이야말로 벼슬하려는 군자가 반드시 새겨야 할 가르침이 아닌가!' 자장이 다시 공자에게 물었다.

"세월이 흘러도 이 말씀의 취지는 변하지 않을 것 같습니다. 수백 년 후의 사회규범이나 도덕이 어떻게 변할지 미리 알 수 있습니까?"

"미래는 현재의 연장선에 있는 것이므로 과거 역사를 살펴보면 미래의 모습도 짐작할 수 있겠지. 은나라는 하夏나라의 규범과 도덕을 기초로 변화를 겪었고, 주나라는 은나라의 것을 더욱 진보시켰다. 물론 그 과정에서 더하기도 하고 빼기도 했지만, 뼈대는 변하지 않았다. 이런 사실로 미루어보면, 수천 년 후의 사회라도 그 규범과 도덕의 큰 줄기는 알 수 있는 것이다."[77]

공자는 자장의 공부가 일취월장하는 것을 기특하게 여기면서도 자의식이 강한 그가 자칫 허명을 추구하지 않을까 염려했다. 아니나 다를까, 자장은 공부에 자신감이 붙었는지 세상사에 통달한 경지가 궁금해졌다. 통달한 선비야말로 자신이 도달하고 이뤄야 할 이상형처럼 여겨졌다. 스물다섯 살 자장이 일흔셋의 공자에게 물었다.

"선비가 되어 어떤 경지를 통달이라고 할 수 있습니까?"

공자가 되물었다. "네가 말하는 '통달'이란 무엇이냐?"

"온 나라 집집마다 이름이 알려지는 것입니다."

"그것은 명성을 얻은 것이지, 통달한 것이 아니다. 무릇 통달했다는 것은 마음이 질박하며 곧고 정의를 사랑하며, 남의 말을 자세히 듣고 처지를 잘 살피며, 겸손한 자세로 상대방의 입장을 깊이 헤아리는 것이다. 이렇게 하면 사회에서나 집에서나 모든 일에 막힘이 없어 이를 통달했다고 하는 것이다. 이에 비하면 명성이란 겉으로만 인仁하고 실제로는 그렇게 행동하지 않아도 얻을 수 있는 수준의 것이다."[78]

　공자의 눈빛은 자장에게 그가 원하는 것이 명성인지 통달인지를 묻고 있었다.

선비에게 죽음이란

　자장은 일평생 자신이 군자를 지향하는 선비라는 사실에 무한한 자부심을 가졌다. 만약 붓을 든 선비가 되지 않았다면 검을 든 협객이 되어 강호의 정의를 추구할 사람이었다. 훗날 자장의 유파가 공자 학파 중 가장 의협의 성격이 짙었던 것도 자장이라는 사람의 개인 성향과 결코 무관하지 않았으리라.

　"선비는 정의를 위해 목숨을 바치고, 재물을 얻을 때는 정당한 것인지를 먼저 생각한다. 제사 지낼 때는 정성을 다하고, 상을 당했을 때는 진심으로 슬퍼한다. 이 네 가지를 실천한다면 선비의 자격이 있다."[79]

　훗날 자장이 스스로 정의한 선비상이었다.

　이렇듯 넘치는 자부심은 한편으로 그를 내면의 성찰보다 외면의 수식에 치중하는 사람으로 보이게 만들었다. 남의 시선이나 평가에 민감하다는 평을 들었던 것은 사람들이 그를 어떻게 이해했는지를 보여주는 일면이다. 그는 죽을 때 자신이 군자로 죽는다는 사실을 자신뿐 아니라 남들도 알아주길 원했다.

　만년의 공자가 죽음을 예감하고 남긴 말을 자장은 평생토록 가슴에 간직했다. "군자는 세상을 떠나는 그날까지 이름을 남기지 못할 것을 걱정한다."[80]

　훗날 자장이 임종에 이르러 아들에게 한 말이 중원에 회자되었다.

"옛말에 군자의 죽음은 '마친다[終]'고 하고 소인의 죽음은 '죽는다[死]'고 하였다. 지금 나는 어느 경지에 가까운 것일까."[81]

소인은 몸이 죽으면 존재도 잊히지만 무릇 군자는 이름을 남기는 자이니, 육신의 죽음은 사업[命]을 마치고 가는 것일 뿐, 존재[名]의 소멸은 아니어야 한다. 아름다운 이름을 후세에 드리우고 싶다는 바람은 자장뿐 아니라 군자라면 모두 죽는 그 순간까지 마땅히 간구하는 바이다.

'선생님, 저의 죽음은 마치는 것입니까? …아, 부디 그렇다고 말씀해 주십시오.'

인생은 정직한 것이다

인생은 정직한 것이다.

속이고도 살아 있는 것은 요행히 모면하고 있을 뿐이다.

人之生也直 罔之生也 幸而免 _《논어》〈옹야〉 17장

늦매미 소리도 잦아드는 가을 문턱에 앉아 골똘히 생각에 잠긴 문도가 있었다. 빈 교사를 청소하고 나오던 나는 그의 곁에 다가가 앉았다. 연배가 비슷한 터라, 학생과 일꾼의 신분차이를 넘어 친숙해진 사이였다. 내 인기척을 느끼고도 한참이나 말이 없던 그가 불쑥 물었다.

"이생. 자네는 자기 인생을 어떻게 생각하는가?"

나는 갑작스러운 질문에 의아해하며 아무런 답도 하지 못했다. 그러자 그가 한마디 덧붙였다.

"나이 쉰을 넘긴 사람으로 자기 인생이 후회스럽지 않을 사람이 얼마나 될까?"

"그리 많지는 않겠지요…"

"내 친구 중에 꽤 명망 높은 대부가 있지. 그 친구가 얼마 전 자기 집이 너무 크다면서 집을 몇 채로 쪼개 처지가 어려운 지인들과 친구들에게 나눠줬다는군."

"훌륭한 사람이네요."

"그런 소식은 또 어찌나 발이 빠른지, 명성은 더욱 높아지고 벼슬자리 천거가 줄을 잇지. 이번에도 그럴 걸 생각하니 부럽기도 하고 배가 아프기도 하고…”

“그것 때문에 풀이 죽어 있는 건가요? 허허.”

“나름 나쁜 짓 안 하고 살았건만 번듯한 집 한 칸이 없고, 벼슬은 언제부터인가 제자리걸음일세. 베풀 게 줄어드니 찾아오는 발길도 줄어들더군. 이렇게 살다간 저승사자도 나를 찾지 못하고 헤매지 않을까?”

“그만한 일로 자신을 비하하고 계시다니요, 그건 도리어 자만이 아닌가요? 하하. 이런 말이 위로가 될는지 모르겠지만 자기 자신에게 떳떳할 수 있다면 남에게 베풀며 살진 못했더라도 실패한 삶이라 말할 수 없습니다. 사실 그것도 쉽게 할 수 있는 경지가 아니잖습니까…”

언제부터 우리 뒤에 있었는지 안연이 가만히 우리 두 사람의 어깨에 손을 얹으며 말했다.

“자기 집을 남에게 내이주는 일은 소인은 하기 어려운 일입니다. 하지만 그런 소식이 금세 온 고을에 퍼졌다면 진정한 군자인지는 잘 모르겠군요. 혹시 두 분은 선생님께서 말씀하신 미생고의 식초 이야기를 아시는지요?”

미생고의 식초

안연이 이야기를 시작할 무렵 지나가던 몇몇 고제高弟들도 우리 일행과 나란히 앉아 귀를 기울였다.

“우리 노나라에 정직하기로 유명한 미생고微生高라는 사람이 있었습니다. 다리 밑에서 연인을 기다리다가 약속을 지키기 위해 불어난 강물을 피하지 않고 빠져 죽은 고지식한 미생尾生[82]이 그 사람인지는 모르겠습니만, 아무튼 어떤 사람이 미생고에게 식초를 빌리러 왔답니다. 미생고는 마침 자기 집에 식초가 없자, 이웃집에서 식초를 빌려서 주었답니다. 그 소식을 듣고 마을 사람들이 미생고를 정직한 사람이라고 칭송했다는 이야기입니다. 그런데 이 이야기를 전해 들은 선생님께서는 오히려 개탄하시는 것이었습니다. '누가 미생고를 정직하다고 하는가? 이웃집에서 빌려다 줬다니!'"[83]

뜻밖의 말에 내가 물었다.

"자기에게 없는 것을 남에게 빌려서까지 주었다면 오히려 적극적으로 선을 행한 것이 아닌가요? 선생님 같은 분이 선행을 비판하시다니 이상하네요…"

"사실 미생고가 선생님의 말씀을 들었다면 서운할 수 있습니다. 미생고는 남을 위해 희생적인 친절을 베풀었는데 말이죠. 그런데 선의라고 해서 반드시 정직한 것이냐 하면 꼭 그렇지만은 않다는 것이 선생님이 제기하신 문제입니다. 바로 '위선의 함정'입니다. 사소한 일을 꼬투리 삼은 것처럼 보이지만, 사실 선생님은 미생고의 일화를 계기로 '자기 뜻을 굽혀 남의 비위를 맞추고, 남의 것을 가지고 자기가 생색을 낸다면 정직이 될 수 없다'[84]는 가르침을 주신 것입니다. 미생고의 선의를 충분히 인정한다 해도 그것이 정직을 찬양하는 사례가 되어서는 안 된다는 말이지요."

곁에서 노련한 자로가 거들었다.

"대체로 선량하여 마음이 약한 사람일수록 남의 간청이나 부탁을 거절하지 못해 자기도 감당하지 못할 일을 하게 되는 경우가 많다. 그러니 할 수 없는 일 또는 해서는 안 될 일로 판단되는 경우는 완곡하게 혹은 단호하게 그 뜻을 밝히는 것이 자신에게 정직하고 상대방에게도 충실한 행동이 아니겠나."

젊은 제자 증참會參이 두 선배의 생각에 조심스럽게 자신의 견해를
덧붙였다.

"저는 중용中庸의 도를 생각해봅니다. 지나치게 친절하면 사심을 의
심받고, 지나치게 냉정하면 인정머리가 없지 않겠습니까? 외람되지만
제 생각으로는 선생님이 진정한 정직을 말하는 가운데 중용의 도까지
전하려는 깊은 뜻이 있었다고 봅니다."

군자에게 부의 의미란

증참의 이야기를 듣고나니 문득 한 가지 일화가 떠올랐다. 선생님의
거처 마당을 쓸다가 우연히 보게 된 장면이었다.

제자 공서적公西赤이 선생님의 심부름으로 제나라를 다녀오게 되었
다. 이때 염유가 공서적의 어머니를 위해 곡식을 내줄 것을 요청하자
선생님이 열여섯 두를 주도록 지시했는데, 염유는 그보다 훨씬 많은 다
섯 병을 주었다. 나중에 보고를 들은 공자는 혼잣말을 중얼거렸다. "적
이 제나라에 갈 때 보니 살찐 말을 타고 훌륭한 갖옷을 입었더구먼…"

나는 그때 선생님의 태도를 의아하게 여겼다. 선생님이 구두쇠 같아
보여서였다. 그런데 얼마 뒤 제자 원헌原憲이 선생님의 가재家宰가 되었
다. 학당의 부교장쯤 되는 자리인지라 선생님은 녹봉을 후하게 책정했
다. 원헌이 이 소식을 듣고 선생님을 찾아와 극구 사양했다.

"능력에 비해 봉급이 너무 많습니다."

그때 선생님이 따스한 미소로 말씀하셨다.

"사양하지 말아라. 너에게도 가난한 이웃이 있지 않느냐?"

이 두 가지 일로 제자들은 선생님으로부터 '군자 주급 불계부君子 周急 不繼富'라는 깊은 뜻을 함축한 가르침 하나를 얻을 수 있었다.

"무릇 군자는 가난하고 힘없는 사람을 돕는 자이지, 부자에게 부를 더 보태주는 일을 하는 사람이 아니다."[85]

고민을 하던 문도가 여러 고제들에게 가르침을 준 데 대해 감사의 예를 취한 뒤 말했다.

"중용의 도로 보면 정직이라는 것도 결국 처한 상황에 따라 다르게 나타나는 건가요?"

안연이 답했다.

"직直의 본래 속성이란 옳은 것은 옳다고 하고 그른 것은 그르다고 하고, 있는 것은 있다고 하고 없는 것은 없다고 하는 것이겠지요.[86] 다만 그것이 진실한 마음에서 우러나온 직이기 위해서는 먼저 자신을 속이는 바가 없어야 합니다. 진정한 직은 자기를 속이지 않는 것이며, 그다음이 남을 속이지 않는 것이며, 자기를 드러내기 위해 타자를 이용하지 않는 것입니다."

나와 문도는 어느새 손을 맞잡고 안연을 바라보며 그의 말에 귀를 기울이고 있었다.

"오늘 여러 고제들의 말을 들으니 마음이 한결 나아지지 않습니까? 저도 한때 무능력을 한탄하며 자기모멸에 빠진 적이 있었습니다만, 없는 것을 없다고 하는데 부끄러울 일이 무엇이 있겠습니까? 남의 덕은 진심으로 격려해주되 덕의 크기를 비교하여 자기를 한계 지을 필요는 없습니다. 올바르게 살고 싶어 하면서도 가난과 낮은 처지를 부끄러워한다면 아직은 조금 부족한 사람이라고 선생님도 말씀하셨지요."[87]

"아무렴. 요즘 같은 세상에 가난한 군자는 그 존재만으로 대덕大德이 아닌가!"

자로가 뒤에서 안연의 어깨를 힘껏 보듬어 안았다.

미덕에도 병폐가 있으니

우연히 시작된 토론이 금세 뜨거워졌다. 그러나 이제 막 공문에 들어온 학생들은 여전히 선의와 정직의 우선순위가 궁금했다.

누군가가 참지 못하고 다시 물었다.

"그래도 너무 엄격한 기준을 적용하는 듯한 느낌입니다. 없는 물건을 이웃집에서 빌려다 주는 일은 일상의 흔한 일이고, 설사 그 행위에 어떤 사심이 개입돼 있다 해도 그런 사소한 문제로 한 사람의 인격 전체를 의심하는 것은 좀 심하다 싶습니다."[88]

자로가 대답했다.

"아까 증참이 말한 중용처럼, 시중時中이나 중정中正*의 가르침이 의문을 푸는 열쇠가 될 것 같다. 강직하지만 각박하고 조급한 사람으로 비친다면, 그것은 직의 이치를 잘 알지 못하거나 상황에 맞게 행하지 못했기 때문이 아닐까?"

그러면서 자로는 선생님이 들려주신 가르침을 풀어놓았다.

"선생님은 이 중유가 불의를 보면 참지 못하고 선을 행할 때가 되면 누구보다 앞장서는 사람이란 걸 잘 아신다. 또한 내 성질이 강직하고 조급하여 이치를 따져 행동을 신중히 하는 데는 부족함이 많다는 것도

---

* 시중은 때에 맞춰 행동하는 것, 중정은 한쪽으로 지나치거나 모자람 없이 곧고 올바른 것으로, 유가가 최고의 도로 여기는 군자의 경지다.

잘 아신다. 그래서 내게 육언육폐六言六蔽[89]의 가르침을 주셨다."

유야. 군자가 추구해야 할 미덕으로 인仁, 지知, 신信, 직直, 용勇, 강剛의 여섯 가지가 있는데, 그 각각에는 숨은 폐단이 있다. 무릇 군자는 미덕을 행함에 있어 숨은 폐단을 가려서 행해야 한다. 내, 너에게 그것을 일러주리라.

인하기를 추구하면서 그 이치를 모르면 어리석은 사람이 되고,

지를 좋아하면서 배우지 않으면 허풍쟁이가 되고,

신을 좇으면서 그 이치를 알지 못하면 오히려 남을 다치게 하고,

정직하기만 하고 도리를 모르면 각박한 사람이 되고,

용기를 좋아하면서 그 이치를 배우지 못하면 난폭해지고,

굳세기만 하고 도리를 모르면 오만이 넘쳐 가벼워진다.

선생님의 가르침을 전한 후 자로는 이런 말을 덧붙였다.

"자신의 정직을 수호함에 절도를 잃으면 거만하고 야박한 사람이 되기 십상이다.[90] 정직을 구함에 있어서도 예의와 절도만큼은 잃지 말아야 한다. 예를 잃으면 직의 진정성도 잃게 된다."

벼슬하는 자의 정직

문도 가운데 한 사람이 질문했다.

"이왕 말이 나온 김에 벼슬하는 사람의 직에 대해서도 가르침을 주십시오."

"선생님이 말씀하시기를 남의 귀신에 제사하는 것은 아첨하는 짓이고, 군자가 불의를 보고 행동하지 않으면 용기가 없는 것[91]이라 하였네.

자기네 귀신도 모자라 남의 귀신까지 제사 지내는 것은 자기 윗사람도 모자라 필요하다면 반대 세력에게까지 아첨하고 빌붙으려는 마음이 아니고 무엇인가? 선생님께서 정의를 보고도 행하지 않음은 용기가 없는 것이라는 말씀을 굳이 덧붙이신 까닭이 여기에 있다. 벼슬하는 자에게 정직이란 용기의 심장과도 같다는 말씀을 하신 것이다."

"그렇다면 벼슬하는 선비의 직은 어떠해야 합니까?"

"그것은 일찍이 내가 선생님에게 물어본 바다. 군주를 제대로 섬기려면 어찌해야 하는지 여쭈었더니, 속이지 말고 군주와 얼굴을 마주하고 강직하게 간쟁해야 한다고 하셨다."[92]

벼슬하는 선비는 권력자의 잘못을 결단코 용납해서는 안 된다는 것이다. 권력은 인민을 편안하게 하는 수단일 때만 정당하다. 그러니 권력자가 잘못을 저질렀을 때는 그가 암군이든 폭군이든 잘못이 없는 척 속여서는 안 된다. 기분이 상해 얼굴빛이 벌겋게 변할 정도로 간하는 것이 벼슬하는 선비의 도리임을 공자는 일찍이 일깨워준 터였다.

천도는 무엇으로 지킬 것인가

또 다른 질문이 던져졌다.

"개인의 정직과 사회정의가 충돌하면 어찌해야 합니까? 정의를 위해서라면 부모형제도 버려야 합니까?"

자로가 대답했다.

"천륜을 어겨 정직을 실천한다면 그것을 정의라고 할 수 없는 노릇이다. 일찍이 내가 선생님을 수행하여 섭국에 갔을 때 섭공이 선생님에게 자기 나라에는 양을 훔친 아버지를 고발한 아들이 있으니 이만하면 사회정의가 살아 있는 게 아니냐고 자랑한 적이 있다. 그때 선생님이 뭐라고 일갈하신 줄 아는가? '우리나라에서는 아버지가 자식을 위하여 숨겨주고, 자식은 아버지를 위하여 숨겨준다. 정직이란 그 가운데 있다'고 하셨다. 비록 죄가 있다 해도 아버지와 자식이 서로 숨겨주는 것은 천륜이기 때문이다. 인도人道를 죽여 충의를 지킨다면 천도天道는 누가 무엇으로 지키겠는가? 옛날에 순임금의 아버지 고수瞽瞍가 살인을 저질렀다면 엄정한 법관 고요皐陶는 법에 따라 고수를 살인죄로 체포하려 하였을 것이고, 공평무사한 임금인 순은 고요를 제지할 수 없었을 것이다. 그러면 순은 어떻게 해야 하는가? 순은 고요가 오기 전에 임금 자리를 팽개치고 아버지를 업고 먼 바닷가로 달아났을 것이다.[93] 아버지를 구해야 하는 급박한 마당에 정직이나 정의를 따질 겨를이 어디에 있단 말인가! 천륜을 따르는 가운데 이미 정직이 행해지고 있으니, 구태여 따로 정직을 논할 것이 없다."

허물을 자신에게서 찾는다

이번엔 외람되지만 일꾼인 내가 물음을 던졌다.

"아까 고제들께서 자기를 속이지 않는 것을 정직의 첫째로 꼽았는데, 자신에게 정직한 자는 어떤 사람입니까?"

"선생님의 말씀으로 대답하겠다. 군자는 자기의 능력이 부족함을 괴로워할 뿐, 남이 자신을 알아주지 않음을 괴로워하지 않으며, 비록 종신토록 이름이 알려지지 않고 이름 없는 선비로 세상을 마칠지라도 그 탓을 남에게 돌리지 않으며 오로지 자기로부터 구하는 자이다."[94]

그때 한 젊은 문도가 마음이 뜨거워져서인지 벌떡 일어나 말했다.

"오늘의 이 토론의 향연을 후세의 우리 공문이 잘 계승해주겠지요?"

"남을 사랑하는 데 진실하지 못하거든 자신이 인한지를 돌아보고, 남을 이끌려 하는데도 잘 이끌려 오지 않으면 자신의 지혜가 부족하지 않은지 반성하고, 남을 예로써 대하는데도 상대방이 그것을 모르거든 자신이 진실로 공경한 마음이었는지 반성해보라. 실천하고자 하는데도 뜻대로 되지 않는 것이 있으면 모두 반성하여 그 원인을 자신에게서 찾아야 하는 법이니, 자기 한 몸이 올바르기만 하면 온 천하가 다 자기에게 쏠려오는 것이다."[95]

조용히 듣고 있던 사마우司馬牛가 모처럼 입을 열었다. 그는 송나라 귀족 출신이었다.

"잘못을 자신에게서 찾는 마음이야말로 진정한 용기이자 정직이며 자기신뢰의 첫걸음입니다. 자신에게 솔직한 사람은 자신을 한계 짓는 사람이 아니라 자신의 가능성을 열어두는 사람이 분명합니다. 저는 그것을 선생님께 배웠습니다. '군자란 어떤 사람입니까?' 제가 어느 날 선생님에게 여쭈었습니다. '군자는 근심도 두려움도 없는 사람이다.' 저는 의아한 마음에 재차 물었습니다. '근심하지 않고 두려움이 없기만 하면 군자가 되는 것입니까?' 선생님은 이렇게 답해주셨습니다. '아무렴. 스스로 돌아보아 떳떳하지 못한 점이 없다면 무엇이 걱정되고 무엇이 두렵겠느냐?[96]

자로가 고개를 끄덕이며 말했다.

"물론 세상이 자기 생각대로 되는 게 아니고 자신에게 정직하다 하여 그것만으로 올바른 삶을 얻을 수 있는 것은 아니겠지. 그러하기에 천명이 있는 것인지 모른다. 결국 인생은 자신의 천명을 찾아가는 과정이 아닌가. 그러므로 선생님마저 '명命을 알지 못하면 군자가 될 수 없다'[97]고 하셨으리라."

인생은 정직한 것이다

문도들이 흩어진 후, 날이 저물어 어둑해진 퀄리의 골목을 향연의 여운에 젖어 걷던 나의 뇌리에 묘하게도 미래에 두고 온 기억 하나가 겹쳐졌다.

인생을 줄타기하듯 산 사내가 있었다. 살아남기 위해 눈치껏 탁류 속을 헤엄쳤다. 험난한 세상에 인생준칙 따위는 사치다, 그렇게 속으로 외치며 살았다. 머리에 흰 서리가 앉고 천명을 느낄 즈음에야 겨우 자신의 삶이 돌아다보였다. 사내는 남은 생을 곡식을 기르는 촌부로 살았다. 그가 죽을 때 자식들을 앉혀놓고 한 말이 이 글의 주제가 되었다.

'살아보니 공자님 말씀 하나도 그른 것이 없었다. 자식들아, 인생은 정직한 것이다. 잘난 체하지 마라. 속이고도 살았다면 요행히 죽음을 면했을 뿐이다.'

그 길로 집으로 달려가 밤을 새워 이날의 문답을 죽간에 새긴 것은 어쩌면 이름 없는 한 사내, 내 아버지에 대한 애틋함이었으리라.

나루터는 어디인가

새와 짐승의 무리 속에서 살 수는 없으니,

사람과 더불어 살지 않고 누구와 더불어 살겠느냐.

鳥獸不可與同群 吾非斯人之徒與 而誰與 _《논어》〈미자〉6장

기원전 489년경, 열국을 유랑하던 공자 일행은 남방의 평원을 가로질러 서북쪽으로 회수가 바라보이는 언덕배기에 도착했다. 거기서 다시 강변으로 내려가 나루터에서 배를 타면 채나라 도읍 신채로 가는 길로 접어들게 된다. 그런데 전란 때문에 군대와 유민들이 이리저리 오가서인지 나루터로 이어지는 길이 여러 갈래로 어지럽게 나 있었다. 강 상류 쪽으로 난 길도 있고 하류 쪽을 향해 띄엄띄엄 이어진 길도 있었다.

"이쯤에서 나루터 가는 길로 접어들어야 하는데…"

방향이 혼란스럽자 일행은 이참에 잠시 쉬어가기로 했다. 먼 길을 온 피로를 풀면서 다른 여행자들을 기다리는 것이 현명할 듯했다. 나는 내려놓은 짐에 몸을 기댄 채 눈을 감았다. 생각할수록 실의의 여정이었다.

공자께서 노나라를 떠난 지 8년 여, 이미 이순을 훌쩍 넘기셨건만 역정歷程은 실패의 연속이었다. 첫 망명지인 위나라에서는 받아들여지지 않았다. 황하를 건너 진나라로 가려했으나 가지 못했고, 평원을 건너 초나라로 가려 했으나 가지 못했다. 모처럼 기대를 가지고 찾았던 부

함에서는 '근자열 원자래'의 순리를 설파했으나, 섭공 심제량은 공자의 덕치를 알아보지 못했다. 그는 공자의 가르침을 실천의 덕목으로 삼기보다는 교양과 처세의 측면에서만 이해하려고 하였다. 부함은 공자 일행에게 큰 실망을 안겨주었다. 자로는 섭공을 생각할 때마다 화가 치미는지 옆구리에 찬 칼자루를 쓰다듬었다.

일행은 하루빨리 채나라로 돌아가 잠시라도 지친 심신을 달래고 싶었다. 제자들은 스승 앞에서 실망한 기색을 드러내지 않으려 저마다 애를 썼다. 숲 속에서 들리는 새들의 지저귐도 그런 자신들을 조롱하는 소리처럼 들렸다. '선생님은 불가능한 일에 덤벼드는 무모한 사람인가? 혹시 우리는 애초부터 도달할 수 없는 세계를 찾아 헤매고 있는 것은 아닐까?'

나는 안연 곁으로 가 앉았다. 왠지 안연은 답을 알고 있을 것만 같았다.

"안연 님. 나루터가 어디인지 궁금합니다."*

"나루터? 나루터라…."

"오늘따라 이 강을 건너는 것이 예사롭게만 여겨지지 않는군요."

"자네도 그런가? 나도 마치 다른 세계로 가는 배를 기다리는 기분일세그려."

나루터를 찾는 사람들

'다른 세계로 가는 배'라는 안연의 말에 나는 문득 동진시대의 시인 도연명을 떠올렸다. 공자 사거 800여 년 뒤의 사람으로, 무릉도원武陵桃源

---

* '나루터를 묻는다[問津]'는 것은 보통 도, 즉 진리나 이상을 추구하는 구도求道를 은유한다. 《논어》 〈미자〉 6장에서 유래했다.

의 고사를 남기고 전원으로 돌아간 은둔자. 내가 공자의 시대를 살면서 도연명이 흠모했던 그 안연을 마주하게 될 줄이야… 나는 무릉의 이상 향을 발견한 어부 같은 기분에 휩싸여 안연에게 바싹 다가앉았다.

"안연 님, 제가 떠돌이 생활을 할 때 이상한 나루터에 관한 이야기를 들은 적이 있습니다. 한번 들어보시겠습니까?"

무릉이라는 고을에 어부가 살았습니다. 어느 날 고기를 잡다가 길을 잃고 복숭아꽃이 만발한 강가에 다다랐습니다. 거기에는 산이 하나 있고 작은 동굴이 나 있었습니다. 배를 대고 걸어서 동굴을 통과해 가니 넓은 들이 나타났습니다. 사람들이 살고 있었는데 모습이 여느 세상 사람들과 다르지 않았습니다. 그들은 어부를 보자 놀라서 어디서 왔느냐고 물으며 술과 음식을 내주었습니다. 낯선 사람이 나타났다는 소식에 마을 사람들이 몰려와 저마다 바깥세상 소식을 물었다지요.

그들은 전쟁을 피해 이곳으로 들어온 뒤 다시 나간 적이 없어 지금이 어느 시대인지조차 모르고 있더랍니다. 그곳에서 사람은 철따라 곡식을 거두고 누에 실을 뽑아도 세금이 없고, 사계절이 순행하여 꾀를 부리지 않아도 불편함이 없어, 낮에는 일하고 밤에는 쉬며 한평생 즐겁고 화목하게 산다 했답니다.

어부가 며칠을 더 묵은 뒤 돌아가려 하자, 그들은 바깥세상 사람들에게 이곳에 대해 절대 말하지 말라고 당부했습니다. 그러나 어부는 동굴을 나와 배를 찾아 돌아가면서 물길을 표시해두었답니다. 고을로 돌아온 어부는 군수에게 복숭아숲 너머에서 겪었던 일을 알렸습니다. 군수는 곧 사람을 시켜 어부가 해놓은 표시를 따라 가보도록 했으나 끝내 그곳으로 가는 길을 찾지 못했습니다.

그 후 어느 고상한 선비가 이 이야기를 듣고 그곳이야말로 진실된 선비가 살아갈 이상향이라고 여겼습니다. 그는 평생 그 복사꽃 피는 숲을 찾아 헤매었지만 끝내 찾지 못했습니다. 그 후론 아무도 그리로 가는 나루터를 묻는 사람이 없었다고 합니다.[98]

안연이 멀리 떠가는 구름을 바라보며 말했다.

"참으로 신비로운 이야기일세. 나루터를 더 이상 찾지 못했다니 왠지 나도 아쉽군."

"어부가 갔다는 그 마을은 인의仁義조차 필요 없는 무위무욕無爲無慾의 세계이겠지요? 과연 그런 세상이 있을까요?"

"그 피안의 이상향이라는 곳도 사실 선생님이 이루고자 하는 세계와 크게 다르지 않을 걸세. 다만 그런 삶이 세상 밖으로 나가야만 구할 수 있고, 보통사람들은 이룰 수 없는 희망이라면 그것은 선생님이 바라는 바가 아닐 걸세. 선생님을 비웃는 은자들이야 늘 그런 세상을 입에 달고 다니겠지만… 은자들은 이 혼탁한 세상에서 진리를 구하는 것 자체가 연목구어緣木求魚라고 생각하지. 하지만 세상을 피해 자연과 벗하며 일신의 안위만을 도모하는 것이 세상 사는 지혜라고 한다면, 이 땅의 눈물겨운 백성들은 누가 돌볼까? 그냥 그렇게 살다 죽으라고 내버려두는 게 과연 구도라는 것일까?"

은둔할 수 없는 이유

생각해보면 공자의 여정에서 우리의 마음을 진짜로 아프게 한 것은 어리석은 군주도, 노회한 권신도 아니었다. 같은 이상을 말하면서도 그 실현을 꿈꾸는 공자를 비웃고 비난한 사람들이었다. 그들은 어둠속에 숨어서 두 눈을 반짝이다가 공자가 이상의 실천을 말하면 기다렸다는 듯 나타나 비수 같은 조롱으로 공자의 가슴을 아프게 했다. 그들은 현세에서 구원을 찾는 일이 부질없다는 것을 누구보다 잘 아는 공자가 허명과 권세라는 자신의 욕망을 위해 대중들을 속이고 있다고 매도했다.

자로가 제나라 석문에서 읍재의 자문역을 할 때였다. 어느 날 자로가 관청으로 가기 위해 성문을 통과하는데 문지기가 제지하며 물었다.

"누구요?"

"자문역 자로입니다."

그때 문지기의 두 눈이 어둠속에서 빛났다.

"공씨에게서 왔다는 사람이요?"

"그렇소만."

문지기가 옳다구니 싶은 표정으로 비아냥거렸다.

"흥, 그 불가능한 일인 줄 알면서도 할 수 있는 것처럼 나대는 그자[不可而爲之者] 말이지?"[99]

이런 일도 있었다. 위나라에 있을 때 선생님이 심란하여 경磬을 연주하고 있는데 삼태기를 진 사람이 지나가다 말하였다.

"음악 속에 욕심이 묻어 있군."

한참을 더 듣더니 또 말했다.

"비루하구나, 저 소리! 자기를 알아주지 않으면 그만 아닌가. 물이 깊으면 바지를 벗고 건너고, 물이 얕으면 바지를 걷고 건너면 그만인데."[100] 그러고는 가버렸다.

이 또한 공자를 속으로는 권세를 탐하며 벼슬에 집착하는 소인으로 치부하고 비난한 말이었다.

하루는 은자로 존경받는 미생묘微生畝가 공자를 찾아왔다. 그가 공자와 대작하다가 취기를 빌려 말했다.

"이보시게, 구. 이제 그만하시는 게 어떤가? 그만큼 수모를 당했으면 됐지, 왜 여전히 여기저기 바쁘게 돌아다니는가? 아니라는 걸 뻔히 알면서도 그러고 다니는 건 말재주만 믿고 요행을 바라는 게 아닌가?"

공자가 그 말을 듣고 미생묘에게 말했다.

"존경하는 선배님, 아직도 저를 모르십니까? 저는 다만 세상의 변화를 나 몰라라 하는 고루한 선비가 되고 싶지 않을 뿐입니다."[101]

묵묵히 미생묘의 술잔을 채워주던 공자는, 사람들의 조롱과 배척 속에서도 열국을 돌아다니며 군자의 치도治道를 말하는 것은 세상을 바꾸고 싶은 일념 때문이라는 말을 속으로 삼켰을 것이다. 인류의 진보를 믿지 않은 채, 사람들을 무지와 핍박의 압제 속에 가둬놓고 있는 화석 같은 세상이 답답하게만 느껴졌을 것이다.

세상을 깨우치는 목탁

잠시 회상에 잠겼던 내가 안연에게 물었다.

"하지만 선생님도 좌절하고 절망하는 한 사람의 인간이 아닙니까? 언젠가 당신의 한계를 한탄하시며 '도가 행해지지 않으니 차라리 뗏목을 타고 바다로 나가고 싶다'고 말씀하신 적도 있다고 들었습니다만."

그때 자공과 함께 나타난 염유가 말했다.

"도가 행해진다면 그곳이 다 이상향이 아니겠는가?"

"선생님이 그 기담奇談 속의 고상한 선비였다면 아마도 커다란 배를 준비하지 않았을까? 하하. 그 배에 가득 사람들을 싣고 함께 이상 세계를 건설하려 하셨을 것만 같네."

"선생님은 동쪽의 주나라東周, 즉 새로운 나라를 건설하려 하셨다."102

세 제자가 각자 자신의 의견을 말했다. 그 후 자공이 제자들과 짐꾼들을 둘러보며 말을 계속했다.

"우리가 선생님을 모시고 북방의 황하도, 남방의 평원도 건너지 못하고 이렇게 온 길을 되돌아가게 되니 끈 떨어진 연마냥 자못 처량한 기분이 드는 건 사실일세. 하지만, 선생님은 이미 나루터가 어디인지 알고 계시네."

내가 눈을 빛내며 물었다.

"선생님의 나루터는 어디인가요?"

"나, 자공이 생각하건대 선생님께서는 일찍이 이러한 결론에 도달하셨다. '사람은 쉼 없이 자기를 수양하여 인을 향해 나아감으로써 군자가 된다. 인을 추구하는 군자는 충忠으로 자신을 돌아보아 부끄러움이 없고, 서恕로써 남을 위해 진실로 애쓰는 마음을 닦는다. 이처럼 인을 추구하는 군자들이 세상에 많아져서 그들이 예禮로써 협덕協德하고, 의義로써 협력協力하고, 인仁으로 협치協治한다면, 우리가 사는 바로 이 땅에서 대동 세상을 실현할 수 있다.' 선생님은 이러한 생각에 더 이상 의혹이 없게 되자, 제자들과 협력하여 군주와 대부들을 설득해 당신이 세운 이상을 실현하고자 하셨다. 선생님께서 분연히 일어나 현실 정치로 나아가신 뜻이 여기에 있다. 선생님께서 분연히 일어나 천하열국을 주유하시는 뜻이 여기에 있다. 한 사람의 선비로서 쉼 없이 자신을 닦고, 군자로서 인의의 도를 추구하는 것, 선생님은 이 사명을 당신의 천명으로 세우셨다."

안연이 화답하듯 말했다.

"사람들은 선생님의 높은 이상을 오해하여 비웃고 심지어는 해치려 하지만, 어찌 손바닥으로 해를 가릴 수 있겠습니까. 선생님의 저 높은 뜻을 어떤 사람들은 위선이라고 말합니다. 권력을 위해 세상을 호도하는 위장 이념이라고 말합니다. 그러면서 그들은 혼탁한 세상을 한탄하고 저주하며 세상 밖으로 나가 자기만의 구도에 안주합니다. 이들은 새와 짐승과 더불어 살며 무위무욕한 삶을 지고의 가치로 여깁니다. 선생님은 그들과 다릅니다. 선생님의 도는 도를 위해 세상을 피하지 않습니다. 선생님은 탁류 속에서 고군분투하시는 이입니다. 정치는 탁류를 정화하는 유력한 수단입니다. 그런데 정치는 도의 수단이 되는 순간 도로부터 멀어집니다. 바로 여기에 구도가 있습니다. 무릇 이상을 추구하는 사람들의 열정과 고뇌, 위선과 위악, 영광과 비극, 나아가 죽음까지도 모두 이 구도의 길에서 비롯됩니다. 과연 선생님께서 이런 이치를 모르고 길을 떠나셨을까요? 당연히 그렇지 않습니다. 누구보다 잘 아시는 분이기에, 그것을 경계하고 삼가는 은자들을 존경하고 그들의 비판을 존중하며 감내하시는 것입니다. 그러면서도 선생님은 당신의 길을 당당히 가십니다. 가함도, 불가함도 없이 일월사계日月四季의 운행처럼 나아가는 사람, 불가능의 가능을 꿈꾸는 사람, 그것이 선생님의 또 다른 이름입니다."

나는 그 자리에서 일어나 문도들에게 읍하며 가르침에 대해 진심으로 감사의 뜻을 표한 뒤 큰 소리로 선생님의 말씀을 흉내 냈다.

"하늘이 이 문명을 없애려 하지 않는데, 누가 감히 우리 선생님을 해치겠는가!"[103]

어디서 나타났는지, 팔짱을 낀 채 우리 뒤에 서 있던 자로가 수염을 쓸며 의 땅에서 있었던 일화를 전해주었다.

위나라와 진나라 사이 국경도시에서 그곳 지방관이 선생님 뵙기를 청했다.

"지금 저 수레에 계신 분이 공구이십니까?"

"그렇소만."

"아, 저분이 그 유명한 공자이시군요. 공자와 같은 분이 저희 마을을 찾아 주시니 너무나 영광입니다."

그 관리가 자기 집에서 저녁식사를 마치고 선생님을 배웅한 뒤 뒤따르는 제자들에게 안타깝다는 듯이 말하는 것이었다.

"제가 살펴보니 공자께서 여러 나라에서 받아들여지지 않아 제자들이 낙담해 있다고 들었습니다. 정말 그렇습니까? 제가 공자를 뵙고 그 말씀을 들어보니 아닙니다. 천하에 도가 사라진 지 오래이니, 머지않아 하늘이 선생님을 세상을 깨우치는 목탁으로 삼으실 것입니다."[104]

용과 이무기

공자께서 돌아가신 후 나는 세상에 떠도는 한 가지 이야기를 듣게 되었다. 공자가 주나라 낙양에서 노자를 만났을 때 들었다는 이야기이다. 공자가 노자에게 예를 묻자 그는 이렇게 말했다고 한다.

"그대가 말하려는 성현들은 이미 뼈가 다 썩어 없어지고 오직 그 말만 남아 있을 뿐이오. 군자는 때를 만나면 세상에 나아가지만, 때를 만나지 못하면 바람에 이리저리 나부끼며 떠도는 다북쑥 같은 신세가 되오. 훌륭한 상인은 물건을 깊숙이 숨겨두어 아무것도 없는 듯 보이게 하고, 군자는 아름다운 덕을 지니고 있지만 모양새는 어리석은 것처럼 보이게 한다오. 그대는 교만과 지나친 욕망, 위선적인 표정과 끝없는 야심을 버리시오. 그러한 것들은 그대에게 아무런 도움도 되지 않소.

내가 그대에게 할 말은 다만 이것뿐이오."

공자가 그 말을 듣고 제자들에게 이렇게 말했다.

"새가 잘 난다는 사실을 나는 알고 있다. 물고기가 헤엄을 잘 친다는 것을 나는 알고 있다. 네 발 달린 짐승이 잘 달린다는 것을 나는 안다. 달리는 짐승은 그물을 쳐서 잡고, 헤엄치는 물고기는 낚시를 드리워 낚고, 나는 새는 화살을 쏘아 떨어뜨린다. 그러나 용이 어떻게 바람과 구름을 타고 하늘로 올라가는지 나는 알 수 없다. 오늘 나는 비로소 용과 같은 존재를 보았다."[105]

나는 이 이야기가 공자가 직접 한 말이라고 믿지 않는다. 만약 이러한 말이 공자 생전에 알려졌다면, 회수가의 그 언덕에서 내가 문도들에게 꼭 물어보았을 것이다. 노장의 무리가 그들의 종주를 높이기 위해 선생님의 명성을 빌린 것이 틀림없으리라. 그럼에도 나는 이 이야기 속 공자의 말만큼은 진심이었으리라는 생각을 해본다. 공자는 노자의 본뜻을 긍정하면서도 자신의 뜻을 제자들에게 분명하게 밝혔다. 허무의 처세에 빠지지 않고 현실 속에서 고투하며 불가능에 도전하는 이유를. 한 번도 보지 못한 용의 승천을 꿈꾸기보다는, 달리는 짐승을 쫓고 헤엄치는 물고기를 낚으며 나는 새를 떨어뜨리기 위해 매진하는 자가 여기에 있노라 하고.

이 전설의 이면에 숨어 있는 공자의 고뇌를 꿰뚫어본 후대의 어떤 이가 '공구의 겸양한 독백'이라며 남긴 우화가 있다. 그 우화에 공감하는 바가 있어 여기에 다시 기록한다.

용은 맑은 물에서 먹으며 맑은 물에서 놀고
이무기는 맑은 물에서 먹고 흐린 물에서 놀고

물고기는 흐린 물에서 먹고 흐린 물에서 논다.

지금 나, 구는 위로는 용에 미치지 못하고

아래로는 물고기와 같지 않으니

아무래도 나는 이무기인가보다.[106]

피인지사, 피세지사

날씨가 조금씩 흐려지고 있었다. 해가 저물기 전에 강을 건너기는커녕 비를 피할 걱정부터 해야 할 처지였다.

"그냥 기다리기보다는 아무래도 직접 길을 찾는 게 나을 것 같습니다."

"언덕 아래로 내려가다보면 어디든 나루터로 이어지는 길이 있지 않을까?"

자로와 자공 등이 강 쪽을 바라보며 의논하고 있을 때, 공자가 수레에서 내려와 자로에게 말했다.

"유야, 수레 위에서 바라보니 언덕 저편에 두 사람이 밭을 갈고 있더구나. 그들에게 나루터가 어디인지 물어보는 것이 좋겠다."

"알았습니다. 제가 직접 가서 물어보고 오겠습니다."

자로가 언덕을 내려가면서 나에게 따라오라는 손짓을 했다. 자로와 내가 언덕을 내려가 얼마쯤 걸어가니 나무 사이로 작은 개간지가 보이고 두 사람이 나란히 밭을 갈고 있었다. 노인들이었는데, 한 사람은 키가 크고 삐쩍 말라 마치 기다란 흙막대기처럼 생겼고, 한 사람은 물에 분 짧은 통나무 같은 모습이었다. 이런 생김새 때문에 우리는 훗날 그들을 장저長沮와 걸익桀溺이라는 이름으로 기억하게 되었다.

자로가 먼저 흙막대기같이 생긴 장저에게 다가가 물었다.

"나루터를 찾고 있는데 어딘지 아십니까?"

자로의 질문이 다소 퉁명스럽게 들린 것일까? 밭을 갈던 장저가 마뜩하지 않은 표정으로 자로를 힐끗 쳐다보고는 밭 가는 일을 계속했다.

"나루터가 어디인지 묻고 있소이다."

자로가 재차 묻자, 장저는 대답 대신 언덕 위의 공자를 가리키며 말했다.

"저기 저 언덕 위에서 수레 고삐를 쥐고 서 있는 사람은 누구요?"

"누구긴요? 우리 선생님이십니다."

"당신 선생을 내가 어찌 아누? 요즘 세상에 선생을 자처하는 자들이 어디 한둘이어야 말이지."

뜨악해진 자로가 말했다.

"저분이 바로 공 선생님이십니다."

"음, 저자가 바로 그 노나라 공구란 말이지?"

"그렇습니다만."

"그렇다면 나한테 물을 필요가 없네. 그 사람이라면 이미 여기저기 뻔질나게 돌아다니지 않았나? 나루터쯤은 누구보다 자기가 잘 알고 있을 걸세."

노인은 그렇게 비아냥거리더니 다시 밭갈이 일을 계속했다. 자로가 하는 수 없이 옆에 있던 걸익에게 물었다. 그러자 걸익이 대답 대신 반문했다.

"그대는 뉘시오?"

"저는 중유라는 사람입니다."

"노나라 공구인가 뭔가 하는 사람의 무리로군."

"그렇습니다만…"

그러자 걸익이 안타깝다는 투로 말했다.

"보시게, 공구의 문하생. 온 세상에 흙탕물이 흘러넘쳐 가득한데, 누가 그걸 바꿀 수 있겠소? 그러니 그대는 사람을 피해 다니며 사는 사람[辟人之士]을 따르지 말고, 우리처럼 세상을 피해 사는 사람[辟世之士]을 따르는 게 현명한 처세가 아니겠소?"

그러고는 더 이상 자로를 아는 체하지 않고 써레질을 계속했다.[107]

곁에서 그 광경을 지켜보던 나는 아차 싶었다. '채나라의 망국지사亡國之士들이로군.' 자로도 같은 직감을 했는지, 더 이상 묻기를 포기한 채 한동안 어이없다는 표정으로 서 있었다.

훗날 신채로 들어가 들은 이야기를 종합하면 장저와 걸익은 한때 채나라의 저명한 대부들이었다. 강대국 사이에 낀 약소국 신세이던 채나라는 초나라에 한 차례 멸망을 당하는가 하면, 신흥 강국 오나라에 붙어 초나라의 손아귀에서 벗어나려다가 조정이 초나라파와 오나라파로 갈리는 바람에 임금이 시해당하기도 했다. 망국의 설움도 모자라 내홍의 환란까지 겪은 채나라의 뜻있는 지식인들은 외세와 그 추종자들을 피해 산림으로 은거했다. 그들에게 이 세상은 구정물이 가득 흘러넘치는 오탁汚濁의 세계였다. 더러운 강물에 몸을 담근 채 강물을 정화하겠다고 떠들고 다니다니! 창 한 자루, 전차 한 대 없이 세상을 바꾸겠다며 이 나라 저 나라를 돌아다니는 공자의 편력이 그들에게는 지독한 위선이나 공허한 환상으로 비쳤을 것이다.

"당신 선생 공구는 제법 그럴듯한 말로 이 혼탁한 세상을 바꾸어보겠다고 떠들고 다니지만, 어떻게 더러운 구정물을 뒤집어쓰지 않고 구정물통을 씻겠다는 것인지 도무지 모르겠소. 그러니 자로 당신만이라도 위선자들의 무리에서 벗어나 우리와 같이 초야에서 자연과 벗하며 사는 것이 어떻소? 그것이 진정한 명철보신明哲保身의 삶이 아니겠소."

두 노인의 태도에서 우리는 허무와 초월로 단단하게 쌓아올린 벽을 실감했다.

"곧 비가 오려나봅니다. 그만 가시지요."

나는 자로의 소매를 잡아끌었다.

"좀 전에 저 언덕 위에서 자로 님이 말하지 않았습니까? 이 세상을 일깨울 목탁이 바로 우리 선생님이라고. 뱁새가 어찌 봉황의 뜻을 알겠습니까? 한두 번 겪은 일도 아니니 너무 기분 나빠 하지 말고 그냥 돌아갑시다."

문명의 길

돌아온 자로에게 두 노인이 한 말을 전해 들은 공자는 한동안 아무말이 없었다. 제자들 사이에서도 침묵이 흘렀다. 두 눈을 지그시 감은 무연한 표정의 공자가 나는 너무 안타깝고 측은해 보였다.

"은자이더냐?"

"그런 듯했습니다."

유유히 흐르는 강물을 굽어보는 공자의 표정은 그동안 마주친 숱한 은자들을 떠올리고 있는 듯싶었다.

'나루터쯤은 내가 이미 알고 있다고? 그렇지. 나는 이미 알고 있지. 내가 사람을 피해 다니는 피인지사라고? 그렇지. 나는 불인한 자, 불의한 자, 부덕한 자를 싫어하다 여기까지 왔지. 안 되는 줄 알면서도 하려고 드는 사람이라고? 그렇지. 그 고집스러운 이상주의자가 바로 나지.

물이 깊으면 바지를 벗고 건너고, 물이 얕으면 바지를 걷고 건너면 그만인데 왜 그리 비루하게 구는 거냐고? 그렇지. 비에 젖은 채 성문 밑에서 오들오들 떨고 있던 상갓집 개*가 바로 나, 공구였지. 그런데, 그런데 말이야…'

잔뜩 흐린 하늘에서 마침내 빗방울이 떨어지기 시작했다. 들판의 두 노인도 비를 피해 들어간 듯 모습이 보이지 않았다. 공자가 이윽고 자로를 향해 돌아앉았다. 제자들도 공자를 향해 마주 섰다.

"그렇다면 우리의 길은 우리가 선택해야겠구나. 자로야, 어느 쪽으로 방향을 잡으면 좋겠느냐?"

자로는 선뜻 대답하지 못했다. 스승의 질문이 길을 묻는 것인지, 길의 의미를 묻는 것인지 순간 헷갈렸다. 다른 제자들도 표정을 보니 마찬가지인 것 같았다. '선생님은 이미 알고 계시지 않습니까?' '선생님의 나루터는 어디에 있습니까?' 그들의 눈빛에선 그런 의문과 기대가 공존했다. 어쩌면 지금이야말로 선생님의 마음속에 뻗어 있는 길의 실체를 볼 수 있는 순간이 아닐까? 그들은 그 행로의 의미를, 이 사연 많은 여정의 끝을 확인하고 싶었다. 짐꾼에 불과하지만, 나 또한 예외가 아니었다. 그때 공자가 제자들을 둘러보며 미소를 지었다.

"제자들아, 나는 인간이라면 마땅히 걸어야 할 길을 걷고 싶구나."

공자가 수레에서 나와 선 채로 비를 맞으며 말했다.

"산림에 숨고 초야에 묻혀 산새들과 더불어 무위의 세계에 사는 이

---

* '주인 잃은 개'라는 의미의 상가지구喪家之狗는 지치고 초라한 행색을 한 채 얻어먹을 것을 찾아 여기저기 떠돌아다니는 사람을 비유한다. 공자가 정나라에서 잠시 제자들과 떨어져 비를 맞으며 성문에 서 있을 때, 스승을 찾아다닌 자공에게 그곳 사람들이 공자의 행색을 묘사하며 이 말을 하였다. 공자는 자공으로부터 말을 전해 듣고 껄껄 웃으며 그 말에 동의했다. 공자의 대인다운 풍모를 엿보게 하는 유명한 고사이다. 《사기》〈공자세가〉와 《공자가어》〈곤서困誓〉 등에 기록이 있다.

들을 나는 존경한다. 그들이 왜 은일의 세계로 침잠할 수밖에 없는지도 잘 알고 있다. 그러나 내 삶의 방식은 그들과 다르다. 나는 사문斯文*의 길을 가는 사람이다."

우리는 행여 빗소리에 선생님의 말씀을 한마디라도 놓칠세라 모두 귀를 기울였다.

"혼탁한 세상을 피해 도를 지키는 것보다는 혼탁한 세상 속에 사는 괴로움을 통해 도를 실천하는 길을 나는 가고 싶다. 보라, 저 하늘을 나는 새들과 저 땅을 달리는 짐승들을. 사람이 그들 속에서 나온 뒤 하늘과 땅 사이에 인의와 도덕이 생겼으니, 사람이 또다시 저 무리 속으로 돌아갈 수는 없다. 나는 사람이다. 사람들 속에서 사람의 말을 하며, 사람의 기쁨과 슬픔, 사람의 사랑과 아픔을 함께 나누며 살겠다. 사람이 사람과 함께하지 않고 누구와 더불어 사람다운 세상을 이룩하려는가? 이 세상이 이미 사람다운 세상이라면, 내가 구태여 이 세상을 바꾸려 하지 않았을 것이다."

자로를 비롯한 제자들의 빗물과 눈물로 얼룩진 얼굴에는 형언할 수 없는 희열이 번지고 있었다. 자신들이 왜 스승을 따라 길을 떠났는지, 어디를 향하여 가고 있는지 이제야 알 것 같았다. 범접할 수 없는 성인이 아니라 한 위대한 인간으로서 선생님의 모습이 비로소 눈앞에 뚜렷이 드러나고 있었다. 울보인 나 또한 그 감동의 대열에서 빠질 수 없었다. 벅차오른 가슴을 주체할 길이 없어 그만 나도 모르게 비가 쏟아지는 들판으로 뛰어나갔다. 그리고 저 들판 끝을 향해 자로가 전해준 한 현자의 말을 목이 터져라 외쳤다.

---

* 공자가 주나라 문왕의 문명화 사업을 가리켜 한 말이다. 이후 유가에서는 성왕聖王의 도道, 즉 유학이 궁극적으로 지향하는 문화를 총칭하는 말이 되었다.

"천하의 도가 사라진 지 이미 오래, 하늘이 우리 선생님을 세상의 목탁으로 삼으리라!"

모두 같은 심정이었는지 저마다 감격에 겨운 표정이었다. 어느덧 감흥의 시간이 끝나자 염유가 말했다.

"사문이 우리 선생님에게 있으니, 선생님 가시는 곳이 바로 나루터로 가는 길이 아니겠습니까?"

공자가 인자한 목소리로 말했다.

"너희의 말이 고맙구나. 염유 말대로 어디로 가든 나루터로 가는 길은 통할 것이다. 설사 조금 돌아서 가는 길이면 또 어떠랴. 너희와 내가 함께하는데."

제자들이 모두 예를 갖춰 스승을 향해 읍하자 공자가 말했다.

"자, 그럼 우리의 향도인 중유가 정한 길로 가자."

공자가 웃으며 수석세사인 자로를 돌아보았다. 자로가 "네!" 하고 무인답게 씩씩하게 대답하고는 마부석으로 몸을 날려 수레 고삐를 낚아채더니 채찍을 힘차게 허공으로 들어 올렸다. 그 모습에 일행은 모두 큰 소리로 웃었다. 어느새 빗방울도 잦아들었다. 저 멀리 하늘 끝에는 이미 구름 사이로 햇빛이 광야를 비추기 시작했다. 공자를 태운 수레가 서서히 강변으로 나아가는 길로 접어들 때쯤, 언제 다시 나왔는지 장저와 걸익이 밭두렁에 서서 우리를 바라보고 있었다. 나는 행렬의 맨 뒤에서 두 노인을 향해 작별인사로 손을 흔들어주었다.

정의를 향한 열정

공자 일행이 회수를 건너 신채로 향할 때 자로가 다른 일을 보기 위해 나를 데리고 뒤에 처진 일이 있었다. 어느 마을 부근을 지나가다 삼태기를 짊어진 노인과 마주쳤다.

"어르신, 혹시 저희 선생님 일행이 이리로 지나가는 걸 보지 못하셨습니까?"

노인이 빈정대듯 말한다.

"사지 멀쩡하면서 일하지 않고, 오곡도 분간할 줄 모르는 사람이 선생은 무슨 선생이람?"

노인은 지팡이를 꽂아놓고 김을 매기 시작했다. 자로가 그 노인 또한 은자임을 직감하고 예를 갖춰 공손하게 인사하고 떠나려 하자, 노인은 그제야 우리를 자기 집으로 데려갔다. 노인은 우리를 위해 닭을 잡고 기장밥을 지어 대접하며 두 아들을 인사시켰다.

다음 날 공자 일행과 합류한 자로가 노인과 있었던 일을 공자에게 고하자, 공자가 말했다.

"은자로구나. 내가 한번 만나볼 수 있을까?"

자로와 나는 온 길을 되돌아가 노인을 찾아갔으나, 노인은 마치 우리가 돌아올 것을 안 사람처럼 어디론가 가버리고 집에 없었다. 자로와 나는 아쉬운 나머지 가족과 마을 사람들에게 그가 간 곳을 물어보았으나, 아무도 알지 못했다. 자로는 탄식하며 마치 노인에게 인사하듯 노인의 빈집을 향해 정중하게 읍한 뒤 말했다.

"은자시여, 저 중유가 선생님의 말씀을 전하고 떠납니다. 선비 된 자로서 세상에 나아가지 않고서 정의를 말할 수는 없습니다. 어른과 젊은이 사이에 마땅히 있어야 할 예절을 따르는 사람으로서, 어떻게 나라와 인민 사이의 대의를 버릴 수 있겠습니까? 선비가 되어 세상을 구하는 일에 참여하지 않음은, 오로지 자기 한 몸을 깨끗이 지키기 위해 큰 윤리가 어지럽혀지는데도 외면하는 것입니다. 선비가 군자의 몸으로 세상에 나아가고자 함은 끝까지 정의를 실천하고자 함이지, 정의로운 세상이 얼마나 이루기 어려운 이상인지를 몰라서가 아닙니다!"[108]

자로의 당당하면서도 가슴을 울리는 웅변에 나는 힘차게 박수를 쳤다. 마침 오후의 비스듬한 햇살이 자로를 비추었는데, 그 후광으로 인해 마치 자로가 공자의 분신처럼 보였다. 돌아오는 길에 내가 진심으로 자로에게 아첨을 떨었다.

"저, 이생이 공문의 일꾼이 된 이래 오늘처럼 자로 님이 멋있어 보인 적이 없습니다."

"그래? 하하하. 모처럼 선생님 흉내를 제대로 냈나보군. 나, 정말 괜찮았어?"

"그럼요. 그렇고말고요."

자로가 일부러 으스대는 몸짓을 꾸며기며 기뻐해주자 나는 더욱 신바람이 나서 나도 모르게 디스코까지 추어 보였다. 자로가 내 춤을 보더니 껄껄 웃었다.

"좀 경박해 보이긴 하지만 재미있군. 어느 지방의 춤인가?"

"제가 이전에 살던 곳에서 한때 유행한 춤이죠. 제가 젊었을 때는 사람들이 술 마시고 흥이 나면 곧잘 이 춤을 추었답니다. 자로 님도 한번 춰보실래요?"

나는 어느 느티나무 아래에 짐을 내려놓고 자로에게 춤을 가르쳐주었다. 어느새 두 사람은 같은 동작을 하며 드넓은 평원의 수수밭을 가로질러 가고 있었다. 낯선 중국 땅을 헤매다 운 좋게 공자 일행을 만나 유랑의 길을 함께 한 이래, 내게는 이때가 가장 보람차고 행복한 순간이었다.

2장

선의의 길을 함께한 사람들

자공, 가장 귀한 그릇

자공이 물었다. "저는 어떤 사람입니까?"

선생님께서 말씀하셨다. "너는 그릇이다."

"어떤 그릇입니까?"

"호련이다."

子貢問曰 賜也何如 子曰 女器也 曰 何器也 曰 瑚璉也 _《논어》〈공야장〉3장

증자의 학통을 이어받아 유가를 중흥시킨 맹자는 조종 공자의 삼년 상이 끝나던 날의 풍경을 이렇게 전하고 있다.

옛날에 공자가 돌아가시고 3년이 지나서 제자들이 짐을 꾸려 집으로 돌아 갈 때 자공에게 들어가 읍하고 서로 마주 보며 곡하기를 목이 쉬도록 한 뒤에야 돌아갔다. 자공은 공자의 무덤에 돌아와 집을 짓고 혼자서 3년을 지낸 뒤에 돌아갔다.[1]

나, 이생 또한 그날의 작별을 잊을 수 없다. 흰머리의 1세대 제자들은 어쩌면 살아서 마지막이 될지 모를 이별을 나누느라 눈물바람이었다. 그들은 스승의 무덤에 술을 올린 뒤 이제 막 마흔다섯 살에 접어든 후 배 자공을 찾아가 감사의 예를 갖추고 각자 고향으로 돌아갔다. 선배들 을 배웅하고 돌아온 자공은 여막廬幕에 앉아 탈상을 마무리하느라 분주

한 젊은 후배들을 바라보았다. 자공은 이미 공문의 미래가 직계 제자인 자신들을 지나 후생들에게로 이어지고 있음을 감지했으리라.

이튿날 자공은 문도들의 여막을 걷고 그 자리에 집을 한 채 짓기 시작했다. 곡부에는 위나라 사람 자공이 3년의 시묘살이를 다시 시작했다는 소식이 곧 퍼졌다. 어느 날 벌초를 하러 간 차에 자공을 만나자 나는 물었다.

"시묘를 다시 하는 까닭을 여쭈어도 되겠습니까?"

자공은 웃기만 할 뿐 아무 대답도 주지 않았다. 나도 더는 묻지 않았다. 얼마간의 세월이 흐르자 자공의 '독거 3년'에 대한 의문은 저절로 풀렸다. 자공은 단지 스승의 무덤을 지키려고 남은 것이 아니었다. 자공의 보이지 않는 재정 지원 속에 공문은 공자가 한창 교육에 열중하던 때의 활기를 되찾고 있었던 것이다. 그때 내 뇌리를 스친 것은 언젠가 선생님이 돌아가시기 전에 자공과 나눈 대화였다.

공자는 자로가 죽은 뒤 부쩍 말을 잃고 있었다. 슬픔에 빠진 스승을 위로하기 위해 자공이 말했다.

"선생님께서 아무 말씀도 안 하시니 어리석은 저희는 갈 바를 모르겠습니다."

공자가 희미하게 웃은 뒤 하늘을 바라보며 말했다.

"사야, 하늘이 무슨 말을 하더냐? 사계절이 운행하고 만물이 생장하는데 하늘이 무슨 말을 하더냐?"[2]

오늘 내가 죽간에 남길 이야기는 자공이라는 사람에 대해서다. 위나라 태생으로 성은 단목端木, 이름은 사, 공자보다 서른한 살 아래다.

탁월한 이재가

자공은 공자의 70여 제자 중에 가장 부자였다.

"자공은 사두마차를 타고 기마행렬을 거느리며 비단을 폐백으로 들고 제후들을 찾아가므로 가는 곳마다 왕들이 몸소 뜰까지 내려와 대등한 예로 맞이하지 않는 자가 없었다."

이 정도는 훗날의 일이지만, 공자 생전에도 자공은 부유하고 유능한 외교가로서 국제적인 명사의 반열에 올라 있었다. "노나라와 조나라 사이에서 물자를 쌓아두기도 하고 팔기도 하여 재산을 모았다"고 전해지는 걸 보면 자공은 외교관이라는 신분을 십분 활용하여 부를 쌓은 듯하다. 그가 이익을 남기는 방법은 주로 시세차익이었다. 이재理財의 요체는 모아들일 때와 풀 때, 살 때와 팔 때의 시리時利를 아는 것이었다. 그래서 당시에도 큰돈을 번 사람은 "시기를 보고 나아갈 때는 마치 사나운 짐승이나 새처럼 재빠르다"는 소리를 듣는 부류였다.

"낙양 땅에 거만巨萬의 부를 모은 사람이 있었는데 그의 시세차익 얻는 방법은 하도 절묘하여 마치 자연의 이치에 몸을 맡긴 듯하였다. 많은 사람들이 그것을 배우고 싶어 하자 그는 이렇게 말했다고 한다. 임기응변하는 지혜가 없는 사람, 결단할 용기가 부족한 사람, 주고받는 인을 모르는 사람, 약속을 지키지 못하는 사람, 이런 사람은 배우고 싶다고 애걸해도 나는 가르쳐줄 마음이 없다." 어쩌면 자공은 이런 내공이 깊은 거상으로부터 따로 상술을 배웠는지 모른다.[3]

자공의 아버지는 사족 출신이었으나 시장에서 장사를 거드는 일로 겨우 가족을 부양했다. 그는 자공의 총명에 모든 것을 걸었다. 아들의 입신출세를 통해 집안을 일으켜보고자 했다. 자공의 부모는 주변의 살 만한 친척이나 세력가를 찾아다니며 온갖 비굴한 아첨을 해서 자공의 학비를 얻곤 했다. 그러던 어느 날 교만한 졸부에게 큰 수모를 당했는지, 자공의 아버지는 어린 자공을 앉혀놓고 다짐을 시켰다.

"너는 이 아비처럼 가난하게 살아서는 안 된다. 조상 제사도 지낼 능력이 없고, 가족이 모여 함께 음식을 먹지도 못하며, 옷을 차려입고 사람들과 제대로 어울리지도 못하면서 이를 부끄러워할 줄 모른다면 비할 데 없이 부끄러운 사람이다. 그럴 만한 철학도 없이 오랫동안 가난을 면치 못하면서도 입으로는 인의를 떠벌리는 자는 더욱 부끄러운 자다. 대부의 반열에 오르지 못할 것 같으면 장사를 하여 가난만은 꼭 면하거라."[4]

인자와 소봉

자공이 공문에 들어온 것은 공사가 50대에 처음으로 벼슬길에 나가 활약할 때였다. 청년 자공은 훗날 후배 자장이 그랬듯 '벼슬하는 법을 배우기 위해' 공자를 찾아온 것으로 보인다. 총명한 자공은 금세 두각을 나타냈다. 언변이 뛰어나고 행동이 민첩한데다 배우려는 의지도 높아 스승의 눈에 들기에 충분했다.

자공이 돈을 벌러 공문을 잠시 떠나기 전에 공자를 찾아뵀었다.

"선생님, 저는 가난하여 부모님이 수모를 겪는 것을 숱하게 보았습니다. 가난한 사람이 힘써 부를 이뤄 먼저 부모를 봉양하고 다음에 널리 재물을 풀어 빈자들을 구제한다면 인하지 않겠습니까?"

"사야, 그것이 어찌 인을 행하는 것일 뿐이겠느냐? 반드시 성인이리라. 요순도 쉽게 할 수 있는 일은 아닐 것이다. 무릇 인자는 자신이 서고자 함에 남도 서게 하며, 자신이 통달하고자 함에 남도 통달하게 하는 것이다. 네가 비록 아직 배움이 부족하다 하나 너 자신의 바람에서 시작하여 널리 어려운 이를 구제하는 길을 찾아서 나아간다면 어찌 인을 이루는 방법이 아니라고 하겠느냐?"[5]

자공이 길을 떠나기 전에 한 동무에게 털어놓은 포부가 한때 공문의 제자들 사이에 회자되었다.

"관직이 높아 봉록을 받은 바 없고, 작위에 봉해져 식읍食邑*을 가진 바도 없는 평민이면서 제후와 같은 삶을 사는 자를 일컬어 소봉素封**이라고 한다지? 선생님 같은 인자에 미치지 못할 바엔 소봉이 되는 것은 어떨까? 인자가 세상을 대동으로 이끌고자 할 때 괜찮은 소봉이 한 사람이라도 더 있다면 조금은 보탬이 되지 않을까?"

좋은 사람, 나쁜 사람

공자는 스스로 운명을 개척하여 부자가 된 자공의 이재를 평가해주는 데 인색하지 않았다. 그런 스승을 자공도 무한히 존경했다. 공자의 제자라는 자부심을 갖고 자공은 공문의 일원으로서 늘 부자의 품격을 의식했다. 그는 자주 재물을 풀어 빈민을 구제하였는데, 포로로 잡혀간 노나라 백성을 송환할 때 막대한 몸값을 나라 대신에 지불한 일이 가장 유명했다.

그러나 자공의 부는 질시도 불러왔다.

'공자의 제자라는 자가 속되게 돈이나 만지고. 그러면서 입으로는 인

---

* 귀족이나 공신에게 하사되는 토지 등 재산.
** 작위와 봉토는 없으나 재산이 많아 제후에 비할 만한 큰 부자를 말한다. 같은 맥락에서 왕이 아니면서 왕에 비견할 만한 사람이 소왕素王이다.

의를 말하다니. 치부致富와 인은 양립할 수 없는 것이니[6] 자공은 위선자에 불과하다.'

위나라에 극자성棘子成이라는 대부가 있었다. 그 역시 자공을 위선적인 인물이라고 보았다.

"군자는 오직 자질[質]이니, 무늬[文]를 어디에 쓰겠는가?"

군자는 바탕이 훌륭하면 그만이지 겉으로 꾸미는 일이 무엇이 중요하냐며, 출세한 자공의 위엄을 깎아내린 것이다. 극자성의 말을 전해 들은 자공은 지인들에게 자신을 변호했다.

"그가 무얼 말하고 싶은지 모르지 않습니다. 그러나 일찍이 선생님께서도 바탕과 무늬가 함께 빛난다[文質彬彬]고 하셨습니다. 호랑이나 표범의 가죽에 털이 없다면, 개나 양의 털 없는 가죽과 무엇이 다르겠습니까?"[7]

자공은 이처럼 능변으로 자신을 방어해냈지만, 질시에 사로잡힌 동문들의 비판과 폄훼는 그의 가슴을 쓰라리게 했다. 어느 날 자공은 스승 공자와 함께 여러 정치인들의 됨됨이를 논평하다가 문득 진정한 선인善人에 대해 물었다. 그것은 자신과 관련된 세간의 평가에 스승의 판단을 구하는 질문이기도 했다.

"어떤 사람을 평가할 때 한 고을 사람이 다 좋다고 하면 좋은 사람입니까?"

"꼭 그렇지는 않겠지."

"다 싫어하는 사람이면 어떻습니까?"

"역시 그렇다고 할 수 없겠지. 그 고을의 선한 사람이 좋아하고, 그 고을의 악한 사람이 미워하는 사람만 못하다."[8]

자공은 스승의 말에 자기도 모르게 울컥했다. '그렇지. 내 속을 가장 잘 아는 사람은 역시 선생님이로구나. 모두에게 좋은 사람이 되려고 너무 안달하지 말자. 좋은 사람들이 사랑하고, 나쁜 사람들이 미워하는 사람이 진짜 좋은 사람이라고 하시지 않는가?'

위안이 필요할 때 공자는 자공의 진정한 위안처였다. 내친김에 아예 대놓고 물었다.

"가난했을 때는 아첨하지 않았고, 부자가 되어서는 교만하지 않았으니 저도 이만하면 괜찮은 사람이지요?"

"괜찮다마다. 그러나 가난하면서도 즐거워하며, 부하면서도 예를 좋아하는 것만은 못하지 않겠느냐?"

자공의 얼굴에 잠깐 실망의 빛이 도는가 싶더니 순간 도를 깨우친 사람처럼 눈빛을 반짝이며 외쳤다.

"《시경》에 이르기를 '잘라놓은[切] 듯하며, 다시 그것을 간[磋] 듯하며, 쪼아놓은[琢] 듯하며, 다시 그걸 간[磨] 듯하다'고 하더니 지금 선생님께서 그것을 말씀하신 거군요!"

공자 역시 반짝이는 눈빛으로 화답했다.

"사야! 네가 이제 더불어 시를 논할 수준까지 되었구나. 지나간 일을 말해주니 다가올 일까지 알아채니 말이다."

아첨도 교만도 없는 경지라 하더라도 더욱 겸손한 마음으로 절차탁마切磋琢磨하면 빈부의 의식조차 초월하는 도의 경지가 열림을 두 사람은 이심전심했던 것이리라.

그림자로 남다

이야기를 처음으로 되돌려보자. 문인들이 자공에게 읍했고 자공이

3년을 더 스승의 무덤을 지켰다는 사실은 당시 자공이 공자의 상례를 주도했고, 공자 학당의 기반을 중수重修했음을 시사한다. 재정을 지원했고, 선배들이 위계를 세우도록 했고, 후배들에게는 학문을 독려했다. 그러나 자공 자신은 언제나 배후의 그림자였다. 자공이 진실로 원한 것은 스승의 도가 만세에 전해지는 것이었다. 언젠가 자공이 내게 말한 적이 있었다.

"나는 인의를 말하기엔 부족한 사람이다. 정치랍시고 이 나라 저 나라를 오가며 서로 어긋나는 말을 일삼았다. 부를 얻기 위해 수많은 사람들에게 원망을 샀다. 이런 말이 있지. 군자의 과오는 일식과 월식 같다고. 천하에 감출 곳이 없다는 것이지.⁹ 나는 도에서 멀어졌다. 선생님의 도는 진심으로 선생님의 도를 따르고 실천하는 자가 전해야 한다."

자공에게 스승은 대체 불가능한 지존이었다.

"선생님은 해와 달 같은 분이시다. 무슨 말로 폄훼한들 해와 달에게 어떤 해를 끼칠 수 있겠는가? 사람들이 선생님께 미치지 못함은 마치 사다리로 하늘을 오르지 못하는 이치와 같다."

훗날 일부 제자들이 용모가 공자와 비슷한 제자 유약有若을 공문의 2대 문주로 추대하려 했을 때 이를 끝까지 거부하여 무산시킨 사람이 증참이었다. 증참은 공문의 막내 세대로서 제자들 중에 가장 둔재라는 평을 들은 사람이다. 그러나 그는 공자의 학통을 올곧이 수호하기 위해 기라성 같은 선배들의 의견을 물리친 것이다. 나는 그 원천을 자공에게서 찾는다. 증자의 우직한 굳셈은 '대선배' 자공의 스승에 대한 지극한 존경에 그 뿌리가 닿아 있었을 것이다. 결국 유약을 물리치고 공자를 계승한 것은 증참, 곧 증자였다. 증자의 학통을 이은 맹자 또한 이런 정황을 잘 알고 있으리라. 맹자가 자공의 '시묘 6년' 경위를 전하면서, 공자의 도를 지켜낸 증자의 '공적'을 나란히 기록한 것은 우연이 아닐 것이다.

후일에 자하, 자장, 자유가 유약이 성인을 닮았다고 해서 공자를 섬기던 것같이 그를 섬기려 하였고 증자에게도 이를 강요하자 증자가 말했다. "불가하오. 공자의 덕은 강물에 빨고 가을볕에 바랜 것 같이 희고 희어서 더 보탤 수가 없는 것이외다."[10]

어디선가 많이 들은 듯한 비유법이 아닌가? 맹자가 전한 증자의 말에서 나는 더욱더 자공의 그림자를 느낀다.

사라진 이름, 감춰진 영광

사마천은 "대체로 공자의 이름이 천하에 널리 알려지게 된 것은 자공이 공자를 모시며 도왔기 때문"이라고 했다. 자공은 자신의 부와 지위를 활용하여 스승을 정성으로 모셨고, 스승이 죽은 뒤에는 공문의 막대한 후원자가 되었다. 그러나 부와 지위를 붙들고 있을수록 정작 그가 원했던 군자의 칭호는 그로부터 멀어져갔다.

위나라 재상이 된 자공이 어느 날 원헌이 사는 동네를 지나가게 되었다. 자공은 반가운 마음에 옛 친구의 집을 찾아 들어갔다. 원헌은 공자가 죽은 뒤 술지게미나 쌀겨조차 제대로 먹지 못할 정도로 가난했다. 오랜만에 원헌의 얼굴을 본 자공은 깜짝 놀랐다.

"자네 어디 병든 게 아닌가?"

원헌이 웃으며 대답했다.

"사형, 재물이 없는 것을 가난이라 하고, 도를 배우고도 실행하지 못하는 것을 병들었다고 합니다. 난 가난할 뿐 병이 든 사람은 아니오."

자공은 자신을 경멸하는 듯한 원헌의 말에 한편으로는 부끄럽고, 한편으로는 걱정하는 마음을 몰라주는 원헌이 야속하기만 했다. 잠시 머물다 원헌의 집을 나온 자공은 죽을 때까지 이날의 일을 가슴 아프게 여겼다.[11]

자공의 말년은 알려진 바가 거의 없다. 증참이 증자로 높여지고 자사가 할아버지 공자의 곁에 나란히 묻히는 동안, 자공의 이름은 흔적이 사라져가듯이 사람들의 뇌리에서 잊혔다. 누군가는 말했다. "증자가 공자의 계승자가 되는 순간 자공의 역할도 끝난 겁니다. 학문의 정통성에 돈 냄새가 끼어서는 안 되지요." 또 누군가는 말했다. "증자는 만각晩覺하였기에 공자의 도를 준칙정론準則定論할 수 있었지만, 자공은 지나치게 출중하여 벼슬살이를 오래 하는 바람에 증자처럼 제자를 양성하지 못한 탓입니다."[12] 어느 쪽이 맞는지는 각자의 판단에 맡길 뿐이다.

자공은 공자가 죽은 뒤 노나라를 떠나 조국 위나라에서 살다가 제나라에서 죽었다. 한 곳에 정착하지 못한 그의 말년에는 어쩌면 고향에서 배척받은 선지자 같은 쓸쓸함이 짙게 드리워 있었을지 모르겠다.

'여보게 이생, 자네는 폭리幅利라는 말을 들어보았는가? 무릇 부란 옷감에 폭이 정해진 것과 같아야 한다네.[13] 사람은 누구나 부유하길 원하므로 정덕正德으로 그 욕망을 제한해야 하는데 이를 일러 폭리를 지킨다고 하지. 나는 그 폭리로 폭리暴利를 물리친 부자로 기록되고 싶었다네.'

일찍이 공자는 자공을 일러 그릇이라고 했다. 군자는 그릇처럼 제한이 있어서는 안 된다고 하면서도, 자공은 귀중하게 쓰이는 아름다운 그릇 호련에 비유했다. 그 말대로 자공의 치부는 군자가 되기엔 부족한 무엇이었으나 타인의 부족함을 채우기엔 넉넉했다. 그런 그릇이 되라는 스승의 격려는 군자의 꿈을 이루지 못한 자의 비애이자 영광으로 남았다.

재여를 위한 변명

재여가 물었다.

"우물에 사람이 빠졌다면, 인자는 마땅히 그 사람을 구하러 우물 속으로 뛰어들어야 하지 않겠습니까?"

宰我問曰 仁者 雖告之曰 井有人焉 其從之也 _《논어》〈옹야〉 24장

자공을 추억하다보면 늘 그 반대편에 어른거리는 얼굴이 있다. 재여라는 인물이다. 재여는 노나라 출신으로 자가 자아子我 또는 재아宰我이다. 변실에 능해 스승 공자로부터 자공과 함께 언어 분야의 수재로 평가받았다. 두 사람은 한두 살 차이의 동년배로서 곧잘 의기투합했다. 둘 다 세상을 바꾸고 싶은 열정이 높았다. 실질을 중시한다는 점에서도 닮았다. 스승에 대한 존경심은 더욱 막상막하였다. 두 사람은 출세에 대한 집념도 강해서 종종 명성과 권력에 대한 야망을 숨기지 못했다. 이 뛰어난 두 제자의 운명은 여기서 갈렸다. 자공은 기존의 부조리를 어느 정도 인정하는 개량주의자로서 출세 전략을 선택했다. 반면 재여는 부조리한 현실 그 자체와 맞섰다. 세상으로 나가되 투쟁적인 노선이었다.

재여의 '급진성'은 공자 사후 학단을 안정시켜야 할 공문의 입장에서도 달가운 것이 아니었다. 역사는 그런 재여에게 두 가지 오명을 부여했다. 첫째는 불량학생이라는 편견이다.

재여가 자주 낮잠을 자므로 공자가 말하였다. "썩은 나무로는 조각할 수 없고 썩은 흙으로 쌓은 담장은 손질을 할 수 없다. 재여를 꾸짖어서 무엇 하겠느냐!"[14]

재여가 낮잠 때문에 이런 정도의 심한 꾸중을 들었다고는 믿어지지 않는다. 재여는 무엇인가를 도모하느라 공부를 게을리했는데 스승이 공부에 열중하지 못하는 이유를 캐물으면 '낮잠 때문'이라고 싱겁게 둘러댔던 게 아닐까. 요컨대 그는 학교보다는 학교 밖의 일에 더 관심이 많았다. 그는 종종 '세상사에 관한' 삐딱한 질문으로 스승을 골탕 먹이거나 심지어 궁지에 몰아넣기도 했다. 스승은 이런 제자의 일탈이 아슬아슬했다. "이놈!" 하고 소리치는 공자의 목소리에서 재주는 많으나 불온한 성향의 제자를 걱정하는 스승의 안타까움이 귀에 쟁쟁하다.

재여가 남긴 두 번째 불명예는 정변에 휩쓸려 '의롭지 못한 죽음'을 당했다는 '사실'이다. 이때의 일을 후대의 역사가는 짤막하게 기록하고 있다.

재아는 임치의 대부가 되어 전상田常과 함께 난을 일으켰다가 멸족의 화를 당했다.* 공자가 이를 부끄럽게 여겼다.[15]

재여는 공자가 죽기 두 해 전 제나라에서 죽은 것으로 알려졌는데, 이는 공문의 가르침과 배척되는 불의한 죽음으로 평가되었다. 이로 인해 재여는 스승을 욕되게 한 불초한 제자라는 인상이 굳어지고 말았

---

* 임치는 제나라의 수도이며, 전상은 제나라 실권자 진항陳恒을 가리킨다.

다. 이는 후학들이 편집한 공자의 어록에도 그대로 반영되었다. 《논어》에는 재여가 관계된 문장이 다섯 번 나오는데 공자가 직접 재여를 언급한 대목(〈선진先進〉)을 빼면 모두 재여를 부정적으로 묘사하고 있다. 그 묘사를 종합하면 재여는 '불성실하고'(〈공야장〉), '근거 없는 말로 현혹하고'(〈팔일八佾〉), '당장의 편익을 위해 고귀한 전통을 부정하고'(〈양화陽貨〉), '스승의 가르침을 의심하고 심지어 시험하려 한'(〈옹야〉) 사람이다.

그러나 재여는 공문십철의 한 사람으로 꼽힐 정도로 학덕이 뛰어났으며, 공자를 모시고 14년의 풍찬노숙을 마다하지 않은 것도 사실이다. 후대의 한 왕조로부터는 제공齊公으로 추존되기도 했다. 재여는 과연 어떤 사람이었을까?

또 다른 선구자?

가까이서 본 재여는 시공을 초월하여 존재해온 급진파 지식인의 전형이었다. 그에게 기성세대와 기존 질서는 하나같이 불신과 전복의 대상이었다. '이 허위와 기만에 찬 소수 귀족 대부만의 세상. 내가 갈아엎고 말 테다' 하는 포부가 느껴질 정도였다.

위나라 재상까지 지낸 개량주의자 자공도 사실 젊어서는 재여와 비슷했다. 학창시절 두 사람은 곡부의 반체제운동에 관여했는데, 자공이 먼저 투쟁의 '시범'을 보여줬다.

"곡삭제告朔祭*에 희생양을 쓰는 것을 반대합니다![16] 형식뿐인 제사에

---

* 음력 초하룻날에 조상에게 지내는 제사. 당시 노나라에서는 곡삭제 때 희생양만 바치는 것으로 제사를 대신했다.

아까운 양을 바치다니요? 이따위 제례는 도대체 누굴 위한 것입니까?"

자공 다음은 재여 차례였다.

"삼년상은 너무 깁니다. 폐지해야 합니다! 초상을 오래 치르느라 임금은 정사를 돌보지 못하고 백성들은 허리가 휩니다. 이따위 허례는 도대체 누굴 위한 것입니까? 초상을 치르느라 군자가 3년 동안 예를 행하지 않으면 예가 반드시 무너질 것이며, 3년 동안 음악을 익히지 않으면 음악도 반드시 무너질 것입니다. 묵은 곡식이 떨어지면 새 곡식이 싹터 오르고, 불씨 지피는 나뭇가지도 사계절에 맞춰 바뀌는 것이 한 해입니다. 상은 1년이면 충분합니다!"[17]

하늘과 사시의 운행도 1년을 주기로 이뤄지고, 사람살이와 농사도 한 해를 단위로 행해지니 상례도 1년을 주기로 하는 것이 합리적이지 않은가. 어록은 두 사람 모두 스승으로부터 따끔한 가르침을 받는 것으로 마무리되지만, 그들이 제기한 문제의식만큼은 결코 무시할 수 없는 '안티테제'였다. 급진주의자들의 관념적인 주장이 아니라 당시 백성의 삶을 실질적으로 대변하고 있었다.

죽은 자를 떠나보내는 장송 의식은 예교의 핵심이자 심각한 민생 문제였다. 의례를 업으로 삼았던 계층에서 배태된 유가는 장례를 후하게 오래 치르는 이른바 '후장구상厚葬久喪'을 지지했고, 묵가墨家로 대표되는 반유가 측에서는 장례를 간소하게 짧게 치르는 '절장단상節葬短喪'을 주장했다. 다음의 우화는 시대적으로 나중에 성립되었지만, 반유가에서 유가의 허례허식을 조롱하는 내용을 통해 당시 민중들이 생각한 유가의 모습을 엿볼 수 있다.

유가들은 무덤을 도굴하면서도 곧잘 시와 예를 들먹이지. 무덤 밖의 대유

大儒가 무덤 안의 소유小儒에게 물었다지?

"곧 날이 밝는데, 일은 잘되고 있는가?"

"아직 시신의 옷을 벗기는 중인데, 가만히 보니 입에 구슬을 물고 있군요. 《시경》에 이르기를 '푸르디푸른 보리 무덤가에 자라네, 살아서 베푼 것도 없는데 어째서 죽은 놈이 구슬을 물었는가'라고 하더니. 네놈의 머리칼을 잡고 턱수염을 누르고 쇠망치로 턱을 바순 다음 천천히 두 볼을 벌려 입속의 구슬이 다치지 않게 꺼내고 말리라."[18]

이런 유가의 약점에 불만을 가진 문도들은 형식에 얽매인 일부 예제 禮制에 의문을 제기하였고, 그 대표적인 인물이 바로 재여와 자공 같은 젊은이였다.

그런데 공자 역시 예제가 형식에 치우치는 세태를 경계했다. "예의를 다하는 것이 어디 옥과 비단 같은 예물을 말하는 것이랴."[19] "예는 사치할 바에는 검소한 게 낫고, 상은 형식에 치우칠 바에는 차라리 그냥 슬퍼하는 게 낫다"[20]고 분명히 말했다. 그럼에도 공자는 급진파의 문제의식에 대해서는 이렇게 비판했다.

"재여는 인을 모르는가보다. 자식은 태어나 3년이 지나야 부모의 품을 벗어날 수 있다. 그래서 삼년상이 천하 사람들의 상례가 된 것인데, 재여에게는 그런 부모의 3년 사랑이 없었다는 말인가!"

공자에게 삼년상은 실리나 형식을 따지기 이전에 부모자식 간의 도리, 즉 인륜의 기본 문제라는 인식이 더 강했다. "공자의 인은 당시에 이미 훼손당할 대로 당한 전통적 가치가 더 이상 파괴되지 않도록 보존하면서 동시에 미래의 가치를 인간의 삶 속에서 배양하고자 한 것"[21]이기에 더욱 그랬다. 자공이 곡삭제에 희생양을 쓰는 것이 낭비라고 여겨

양을 바치는 것을 폐지하자고 했을 때, "너는 양이 아깝지만, 나는 예가 아깝다!"고 한 일갈이 그것을 웅변하고 있다.

스승과 제자의 이 논쟁은 당시 예제를 둘러싼 논란이 얼마나 뜨거웠는지를 보여준다. 그러나 나는 이 일화가 실제로 있었던 사건은 아니라고 본다. 후대의 유가들이 묵가나 양주楊朱의 '절장단상' 주장에 맞서 자신들의 '업業'을 지키기 위해, 공자의 입을 빌려 '이단아' 재아를 꾸짖게 만든 예화라고 생각한다. 《논어》가 편집될 즈음 묵가는 유가의 강력한 비판자로서 대중의 높은 지지를 얻고 있었다. 묵가는 이렇게 외쳤다. "수의는 세 벌로 하여 살이 썩기에 충분하게 한다. 관은 세 치 두께면 뼈가 썩기에 충분하다. 무덤 구덩이의 깊이는 샘이 통하지 않고 냄새가 밖으로 새어나오지 않을 정도에서 그친다. 죽은 이를 장사지내고 산 사람이 오래도록 상중에 있으면서 슬퍼만 하지 말라."22

이 밖에도 재여는 전설적인 임금으로 추앙받는 황제黃帝가 '사람으로만' 300년을 살았다는 전래의 믿음을 '믿을 수 없는 일'로 통박하였고, 귀신의 존재 자체에 대해 의문을 제기했다. 재여는 오늘날의 기준에서 보면 인간 중심의 유물론적인 세계관을 가지고 당대의 통념과 정면으로 맞선 사람이었다.

묵가의 조종 묵적墨翟은 처음에는 유가였다. 그는 노나라에 와서 공자의 학문을 배운 뒤 '일체의 차별이 없는 사랑'을 주장하는 자신의 겸애兼愛 사상을 정립하기 시작했다. 이런 역사적 전후 맥락을 따져보면, 묵적보다 1.5세대 정도 앞선 노나라 사람 재여는 어쩌면 묵가 사상을 배태한 유가 일파의 선구자였는지도 모른다.23

마지막 질문

공자는 68세 때인 기원전 484년 14년간의 유랑을 마치고 노나라로 돌아왔다. 공자의 귀국은 공자 자신의 바람과 자로, 자공, 염유 같은 제자들의 노력에 힘입은 바 컸지만, 노나라 정계의 정치적 이해관계가 맞아떨어졌기에 가능했다. 노나라는 계씨 정권을 이끌던 계환자季桓子가 죽고 아들 계강자가 정권을 계승해 있었다. 계강자는 공자와 갈등관계였던 아버지와는 달리 공문을 자기 세력으로 포섭하고자 했고, 그런 정책 전환의 가시적 조처로서 공자의 귀국을 허용했던 것이다. 노나라 임금 애공도 공자의 귀국을 내심 환영했다. 애공은 공자의 귀국이 자신의 군주권을 회복하는 데 도움이 될 것으로 여겼다. '나이 많은 현자'로서 공자의 존재는 계씨 정권을 도덕적으로 견제하는 효과를 낼 수 있기 때문이었다.

재여는 애공 쪽과 가까웠다. 제어는 오랫동안 참주로서 노나라를 통치해온 계씨 정권을 혐오했다. 그런 재여에게 스승의 귀국은 정치적으로 중요한 전환점이었다. 정파를 떠나 존경받는 공자가 계씨 정권에 맞서 노나라 정치개혁을 지지한다면 그보다 더 큰 원군은 없을 터였다.

공자가 귀국하자 계강자는 공자를 상보尙父로 예우하면서 자주 자문을 구했다. 어느 날이었다.

"나라 안에 도둑이 많아져 걱정입니다. 퇴치할 방법이 없겠습니까?"

"진실로 그대에게 탐욕이 없다면, 백성들은 상을 준다 해도 도둑질을 하지 않을 것입니다."[24]

적자嫡子를 제치고 후계자의 지위를 차지했던 계강자는 공자의 말을 자신의 정통성 문제를 건드린 것으로 듣고 불쾌한 기색이 되어 돌아간

후 한동안 공자를 찾지 않았다. 그러자 일부 제자들이 공자가 계강자를 방문해 오해를 풀어주는 방안을 논의했다. 하지만 재여가 이를 가로막았다.

"굳이 선생님이 먼저 가실 필요가 있는가? 가르침을 받으려면 제까짓 놈이 찾아와야지 왜 선생님이 먼저 허리를 굽히는가?"

재여가 완강히 반대한다는 소식을 들은 공자는 웃으며 말했다.

"여가 너무 흥분했구나. 산을 떠나 십 리를 가도 매미 소리가 귓가에 쟁쟁하더라는 말이 있다. 때로 정치란 상대방이 호응해 오도록 먼저 손을 내밀 줄도 알아야 하는데 말이다."[25]

재여가 반계씨 투쟁의 핵심인물이었다는 증거는 애공과 재여가 나눈 암호 같은 대화 속에도 남아 있다.

임금인 애공이 화재로 소실된 사社[*]를 새로 짓는 일에 대해 묻자 재여가 말하였다. "하후씨는 목재로 소나무를 사용했고, 은나라는 잣나무를 썼고, 주나라 사람들은 밤나무를 썼습니다. 밤나무를 사용한 이유는 사람들을 두려움에 떨게 하려고 한 것입니다."[26]

후세의 분석가들은 애공과 재여가 계씨 정권을 "두려움에 떨게 할", 즉 계씨 정권을 타도하거나 무력화할 모종의 계획을 실행에 옮기려 했음을 암시하고 있다고 본다.[27] 그러나 사태의 결말을 살펴보면 공자는 이 같은 정권 타도 움직임을 지지하지 않았던 것 같다. 그는 이렇게 말했다.

"이미 이뤄진 일은 말하고 싶지 않다. 이미 끝난 일의 잘잘못을 따지

---

[*] 일반적으로 토지신을 모시는 사당이지만 신수나 신목을 의미하기도 한다. 또한 사에서 제사뿐만 아니라 재판이나 처형이 이뤄졌다는 설도 있다.

지 않겠다. 다 지나간 일이다."

공자는 4대째에 접어든 계씨 정권이 결코 호락호락 무너지지 않으리라는 걸 경험으로 알고 있었다. 무엇보다 애공은 계씨를 제압할 깜냥이 못 되는 위인이었다. 그런 상황에서 의협심 하나로 덤벼드는 재여는 위험천만했다. 공자는 재여가 무모한 싸움에 자신을 희생하는 것을 결코 바라지 않았을 것이다. 그러나 공자의 이런 속마음까지 생각하지 못한 재여는 스승의 미온적인 태도가 무척 실망스러웠다. '스승님도 한때는 혁명을 꿈꾸지 않으셨던가? 아, 이제 저분도 소심한 노인에 불과한 것일까…'

한동안 모습을 보이지 않던 재여가 어느 날 연찬에 참석했다. 모두들 그를 반겼다. 공자도 오랜만에 재여를 보니 흐뭇한 기분이었다. 그러나 재여의 표정은 줄곧 굳어 있었다. 연찬이 거의 끝나갈 무렵 재여가 공자에게 질문을 던졌다.

"지금 우물에 사람이 빠졌습니다. 인자라면 마땅히 그 사람을 구하기 위해 우물 속으로 뛰어들어야 하는 게 아닙니까?"

명백한 도발이었다. 스승을 백척간두에 세워놓고 밀어붙이는 심문이었다. 팽팽한 긴장감에 모든 사람들이 숨조차 쉬지 못했다.

'아, 재여가 오늘로 끝장을 보려는구나…'

재여의 마음을 들여다본 듯, 평소와 달리 웃음기 없는 얼굴로 공자가 침묵을 깨고 말했다.

"어찌 그리 할 수 있겠느냐? 군자는 우물까지 가게 할 수 있어도 뛰어들게 할 수는 없다. 그럴듯한 말로 군자를 속일 수는 있어도, 바보로 만들 수는 없다!"[28]

'여야, 너의 바람이 무엇인지 모르는 바는 아니다. 그렇다고 인을 미끼로 써서야 되겠느냐? 내가 미끼를 물면 너는 그것으로 무엇을 낚을 참이더냐…' 정적 속에서 공자의 눈과 재여의 눈이 마주쳐 불꽃을 튀겼다. 이윽고 공자가 일어나 자리를 뜨자, 재여는 멀어져가는 스승의 등 뒤를 향해 절한 뒤 한참을 더 엎드려 있었다. 그것이 우리가 본 재여의 마지막 모습이었다.

재여의 최후

재여의 죽음에 대해서는 당시에도 이론이 분분했다. 재여는 어떻게 죽었기에 공자가 부끄러워했다는 말이 남았을까.

파발을 타고 급보가 전해졌다. 제나라 실권자 진항(전상)이 난을 일으켜 제 간공簡公을 시해했다는 소식이었다. 뒤이어 공문에는 재여가 제나라 정변의 와중에 불의를 꾀하다가 일족이 몰살될 때 같이 죽었다는 소식이 전해졌다. 공문은 아연 긴장했다. 얼마 뒤 공문은 공자가 재여의 의롭지 못한 죽음에 대해 유감을 표시했다는 성명을 발표했다. 그 후 공자는 조정에 나가 애공에게 군주를 시해한 진항을 주벌할 것을 세 번씩이나 거듭 주청하였다. 나는 그때 공자가 보여준 예상 밖의 강력한 분노에 재여의 죽음에 대한 안타까움이 작용하고 있다는 느낌을 지울 수 없었다.

시간이 흐르자 제나라 변란에 대해 좀 더 구체적인 이야기들이 전해졌다. 내가 들은 바는 이러했다. 재여는 제 간공이 노나라에 망명 중일 때 그를 알게 되어 친해졌는데, 그가 임금이 되자 제나라 조정에 출사하게 되었다. 간공은 권신 진항의 지배를 벗어나기 위해 자신의 최측근인 노나라 출신 감지闞止를 진항과 함께 공동 재상으로 삼았다. 감지의 일족인 재여는 감지 진영의 핵심인물 중 하나였다. 감지 진영은 진항의 친척이 살인죄를 저지른 것을 기화로 진씨 세력을 치려 했으나 오히려 진항의 선제 기습을 받고 괴멸당했다. 이 난리 때 재여가 죽었고, 얼마 뒤 간공도 진항의 손에 죽임을 당했다. 공문은 당시 사건의 자세한 전후 맥락을 모른 채 재여가 진항 진영에 가담하였다가 잘못되어 죽은 줄 알았던 것이다.

재여의 삶과 죽음을 생각할 때면 나는 가끔 예수의 제자 유다를 떠올리곤 했다. 재여는 공문십철의 한 사람이었고, 유다는 열두 사도의 한 사람이었다. 두 사람은 모두 스승이 도덕적인 지도자로서만이 아니라 정치적 메시아로서 민중을 억압에서 구해주기를 염원했다. 한 사람은 스승을 사랑하면서도 끝내 의심을 떨쳐버리지 못해 스승을 배신했고, 한 사람은 자기 이념을 위해 스승을 부정하고 떠났다. 한 사람은 자살했고, 한 사람은 살해됐다.

같은 뿌리, 다른 가지

재여는 당대의 지식인으로서 나름대로 시대정신을 실천하려 했다. 재여가 자기 이념만을 위해 헛된 주장을 펴고 사리사욕을 위해 의義를 이용한 사례를 나는 알지 못한다. 그는 인간적인 결함에도 불구하고 진정성이 충만한 사람이었다. 무엇보다 그는 공자를 사랑했다. 스승의 인을 끝까지 회의했지만, 이상주의자인 스승의 인격 또한 변함없이 흠모했다.

오랜 유랑 끝에 노나라로 돌아오던 길에서 재여와 자공이 나눈 대화를 나는 잊을 수 없다.

재여가 말했다.

"내가 이런저런 일로 선생님을 불편하게 한 일이 많았지만, 그런 의혹을 통해 오히려 스승님을 더욱 잘 알게 되었다고 생각합니다. 내가 감히 말하지만 우리 선생님은 요임금이나 순임금보다 훌륭합니다."

자공이 화답했다.

"사형은 언제부터 그렇게 느끼셨습니까? 저 또한 그렇게 생각합니다. 이 세상에 인류가 생긴 이래 우리 선생님 같은 분은 없을 것입니다."[29]

스승의 수레를 뒤따라 나란히 걸어가던 두 사람의 웃음소리가 지금도 귓가에 선하다.

안연, 누항의 구도자

어질도다 회여! 한 소쿠리 밥과 한 표주박의 물로 배를 채우며 빈민굴에서
산다면 보통사람들은 그 괴로움을 견디지 못하거늘, 안회는 그 즐거움을
바꾸지 않으니, 어질도다 회여!

賢哉 回也 一簞食 一瓢飮 在陋巷 人不堪其憂 回也 不改其樂 賢哉 回也
_《논어》〈옹야〉9장

안회가 죽던 때를 잊을 수 없다.

누항陋巷의 작은 집 흙벽에 기대어 그는 자는 듯이 세상을 떠났다. 한
손에는 붓을, 또 한 손에는 죽간을 쥔 채였다. 무엇을 생각하던 중이었
는지 입가에는 엷은 미소가 희미한 체온처럼 남아 있었다.

그의 부음을 들은 공자는 한동안 망연자실하다가 무엇인가 날카로
운 것으로 폐부를 찔린 사람처럼 두 번을 기급하여 탄식했다.

"아, 하늘이 나를 버리는구나! 하늘이 나를 버리는구나!"[30]

이내 두 눈에는 눈물이 가득 고였다. 흐느낌이 통곡으로 바뀌어 소리
가 밖에까지 들리자 제자들이 걱정하며 모여들었다. 누군가 선생님의
애통함이 지나쳐 몸이 상하실까 저어하여 이를 상기시켜드렸다. 그러
나 선생님은 아랑곳하지 않고 애곡哀哭을 멈추지 않았다.

"내가 회를 위해 통곡하지 않는다면, 누구를 위해 통곡하겠느냐?"[31]

어찌 감히 죽을 수 있겠습니까!

안회는 공자의 애제자로서 스승을 어떻게 생각했을까? 공자는 안회를 가리켜 '뒤에 난 사람은 두려워할 만하다[後生可畏]'고 평했고, 안회는 그런 스승을 아버지처럼 여겼다.[32] 이런 일화가 있다. 망명 중의 일이었는데, 자기를 자랑하는 법이 결코 없었던 안회를 대신하여 친구 염유가 공문의 후배들에게 들려준 이야기이다.

"광 땅에서 우리를 양호陽虎*의 무리로 오인한 사람들에게 불시에 공격을 당했지. 양호가 일찍이 광 사람들에게 포악하게 굴었기 때문이었다네. 일행이 모두 뿔뿔이 흩어졌지. 나중에 겨우 한 곳에 다시 모였는데 안회가 보이지 않는 거야. 안회가 일행에 다시 합류한 것은 무려 닷새가 지나서였지. 천신만고 끝에 상처투성이 꼴로 안회가 돌아오자 선생님은 누구보다 먼저 달려가 안회를 얼싸안고는 외치듯 말씀하셨지. '이놈아! 나는 네가 죽은 줄만 알았다!' 그때 안회가 뭐라고 한 줄 아시는가? 허허. '선생님이 계신데 어찌 제가 감히 죽을 수 있겠습니까?'"[33]

공자가 14년 만에 귀국해 학당이 중수되자, 향학열에 불타는 수많은 젊은이들이 나라 안팎에서 모여들었다. 증참, 자장, 자하, 자유 등 공문의 3세대 제자들로서 훗날 유학을 전 중국에 퍼뜨리는 데 기여한 준재들이었다. 그들 중에는 여러 사형 가운데 특히 안회를 존경하는 이들이 많았다. 훗날 증자로 추존된 증참이 대표적이다. 그가 안회를 회고한 말이 남아 전하고 있다.

"그 옛날 선생님의 문하에 이런 사람이 있었지요. 그가 어떤 사람인

---

* 《논어》에 등장하는 양화陽貨와 동일인물이다. 공자보다 몇 살 정도 연상으로 추정되는 양호는 공자와 경쟁 관계였던 것으로 추정된다.

가 하면 말입니다. 본인의 능력이 출중한데도 자기보다 능력이 부족한 사람에게 물으며, 자기가 많이 아는 사람임에도 자기보다 지식이 모자라는 사람에게 배우는 것을 부끄러워하지 않았습니다. 있지만 없는 듯이 한 걸음 물러서 있고, 내면이 꽉 차 있으면서 늘 빈 듯이 자기를 낮추었습니다. 모욕을 받아도 모르고 저지른 짓이려니 여겼습니다. 옛날 나에게 그런 사형이 있었습니다."34

회는 나를 돕는 자가 아니다

안회는 노나라 사람으로 공자보다 서른 살 아래이다. 자가 자연子淵이어서 공문에서는 보통 안연이라 불렸다. 그의 아버지 안로顔路(이름은 무요無繇)는 공자 학당 초기의 문도로 여겨질 만큼 어려서부터 공자와 아는 사이였다. 안연은 10대 초반부터 공자의 가르침을 받기 시작했는데, 이는 공자와 안로의 친분 때문이었을 것이다. 눈 밝은 공자는 안연의 출중한 천품을 금세 알아보고 그를 매우 아꼈다. 안연 또한 공자의 인격과 박학을 흠모하여 친아버지 이상의 부정父情을 공자에게서 느끼게 되었다.

이 전설적인 사제지간의 '사랑'은 그렇게 시작되었다. 두 사람이 얼마나 서로를 아끼고 사랑했는지는 앞에서 말한 광 땅의 일화가 잘 보여주고 있지만, 두 사람의 존경과 사랑은 단지 인간적인 측면에만 국한된 것이 아니었다. 공자는 안연에게서 자신을 뛰어넘어 미지의 세계로 뻗어가는 어떤 초월성을 느꼈고, 안회는 공자에게서 영원불변의 이데아를 예지했다. 진나라와 채나라 사이의 벌판에서 박해를 당할 때, 홀로 일어나 스승에게 고난에 굴복하지 말 것을 촉구한 제자도 안연이었다.

공자는 어쩌면 이때 정신이 번쩍 들어서는 자칫 놓칠 뻔한 구도심求道心을 다시금 부여잡게 되었을지 모른다. 안연이라는 젊은 제자가 뿜어내는 빛을 경탄스럽게 바라보면서 말이다.

안연은 성품이 온화하고 말수가 적었다. 깊은 독서와 사색으로 인해 스물아홉에 벌써 머리가 하얗게 세었다. 정좌하고 있으면 잔잔한 호수 같았고, 움직이면 아득히 높은 나무 위를 스치는 바람 같았다. 있는 것 같으면서 없고, 없는 듯한데 늘 있는 사람이었다. 그의 이름이 '돌 회回', 자가 '연못 연淵'인 것은 밖으로 비치는 그의 성정과 무관하지 않았을 듯하다.

그는 자로와 더불어 14년의 망명생활 동안 줄곧 스승의 곁을 지켰다. 훗날 사람들이 공자의 망명시절 제자들이 맡았던 역할을 비교하면서 자로를 왕의 장수, 자공을 왕의 사신, 재여를 왕의 장관에 비유할 때, 안연은 왕을 보필하는 재상에 비유했다. 그만큼 그는 공자를 가까이서 시종하며 보좌했다. 공자 망명 14년간의 여정이 망실되지 않고 후세에 전해진 것은 안연이 스승 곁에서 그 언행을 기록했기 때문일 것이다. 훗날 안연이 죽은 뒤 그의 누옥에 가득했던 죽간들은 '안씨지서顏氏之書'라 불렸는데, 죽간 속의 '안연지학顏淵之學'을 탐낸 동문들이 앞.다투어 가져가는 바람에 간 곳조차 모르게 흩어지고 말았다. 그러나 훗날 공자의 어록에 담긴 구도求道의 편린들을 잘 살펴보면 그것이 안연이 남긴 죽간에서 비롯되고 있음을 충분히 짐작할 수 있다. 그 시절 안연과 같은 영혼의 인간이 아니라면, 누가 스승에 대한 무한한 존경과 사랑을 그토록 명징하고 심원하게 기록할 수 있었으랴.

망명에서 돌아왔을 때 서른여덟 살이던 안연은 재건된 공문에서 새 문도들을 교육하는 일에 진력했다. 젊은이를 가르치는 일은 그의 성품과 잘 맞았다. 그리하여 공자도 "회의 노력으로 인해 내가 제자들과 더욱 가까워졌다"[35]며 안연의 열정을 기뻐해 마지않았다. 심지어 "안회는 나를 돕는 자가 아니다"[36]라는 역설적인 말도 했다. 스승의 가르침을 따르지 않아서가 아니라, 따르지 않는 것이 없어서, 다른 사람들로서는 그토록 뛰어난 안연을 보면 질문하고자 하는 의욕마저 없어지게 마련이라는 의미였다. 실로 극찬이 아닐 수 없었다.

안연은 천성이 선한데다 물욕이 없어 죽을 때까지 끼니를 거를 만큼 가난했다. 그의 집은 곡부의 빈민가에서도 가장 누추한 축에 속했다. 변변한 잠자리와 식탁도 없었다. 집 안은 온통 목간과 죽간으로 가득 차 있었다. 공자는 평소 이런 안연을 안타까워하면서도 그의 청빈을 안빈낙도의 전형으로 상찬했다.

공부하는 사람

나, 이생이 본 안연은 우선 공부하는 사람의 모범이었다. 타고난 재능이 빼어났음에도 노력을 게을리하지 않았다. 배움을 좋아하되, 배움의 대가를 구하지 않았다. 진실로 배움을 즐기는 자였다. 공부에 몰입한 모습은 '생각하는 사람'이었다. 말하기보다 듣고 사색하기를 먼저 했다. 질문은 의문이 차오를 때 예를 갖춰서 하며, 다른 사람들을 배려하여 평이한 말을 골랐다. 대답은 겸손하게 자신을 낮추는 형식으로 했다. 글은 과장하거나 과도한 표현을 즐기지 않았고, 주장은 정연하기가 오히려 담백했다. 개인적으로 사랑하고 즐기는 것에 대하여는 시를 짓고, 따스한 문장의 산문으로 표현하기를 좋아했다. 그가 남긴 스승에 대한 송가는 그가 문학에서도 뛰어났음을 보여주는 절창이다.

안연은 또한 자신에게 쏟아지는 선망과 질시의 양면을 잘 알고 있었다. 그는 군자란 지식의 질량이 아니라 인격의 수양으로 달성되고 평가되어야 한다고 믿었다. 그러므로 그의 공부 목표는 언제나 출세나 명성 따위가 아니었다. 자신의 선성善性을 쌓아 '심재心齋', 즉 심신을 청정하게 가다듬어 비우는 경지에 이르는 것이었다.

'좋은 성정[善性]은 하늘의 선물이다. 그러므로 그것을 온전히 자기만의 것인 양 여겨서는 안 된다. 좋은 자질은 천하의 공물公物이니, 그것을 받은 사람은 그 자질을 더욱 갈고 닦아 마침내 세상을 위해 써야 한다.' 안연은 이런 생각을 하는 유의 사람이었다.

"선생님, 저는 자기의 선성을 자랑하지 않고, 자기 공업을 함부로 과시하지 않는 사람이었으면 합니다."[37]

평소 소망하는 인간상을 묻는 공자의 질문에 안연이 한 이 간결한 대답이야말로, 안연이 생전에 그려 보인 자화상 중 가장 자신의 본모습에 가까웠다고 할 만하다.

호학의 의미

안연이 별다른 업적 없이 일찍 죽은 것을 감안할 때, 그에 대한 호평은 공자의 칭찬에만 의거한 과장이라고 여기는 사람들이 있었다. 그가 뛰어난 자질을 타고났을지는 모르나, 공자에 대한 존경 말고는 공동체를 위해 기여한 흔적이 눈에 띄지 않는다는 것이었다. 그들은 종종 나에게까지 질문을 던졌다.

"그대가 생전의 안회를 본 사람이라고 하기에 묻습니다. 그가 묵묵히 스스로 깨달아 이해[默而識之]한다면서, 하나를 들어 열을 깨우치는[聞一知十] 천재인 것은 어찌 알 수 있단 말입니까? 설사 그렇더라도 그는 벼슬은커녕 자기 밥벌이도 제대로 못 한 사람입니다. 제가 보기에 안회는 사회적으로는 부적응자이고, 가장으로서는 무책임했습니다."

여행 도중에 이런 오해 섞인 험담을 들을 때면, 나는 선생님이 안연에 대해 하신 말씀을 인용해 그들의 의심을 풀어주려 애썼다.

"그를 모르는 사람들의 의혹을 이해 못 하지는 않습니다. 선생님이 처음 그를 가르칠 때 그는 선생님의 말씀을 듣기만 하고, 자기 생각을 잘 말하지 않았다고 합니다. 공부를 따라오기에 부족한 젊은이가 아닌가 하는 걱정이 들 정도로 말입니다. 그러나 그게 아니었습니다. 그의 평소 생활과 공부를 나란히 살펴보니 가르침을 익힘에 한 점 게으름이 없었습니다.[38] 게다가 그는 가르침을 받는 데만 기대지 않고 이치를 스스로 찾아내고자 노력하였습니다. 또한 배움을 실천하는 것을 보면 스스로를 속이지 않았습니다. 그런 사람이 어찌 어리석은 사람이겠습니까? 안회는 결코 어리석은 사람이 아닙니다."[39]

실제로 공자가 죽기 1년쯤 전에 노나라 임금 애공이 공문의 여러 준재들에 대해 궁금해하며 제자 중 누가 호학하느냐고 묻자 공자가 대답했다.

"안회가 호학자였습니다. 노여움을 옮기지 않으며, 허물을 되풀이하지 않았습니다. 그만큼 배우기를 좋아한 자를 저는 알지 못합니다."[40]

애공의 질문에 선생님이 이미 죽은 안연만을 거론한 데 대해 의아해하는 사람들이 있었다. 선생님 문하에 크고 작은 제자들이 3000여 명, 그 가운데 육예六藝에 통달한 자가 어찌 없을까? 그런데 유독 안연만을 호학했다고 하신 것은 안연의 요절에 대한 애달픔의 표시 정도로 해석해야 옳지 않을까?

호학이 지식의 기계적인 습득과 축적을 의미하는 것이라면, 이 의문이 그리 부당하지는 않을 것이다. 그러나 선생님이 말씀하는 호학은 그런 것이 아니었다. 나는 의문스러워하는 이들에게 선생님의 뜻을 이렇게 전했다.

"공문의 교학에서 지知의 학습은 예禮의 실행과 더불어 학문의 일부분일 뿐입니다. 지식은 지혜를 확장하는 수단의 하나입니다. 지식이 아무리 넓고 깊어도 그것을 예로써 펴지 못한다면 지혜로운 학인이라고 할 수 없지요. 궁극적으로 학문은 하늘의 뜻과 사람의 노력을 합한 이른바 '천인합덕天人合德'이라는 도의 체득과 체현에 요구되는 필요조건일 뿐 충분조건은 아닙니다. 누군가가 선생님께 전인적인 선비상에 대해 물었을 때, '도에 뜻을 둔 자, 덕성에 근거하고 인에 의지하는 자, 또한 예술의 경지를 거닐 줄 아는 자'41라고 말씀하셨지요."

학문은 도에 뜻을 두는 행위의 시작이다. 도란 "아침에 들으면, 저녁에 죽어도 좋을"42 만큼 궁극의 희열이다. 그러므로 공자에게도 도는 현세의 도덕마저 뛰어넘는 진리, 또는 진리에 이르는 길이었다. 공자가 말년에 이른 경지를 모르는 사람들로서는 공자가 말하는 호학의 의미를 제대로 파악할 수 없었던 것이다.

"공자는 열다섯에 진정한 학문이 무엇인지를 직관했습니다. 서른 살에는 예로써 그것을 실천할 수 있게 되었지요. 마흔에 이르러서는 마음에 미혹이 없다[不惑]고 하는바, 지자불혹知者不惑의 경지가 바로 그것이었습니다. 그리고 쉰에는 지식과 경험의 총합이 지향해가야 할 바가 무엇인지를 안다는 것, 즉 지천명知天命의 숨은 뜻을 밝히셨습니다. 예순에는 이순耳順이라 하여 천명에 순종하는 자세가 무엇인지를 말씀하셨고, 일흔 무렵에 이르러서는 마침내 '마음이 가는 대로 하여도 세상의 도를 벗어나지 않는[從心所慾不踰矩]', 그리하여 마침내 영원불멸하는 진리의 실재를 통찰하는 경지에 이르게 되었던 것입니다."[43]

이것이 공자의 일생으로 표현되는 호학의 과정이요, 목표다. 그리하여 후대의 유가들에게 '배움'은 '성인의 도'를 구하는 과정을 의미하게 되었다. 호학은 학문하는 선비의 존재이유가 되었고, 공자에 의해 그 최초 실천자의 영광이 안연에게 돌아갔다. 훗날의 한 사유師儒는 제자의 질문에 다음과 같이 대답했다.

"호학이란 성인의 도를 배우는 과정이다."
"성인이 배워서 될 수 있는 경지라는 말씀입니까?"
"그렇다."
"그 방법이 궁금합니다."
"안연이 성인의 가르침을 잘 실행하였다. 예가 아니면 보지 않고, 예가 아니면 듣지 않고, 예가 아니면 말하지 않고, 예가 아니면 행동하지 않았다. 공자께서는 그런 안연을 일컬어 '한 가지 선을 얻으면 받들어 가슴에 간직하여 잃지 않는다' 하였다. '자신의 노여움을 남에게 옮기지 않고, 한 번 저지른 과오는 두 번 다시 저지르지 않음'을 호학자의 표상으로 높이셨다. 이것이 호학의 돈독함이요, 배움으로 가는 길이다. 안연은 그것을 이미 알았으니, 밝고 굳센 학인이었다. 그가 살아서 몇 해를 더 호학하였다면, 아마도 성인의 경지에 이르렀을 것이다."[44]

후대 사람들은 요절한 안회를 안자顔子로 높이고 복성復聖이라 추존했다. 복성은 공자의 '성인됨'에 가장 근접한 사람이라는 의미였다. 어떤 유가는 '복성 안연'을 떠올리면서 다음과 같은 노래[45]를 지어 불렀다.

사람의 마음은 본래 즐거운 것인데
스스로 사사로운 욕망에 묶이고 만다.
사욕이 싹트려고 할 때는
착한 본성[良知]으로 돌아가 자각하라.
한 번의 자각으로 사욕을 물리치니
마음은 본래대로 즐거워진다.
즐거움은 이 배움을 즐거워하는 것이고
배움은 이 즐거움을 배우는 것이다.
즐겁지 않으면 배우는 것이 아니며
배우지 않으면 즐겁지 않은 것이다.
즐거운 후에 배우고
배운 후에 즐겁다.
즐거움이 배움이고
배움은 즐거움이다.
오호!
천하의 즐거움이 어찌 이 배움만 하겠으며
천하의 배움이 어찌 이 즐거움만 하랴!

극기복례

안연은 공자가 '인의 경지에 들었으며, 도에 가장 가까이 간 사람'이라고 인정한 유일무이한 제자다. 공자는 이 젊은 도학자에게 인의 요체를 전수했다. 애인愛人, 즉 다른 사람을 사랑하는 것이 인의 외피라면, 인의 출발은 애기愛己, 즉 나를 사랑하는 것이다. 진정한 '애기'는 나를 사랑하는 마음으로 나의 이기심을 이기는 것이다. 나를 이기고 예로 돌아가는 것, 바로 극기복례가克己復禮다. 예가 나와 남을 사랑으로 묶어준다. 그것이 인의 한 모습이다.

이것은 아무나 쉽게 체득할 수 있는 경지가 아니었으므로, 공자는 안연에게 먼저 이 요체를 전수했다. 아마도 공자는 그 무렵 안연만이 진실된 인을 체현할 수 있다고 보았을 것이다.

안연이 인에 내해 묻자 선생님께서 말씀하셨다.

"나의 욕망을 이기고 예로 돌아감이 인이다. 하루 동안만이라도 욕망을 이기고 예로 돌아간다면, 천하가 인으로 돌아올 것이다. 인을 실천하는 것은 오직 자신이니, 어찌 남에게 있다고 하랴!"

안연이 그 세목을 듣고 싶다고 청하자 선생님께서 밀씀하셨다.

"예가 아니면 보지 말고, 예가 아니면 듣지 말며, 예가 아니면 말하지 말고, 예가 아니면 행하지 말라."

안연이 말했다.

"제가 비록 불민하오나, 선생님의 말씀을 받들겠나이다."[46]

이와 같은 인의 덕목을 다른 제자들은 하나같이 어려워했다. 공자는 이런 점을 감안하여 배우는 사람의 수준과 처지에 맞게 인을 설명하되,

하나의 말로는 정의하지 않았다. 그러나 인은 행동으로 실천되지 않으면 나타나지 않는 것이고, 처음부터 실천 불가능한 덕목이라면 인은 존재할 수 없는 것이다. 안연은 일찍이 그 점을 스승으로부터 전수받은 특출한 제자였다.

'인이 멀리 있는가? 그렇지 않다. 내가 하고자 하면 이르는 것이다!'[47] 언젠가 내가 공자의 이 말씀에 대해 안연에게 해석을 청하자 그는 내게 반문했다.

"그대는 순임금을 아시는가? 순임금은 어떤 분이며 나는 어떤 사람인가? 그는 임금이고 나는 백면서생에 불과하지만, 무엇인가 선한 일을 하고자 노력한다면 또한 순임금과 같은 사람이 되지 않겠는가?"[48]

학문으로 천성을 갈고닦으면 누구나 성인이 될 수 있다는 가르침은 이 스승과 제자의 전수로부터 비롯되었던 것이다.

문명에의 참여

공자는 안연과 깊은 철학적 대화를 나누기를 즐겼다. 다른 제자들과 흔하게 나눈 정치에 관한 대화도 안연과 더불어 하면 어느새 문명을 이룩하는 방도의 하나로서 설파되었다. 어느 날 공자가 제자들에게 정치를 강학하는 자리에서 안연이 '나라를 위하는 법[爲邦]'에 대해 물었다. 공자는 이렇게 대답했다.

"하나라의 책력을 사용하며, 은나라의 수레를 타며, 주나라의 관을 쓰겠다. 음악은 소무를 기준으로 삼고, 사람은 교묘한 자를 멀리할 것이다."[49]

요컨대 나라를 위한다는 것은 억지로 다스리지 않는 것이라는 의미였다. 달력은 전쟁하기 좋은 것이 아니라 백성들이 농사짓기에 좋은 것을 채택하며, 다스리는 지위에 있는 자들은 사치를 멀리하고 근검절제를 생활화하며, 문화는 고전을 기본으로 삼아 부유한 자들이 퇴폐로 빠지지 않게 하며, 변칙을 즐겨하는 자와는 정사를 같이하지 않는다는 말이었다.

정치를 묻는 안연에게 공자는 정치학이나 경제학의 언어가 아니라 역사와 문화, 그리고 인간의 품성에 대한 성찰에서 그 해답을 구했다. 진정한 정치란 문명의 계승과 발전에 참여하고 있음을 자각하는 것임을 이 제자만큼은 통찰해주기를 바랐던 것이리라.

공자의 가르침에 내재되어 있는 초월적인 종교성과 불멸하는 문명에의 확신은 어쩌면 안연에게만 전수된 것이었는지 모른다. 그가 불행히도 일찍 죽었기에 그 도는 후세에 전해지지 못했지만 사제 간 전수의 의미만큼은 후대에 계승되어 있다.

누군가가 물었다.

"공자는 안연이 도통을 이어 많은 사업을 펼쳐주기를 바랐는데 그만 안연이 일찍 죽는 바람에, 후대 사람들은 그 도가 무엇인지 알 수 없게 되었다고 하는데, 이는 믿을 수 있는 말입니까?"

나는 안연을 떠올리며 대답해주었다.

"공자께서 안연에게 무엇을 분부하였으며, 분부한 내용과 목적이 무엇인지를 내가 어떻게 대답할 수 있겠습니까? 말 그대로 도가 끊어져 후세에 전해지지 않았다면 또한 내가 무엇으로 그것을 알 수 있겠습니까? 나는 모릅니다. 다만 우리가 공자가 무엇을 전하려 했는지 궁금해한다는 사실 자체에 깊은 의미가 있지 않을까요? 공자와 안연이 서로 전하고자 했던 바가 무엇인지를 스스로 찾아보기 바랍니다."[50]

현실과 타협하지 않은 구도자

안연이 죽고 공자도 돌아가신 뒤 공문은 8개의 문파로 분열되어 정통성을 다투었다.[51] 그중에 '안씨의 유[顏氏之儒]'라고 불린 일파가 있었다. 안씨는 노나라의 유가 종족으로, 공자의 유력한 70여 제자 중에서도 단일 성씨로는 여섯 명으로 가장 많았다. 공자의 외가도 안씨였으니, 공자의 학문이 세상에 퍼지면서 안씨의 유도 꽤 세력 있는 유가로 발전했으리라. 그러나 나는 안씨의 유가 '친족 집단'으로서보다는 '단독자' 안연의 '구도'에서 연원했을 것이라고 생각한다.

"안연의 도는 어떻게 비롯되었을까요?"

"14년의 망명생활은 공문에게는 고난과 인내의 시간이었지만, 안연에게는 가장 행복했던 시절이었을 겁니다. 사상은 현실을 떠나 생성할수 없지만, 그 현실과 멀리 있을수록 깊이 성숙되는 이치처럼 말이지요. 더욱이 현실이 생사를 넘나드는 절박함의 연속이라면 사색은 더욱 치열하게 이상을 추구하게 되지 않을까요? 그 이상태理想態의 철학적 건설이야말로 안연의 지성과 체질에 부합했고, 공자는 그런 안연과 더불어 자신의 사상과 철학을 더욱 담금질할 수 있었을 것입니다. 다른 제자들이 역부족하다고 말하고, 조금 도를 낮추라며 현실과의 타협을 말할 때도, 안연만은 오직 전력을 다해 도를 추구할 것을 스승에게 촉구했습니다. 그리고 그 자신도 스승의 인도 속에서 점차 스승의 분신이 되어갔던 거지요. 그런데 그 행복한 망명의 시간이 끝나버렸습니다. 스승은 굴욕을 받아들였고, 사형사제들은 출세의 단맛에 물들어갔습니다. 이제 누가 교단의 순수성을 사수하겠습니까? 누가 스승의 이데아를 전승하겠습니까?"

나의 회고를 듣던 누군가가 탄식의 목소리로 덧붙였다.

"점차 죽음에 다가서는 노년의 공자에게 그런 안회는 등불 같은 존재였을 겁니다. 그런데 그 빛이 갑자기 꺼졌습니다. 공자가 마지막 희망을 걸었던 구도의 빛이 눈앞에서 사라져버린 겁니다. 미래는 상실되고 말았습니다. 공자가 안연의 부음을 듣고 스스로를 내던지듯 통곡한 것은 어쩌면 당연한 일이었을 겁니다."[52]

사상의 다리

안연이 죽은 후 그의 '불개기락不改其樂의 도'는 속유俗儒와 천유賤儒와 부유腐儒의 배척과 조롱을 받고 세상을 떠돌다가 마침내 새로운 땅, 새로운 사람에게서 생명과 활력을 되찾기 시작했다.

나는 공자의 행적을 좇아 황하와 회수 사이를 여행할 때, 거기서 한 사상가 십난을 만난 적이 있었다. 훗날 도가道家 또는 노장老莊으로 불리게 될 집단의 원조였는데, 그들의 생각은 어딘가 모르게 안연의 사색을 닮아 있었다. 나의 여정이 좀 더 남쪽으로 내려가자 사태는 더욱 분명해졌다. 자연과 인간의 합일을 노래하는 이 평화사상가들은 종종 알 수 없는 우화를 지어서 자신들의 교학을 실어 전파했는데, 기이하게도 공자와 안연이 자주 주인공으로 등장하고 있었다. 한편에서는 조롱의 대상으로, 한편에서는 '깨달은 자'의 모범으로.

비록 당시에는 잘 몰랐으나, 그 우화들을 자주 접하게 되면서 나는 한 가지 추론에 이를 수 있었다. 어쩌면 안연이야말로 공자의 도를 남방으로 전하는 다리였으리라는 것을.

내가 그런 추론에 대해 말하면 으레 사람들은 의아해했다.

"안연이 유가와 도가 사이에 놓인 다리라니요, 믿어지지 않습니다."

"꼭 그렇다고 단정하기보다는 그럴 수도 있다는 정도로 해두지요. 사상의 계보라는 것이 두부 자르듯이 딱 갈라지는 것은 아니니까요. 저는 그런 가능성의 실마리를 공자의 말년에서 찾아보고 싶습니다. 유랑하던 공자께서는 현실에서의 실패를 자인하고 계씨의 보호 아래 귀국하는 굴욕을 감수하셨습니다. 게다가 정치권으로 진출한 제자들과는 점점 거리가 멀어지셨지요. 그때 공자는 현실 저 너머의 빛을 응시하셨고, 그 구도의 동반자가 안연이었습니다. 어쩌면 안연은 스승인 공자를 제외한다면, 초기 유가 중에서 스스로 도의 문을 열고 들어간 최초의 철학자였을 겁니다. 공자가 안연을 두고 '도에 가까웠다'고 하신 것은 결코 허투루 하신 말씀이 아닙니다."

패망한 은나라 후손들이 모여 사는 송나라 몽 땅에 장주라는 이름의 하급 관리가 있었다. 그는 종종 공자와 안연이 등장하는 우화를 지었다.

안회가 물었다.
"스승님, 마음을 티끌 하나 없이 씻는 경지가 있습니까?"
공자가 대답했다.
"너의 마음을 하나로 모아라. 귀로 듣지 말고 마음으로 들어라. 마음으로 듣지 말고 기로 들어라. 귀는 소리를 들을 뿐이며, 마음이란 밖에서 들어온 것에 맞추어 깨달을 뿐이다. 기는 텅 빈 채로 사물을 맞아들이는 것이다. 도는 바로 이러한 '텅 빔'에 모이는 것이다. 이 '텅 빔'을 심재라고 한다."53

우화는 공자와 안연을 재회시켜 심재의 대화를 나누게 하기도 했다.
"회는 진보했습니다."

"무엇을 말함이냐?"

"회는 예악을 잊었습니다."

"좋구나. 그러나 아직은 아니다."

"회는 인의도 잊었습니다."

"좋구나. 그러나 아직은 아니다."

"회는 좌망했습니다."

"좌망이라?"

"팔다리도 잘라내고, 총명도 몰아내고, 형체를 지우고 지각도 없애 모든 장애와 차별을 넘어 하나로 동화하는 것, 이를 좌망이라고 합니다."

"하나됨[同]은 좋아하고 미워함이 없는 것! 화생[化]은 만물과 더불어 함께 하는 것! 과연 뛰어나구나! 나도 너의 뒤를 따르게 해다오!"[54]

안연이 유가와 도가를 잇는 교량이었다는 생각은 유가의 언어 속에서는 자취를 감추었으나, 이처럼 남방의 우화 속에는 고스란히 살아 있었다. 안회와 장주는 이미 시공을 넘어 만나고 있었던 것이다.

청빈한 삶, 성대한 죽음

안연은 공자와 함께 망명지에서 돌아온 지 불과 2년 만인 기원전 482년에 마흔 살의 나이로 죽었다. 안연이 젊은 나이에 자신보다 먼저 죽자 공자의 상심은 이루 말할 수 없었다. 제자들이 예법에 어긋난다며 만류해도 한사코 통곡을 멈추지 않았을 정도였다. 그런데 공자는 제자들이 안연의 장례식을 성대하게 치르려 한다는 소식을 듣고는 이를 말리며, 깨끗한 빈사貧士답게 검소하게 장송할 것을 당부했다. 이는 제자들에게 다소 뜻밖으로 받아들여졌다.

"선생님은 그토록 사랑하신 회의 후장厚葬을 어째서 말리시는 것일까? 연로하여 판단력이 흐려지신 건가?"

내가 지켜본 바로 안연의 장례식을 성대하게 이끈 사람은 염유였다. 염유는 집정인 계강자의 가재로, 당시 공문에서는 가장 출세한 제자였다. 그는 계강자를 설득해 공자의 귀국을 성사시킨 장본인이기도 했다. 안연이 산림의 철학자라면, 염유는 공자도 인정한 능력 있는 행정가였다. 공문이 재건된 후 처음으로 곡부에서 치러지는 명성 높은 문도의 장례식이 어떻게 진행되어야 장차 공문의 위세가 높아지고, 자신을 비롯한 문도들이 후광을 입게 되는지를 잘 아는 사람이었다. 지난해 공자의 아들 리의 장례식은 귀국 직후라 경황이 없는 와중에 치러졌지만, 공문 제일의 학자이자 덕성처사德盛處士로 불리는 회의 이번 장례식이야말로 공문의 예가 얼마나 성대하고 장려한지를 곡부 사람 모두에게 보여줄 절호의 기회였다.

공자는 염유를 비롯한 주요 제자들의 그런 정치적 계산을 탐탁하게 여기지 않았다. 공자가 귀국해 목격한 것은 그 옛날 함께 풍찬노숙하던 제자들이 아니었다. 권력을 추종하며 어느새 닳고 때 묻은 정치꾼으로 변질된 모습이었다. 안연의 죽음은 이처럼 공자와 출세한 제자들 간에 불화가 싹트던 무렵의 '사건'이었다. 평소 안연과 거리를 두고 지내다가 그의 죽음이 닥치자 너도 나도 앞 다투어 추념의 목소리를 높이는 기름기 낀 제자들에게 공자는 느린 말투로 간곡하게 말했다.

"회의 죽음을 이용하지 않았으면 한다. 그는 우리 중 가장 도에 가까웠으며, 가난을 편하게 여겼던 사람이다."[55]

그러나 안연의 아버지 안로는 한술 더 떠 공자에게 수레를 팔아 장례

비용을 대줄 것을 청했다. 공자가 어렸을 적에 안씨 가문에 신세를 진데다 안회를 아들처럼 사랑했으니 안로로서는 자신이 그런 청을 넣을수 있다고 여겼을지 모르지만, 비례非禮임에 틀림없었다. 안로가 무례를저질러가면서까지 공자에게 이런 청을 넣은 데 대해 당시에도 이런저런 말이 많았다. 그 가운데 이런 소문이 있었다. 안연은 벼슬이 없는 일개 사士의 신분이지만, 그의 명성을 고려해 대부의 예로 장사지낼 수 있도록 공자의 동의를 얻어보라는 부추김을 안로가 받았다는 설이다.

　그때 안연의 장례를 둘러싸고 문도들 사이에서 내밀한 이야기들이오고갔다. 우선 안연을 따르는 문도들은 대개 벼슬보다 은일隱逸을 숭상하는 도학자들이 많았다. 그들은 공자의 가르침은 본래 인의 체득에 있는데, 일부 출세주의자들이 정치와 처세의 술로 가르침을 오염시키고있다며 분개했다. 속으로는 안연을 조소하면서 자기들의 명성과 이익을 위해 겉으로는 애도하는 척하는 사들의 위선에 그들 역시 심한 구역질을 느끼고 있었다.

　반면 융숭한 장례를 주장하는 이들도 안연이 공자의 도를 진실로 이해하고 따른 유일한 제자임을 의심치 않았다. 그래서 공자의 도를 제대로 전승한다는 이유로 죽은 안연에 대하여 공자가 특별한 사승師承의표시를 해주기를 요청했던 것이다. 안로의 수레 건도 그 일환이다. 공자도 이런 분위기를 감지하고 있었을 것이다. 안연에 대한 존경심이 실상은 '파당적 이해'에 기초하고 있음을 통찰했던 것이리라. 공자는 누구보다 안연의 장례가 어떤 목적에 이용되는 것을 바라지 않았다.

　"회의 죽음을 더럽히지 않았으면 한다. 그는 그 마음이 석 달 동안이나 인에서 떠나지 않을 만큼 우리 중에 가장 인에 가까운 사람이었다."[56]

　공자는 안로에게 다른 말을 하지 않고 그가 알아들을 수 있는 수준의 말로 당신의 뜻을 전했다.

"재주가 있으나 없으나 부모에게 자식은 다 같은 것. 내 아들 리가 죽었을 때도 외곽*은 쓰지 않았소. 수레는 대부가 조정에 출입할 때 타고 다니라고 나라에서 준 것이 아닙니까? 사사로이 처분해서는 안 될 물건입니다."[57]

공문의 번영을 위한 정치적 이해타산도, 학통의 계승이라는 명분도, 모두 공자가 안회를 장송하는 방식이 아니었다. 안빈낙도安貧樂道의 지사志士답게 떠나보내는 것. 그것이 사랑하는 회에 대한 공자의 작별 방식이었다. 또한 안연 자신도 진심으로 원하는 바일 것이라고 공자는 믿었다.

안연의 장례식은 공문을 이끌고 있는 현실파의 의도대로 성대하게 거행됐다. 안로가 원했던 두꺼운 덧널도 썼고, 대부에 준하는 격도 갖추었다. 그 누구도 그것을 비례라고 시비하지 않았다. 안연의 시신과 함께 묻어버리고 싶은 것이 많은 사람일수록 더욱 굳게 입을 다물었다. 자칫하면 삐져나올지 모를 미소를 꼭꼭 감춰야 했을 테니 말이다. 양심을 찌르는 가시 같은 존재였던 회의 죽음을 두고, 더 이상 그와 비교당하지 않아도 된다는 안도감마저 느꼈을지 모른다.

그날 안연의 장구葬柩가 공문을 떠난 뒤 공자는 거처에 돌아와 홀로 상념에 빠져들었다.

'회는 나를 아버지처럼 여겼지만, 나는 그를 자식처럼 생각하지만은 않았다. 회는 제자이면서 또한 나의 스승이기도 하였음을 너희는 끝내 살펴주지 않았다. 오늘 회를 저렇게 보낸 것은 내가 아니라 너희다.'[58]

---

* 시신을 넣은 관을 안치하는 덧널.

3년 후. 공자가 세상을 떠나기 전 어느 봄날이었을 것이다. 정원을 거닐던 공자가 지팡이에 의지한 채 꽃밭을 한참 들여다보다가 말했다.

"싹이 나고도 꽃을 피우지 못하는가 하면, 꽃을 피우고도 열매를 맺지 못하기도 하지…"[59]

그러면서 안연을 추억하던 끝이었는지, 아니면 그와 더불어 자신의 죽음까지도 염두에 둔 것인지 모를 말을 내뱉었다.

"애석하구나, 비록 열매를 맺지 못했지만, 나는 그에게서 보았느니라. 오직 앞으로 나아가며 멈추는 것을 몰랐던 한 사람을.[60]

안회를 조상하며

안연에 대한 회고를 마치면서 나는 죽은 안연의 얼굴에 희미하게 남았던 미소의 의미를 떠올리지 않을 수 없다. 할 일을 마친 사람처럼 홀가분해 보이기도 하고, 덧없는 인생의 회한이 묻어 있는 듯하기도 했던 그 복잡한 미소를 나는 영원히 이해하지 못할 것만 같다.

안연이 죽고 800여 년 뒤에 태어나 그의 삶을 흠모한 한 시인이 있었다. 그는 죽기 전에 자신의 제문祭文을 직접 썼는데, 그것을 읽노라면 멀리 추억 속에 묻어두었던 안연을 떠올리지 않을 수 없다. 마치 안연의 제문을 읽고 있는 듯해서다. 시인 자신도 어쩌면 이승의 빛 저편에서 자기를 기다리고 있을 안연을 생각하면서 이 제문을 지었을지도 모르겠다.

나는 마침내 다시 안연의 무덤을 찾아가 800여 년 후에 쓰인 한 유자의 제문을 읽어드리기로 했다. 비록 그는 누항에서 홀로 죽어갔으나 그가 남긴 빛이 과연 어디까지 뻗어가고 있는지를 기쁘게 '보고'하는 심정으로.[61]

연은 장차 잠시 깃들었던 인생이라는 여관을 떠나
영원한 본래의 집으로 돌아가노라.
태어날 때부터 가난한 운명이 주어졌으니
밥 소쿠리와 표주박은 자주 비었고,
거친 베옷 한 벌로 겨울을 지냈노라.
그러나 마음은 늘 기쁘게 물을 긷고
땔나무를 지고 걸으며 노래했다네.

전원에는 늘 할 일이 많으니
풀 뽑고 흙 북돋우면
작물은 자라 번성하고
주어진 힘으로 힘써 일하니
마음은 언제나 한가로웠네.
책을 펴들면 즐겁고 금을 타면 편안하니,
천명을 즐기고 본분을 지키며
이렇게 한평생을 살았노라.

뭇사람들은 한 번의 인생을 아까워하여
살아서는 남의 존경을 바라고
죽어서는 그리움 받기를 원하네.
아아, 그러나 나는 나의 길을 걸었으니,
지금까지의 세상 사람들과 달랐네.
살아서 사랑받기를 영광으로 삼지 않았으니,
혼탁한 세상이 어찌 나를 검게 물들일 수 있었으랴.

높은 봉분과 숲이 없어도 해와 달은 뜨고 지는데

부귀도 명예도 구한 바 없었으니,

어찌 죽은 뒤의 찬양 따위를 부러워하랴.

인생은 실로 이루기 어려운 것

죽음 후의 삶은 또 어떤 모습일까?

아아, 슬프도다.

시인은 성이 도陶, 호가 연명淵明이며, 이름은 잠潛이다. 잠은 그가 성인이 되어 스스로 개명한 이름이다. 안연의 호가 자연子淵이고 이름 회回가 물이 도는 모양을 상형한 글자임을 생각할 때, 시인이 호를 '맑은 연못'이라는 의미의 연명이라 하고, 이름을 '물속에 잠긴다'는 뜻의 '잠'으로 바꾼 것은 어쩌면 인생의 어느 순간부터 '불개기락'하는 안연의 도에 고요히 침잠하기를 바랐던 때문이리라.

어느덧 안회처럼 백두白頭가 되어버린 나, 이생은 이제는 찾아오는 이 드문 한 철인의 무덤에 술을 뿌리며 이렇게 떠나지 못하고 있다.

자로의 용기에 대하여

자로가 말하였다.

"지금 세상에 완성된 인간은 이익 앞에서 정의를 생각하고, 위험 속에서는 목숨 바칠 것을 각오합니다. 오래전 약속도 평생 잊지 않으니 이 또한 아름다운 사람이 아니겠습니까!"

曰 今之成人者 見利思義 見危授命 久要 不忘平生之言 亦可以爲成人矣

_《논어》〈헌문〉13장[62]

이름이 중유인 자로는 명실상부한 공자의 수제자였다. 공자보다 아홉 살 아래인 그는 공문의 맏형 격으로서 장차 공자 사단을 이끌어갈 인물로 인정되고 있었다. 그러나 불행하게도 스승 공자가 죽기 전 해인 기원전 480년 63세의 나이로 죽고 말았다. 자로가 위나라에서 내란에 휘말려 피살되었다는 소식을 들은 공자는 "아, 하늘이 나를 끊는구나![天祝予]"라며 절통해했다. 자로의 시체가 젓으로 담겨졌다는 참담한 전언에 큰 충격을 받고 집 안에 있는 모든 젓갈을 내다 버리도록 했다.

자로의 안타까운 죽음은 사람들에게 어려운 숙제 하나를 남겼다. 혹자는 그의 죽음을 '진정한 의리가 무엇인지를 보여준 용감한 죽음'이라고 칭송했고, 혹자는 '만용의 극치가 낳은 어리석은 선택'이라고 평가 절하했다. 자로의 죽음이 어떠했기에 이런 상반된 평가가 후세에까지 이어진 것일까?

사건을 직접 목격한 사람으로서 나, 이생은 '공문의 영원한 사형'을 추모함에 앞서 그 진상을 먼저 세상에 전하여 진정한 용기의 의미를 되새겨보고자 한다.

자로의 최후[63]

자로는 스승 공자를 노나라로 귀국시킨 뒤 다시 위나라로 돌아가 위나라 집정대신執政大臣인 공회孔悝의 가재로 일하고 있었다. 위나라 공씨 집안은 나라 제일의 명문가로서 수장인 공회는 임금을 쥐락펴락하는 실질적인 집권자였다. 공자는 위나라에 있을 때 공회의 아버지 공어孔圉(공숙문자公叔文子, 공문자孔文子)와 친분을 맺었는데, 그 인연으로 자로가 이 집에 일자리를 얻었던 것이다. 자로가 공씨 집안에서 맡은 일은 외국 방문객들을 그 나라와 신분에 맞는 예법으로 응대하는 일이었다. 또한 몸은 노나라 밖에 있음에도 조국을 돕는 일을 마다하지 않았다. 최근 노나라가 강대국 제나라와 강화조약 체결에 성공했는데, 국내의 염유, 자공과 국외의 자로 같은 공문의 제자들이 큰 역할을 했다.

그러던 어느 날, 공씨 사저에서 자로에게 전령을 통해 급보를 전했다.

"나리, 무장한 일단의 무리가 난입하여 집정대신을 납치하려 합니다!"

변란의 전말은 이러했다.

공회의 어머니 공백희孔伯姬는 위나라 영공靈公의 딸이다. 그녀의 남동생 괴외蒯聵는 태자 시절 계모인 남자南子 세력과 권력투쟁을 벌이다 망명했다. 괴외를 축출한 남자 세력은 영공이 죽자 괴외의 아들인 첩輒을 출공出公으로 옹립했고, 이후 괴외와 출공 부자는 12년이 넘는 세월 동안 임금 자리를 놓고 비정하게 대립하는 사이가 되었다. 괴외의 누이이자 임금의 고모인 백희는 동생과 조카 사이에서 줄타기를 하다가 마침내 동생 편에 서기로 결심했다. 백희에게는 그럴 만한 이유가 있었다. 백희는 남편 공어가 죽은 뒤 혼량부渾良夫라는 이름의 젊고 잘생긴 가복家僕과 은밀한 사이가 되었는데, 이 가복에게 대부의 신분을 만들어주기 위해 임금 자리에 혈안이 되어 있던 동생과 손을 잡았던 것이다. 기회를 엿보던 백희는 혼량부를 시켜 동생 괴외를 밀입국하게 한 후 바로 이날 밤 군사를 동원해 조카 출공을 내쫓고 동생 괴외를 등극시키는 정변을 일으켰다. 그런데 괴외와 백희의 정변이 성공하기 위해서는 집정 대신인 공회의 추인이 반드시 필요했다. 두 사람은 공회의 집무실이자 침소에 무사들을 이끌고 들어가 자신들의 아들이자 조카인 공회를 위협하여 정변에 동의를 요구하기에 이르렀던 것이다.

전후 사정을 파악한 자로는 정변을 피해 숨지 않고 오히려 공회의 사저로 달려갔다. 때마침 나는 자공의 심부름으로 곡부를 떠나 위나라 수도인 조가에 와 있었기에 자로와 함께 있을 수 있었다. 나는 자로를 따라나서기는 했지만, 어떻게든 자로의 무모한 선택을 말리고 싶었다.

"자로 님, 사정을 들어보니 이것은 한갓 집안싸움입니다. 가신들이 참견할 일이 아닌 것 같습니다. 개입하지 마소서!"

그러나 자로는 말리는 나를 보고 한번 싱긋 웃더니 말했다.

"대인大人은 천하를 근심하고, 사士는 주군을 염려한다. 내가 몰랐으면 모르되, 알게 된 이상 어찌 집안일이라고 해서 주군을 위험 속에 방치하겠는가? 나는 공씨가와 주종의 의리를 맺었다. 지금 내가 가지 않으면 누가 의리를 지키겠는가?"

"하지만 아비와 아들이 권력을 놓고 추하게 다투고 있고, 어미는 간부奸夫의 출세를 위해 아들을 겁박하고 있습니다. 패륜의 현장이지 공사公事가 아닙니다!"

"저간의 사정은 집정이 안전해진 뒤 직접 듣고 판단해도 늦지 않다. 그런데 지금 붙잡힌 채 목숨마저 위태롭다지 않은가!"

공회의 집에 다다랐을 때, 어둠 저편에서 누군가가 헐레벌떡 뛰어오고 있었다. 키가 작달막한 자고子羔였다. 이름이 고시高柴인 자고는 공문의 일원으로, 자로와는 큰형과 막내아우 같은 사이였다.

"아이고, 중유 형님! 여긴 왜 오셨습니까? 안에서 지금 난리가 벌어지고 있으니 빨리 달아납시다!"

"아니다. 나는 들어가서 집정이 잘 계신지 봐야겠다!"

"무사들이 지키고 있어서 들어가도 별 도리가 없습니다. 지금 저 환난에 뛰어드는 것은 섶을 지고 불로 들어가는 격입니다. 게다가 우린 노나라 사람인데 위나라 사람들의 다툼에 끼어들 이유도 없고요!"

자로가 횃불로 훤하게 밝혀진 담 안쪽을 응시하며 차분하고 엄숙한 목소리로 대답했다.

"시야, 너도 알아두어라. 선비는 자신에게 녹을 주는 사람의 환난을 피하지 않는 법이다!"

자로가 자고의 만류를 뿌리치고 현장에 이르자 가신 공손감公孫敢이 닫힌 문 저쪽에 있었다. 자로가 문을 열어달라고 하자 공손감이 말했다.

"그냥 돌아가십시오. 사태가 정리될 때까지 아무도 들이지 말라는 대부인의 명을 따라야 하니 그냥 돌아가십시오."

"그대도 명령을 받아서 지금 그 문을 지키겠지만, 나는 아직 어떤 명도 받은 바 없소이다. 따라서 나는 가신으로서 주군을 사수할 의무를 수행해야 하오. 반드시 들어가야겠소!"

이때 마침 궁성으로 가는 전령들이 문을 열고 나오자, 혼란을 틈타 자로는 재빨리 문 안으로 들어갔다. 대臺 앞의 너른 마당은 정변 세력에게 소집된 가신들과 가복들로 가득했다. 그들은 한결같이 어느 편에 서야 할지 몰라 당황하고 겁에 질린 표정이었다. 자로는 마당에 들어서자마자 내가 제지할 틈도 없이 사람들을 헤치고 들어갔다. 그러고는 공회가 붙잡혀 있는 대를 향해 외쳤다.

"태자께서는 무엇 때문에 조카이자 집정이신 분을 무기로 겁박하시는 겁니까?"

그 소리가 자로의 목소리라는 걸 안 백희는 사람을 시켜 자로를 내쫓게 하였다.

"이보시게, 중유! 자네 미쳤나? 곧 사태가 끝날 테니 제발 좀 가만있게나!"

팔을 잡아끄는 동료 가재를 밀쳐낸 자로가 또 외쳤다.

"태자께서 집정대신을 죽이면 태자 또한 누군가에게 죽을 것입니다!"

그렇게 외친 자로는 사람들을 향해 돌아서서 호소했다.

"주인이 위험에 처해 있는데 그 녹을 먹은 자들이 가만히 있단 말입니까? 우리가 숫자가 더 많으니 횃불을 빼앗아 불을 지르면 저들이 주군을 풀어주지 않을 수 없을 겁니다!"

자로가 마당의 군중을 선동해 불을 지르려 하자, 급해진 괴외는 호위 무사 두 명에게 즉각 자로를 처치하라고 명령했다. 자로는 두 명의 무사에 맞서 용감히 몇 합을 겨루었다. 그러나 상대는 젊고 강인한 전문 살수殺手들이고, 자로는 단신의 노인이었다. 2대 1의 싸움에서 지친 자로의 무릎이 잠깐 흔들린 때였다. 창이 자로의 얼굴을 스쳐갔다. 붉은 한 줄기 선혈과 함께 관끈이 끊어져 자로의 관이 기울어졌다. 자로가 중심을 잡으려는 순간 또 다른 무사의 칼이 자로의 한쪽 어깨를 베었다. 피가 하늘로 솟구치며 자로는 쓰러졌다. 그러나 고꾸라졌던 자로는 다시 몸을 일으켰다. 자로는 칼을 땅에 꽂은 채 피 묻은 손으로 관끈을 겨우 고쳐 매며 말했다.

"군자는 죽을 때도 관을 벗지 않는 법[君子死 冠不免]…"[64]

무사들이 자로의 의연한 모습에 잠시 절명絶命을 머뭇거릴 때였다. 군중 속에서 누군가 "자로는 임금의 첩자다!"라고 외치며 뛰어나와 차고 있던 짧은 칼로 자로를 내리쳤다. 그것을 신호로 눈치를 살피던 사람들이 앞 다투어 달려들어 자로를 난자하기 시작했다. "자로는 배신자다!" "자로는 적이다!"라고 외치는 광기 어린 악다구니 속에서 자로는 무수하게 쏟아지는 창칼을 온몸으로 받아내며 처참하게 죽어 갔다.[65]

그들은 단순 용감한 자로가 주군과 자신들을 위해 위험을 무릅쓰고 나섰음을 잘 알면서도, 자로가 쓰러지자 재빨리 승자의 편에 섰다. 마당은 자로의 처단에 가담해 한몫 잡으려는 사람들의 탐욕으로 붉게 물들어 있었다.

자로의 용기

자로는 본래 어떤 사람이었을까.

자로는 성정이 굳세고 때로는 거칠기도 하였으나[66] 그 마음은 어린 아이처럼 순수했다. 그는 다른 사람이 자신의 허물을 일러주면 오히려 기뻐하였고,[67] 좋은 말을 들었을 때는 행여 실천하지 못하고 넘어가는 일이 생길까봐 추가로 또 다른 좋은 말을 듣는 것을 사양하는 그런 위인이었다.[68] 사람들 사이에서는 솔직담백했으며, 한번 결심하면 바로 행동에 옮기는 사람이었다. 길에서 가난한 병든 노인을 보고 고향에 두고 온 부모 생각이 나자, 그 길로 바로 식량을 사서 백 리나 되는 길을 달려가 부모님에게 직접 밥을 지어드린 일이 있을 정도였다. 후배들을 위해서는 자신의 수레와 말, 옷을 나누어주어도 아까운 줄 몰랐고, 낡고 보잘것없는 옷을 입고 호화로운 사람들 속에 나란히 서 있어도 조금도 위축되지 않고 당당했다. 공자는 "남을 해치지 않고 남의 것을 탐냄이 없으니 어찌 선하지 않으랴"[69]라는 말로 그를 자랑스러워했다. 기개와 의리를 중시했으며, 신의를 지켜야 할 일에는 타협이 없었다. 그런 자로를 공자는 높이 평가했다. "한마디 말로서 옥사를 결단할 수 있는 사람이 바로 중유이다. 자로는 한번 승낙하면 이를 뒤로 미루는 법이 없다."[70] 공자가 다른 학동들의 학습효과를 높이기 위해 주로 꾸중을 듣고 교정을 받는 어리숙한 역할을 자로에게 맡기는 바람에 어린 제자들의 놀림을 받았지만, 스승 공자에게 대놓고 따지고 심지어 불같이 화를 내며 대들 수 있는 유일한 제자가 그이기도 했다.[71] 사람들이 그런 자로를 무지무례한 사람으로 낮춰보는 경향이 있음을 안 공자는 그들에게 말했다. "자로는 입실入室의 경지에 이르지 못했을 뿐이지, 이미 당堂에 올라 있는 사람이다. 그대들이 함부로 할 수 있는 사람이 아니다."[72]

자로는 무엇보다 정의를 사랑했다.

노나라에 이웃한 소주小邾라는 나라에서 대부 한 사람이 땅을 바치고 노나라에 망명하고자 했다. 그는 망명 조건으로 자로의 보증을 요구했다. 자로가 자기를 지켜준다고 하면 땅을 바치고 귀순하겠노라고. 나라의 보증보다 자로의 다짐을 받아두는 게 더 안전하다는 의미였다. 실권자인 계강자가 염유를 시켜 자로에게 그의 보증을 서주도록 했다. 그러나 자로는 일언지하에 거절했다.

계강자가 화를 냈다.

"천승지국인 우리 노나라의 약속도 믿지 못하고 자기 말만 믿겠다는 사람이 있는데 자로는 도대체 뭐가 그리 못마땅하다는 것인가!"

자로는 이렇게 대답했다.

"혹여 언젠가 우리 노나라가 소주와 싸울 일이 생기면 저는 이유를 묻지 않고 출전해 싸우다가 죽어도 좋습니다. 그러나 저 대부는 자기 나라를 배신한 불충한 자입니다. 제가 그런 자의 보증을 선다면, 그를 정의로운 사람이라고 인정하는 꼴이 됩니다. 저는 결코 그런 짓은 하지 않습니다!"[73]

자로는 노나라 변 땅 출신이다. 변 땅은 원주민인 야인이 사는 지역이었다. 야인들은 문화 수준이 낮았지만 매우 용맹했다. 자로 이전에는 이 지방 출신으로 변장자卞莊子라는 사람이 무용으로 유명했다. 야성의 기질을 물려받은 자로는 일찍이 집을 떠나 유협이 되었다. 수탉 깃을 꽂은 관을 쓰고 돼지가죽으로 싼 칼을 차고 저자거리의 무뢰한 노릇도 하였다.[74] 공자는 자로의 용맹함을 대견해하면서도 한편으로는 "중유는 나보다 용감하지만, 지재智材가 부족하다"며 아쉬워했다. 공자의 걱정이 마음에 걸린 자로가 진지하게 자신의 견해를 밝힌 적이 있었다.

"군자라면 용기를 으뜸으로 삼아야 하지 않겠습니까?"

"아니다. 의를 으뜸으로 삼는다. 군자가 용맹하면서 의가 없으면 반도가 되기 쉽고, 소인이 용맹하면서 의가 없으면 도적이 되기 쉽다."[75]

그리고 공자는 자로에게 경계를 당부했다.

"유야. 내가 도를 찾아 뗏목을 타고 바다로 나가려 한다면, 그런 나를 믿고 따라올 사람은 바로 너이다.[76] 그러므로 유야, 너는 명심하거라. 맨손으로 범을 잡으려 하고 맨몸으로 강을 건너려다 죽어도 후회하지 않겠다는 자와는 더불어 하지 않을 것이다. 일을 하려고 한다면 나는 반드시 매사에 신중하며, 한번 일을 도모하면 반드시 성공시키고자 하는 자와 더불어 할 것이다.[77]"

그러나 자로는 다른 가르침은 하나도 귀에 들어오지 않았다. 다만 스승이 멀리 떠나실 때 함께할 사람으로 자신을 꼽았다는 사실만이 마냥 기쁘기만 한 사람이었다.

그대가 진정 정의를 원한다면

공자는 위나라에 머무를 때부터 골육상잔의 기운을 느끼고 위나라 공실의 내분에 관여하지 않았다. 공자는 출공 첩이 애초에 아버지의 자리를 받지 않는 것이 순리였다고 보는 입장이었다. 순리를 거스른 이상, 이 부자다툼에서 의를 찾기란 어려운 일이었다. 그래서 실제로 내란이 벌어지자, 공자는 정변의 향배보다 자로의 안위를 먼저 걱정했던 것이다.

"고시는 돌아오겠지만 중유는 아마도 돌아오지 못할 것이다."[78]

자로는 스승이 짐작한 대로 끝내 죽음을 피해가지 않았다. 역시 사람들의 말대로 자로는 용감하지만 어리석은 사람이었을까?

자로를 죽게 한 태자 괴외는 원하던 임금 자리를 얻어 장공莊公이 되었고, 공회의 어머니 백희는 젊은 애인이 귀족이 되자 기뻤고, 자로가 목숨 바쳐 구하고자 한 공회는 자로의 죽음을 일개 가신의 만용으로 치부한 채 여전히 집정 자리에 있었다. 세상이 바뀌긴 했으나, 바뀐 것은 임금의 얼굴뿐이었다.[79] 자로는 도대체 무엇 때문에 자신의 소중한 목숨을 던졌단 말인가?

훗날 맹자는 "얼핏 생각하면 죽음을 불사해야 할 것 같지만, 깊이 살펴보면 결코 죽어서는 안 될 일에 죽음을 바치는 것은 용기를 상하게 하는 것이다"[80]라고 말한 적이 있다. 마치 자로의 죽음을 염두에 두고 한 말 같다. 차분히 시간을 갖고 생각했다면 충분히 피할 수 있는 사태였다는 점에서 자로의 죽음은 '용기의 본질을 해쳤다'는 맹자의 비판을 피해가기 어렵다.

그러나, 그러나 말이다. 우리는 당사자 자로의 말을 들어볼 필요가 있다. 자로는 자신의 죽음이 만용의 극치라는 비난을 받을 줄 몰랐을까? 나는 그렇지 않았다고 확신한다. 그 죽음의 현장에서 관을 고쳐 쓴 뒤 한 손으로는 쏟아지는 어깨의 피를 막고, 한 손으로는 다시 싸우기 위해 칼을 짚고 분연히 일어서던 자로의 그 결연한 눈빛에서 나는 그것을 보았다.

그는 죽어가는 순간에도 확신하고 있었던 것이나. 정의란 그것이 위협받는 매순간마다 실현되기를 갈구하는 것이어야 한다고. 그 갈구의 결과가 성공이냐 실패냐는 그다음의 문제라고, 그는 생각했을 것이다.

칼날이 무수히 쏟아지는 그 순간에 자로는 스승의 목소리를 떠올렸다. 그것은 저 유랑의 시절, 스승이 자신을 시켜 은자들에게 전한 말씀이었다. 마지막 불꽃처럼 아스라이 꺼져가는 자로의 생명 속에서, 그 목소리는 마침내 온전한 자로 자신의 말로 바뀌어 있었다.

선비가 세상을 위해 출사하지 않는 것은 정의가 아니다. 사람 사이의 예를 없앴을 수 없듯이, 군자와 나라 사이의 정의 또한 폐할 수 없는 것이라면, 선비가 일신의 도리만을 내세우는 것은 대륜大倫을 어지럽히는 짓이다. 군자가 세상으로 나아가고자 하는 것은 정의를 행하려 함일 뿐이지, 정의가 반드시 승리하는 것은 아님을 몰라서가 아니다! 81

기린이 잡혀 죽다

자로는 안연과 더불어 공자가 가장 믿고 사랑한 제자였다. 공자에게 서른 살 차이의 안연이 자식 같았다면, 아홉 살 아래의 자로는 형제와 같았다. 그러므로 두 사람은 공자의 제弟와 자子였다. 제자라는 말의 본의는 어쩌면 이 두 사람에게서 비롯되었다고 여겨도 무방하리라.

두 사람은 모두 공자보다 앞서 죽었다. 잇따른 두 사람의 죽음은 늙은 공자에게 하늘을 원망할 만큼 큰 슬픔을 안겨주었다. 얼마 지나지 않아 공자도 죽었다. 이 세 사람의 잇딴 죽음에는 무엇인가 논리적으로 설명할 수 없는, 인간으로서는 알 수 없는 신비한 연관성이 있다고 여긴 사람들이 있었다.

기원전 481년 노 애공 14년, 안연이 죽고 1년 뒤이며 자로가 죽기 1년 전인 해였다. 노나라 곡부 서쪽 들판에서 이상하게 생긴 동물이 잡혀 죽었다. 공자가 이 소식을 듣고 무척 애통해했다는 기록이 후대의 사서에 남겨졌다. 그리고 그 2년 뒤에 공자도 죽음을 맞이했다.

공자의 서거에 앞선 안연과 자로의 죽음 사이에 '기린이 잡혀 죽었다[獲麟]'는 이 기록을 우리는 어떻게 이해해야 할까? 기린은 왕자王者의 출현을 상징하는 상서로운 동물이었다. 후대 사람들은 《춘추》를 풀이하면서 상상의 동물인 기린의 출몰을 왕자의 출현과 사라짐을 하늘이 예고한 것이라 여겼다. 그것이 '소왕' 공자의 출생과 서거를 의미한다는 것은 두말할 나위 없다. 공자의 가장 어린 제자들 중 한 사람인 유약은 공자를 직접 보지 못한 자신의 제자들에게 공자를 이렇게 묘사했다.

"땅 위의 짐승 가운데는 기린, 새의 무리 중에는 봉황, 구릉 가운데는 태산, 물 중에는 하해, 사람 중에는 선생님이 이와 같으셨다. 세상에 인류가 생겨난 이래 공자와 같이 성대한 분은 계시지 않았다."[82]

기린에 관한 고사는 실제 사건이 아닐 것이다. 후대의 유가들이 지성 공자를 위해 지어 바친 신극神劇의 복선이리라. 그럼에도 이들 사제의 잇따른 죽음과 어우러진 '서수획린西狩獲麟' 고사는 그 어떤 역사적 사건보다 큰 울림을 간직한 채 전승되고 있다. 그것이 바로 공자라는 사람과 그 추종자들이 보여준 불가사의한 선의善意의 위대함이다.

어떤 역사가는 이렇게 기록했다.

애공 14년 노나라 곡부 서쪽 들판에서 기린이 잡혔다.
… 공자가 말했다. "누구를 위하여 왔는가? 누가 뇌려 왔는가?"
소매를 돌려서 얼굴을 닦고 흐르는 눈물을 옷깃으로 닦았다.
제자 안연이 죽자 선생님이 말했다. "아! 하늘이 나를 버리는구나!"
제자 자로가 죽자 선생님이 말했다. "아! 하늘이 나를 끊는구나!"
서쪽 사냥터에서 기린이 잡히자 공자가 말했다. "나의 도가 다했구나!"[83]

안연과 자로의 죽음은 후세의 유가에 공문의 정신과 사단社團이 사실상 동시에 단절된 안타까운 사건으로 상징되었으니, 역사가는 기린의 죽음과 두 사람의 죽음을 나란히 배치하여 공자의 왕언王言이 세상에서 실현되지 못한 비통함을 후세에 전하고자 했던 것이리라. 그리하여 만들어진 사실史實은 다시 신화로 부활한다. 신극 속에서 기린과 안연과 자로와 공자의 죽음은 마침내 서로가 서로를 순장殉葬하는 형식으로 이어져 있다. 서로를 감싸 안고 위로하고 격려하면서 이 어지러운 세상과 고통 받는 사람들의 평화를 위해 이승에서 다하지 못한 행진을 계속하는 선의의 사도들은 그렇게 우리 안에 영원히 살아 있게 된 것이다.

잃어버린 무덤

자로가 죽은 뒤 반정 성공의 표징처럼 되어버린 그의 살점들은 논공행상을 기다리는 동안 썩어문드러지지 않도록 그것을 바친 사람의 이름이 적힌 목찰에 꿰어져 젓으로 담가졌다. 나는 분노와 슬픔을 억누르고 남은 유체만이라도 수습하려 했으나 찾을 수가 없었다. 자로를 흠모한 가신들의 도움을 받아 자로의 피 묻은 관만은 몰래 빼낼 수 있었으나, 이마저 곧 발각되어 관련자들에 대한 수배령이 떨어졌다. 그래서 나는 관을 노나라로 가져올 수 없었다. 너무나 죄송했지만, 관을 가지고 있다가 들켜서 관을 빼앗기고 나 또한 노나라로 돌아가지 못하는 것보다는 공자께 자로가 죽게 된 진상을 알리는 사명이 더욱 중하다고 여겼기 때문이다. 나는 위나라 수도 조가의 성 밖 어느 햇빛 잘 드는 곳에 자로의 관을 묻었다. 관과 함께 의사지관義士之冠이라 쓴 목찰도 넣었다. 나중에 다시 찾아올 수 있도록 나만이 알 수 있는 지표도 숨겼다. 자로의 '관묘'에 재배하면서 나는 반드시 돌아와 고향 변 땅에 다시 묻어드리겠노라 굳게 맹세했다.

그러나 나는 그 약속을 지키지 못했다. 공자께서 돌아가시고 제자들의 심상이 모두 끝난 뒤 나는 조가의 언덕을 다시 찾아갔으나, 관묘도 표지도 자취를 찾을 수가 없었다. 위나라에 정변과 전쟁이 연속되면서 조가 곳곳에는 새로운 성벽들이 들어서 있었다. 나는 그만 그 자리에 털썩 주저앉고 말았다. 얼마 동안 그러고 있었는지 모른다. 해가 뉘엿뉘엿 서산을 넘어가고 있었다. 다시 갈 길을 가야만 했으나 좀처럼 발길이 떨어지지 않았다. 나는 부모가 죽고 없는 텅 빈 집에 돌아온 고아처럼 형언하기 어려운 상실감에 휩싸여 한동안 그 자리를 떠나지 못했다.

탐욕에 눈먼 인간들이 자로의 피 묻은 살점을 차지하려고 피투성이 아귀다툼을 벌이는 동안, 그보다 더 많은 사람들이 고개를 돌린 채 사람으로 태어난 것을 한탄하며 자로를 위하여 눈물을 흘렸다. 훗날 조가 사람들이 진한 바에 따르면, 자로의 살점을 바쳐 얻은 포상을 자랑하는 사람치고 끝이 좋은 사람은 한 명도 없었다고 한다. 어떤 사람들은 자신의 행위에 깊은 부끄러움을 느끼고 먼 지방으로 가서 이름을 바꾸고 살았다고 한다. 몇몇 사람은 포상금을 밑천 삼아 성실하게 일해서 집안을 일으켰다. 하늘을 두려워할 줄 알며, 부모를 봉양하고 이웃에게 베풀며, 사람의 도리로써 자식들을 가르쳤다. 그들의 후손 중에 공자의 도를 따르는 지조 높은 선비와 청렴한 관리들이 배출되었다. 자로의 용기를 숭모하며 나라와 정의를 위해 헌신한 무사와 군인들이 배출되었다.

2부
—

위대한 실패자

삶이 하나의 사상이 된 사람

주유천하 이전의 공자에 대해서는 전해지는 이야기가 많지 않다. 《논어》와 《예기禮記》, 사마천의 《사기》 등에 일화들이 보이긴 하나, '젊은 시절의 공자'의 전모에 다가서기엔 모호하고 단편적이다. 분명한 것은 이립의 시기에 공자가 한 사람의 학인으로서 자신의 목표를 세워나갔다는 사실이다. 비록 벼슬을 얻을 수 있는 신분에는 미치지 못했으나, 이미 제자를 자청하는 봉우들이 있었고 가르침을 청하는 젊은이들이 하나둘 생기고 있었으니 '교사'로서의 명성은 무시할 수 없는 수준이었다.

그런 왕성한 의욕의 시기에 공자는 뜻하지 않은 선택을 하게 된다. 공자는 이 무렵 노나라를 떠나 수년 동안 제나라에서 망명에 가까운 유학 생활을 했다. 이제 막 기반을 굳혀가던 학당마저 버려두고 미래가 불확실한 험로를 선택했던 것이다. 왜? 무엇 때문에? 웅지를 품은 사람이 항용 그러하듯이 더 넓은 세계와 더 먼 미래로 나아가기 위해 스스로에게 가한 담금질이었을까? 개혁가를 꿈꾸는 젊은이가 정치적 수세에 몰리자 어쩔 수 없이 선택한 길이었을까? 한 사람의 인간이기에 어김없이 찾아오는 회의와 좌절의 고비를 맞닥뜨려 돌파해내고 "마음에 흔들림 없는" 불혹을 지나 "하늘의 뜻을 아는" 지천명의 경지에 이르기까지, 공자는 일찍이 스스로 세운 뜻을, 고단한 외국생활에서 얻은 성찰과 모색을 통해 삶의 좌표로 거듭 확인하며 한 걸음 한 걸음 나아갔다.

사상은 하늘에서 떨어지는 것이 아니다. 공자라는 사람도, 그의 사상도, 모두 그가 살던 시대의 산물이다. 공자는 자기 시대의 모순 속에서 자기 사상의 씨앗을 발현했다. 온갖 고생을 견뎌내며 부지런히 노력하는 각고면려刻苦勉勵와 실제로 몸소 행하는 실천궁행實踐躬行을 통해 마침내 시대를 초월하는 위대한 정신을 인류의 자산으로 남겼다.

1장

잠룡의 시절

격랑의 시대

천하에 도가 있으면 정권이 대부에게 있지 아니하고, 천하에 도가 있으면
백성들이 논란하지 않을 것이다.

天下有道 則政不在大夫 天下有道 則庶人不議 _《논어》〈계씨〉2장

때는 기원전 517년, 중국 춘추시대 말기 노나라 소공昭公 25년, 늦여
름 햇살이 곡부의 언덕을 뜨겁게 달구던 어느 날이었다. 아침부터 햇살
이 눈부셨다. 공자는 자로와 여러 제자를 이끌고 양공의 묘당 안뜰이
잘 내려다보이는 곳에 자리를 잡았다.

"아침부터 덥군."

자로가 무심한 표정으로 이마의 땀을 훔쳤다. 공자는 미소를 지으며
학생들에게 낮은 목소리로 말했다.

"체제禘祭*의 형식을 직접 보고 배울 수 있는 좋은 기회다. 다들 꼼꼼
히 잘 살펴보도록."

이날은 노나라 임금 소공이 재위 25년을 맞아 아버지 양공의 사당에
제사를 올리는 날이었다. 공실의 큰 제사이니만큼 공자公子들과 가까운
종친은 물론, 문무백관이 대부분 참석했다. 예악과 시서를 가르치는 교
사로서 공자는 체제가 진행되는 현장을 제자들에게 직접 보여주고 싶

---

* 국가의 큰 제사.

었다. 이 무렵 공자는 박학다식한 유사儒士이자 소장학자로 이미 명성이 높았다.

8년 전 공자 나이 스물일곱 살 무렵 담郯나라 임금 담자郯子가 노나라를 방문했을 때였다. 노나라의 원로이자 재상인 숙손소자叔孫昭子는 담자가 고대 중국의 관제에 해박하다는 것을 익히 알고 환영연에서 물었다.

"우리 노나라 곡부는 원래 소호씨少昊氏*의 땅입니다. 소호씨가 천자의 자리에 올랐을 때 새 이름으로 관직명을 삼았다고 하는데 그 이유를 아십니까?"

이에 담자가 자신은 소호의 직계 후손이므로 당연히 잘 알고 있다면서 태고 시대의 조관鳥官 이름과 직무를 줄줄이 읊었다. 놀란 소공이 노나라 학자들에게 담자의 지식을 전수받도록 했는데, 그때 선발된 신진 학자의 대표가 공자였디.[1]

노나라는 주나라 창업의 주역인 주공의 봉국이 되기 전에는 은나라의 고유문화를 간직한 곳이었다. 특히 곡부는 소호씨의 고향이어서 곡부 사람들은 주나라와 은나라의 문화를 융합시킨 데 대한 자부심이 매우 높았다. 그래서 소호씨의 사적에 그토록 뜨거운 관심을 보인 것이다. 은나라의 후예로서 고대의 지식에 목말랐던 공자는 또 다른 감동을 느꼈다. 공자는 담자로부터 옛 관제에 대한 지식을 습득하고 감격한 나머지 동료 유자들에게 이렇게 외쳤다.

"사람이 진실로 알고자 한다면 언제 어디에서든 반드시 그 지식을

---

* 중국 고대 전설 속 황제 중 한 명인 소호少昊는 오행 중 금덕金德의 왕이라는 의미로 금천金天 또는 김천씨로 불린다. 전설에는 곡부에 도읍하여 84년간 재위했다고 한다. 훗날 한반도 남부에 들어선 신라 김씨 왕조가 관모로 조관鳥冠을 쓴 것은 소호 김천씨를 시조로 여겼기 때문이라는 설이 있다.

찾을 수 있다는 말을 이제 나는 확실히 믿을 수 있게 되었다!"[2]

34세 무렵에는 교육자로서 공자의 명성이 더욱 높아졌다. 당시 노나라 국정을 주무르고 있던 삼환三桓*의 장손 집안인 맹손씨의 장로 맹희자孟僖子가 죽음에 이르러 두 아들의 교육을 공자에게 맡기라고 유언했던 것이다.[3] 이는 공자 교육의 우수성을 곡부의 귀족들도 인정하고 있었음을 보여준 일로, 적령기의 자제를 둔 수많은 부형들과 신분의 차이를 떠나 교육을 원하는 사람들에게 뛰어난 교사로서 공자의 이름을 널리 알리는 계기가 되었다.

사가에서 천자의 춤을 추다

체제는 나라의 시조를 주신으로 모시고 역대 군주들을 배향하는 제사로서 본래 주 왕실만이 행할 수 있었다. 제후국 중에서는 노나라 시조 주공의 제사만 유일하게 체제가 허용되었다. 주나라 창업의 일등공신으로 왕이나 다름없던 주공이기에 가능한 '예외'였다. 그런데 이처럼 특별한 노나라의 체제를 참관하는 공자의 표정이 그리 밝지만은 않았다. 왜냐하면 주공의 제사에만 국한되어야 할 체제사가 언제부터인가

---

* 삼환은 노나라 환공桓公의 아들이자 장공의 동생인 경보慶父, 숙아叔牙, 계우季友의 후손인 맹손씨, 숙손씨, 계손씨를 말한다. 기원전 661년 장공은 정부인 애강哀姜과의 사이에서 적자를 두지 못하고 죽게 되자, 서자 반般을 후계로 정하고 동복동생 계우에게 후사를 부탁했다. 후계다툼의 기미를 느낀 계우는 서형 숙아를 압박해 후손의 안전을 보장하는 대가로 자살을 강요했다. 숙아의 후손이 나중에 숙손씨가 되었다. 한편 경보는 애강과 공모해 즉위한 반을 살해하고 애강의 동생이자 잉첩인 숙강叔姜에게서 태어난 또 다른 서자 개開를 민공閔公으로 세운 뒤, 기회를 보아 임금 자리를 찬탈하려 했다. 그러나 경보와 애강의 사통을 용납할 수 없었던 종실과 대부들이 망명한 계우와 연합하여 제나라의 지원 아래 경보 세력을 몰아냈다. 달아난 경보는 가문의 안전을 보장받는 조건으로 자살했다. 경보의 살아남은 후손들이 서열상 삼환의 큰집인 맹손씨가 되었다. 내란을 수습한 계우는 재상이 되어 노나라 국정을 이끌었으며, 이 집안이 삼환의 가장 큰 세력인 계손씨이다.

주공의 후손이라는 이유로 노나라 임금들에게도 바쳐지고 있어서였다. 이는 천자와 제후의 차이를 무시한 것으로, 엄격히 따지면 제후가 왕의 권위를 침범한 짓이었다. 예를 중시하는 의례 전문가로서 공자는 평소 이를 비판적으로 보고 있었다. 그럼에도 제자들을 이끌고 체제를 직접 참관하러 나온 것은 의례를 배우는 학생들에게 더없이 좋은 학습의 장이었기 때문이다.

체제의 성대함을 가장 잘 드러내는 순서는 만무萬舞를 봉헌하는 의식이었다. 만무는 오직 천자의 의례에서만 출 수 있는데, 종횡 8열씩 모두 64명의 무인舞人이 추는 춤이라 해서 팔일무八佾舞라 불렸다. 팔일무가 천자의 춤이라면, 그 아래인 제후에게는 36명이 6열로 추는 육일무가 허용되었고, 같은 방식으로 경대부에게는 16명이 추는 사일무, 일반 사족에게는 4명이 추는 이일무만이 허용되었다.

"원래 팔일무는 왕실에서만 출 수 있고, 제후의 나라는 육일무를 추는 것이 예법에 맞다. 그러나 우리 노나라는 저 위대한 주공의 나라로서 주공의 업적을 빛내기 위해 주공의 제사에 팔일무를 출 수 있는 자격을 얻은 것이다. 만약 우리 노나라가 주공의 공적과 문화를 계승 발전시킬 수 없다면 마땅히 만무의 영예도 반납해야 할 것이다."

공자는 진지한 표정으로 제자들에게 강조했다.

제례가 드디어 만무를 올리는 순서에 이르렀다. 제주인 소공의 얼굴에는 더위에 지친 짜증이 묻어났다. 다른 행사 같으면 시종들이 부채질이라도 해주겠건만 아버지 양공의 체제에서 부채질을 받을 수는 없는 노릇이었다. 빨리 제사를 마무리 짓고 싶은 소공은 만무를 속히 봉헌하라고 제관들을 재촉했다. 그런데 어찌된 일인지 제관들의 얼굴이 점점 사색이 되어갔다. 만무 봉헌을 알리는 북소리가 울려도 등장하지 않던 악공과 무인들이 한참 뒤 묘당의 뜰에 도열했을 때, 소공은 자기 눈을 의심하지 않을 수 없었다. 만무를 추기 위해 나선 무인이 겨우 두 명뿐이지 않은가! 64명이 8열로 도열하여 장관을 이루어야 할 터에 단 두 명이라니!

도제관이 납작 엎드려 모기 소리만 한 목소리로 간신히 소공에게 아뢰었다.

"악공과 무인들이 모두 계씨 제사에 갔다고 합니다…"

"무엇이, 계환부季桓府*에?"

소공은 기가 막혀 바닥에 주저앉을 뻔한 것을 간신히 버텼다.

"아무리 계손이 국정을 쥐고 있기로서니, 이토록 임금을 허수아비로 여기다니! 이렇게 대놓고 공실을 능멸할 수 있단 말인가…"

분노로 들끓는 궁정

이 어이없는 하극상을 제대로 이해하려면 노나라의 정치 현실을 알아야 한다. 당시 중국은 주나라 왕실보다 제후들의 세력이 훨씬 더 컸다. 심지어 제후의 신하들도 자기 임금을 누르며 하루가 다르게 세력을 확장하고 있었다. 그중에서도 노나라는 정도가 심한 축에 속했다. 이미 몇 대 전부터 공족 출신의 세 가문인 삼환씨가 임금을 제치고 사실상 국가를 다스리고 있었는데, 그중에서도 막내 가문인 계손씨가 실질적인 집권세력이었다.[4]

계손씨의 수장 계평자季平子(계손의여季孫意如)는 오만하고 탐욕스러웠

---

* 계환부는 계씨의 사가이자, 노나라 정령政令을 내리는 막부였다.

다. 그는 할아버지 계무자季武子가 다져놓은 기반 위에 자신의 권력을 강력하게 구축하고 나자 자만심이 하늘을 찔렀다.

"임금이 왕실만 할 수 있는 팔일무를 추는데, 같은 환공 할아버지의 후손으로서 임금보다 더 큰 권세를 가진 우리가 조상 제사에 팔일무를 못 바칠 이유가 있는가?"

그런데 하필이면 계씨가 팔일무를 바치려 한 제삿날이 공실의 체제와 겹치고 말았다. 계평자는 잠시 생각하더니 팔일무 봉헌을 강행했다. 임금과 계평자 사이에서 눈치를 살피던 궁정의 악공과 무인들은 '허세보다 실세를 좇는' 현실을 따라 우르르 계환부로 몰려갔다. 끝까지 임금에 대한 예의를 지킨 무인은 고작 둘뿐이었다.

넓은 묘당의 앞뜰에서 두 명의 무인이 추는 팔일무를 지켜보는 소공의 가슴은 분노의 불길로 타버릴 듯했다. 옷소매 사이로 감춰진 두 주먹이 부르르 떨고 있었다. 소공의 곁에서 함께 제사를 지내던 젊은 공자들은 치미는 분노를 감추지 못하고 펄펄 뛰었다.

'의여 이놈, 이 찢어죽일 놈!' 소공의 큰아들로 후계 서열 1위인 공자 위爲는 어금니를 깨물며 분노를 드러내지 않기 위해 안간힘을 썼다. '지금 이 순간에도 계씨의 간자들이 눈을 번뜩이고 있을 것이다. 결코 이 원한을 겉으로 드러내선 안 된다.'

그때 노나라의 유력자였던 장문중臧文仲과 그의 손자 장무중臧武仲*을 배출한 장씨 가문의 종손인 장소백臧昭伯이 혼잣말을 하듯 계평자를 비난했다.

"이거야말로 임금으로 하여금 선군을 받들 수 없도록 하는 일이다.

---

* 장씨는 노나라의 유력 귀족 가문으로, 삼환이 정권을 잡기 전까지 노나라의 정치를 이끌었다. 장무중은 《논어》 〈공야장〉과 〈위령공〉, 〈헌문〉편에 등장한다.

계씨 역시 누대에 걸쳐 임금에게 충성한 자기 조상들을 욕보이는 짓이 아니고 무엇이겠나. 허허."

장씨와 더불어 곡부의 대표적인 호족인 후씨 가문의 후소백郈昭伯은 조용히 공위 곁으로 다가가 소매로 입을 가리고 말했다.

"세자 저하, 마침내 계씨가 제 무덤을 파고 있습니다. 이 나라의 대부라면 누가 저런 참람한 짓을 보고만 있겠습니까? 이는 의여 그놈이 이 나라 임금과 여러 대부들을 얼마나 깔보고 있는지 만천하에 드러내 보인 일입니다. 지금이야말로 민심을 계씨에게서 공실로 되돌릴 절호의 기회입니다."

궁정의 악공과 무인들이 모두 계평자의 사가로 갔다는 사실을 알게 된 공자도 경악했다. 공자는 파장이 되어 썰렁한 양공의 묘당을 말없이 내려다보았다. 제자들은 공자의 눈치를 살필 뿐이었다. 그때 공자가 계평자의 행위를 단호하게 비판하며 말했다.

"사가의 뜰에서 천자의 춤을 추다니! 과연 누가 이런 짓을 인정하겠는가? 누가 이것을 참을 수 있겠는가!"5

스물여섯 살의 청년 자로가 칼자루를 쓰다듬으며 맞장구를 쳤다.

"계씨의 나라가 된 지 이미 오래라 해도 이건 너무하네요. 이럴 거면 차라리 임금 자리를 내놓으라고 하는 게 더 솔직할 것 같습니다."

아무리 계씨가 3대에 걸쳐 국정을 이끌고, 민심 또한 이를 당연시한다고는 하지만, 이렇게까지 도리와 예법을 무시할 수 있단 말인가? 노나라의 선비라면 누가 이것을 예라고 하겠는가? 또한 윗사람이 이를 용납한다면 어떻게 아랫사람들에게 예의도덕을 말할 수 있겠는가?

공자의 이마 위로 굵은 땀방울이 흘러내렸다.

절대권력에 반기를 든 남괴

계평자가 자기 집 안뜰에서 천자의 춤인 팔일무를 조상 제사에 바친 사건은 노나라 지식인 사회에 보이지 않는 큰 파문을 일으켰다. 아무리 계씨 집안이 반세기가 넘도록 노나라를 사실상 통치하고 있다지만, 어디까지나 대부의 신분이지 임금은 아니었다. 어린 조카 성왕의 임금 자리를 끝까지 지켜준 주공의 충성을 자랑으로 여겨온 노나라 국인들에게 계평자의 이런 참람한 행위는 자부심에 큰 흠집을 내는 것이었다.

"아무래도 이번엔 의여 어른께서 좀 심했어. 주변 시선도 생각했어야지 하필이면 임금 제삿날에 그러실 게 뭐람."

곡부의 주루에서는 대범한 술꾼들이 낮은 목소리로 갑론을박을 벌였다.

"다음은 계씨들이 공실의 안방을 차지하는 장면을 보게 되는 걸까?"

"안 될 것도 없겠지. 64 대 2. 힘의 차이를 이보다 더 깔끔하게 보여주는 예가 어디 있겠나?"

"문제는 차이가 너무 커진 데 있는 게 아닐까? 절대권력은 권력을 잡고 있는 쪽에도 재앙의 씨앗이 되는 법."

사람들은 어느덧 10여 년 전 노나라 전체를 충격에 빠뜨린 남괴南蒯의 '봉기'를 떠올렸다. 계씨의 가신으로 비읍의 대부였던 남괴는 '공실을 강화하여 사직을 지킨다'는 이른바 '장공실張公室'을 명분으로 내걸고 주군인 계평자에게 반기를 들었다.[6]

"요즘 정치를 보면 남괴 같은 의사義士가 다시 나오지 말라는 법도 없지."

"의사는 무슨. 제 밥그릇이 작아진 걸 못 참았을 뿐이라고."

사 계급이 제후의 통치권 회복을 주장하며 경대부 계급인 주군에게 반기를 든 남괴의 '장공실 거사'는 당시 중국이 격심한 계급변동의 시기로 진입하고 있었음을 상징적으로 보여준다. 경대부와 귀족 계급이 임금을 제치고 정권을 전횡하는 일이 다반사가 되자, 이번에는 가신 그룹이 이를 흉내 낸 것이다. 노나라에서 남괴처럼 가신이 제후의 군주권 회복을 주장하며 상위계급에 반기를 든 것은 전례 없는 일이었다. 겉으로는 국가 정통성 회복이라는 명분이 내걸렸지만, 실질적으로는 일반 사 계급이 성장한 자신의 실력에 걸맞은 정치사회적 권력을 요구하게 되었음을 의미했다.

이때가 기원전 530년으로 공자의 나이 스물두 살이었다. 생계를 위해 미관말직이긴 하나 조정의 관원인 승전리乘田吏*으로 있었으므로 공자는 사건의 시말에 대해 비교적 상세히 알 수 있었을 것이다. 또한 같은 사족 출신으로서 이 사건이 지닌 정치적 의미에 대해 여러 각도로 고찰해보았을 것이다. 총명하고 높은 포부를 지닌 20대 초반의 공자가 이 사건에서 아무런 정치적 영감을 받지 않았으리라고 생각하는 사람은 아마도 없을 것이다.

적자와 서자

곡부성의 내밀한 어디에선가 무슨 일이 진짜로 꾸며지고 있었다. 계평자를 타도하려는 친위 쿠데타 계획이었다. 기밀만 잘 유지된다면 성공한 것이나 다름없다고 주모자들은 생각했다. 남괴가 실패한 것은 민

---

* 나라의 가축을 기르는 목장 관리원.

심을 얻지 못했기 때문인데, 지금은 팔일무 사건으로 인해 민심이 공실 쪽으로 움직이고 있다고 그들은 생각했다.

거사의 도화선은 계씨 집안 내부에도 있었다. 계무자에게는 서자들, 즉 계평자에게는 서삼촌이 되는 삼형제가 있었다. 계씨 권력의 한 축을 이루고 있던 삼형제 중 큰형 계공조季公鳥가 죽자 둘째 계공해季公亥가 집안을 이어받았고 신야고申夜姑라는 가로家老가 공해를 도왔다. 그런데 과부가 된 공조의 부인이 요리사와 정분이 나고 말았다. 과부는 이 사실을 시동생이자 집안의 새 수장이 된 계공해에게 들켜 쫓겨나게 될까 봐 선수를 쳤다. 계공해가 자신에게 동침을 강요했고 이 일을 신야고가 주선했다며 계환부에 고발한 것이다. 계평자는 계환부의 관리를 맡고 있는 동생 계공지季公之로부터 이 불상사를 보고받고는 격노하여 신야고를 당장 사형에 처하라고 명령했다. 이에 계공해가 자신의 결백과 신야고의 무고함을 호소하러 계환부로 달려갔으나 계평자는 한나절 동안 계공해를 만나주지 않았고, 그사이 계공지가 신야고의 사형을 집행해버렸다. 계공해는 분한 가슴을 쥐어뜯었다.

계공해는 계평자 형제에게 깊은 원한을 품고 복수의 기회를 노려오던 차에 팔일무 사건을 계기로 '거사'를 결심했다. 계평자를 없애고 공실의 권위를 어느 정도 회복시킨 다음 계손 가문의 종주권을 자신이 차지하겠다는 속셈이었다.

계공해는 세자 공위에게 접근했다. 간자의 눈을 피하기 위해 좋은 활을 세자에게 바친다는 명목으로 함께 활쏘기를 하면서 공위에게 손을 내밀었다. 팔일무 사건으로 이미 분노가 하늘을 찌르고 있던 공위가 그 손을 잡았다. 거사의 공모자가 다른 사람도 아닌 계씨 집안의 유력자이니 이미 절반은 성공한 듯했다. 공위는 친삼촌들인 공과公果와 공분公賁

을 끌어들여 아버지 소공을 설득하게 했다. 불안한 소공은 자신의 거의 유일한 총신이자 충신인 자가기子家羈에게 은밀히 거사 계획을 털어놓았다. 그러나 자가기는 거사를 강력히 반대했다. 소공에게는 뜻밖의 반응이었다. 자가기는 한때 노나라 최고 권력자였다가 계무자에게 타도된 대부 양중襄仲의 손자였기 때문이다. 그러나 자가기는 개인적 감정으로 정치적 판단을 내리는 정도의 인물은 아니었다.

"전하, 참소하는 무리를 멀리하십시오. 공실이 민심에서 멀어진 지 벌써 여러 대입니다. 조정 안팎이 모두 삼환 사람들입니다. 지금은 때가 아닙니다. 요행을 바라고 일을 벌이는 것이나 다름없습니다!"

소공은 다시 효공孝公의 후손으로 종친이자 대호족인 후소백을 불러들였다. 후소백은 소공이 듣고 싶던 답변을 했다.

"때가 무르익었습니다. 이 기회를 놓치지 마소서!"

닭싸움이 낳은 원한

당시 중국 사람들은 닭싸움을 즐겼다. 춘절 같은 명절 때나 백중날이면 온 나라가 투계鬪鷄로 떠들썩했다. 곡부 궁전 왼쪽에 계환부가 있고 담장 건너에는 후소백의 저택이 있었다. 두 집안은 자주 투계를 벌였다. 권력자 가문의 대결이기에 닭싸움이 자존심 대결로 비화하기 일쑤였다. 내기에 거는 판돈도 점점 커졌다. 두 가문은 춘절 대회전을 위해 싸움닭을 철저히 조련하고 무장시켰다. 암수도 마다하지 않았다. 계씨 가문은 싸움닭 날개 안에 겨자를 바르고 머리에 투구를 씌웠다. 후씨 가문은 닭발에 쇠발톱을 끼웠다. 결전의 날. 공격을 벌이던 후씨 가의 닭이 겨자 때문에 눈이 따가워 미친 듯이 날뛰었다. 싸움은 계씨 닭의 승리로 끝나는 듯했다. 그런데 정신없이 날뛰던 후씨 닭의 날카로운 쇠발톱이 어쩌다가 계씨 닭의 목을 꿰뚫었다. 자존심이 상한 계씨 집안 사람들이 결과에 승복하지 않았다. 쇠발톱은 반칙이다. 후씨 가 사람들도 가만있지 않았다. 겨자는 반칙이 아닌가? 기싸움이 살벌해지자 계씨 가 사람들이 주군인 계평자의 자존심을 자극했다. "후씨 집안 사람들이 평소 우리를 우습게 여겨왔습니다." 신중하고 노회한 할아버지와 달리 성격이 급하고 오만한 계평자는 일방적으로 후씨 가 닭의 반칙패를 선언한 뒤, 판돈을 받아간다며 이웃한 후소백의 땅을 강제로 빼앗았다.[7] 늙은 후소백은 분하고 억울한 마음에 한동안 잠도 제대로 자지 못했다.

"의여 이놈, 반드시 이 수모를 갚아주리라."

분한 마음을 담아두었던 후소백은 계씨가 이미 몇 대에 걸쳐 권력을 독점해온 가문이라는 사실을 아랑곳하지 않고 소공에게 거사를 부추겼던 것이다. 아무튼 소공은 후소백의 격정적인 지원 의사에 큰 용기를 얻어 거사를 승인하기에 이른다.

체면 때문에 깨진 공존

훗날 곡부의 장로들에게 들은 바로는 계공해와 공위가 극비리에 친위 쿠데타 계획을 짜고 있을 무렵, 곡부 제일의 호족인 장소백이 공자를 비롯해 몇몇 젊은 재야 지식인을 자기 별장에 초대한 일이 있었다고 한다. 노나라에서 장씨 가문은 사법권을 담당하는 사구司寇 벼슬을 세습해온 터였다. 삼환, 특히 계씨를 견제하며 공실을 수호하는 역할로 적지 않은 정치적 영향력을 행사해온 집안 출신으로서 장소백은 팔일무 사건 이후 재야의 움직임을 살펴보고 싶었던 것이다. 특히 사 계급 중에서 명망 높은 신진학자인 공자와 그 붕우들의 생각이 궁금했다. 개인적으로는 공자의 아버지 숙량흘이 장씨 가의 수장이자 장소백의 숙부인 장무중을 제나라 군대의 포위 공격에서 구출한 인연도 있어* 평소 장소백은 맹손씨 가문의 맹희자와 더불어 공자 학당의 후원자를 자처하고 있었다.

계씨와 장씨는 사적으로는 같은 공실의 후예로서 대대로 친밀한 관계를 유지했으나, 정치적으로는 견제 상대였다. 두 집안의 정치적 온도차를 보여주는 일화가 당시 노나라 지식인 사회에 널리 회자되었다.

계급변동의 시기였던 당시 중국에는 각 나라마다 정치적 망명자들이 많이 발생했다. 노나라 정권을 잡은 계무자는 여러 나라에서 다양한 형태의 정치 망명 집단을 받아들여 정권의 외곽세력으로 활용하고 있었다. 한편 노나라 내부에서도 계씨 정권을 혐오하여 반란을 도모하거나 타국으로 망명하려는 반체제 인사들이 증가했는데, 계무자는 이들을 제때 잡아들이지 못하는 것이 불안했다. 집권자인 계무자가 사구인 장무중에게 불만스럽게 말했다.

"법 집행을 맡은 당신이 어째서 반체제 불순분자들을 내버려두고 있소?"

"내가 사구이긴 하나 그들을 다스릴 명분도 없고, 능력도 없소이다."

"사구라는 사람이 지금 무슨 말씀을 하시는 거요?"

---

* 공자가 태어나기 5년 전인 기원전 556년 양공 17년 제나라 군대가 노나라 사구 장무중을 죽이기 위해 방읍을 포위했다. 노나라 군사는 제나라 군이 방읍을 포위한 것을 보고 근처에 주둔했다. 이때 방읍 수비 장교인 공자의 아버지 숙량흘이 용사 300명과 함께 제나라 포위망을 뚫고 장무중을 노나라 군에 무사히 인계하는 무공을 세웠다.

"무자께서 정경의 신분으로 외국의 도적들을 좋아하여 대도大盜에게는 높은 신분과 땅을, 차도次盜에게는 노예와 거마車馬를, 소도小盜에게는 검과 의복을 주며 예우하는데, 어떻게 겨우 사구밖에 안 되는 내가 국내의 도적을 다스릴 수 있겠소?"[*][8]

계무자가 머쓱해하는 모습이 눈에 선할 정도다. 그러나 그들은 금도를 알았기에 서로 선을 넘지는 않았다. 그런 오랜 두 가문의 공존에 금이 가는 사건이 공교롭게도 팔일무 사건과 앞서거니 뒤서거니 하며 발생했다.

장소백에게 장회臧會라는 사촌동생이 있었다. 장소백이 진나라에 사신으로 가 있을 때 장회는 장소백의 부인과 장소백의 동생 사이에 무슨 불미스러운 일이 있는 양 보고를 했다. 곡부로 돌아온 장소백이 사정을 알아본즉 무고로 확인되었다. 그는 너무 화가 난 나머지 장회를 죽이려 했다. 그러나 실상 장회는 장소백의 동생이 저지른 회계 부정을 고발하려다 도리어 함정에 빠진 것이었다. 장회가 장씨 가의 비밀 회계장부를 들고 계환부로 달아나자, 장씨 가의 가로가 장정 다섯 명을 데리고 계환부에 들어가 장회와 장회를 숨겨준 계씨 사람들을 붙잡았다. 그러나 이를 불손한 난입으로 여긴 계평자는 오히려 붙들린 장회를 풀어주고 장소백의 가로를 구금해버렸다. 이 사건이 두 가문의 체면싸움으로 비화되자 급기야 가문의 수장끼리도 척을 지고 말았다.[9]

---

[*] 도盜는 일반적으로 도적을 의미한다.《설문해자說文解字》에 따르면 '그릇 속에 든 것을 탐내어 훔친다'는 뜻이다. 또 '맹약을 깨거나 더럽히고 달아난 행위'라는 뜻도 있어서, 정치사회적 이유로 다른 나라로 달아난 도망자 또는 망명자를 지칭하기도 하였다. 따라서 장무중이 말한 외국의 도적은 망명객을, 국내의 도적은 반체제 인사를 뜻한다. 시라카와 시즈카,《공자전》.

장소백의 질문

장회 사건으로 기분이 상할 대로 상한 장소백은 젊은 손님들을 상대로 술을 한 순배 돌린 뒤 공자에게 단도직입적으로 물었다.

"그대는 팔일무 사건을 어떻게 생각하는가?"

"예법상 있을 수 없는 일입니다."

"단지 예법만인가?"

"군자라면 해서는 안 되는 일입니다."

"군자의 도리로도, 신하의 도리로도 맞지 않는 일은 무엇으로 바로잡을 수 있을까?"

"인과 의로 할 뿐입니다."

"날뛰는 미친개가 어찌 인의를 알겠는가?"

"미친개라면 몽둥이가 약이겠습니다만, 군자를 가장한 개라면 섣불리 몽둥이를 들어선 안 됩니다."

"군자를 가장한 개라… 견군자犬君子는 그럼 무엇으로 때려잡아야 하나?"

이때 공자가 자세를 바로 하고 장소백에게 말했다.

"대부께서 무엇을 말씀하시려는지 알겠습니다. 계씨가 3대에 걸쳐 정권을 전횡한 지 70여 년이 되어 국인들은 계씨의 정치를 당연하게 여기고 있습니다. 단지 오랜 세월 때문만이 아닙니다. 그동안 계씨의 정치가 백성의 이익에 크게 반하지 않았다고 여기기 때문입니다. 비록 팔일무 사건은 참람한 짓이었으나, 권력자가 그로 인해 백성에게까지 신의를 잃었다고 말할 수 없습니다. 장차 공실의 정치가 계씨의 정치보다 나으리라는 보장이 없다면 백성은 굳이 정권을 바꿀 필요성을 느끼지 않을 것입니다. 그 옛날 남괴처럼 계씨를 누르려는 목적이 단지 공실을 높이는 데 있다면 그것을 어찌 백성을 위한 정치라 하겠습니까? 천하에 도가 있으면 정권이 대부에게 있지 않고, 천하에 도가 있으면 백성들이 그 정치를 비난하지 않을 것입니다.[10] 지금 공실의 어려움은 너무 오랫동안 백성들의 믿음과 사랑을 얻지 못한 데 있습니다."

"자네가 공실이라면 지금 무엇을 하겠는가?"

"더욱 겸손한 자세로 군자를 키우는 일에 집중하겠습니다."

"시간이 많은 사람이로군. 정치란 때를 기다려주지 않는다네."

"천명을 따를 뿐입니다."

"정치는 권도權道이지, 인도仁道가 아닐세."

"대의大義 속에 권도가 있을 뿐입니다."

공자가 돌아간 뒤 장소백의 가신이 공자가 젊은 사람치고 말이 너무 공허하다고 비아냥대자, 장소백이 웃으며 말했다.

"그렇긴 하지, 허허. 그런데 왠지 저 친구에겐 그게 잘 어울려. 뜬구름 잡는 것 같아도 뭔가 범접하기 어려운 기운이 느껴져. 이상理想의 서력 같은 것 말일세…"

다음 날 소공이 궁전의 내밀한 곳으로 장소백을 불렀다.

"계씨를 타도하려는데 당신 생각은 어떻소?"

장소백은 소공으로부터 뜻밖의 질문을 받자 공자와 나눈 대화가 떠올랐다.

'지금의 공실은 정권을 경영할 능력이 없고, 임금은 욕심만 앞설 뿐 무능하고 어리석다. 공자 같은 명민한 친구들은 그래서 지금은 때가 아니라고 보는 게다. 이 판국에 과연 사사로운 감정으로 시작된 정변이 성공할 수 있을까? 설사 정권을 탈환한다 해도 계씨의 적자에서 계씨

의 서자로 정권의 주인이 바뀌는 게 고작이라면 무슨 의미가 있단 말인가?'

장소백은 정신이 번쩍 들었다.

"전하! 지금은 때가 아닙니다. 그들과 더불어 대사를 도모했다간 오히려 의여에게 되치기를 당하여 전하의 안위마저 보장할 수 없을 것입니다!"[11]

그러나 소공의 가슴에는 이미 후소백과의 맹약이 환상처럼 아로새겨져 있었다.

세 번의 항복과 거절

팔일무 사건 뒤 두 달여가 지난 음력 9월 무술일 이른 아침이었다. 공자와 자로가 학당 앞의 낙엽을 쓸고 있을 때 저 멀리서 일단의 기병들이 뿌연 흙먼지를 일으키며 쏜살같이 내달렸다. 그 뒤로 길고 날카로운 창으로 무장한 병사들이 뒤따랐다. 행군의 선두에 선 사람은 중무장한 세자 공위와 계평자의 서숙부 계공해가 분명했다. 일군의 무장병력이 향한 계환부는 아직도 깊은 잠에 빠진 듯 고요하기만 했다. 공자와 자로는 빗자루를 내던지고 후다닥 학당 문을 걸어 잠갔다.

이때 임금 소공은 궁성이 아닌 공실의 재화 창고인 장부長府에 머물고 있었으므로 궁궐의 친위대가 교대로 장부로 나와 임금을 숙위하고 돌아가는 중이었다. 아침 햇살을 받으며 궁으로 향하던 친위대가 담을 끼고 방향을 트는 사이에 어디선가 나타난 다른 군사들이 소리 없이 합류하더니, 궁성의 동쪽에 자리 잡은 계환부가 가까워지자 다시 몇 갈래로 흩어지면서 계환부를 바람처럼 에워싸기 시작했다. 세자 공위와 계공해, 그리고 후소백 등 친위 쿠데타 주도자들은 임금 소공이 궁궐을 비우고 재상 숙손소자가 곡부에 없는 틈을 거사일로 잡았다. 소공은 기우제를 지낸 뒤 궁으로 돌아가지 않고 있었고, 숙손씨의 수장이자 노나라 재상인 숙손소자는 공실 묘역이 있는 감읍에 시찰을 나가 있었다. 임금이 보물창고에 틀어박혀 있으니 숙위하는 병사들의 궁궐 밖 교대가 의심을 사지 않고, 재상이 곡부에 없어 사태에 개입할 여지를 주지 않는 절호의 기회였다. 주도자들은 전광석화처럼 계평자를 타도한 뒤, 일족의 안전 보장을 조건으로 숙손씨와 맹손씨의 '항복'을 이끌어낸다는 계획이었다.

아침 준비에 부산하던 계환부 가복들의 귀에 말발굽 소리가 감지되기 시작했다. 계평자의 동생으로 계환부의 총관인 계공지가 급보를 받았다.

"장부에서 나와 궁으로 가던 군사들이 갑자기 우리 쪽으로 오고 있습니다!"

임금이 궁으로 돌아가는 길에 계환부에 들르려는가? 고개를 갸우뚱할 새도 없이 연이어 보고가 들어왔다.

"선두에 갑옷을 입은 세자와 공해 어른이 보입니다!"

침실을 박차고 나온 계공지는 가신들을 이끌고 대문 앞으로 나왔다. 임금이 있는지부터 확인해야 했다. 계공지가 문 앞에서 행렬을 향해 외쳤다.

"임금께서 누추한 사가를 방문하시면 예로 맞이해야 한다. 시간을 주십사고 전하라!"

계공지가 말을 마치고 대문 안으로 몸을 숨기려는 순간, 복수심에 불탄 계공해가 그를 불러 세웠다.

"네 이놈! 새파란 놈이 감히 숙부를 능멸했겠다!"

계공해의 손짓에 화살이 계공지를 향해 쏟아졌다. 그것을 신호로 친위대가 일제히 계환부 안으로 밀고 들어갔다. 계평자로서는 전혀 예상하지 못한 기습이었다.

"공산은 어디 있느냐? 양호는 어디 있느냐?"

계평자의 총애를 받는 가신인 공산불요公山弗擾는 이때 계씨의 근거지인 비읍을 관리하러 가 있었고, 중진급 가신인 양호가 숙직하고 있었다. 양호는 마흔이 약간 넘은 사족 출신으로 지식과 권모가 뛰어난 인물이었다. 그는 계공지가 죽었다는 소식을 듣고 공황상태에 빠진 계평자 일족을 계환부에서 가장 깊숙한 후원의 누대 위로 피신시킨 뒤 정예 가병들로 하여금 후원을 에워싸게 했다. 어떻게든 시간을 끌어 숙손과 맹손의 도움을 이끌어내지 못하면 필패할 수밖에 없는 절체절명의 상황이었다.

양쪽이 대치한 상태에서 공위가 누대 위를 향해 외쳤다.

"의여는 홀로 내려와 임금에게 끼친 죄를 씻으라! 일족의 안전은 보장하겠다!"

시간을 끌기로 작정한 계평자가 침착하게 대답했다.

"종친들이여. 내가 아직 젊어서 잘못한 점이 있겠지만, 다 국가를 위하려다 생긴 일이니 부디 용서하기 바라오. 그러나 우리 노나라가 아직 사직을 잃지 않은 것은 나의 조상들이 노심초사한 덕분임을 그대들도 잘 아는 바일 거요. 미력하지만 나는 국정을 책임진 사람으로 해마다 몇 차례씩 진晉나라에 뇌물을 바쳐가며 대국의 후원을 유지하는 데 전력을 다해왔소. 그럼에도 임금께서 관리를 보내어 이처럼 무기로 공박하시니 이는 누군가 나의 충정을 임금에게 잘못 전달한 탓인 듯하오. 그러니 그대들은 속히 임금께 가서 고해주시오. 나는 이 길로 도성 남쪽의 기수가로 가서 임금께서 직접 죄를 살펴주시길 기다리겠소이다."

계평자가 유혈 저항 대신 항복을 택한 것으로 판단한 공위 등은 전령을 장부로 보내 소공의 재가를 청했다.

"기수가라니, 여차하면 진나라에 구원을 청할 심산이구나."

소공이 코웃음을 쳤다. 사태의 심각성을 실감한 계평자가 다시 청했다.

"신은 이 길로 정계에서 은퇴하겠습니다. 비읍에 가두어주시면 거기서 여생을 마치겠습니다."

계평자가 비읍에 연금될 것을 자청한다는 보고를 받자 공자들이 반대했다.

"이자가 아직도 우리를 바보로 아는군요. 비읍은 계씨의 본거지입니다. 얼마 가지 않아 반란군을 이끌고 들이닥칠 겁니다."

소공이 원지 유배마저 불허했다는 소식이 전해졌다. 계평자에게 목을 내놓으라는 요구나 다름없었다. 계평자는 백척간두까지 밀리고 있었다.

"좋습니다. 모든 것을 내려놓겠습니다. 수레 다섯 대만 허락하시면 그것에 의지해 나라를 떠나겠습니다."

소공 진영은 비로소 쾌재를 불렀다. 수레 다섯 대면 수행자가 기껏해야 50명 남짓이다. 피 흘리지 않고 계씨를 외국으로 내쫓고 가산을 몰수할 기회를 잡은 것이다. 총신 자가기가 소공을 설득했다.

"임금께서는 의여의 이번 간청을 거절하지 마십시오. 정령이 계씨에게서 나온 지 오래고, 많은 백성들이 계씨에 의지해 먹고 살아왔습니다. 이대로 날이 어두워지면 그들이 들고 일어날지 모릅니다. 그들이 다른 마음을 품으면 뜻을 같이하는 자를 찾아 규합할 것이니 이는 반드시 임금께서 후회할 일이 될 것입니다."

그때 후소백이 자가기를 막아섰다.

"말도 안 됩니다. 포위한 수괴를 놓아주다니, 다 잡은 맹수를 풀어주는 격입니다. 후환을 남기지 말고 공격해 그를 죽이소서!"

소공은 결단을 내리지 못했다. 그때 누군가가 맹손씨의 수장인 맹의자孟懿子의 의견을 들어보자고 했다. 맹손씨는 삼환의 큰집이면서도 세력이 가장 약했으나, 그만큼 중립적이었다. 소공은 옳다 싶어 후소백에게 맹의자를 불러오도록 했다.

순망치한

계환부와 장부는 전령이 잠깐 사이에 다녀올 수 있는 거리가 아니므로 소공의 명이 현장에 전해지는 데는 적지 않은 시간이 걸렸다. 한낮이 지나도록 결판이 나지 않으면서 사태는 조금씩 다른 방향으로 흘러가기 시작했다. 단초는 양호의 숨은 활약이었다.

양호는 "임금이 현명하면 마음을 다해 섬기어 함께 영화를 누리고 임금이 시원찮으면 일을 꾸며 깜냥을 시험해봐야 한다"[12]고 공언하는 대담하고 노회한 출세주의자였다. 하급 사족 출신으로 일찍부터 권력을 좇아온 양호는 자신과 생각이 비슷한 동향 및 동문의 당우黨友들과 맹약한 적이 있었다. '각자 자기 주군의 총애를 받는 신하가 될 수 있도록 서로 돕자. 우리 가운데 대부를 능가하는 세력을 얻는 이가 나오면 서로 잊지 말자.'

소공 진영이 계평자의 망명 허용을 놓고 세 번이나 결정을 미루는 동안 양호는 숙손씨의 가신으로 들어가 있는 당우에게 밀서를 보내는 데 성공했다. 밀서에는 네 글자가 쓰여 있었다.

'순망치한脣亡齒寒'.[13]

입술이 없으면 이가 시린 법이다. 계씨가 망하면 다음은 숙손 차례라는 뜻이었다. '당우들이여! 환난에 처하면 서로 돕자던 맹세를 잊지 않았겠지? 주군의 위기는 곧 가신의 기회이다. 지금이 바로 우리가 득세할 때다!'

양호가 보낸 죽간을 손에 든 당우가 숙손씨의 사마인 종려駟戻에게 양호의 뜻을 은밀히 전했다. 숙손소자가 없을 때 변란을 당해 당황하고 있던 종려가 가신들을 소집하고 물었다.

"우리는 대부의 가신일 뿐이니 국가 대사는 관여할 바가 아니다. 다만 계씨가 있는 것과 없는 것 중 어느 쪽이 우리 숙손에게 유리한가?"

이때 양호의 당우들 쪽에서 밀서에 동조하는 소리가 쏟아졌다.

"계손이 망하면 다음은 숙손이 망합니다!"

"모두의 뜻이 그러하다면 이는 곧 주군의 뜻이다. 가서 계씨를 구하라!"

숙손의 가병들이 조용히 계환부 서북쪽 모퉁이를 뚫고 들어갔다. 한나절이나 작전이 종료되지 않자 쭈그려 앉아 '상황 끝'만을 기다리던 계공해의 가병들은 낯익은 숙손의 가병들이 들이닥치자 뿔뿔이 달아나버렸다.

숙손의 군대가 계환부 안으로 속속 진입하고 있을 무렵, 맹환부의 맹의자는 속이 새까맣게 타들어가는 중이다. '숙손 어른이 안 계신 사이에 이런 변고가 일어나다니. 어느 쪽에 붙느냐에 우리 맹손의 명운이

달렸구나.'

이때 후소백이 맹환부의 대문 앞에 당도했다는 소리가 들렸다.

"후소백이 왔다고?"

"집정께서 망명을 요청해 임금께서 우리 쪽 의견을 듣고자 한다고 합니다."

"의여가 제 발로 출국을 하겠다고? 그렇다면 사태가 공실 쪽으로 기울었다는 뜻인가? 어서 후소백을 모셔 오너라!"

그때였다. 정탐병에게서 계환부에 숙손의 정기旌旗가 올랐다는 급보가 전해졌다.

"숙손의 깃발들이 속속 계환부 안으로 진입 중입니다. 사태가 역전되고 있습니다!"

가신들이 맹의자를 재촉했다.

"더 늦기 전에 삼환의 일족임을 행동으로 보여주셔야 합니다. 주군은 속히 결단하소서!"

맹의자가 직접 망루로 달려가 계환부 안의 담과 지붕 사이로 숙손의 깃발이 이동하는 것을 눈으로 확인하고는 가신들에게 명했다.

"나는 결단코 후소백을 만난 적이 없다!"

맹의자의 가신들은 후소백 일행을 맹의자에게 안내하는 체하다가 남문에 이르러 모두 죽였다. 그리고 가병들을 계환부로 출동시켰다. 계평자의 투항 의사를 듣고 기세가 올랐던 친위 쿠데타군은 숙손과 맹손의 협공을 받으면서 오히려 역으로 포위되고 말았다. 공위와 계공해 등은 간신히 포위망을 뚫고 계환부를 빠져나왔고, 지휘부를 잃은 군사들은 도륙을 당하거나 항복했다. 곧이어 궁성도 삼환의 가병에게 접수되었다. 소공이 머물고 있는 장부만이 섬처럼 남았다. 사태는 완전히 역전되었다. 자가기가 공황상태에 빠진 소공의 소매를 붙잡고 결연히 말했다.

"이번 일은 어리석은 신하들이 임금을 겁박해 벌어진 일입니다. 우리 신하들은 그 죄를 지고 이 길로 망명할 터이니 임금께서는 궁으로 돌아가십시오. 협박을 받아 어쩔 수 없었노라고 하시면 계씨도 더 이상 어쩌지 못할 것입니다. 옥체를 보존하고 계시면 언젠가 수모를 씻을 기회가 있을 것입니다!"

소공은 천성이 미욱하고 겁이 많았다. 일찍이 19세에 아버지 양공의 장례식을 치를 때 상복이 마음에 들지 않는다며 세 번이나 옷을 갈아입어 주위의 비웃음을 산 위인이었다.[14] 소공은 궁에 혼자 남기가 두렵고 싫었다.

"아니다. 나도 데려가다오. 더 이상 계씨의 참월과 모욕을 견딜 수 없다. 자사의백子家懿伯(자가기)은 더 이상 과인을 말리지 마라!"

소공은 그길로 양공의 묘당으로 가 하직인사를 한 뒤 장소백과 종친들, 그리고 자가기 등 소수의 신하들과 함께 제나라를 향해 도망치는 신세가 되고 말았다. 반나절 동안 세 번이나 투항하겠다던 계평자의 뜻을 받아주지 않은 소공으로서는 어이없고못해 참담한 결말이 아닐 수 없었다.

얼어붙은 곡부

감읍에 있다가 변란이 일어났다는 급보를 받고 돌아온 숙손소자가 계평자에게 임금이 출국하게 된 경위를 따졌다.

"신하로서 임금을 쫓아낸 것은 자손대대로 이어질 오명이오."

"저도 압니다. 그러니 제발 수습에 나서주십시오."

"내가 무엇을 도울 수 있겠소?"

"저, 의여가 다시 임금을 모실 기회만 만들어주신다면 큰 은혜로 알겠습니다."

당장 죽여버리고 싶은 임금이 막상 국외로 나가자 계평자는 임금을 쫓아낸 신하라는 비난을 받게 되었다. '임금을 축출했다는 오명을 지고서는 진나라 조정의 지원을 받기 어렵고, 진나라의 지지 없이는 삼환의 권세도 유지하기 어렵다.'

계씨에게 임금의 존재는 허수아비이자, 동시에 외풍을 막아주는 바람막이였던 것이다. 계평자가 숙손소자에게 빌다시피 중재를 요청한 이유가 바로 여기에 있었다. 숙손소자는 그길로 소공이 머무는 제나라 양주로 갔다. 숙손소자는 장소백 등 계씨 세력과 전쟁을 벌여야 한다고 주장하는 주전파의 위협에도 불구하고 소공에게 귀국을 설득하는 데 성공했다. 그러나 곡부에서는 계평자의 마음이 바뀌어 있었다. 소공 쪽이 임금을 공격한 자들의 처벌을 요구하고 있다는 걸 알게 된 맹손과 숙손씨 일족이 소공의 귀국을 반대하고 나선 것이다. 숙손소자는 임금에게 약속한 복위 계획이 무산되자 죽음을 각오했다. 노년의 숙손소자가 곡기를 끊은 채 계평자의 마음을 바꾸어보려다 7일 만에 숨을 거둔 것은 무술일의 친위 쿠데타가 실패한 지 꼭 한 달 뒤였다.

임금이 하루아침에 평소 적대국이던 제나라로 망명하고 재상마저 사실상 자결하자, 곡부는 공포의 거리로 바뀌었다. '선 정권안보, 후 임금복귀'로 정국 수습의 가닥을 잡은 계씨는 대대적인 친위 쿠데타 가담자 색출과 반대파 숙청 작전에 들어갔다. 계씨 타도 선봉에 섰던 후소백의 가문이 일벌백계의 본보기가 됐다. 이 사건 뒤 후씨 가에 대한 기록이 노나라 역사에서 완전히 사라진 것을 보면 혈통마저 단절되는 처참한 최후였을 것이다. 임금을 따라 망명을 선택한 장소백이 속한 장씨가는 계씨의 2중대가 되는 조건으로 종주권이 장소백의 사촌동생 장회에게 넘겨졌다. 그 와중에 계씨 정권에 반대하여 망명한 쪽에서도 무력으로 맞서는 일이 빈발했다. 사실상의 내란이었다. 곡부 조정의 관리들과 지식인 집단은 숨죽인 채 납작 엎드렸다. 계씨의 의심을 사는 것은 곧 목숨을 잃을 수 있는 위험천만한 일이었다.

선택의 기로

공포의 회오리는 공자의 학당에도 불어 닥쳤다. 학당의 붕우들 중 공실 및 대부의 자제들 몇몇은 벌써 임금이 있는 제나라로 갔고, 일부는 검거 신풍을 피해 도성 밖으로 몸을 숨겼다. 정치와 일정한 거리를 두고 있었다고는 하지만 공자도 안전을 장담할 수 없는 처지였다. 삼환의 가신으로 종사하지 않은데다, 학자와 교사로서 상부 지식층 사이에 점차 높아지고 있던 공자의 명성이 반체제 분자 색출에 혈안이 되어 있던 계씨의 눈에는 예사롭지 않게 보일 수도 있었다. 공자의 죽마고우인 원양原壤과 안로 등 공자 외가 사람들은 공자에게 피신을 권유했다.

"소나기는 일단 피하고 보는 것이 상책입니다."

공자의 고향 후배이자 집안끼리 가까운 사이로 훗날 공문의 일원이 된 진상秦商은 유학을 명분 삼아 곡부를 떠날 것을 강력히 권고했다.

"당분간 조정에 출사할 일도 없을 겁니다. 울고 싶을 때 뺨을 때려준 격이라 생각하고 이 기회에 넓은 세상을 돌아보십시오."

붕우들도 대체로 의견이 비슷했다. 형식이야 어떻든 불필요한 주목을 받는 일은 일단 피하는 것이 상책이었다. 한편에서는 장소백 등 이미 노나라를 떠난 유력 인사들이 공자 같은 유망한 신진들의 '궐기'와 '망명'을 촉구하고 있었다.

공자의 생각도 크게 다르지 않았다. 광란의 비상시국에 곡부에 그냥 머물러 있는 것은 현명한 처신이라고 할 수 없었다. 곡부에 남아 있는 한 계씨 가에 종사하라는 압력을 받을 테고, 그것을 계속 회피하는 한 늘 호랑이 아가리 속에 사는 기분일 것이었다. 특히 이번 변란을 통해 계평자의 오른팔로 등장한 양호는 같은 사족으로 '능력 있는' 후배인 공자에게 계씨 정권에 동조할 것을 강권하고 있었다.

"중니, 자네가 조정에 출사만 해준다면 우리 둘은 각자 한쪽 날개를 얻은 거나 마찬가지가 될 걸세. 나는 계환부에서 자네는 조정에서 서로 손발을 맞춘다면, 노나라 정치는 장차 우리 두 사람이 주무를 수 있네."

하지만 공자는 임금이 외국으로 망명한 상황에서 계씨 정권에 협조할 마음이 결코 없었다.

'이제껏도 아첨하지 않았는데, 하물며 공위空位*의 때를 당해서랴…'

숙손소자의 장례식이 치러지고, 당분간 소공의 복귀도 무망하다는 전망이 기정사실로 굳어가던 어느 날 공자가 자로에게 말했다.

"이보게 중유, 우리 모처럼 태산에나 올라볼까?"

철이 든 뒤 생각을 가다듬을 일이 있을 때마다 공자는 태산에 올랐다. 서른다섯, 도둑처럼 들이닥친 선택의 기로에서 공자는 다시 태산을 향했다. 운무 속에서 공자를 맞이한 겨울산은 비장했다.

---

* 임금의 자리가 비어 있음.

뜻이 천하를 덮을 만하다면

굳게 믿으며 더욱 배우리라. 목숨으로 지키며 더욱 도를 닦으리라. 위태로운 나라에는 들어가지 않고, 어지러운 나라에는 머물지 않으리라. 천하에 도가 있으면 몸을 드러내고, 천하에 도가 없으면 몸을 숨기리라. 나라에 도가 있을 때는 빈천이 수치이고, 나라에 도가 없을 때는 부귀가 수치이다.

篤信好學 守死善道 危邦不入 亂邦不居 天下有道則見 無道則隱 邦有道 貧且賤焉 恥也 邦無道 富且貴焉 恥也 _《논어》〈태백〉13장

공자는 자로 등 붕우들과 함께 겨울 태산에 올랐다. 눈발을 헤치고 태산을 오르며 일행들과 이런저런 이야기를 나누던 공자가 한동안 말이 없더니 자문하듯 자로에게 물었다.

"지금 우리에게 가장 시급한 일이 무엇일까?"

"일단 발밑의 낭떠러지를 조심하는 거지요."

"그런 다음엔?"

"길을 찾아서 열심히 닦아야지요, 히히."

"그다음은?"

"소인은 길 위에 떨어진 금덩이나 벼슬을 찾겠습니다만, 대인이라면 품은 뜻을 펼쳐야죠."

"뜻이란 무엇일까?"

"뜻이야 품은 사람의 크기만큼 다르겠지요."

"나는 나의 뜻을 온전히 펼칠 수 있을까?"

자로가 공자를 멈춰 세우고 되물었다.

"언젠가 말하지 않았습니까? 삼군의 장수는 빼앗을 수 있어도, 필부의 가슴에 새긴 뜻은 빼앗을 수 없다고.[15] 하물며 형님, 아니 선생님이겠습니까?"

태산의 정상은 자로의 시원한 말처럼 청명했다. 겨울 태산이 이렇게 맑기는 드문 일이었다. 눈 덮인 산릉이 하늘로 이어지고 다시 바다로 뻗어나갈 듯 사방천지가 온통 맑고 눈부셨다. 태산은 중원의 동쪽에 있는 산으로 중국 오악五嶽* 중 동악에 해당하며, 요순시절부터 신성한 산으로 추앙받았다. 공자도 생각을 가다듬을 필요가 있을 때면 올라와 대자연을 굽어보며 자신을 마주하곤 했다. 정상에 선 공자가 산 아래를 바라보며 외쳤다.

"태산에 오르니 천하가 작구나![登泰山而小天下]"[16]

붕우들이 의아하다는 듯이 물었다.

"넓은 게 아니고요?"

공자가 대답했다.

"배움을 찾아 동서남북으로 떠돌던 시절 몽산**에 오른 적이 있었다. 그때 처음 높은 산꼭대기에서 사방을 내려다보게 되었는데, 이상하게도 문득 노나라가 비좁게만 느껴졌다. 그런데 오늘 태산에 올라보니, 그때처럼 천하가 작게만 느껴지는구나."

누군가가 공자의 말을 거들었다.

---

* 오행 사상의 영향을 받아 신산神山으로 관념화된 중국의 다섯 산을 말한다. 동쪽 산동성의 태산, 서쪽 섬서성의 화산, 남쪽 호남성의 형산, 북쪽 하북성의 항산, 중원 하남성의 숭산이 그것이다.
** 노나라 동쪽에 있는 산.

"웅지를 지닌 자는 대관大觀한다고 들었습니다."

하늘을 향한 공자의 시선이 아득한 창공을 꿰뚫고 있었다.

"대관이라…"

달인대관達人大觀

'생각해보면 우리 노나라는 동쪽에 치우친 작은 나라에 불과하다. 주공의 후예로서 정통 문화국이라는 자부심이 크지만, 대부들이 천자의 예를 범하고도 부끄러운 줄 모르게 되었다. 대외적으로는 진晉나라의 도움을 받지 못하면 자립하기 어려운 처지이고, 대내적으로는 삼환이 임금을 제치고 나라의 주인 행세를 한 지가 이미 오래다. 이제는 아예 임금마저 쫓겨나 군주가 없는 이적夷狄의 나라나 마찬가지 꼴이 되었다. 도가 없기는 천하열국도 마찬가지다. 세상은 늘 전쟁 중이거나, 하루가 멀다 하고 폭정과 하극상의 변란이 일어나고 있다. 심지어 천자국이라는 주나라 왕실조차 추악한 왕위다툼이 벌써 수년째이니, 천하 백성들의 고통을 일러 무엇 하랴…'

공자가 학문에 뜻을 두기 시작한 것이 열다섯 살이니, 그때를 기점으로 정세를 살펴보면 대강 이렇다.

15세 계씨가 노나라 국가 조세수입과 병권의 절반을 차지하다.

18세 진陳나라에서 공자들이 태자를 죽이고, 임금이 자살하는 난리가 일어나다. 이것이 빌미가 되어 진나라가 초나라에게 망하다.

21세 초 영왕靈王이 채나라 임금과 수행원 70명을 몰살하고 채나라를 멸망시키다.

22세 계씨의 가신 남괴가 삼환 타도에 나서다.

23세 북방의 강자 진晉나라가 남방의 강자 초나라를 의식해 수십만의 병력을 동원하여 대대적인 열병식을 거행하다.[*]

25세 제나라가 서나라를 정벌하다.

27세 남방의 패권을 놓고 오나라와 초나라의 쟁패전이 본격화되다.

30세 위나라에서 내란이 일어나다. 정나라의 대정치가 자산이 죽다.

31세 송나라에서 임금과 귀족 사이에 내란, 이른바 화씨의 난이 벌어지다.

32세 주나라 왕실에서 왕위를 놓고 내전이 벌어지다.

34세 제후국인 진晉나라가 주나라 왕위 결정권을 행사하다.

35세 노나라 소공이 계씨를 몰아내려다 실패하고 제나라로 망명하다.

자로가 혀를 차며 말했다.

"정말 세상이 온통 뜨거운 가마솥 속 같군요. 이젠 무슨 일이 일어나도 그리 놀라지 않을 것 같습니다."

안로가 말했다.

"최근의 국내외 정세를 살펴보니 사형께서 어지러운 곡부를 떠나 두루 세상을 살펴볼 이유가 더욱 선명해집니다."

염경冉耕(염백우冉伯牛의 이름)도 말했다.

"우리 노나라는 임금이 추방되고, 그나마 나라의 중심을 잡아주던 재상 숙손소자마저 죽었습니다. 임금도 없고 재상도 안 계시니 누가 계씨

---

[*] 《춘추좌씨전》에 따르면 이때 동원된 전차는 무려 4000승이었다. 승乘은 고대 중국에서 전차를 세는 단위이다. 전차는 4필의 말이 끄는데, 대부 이상의 사람이 몰고 좌우에 활과 창으로 무장한 무사 2명이 동승해 전투를 수행하며, 많게는 70여 명의 보졸과 역부들이 뒤따른다. 따라서 4000승은 말 1만 6000필에 귀족, 군사, 노역종사자 등 동원 인원이 최고 29만여 명에 이르는 대병력이다. 전차 만승萬乘은 왕 또는 황제, 천승千乘은 제후의 지위를 상징한다.

를 제어하겠습니까? 주공의 고제古制를 받드는 자로서 지금 계씨를 따르면 명분을 잃고, 거부하면 목숨을 잃을 수 있습니다."

염경이 계속해서 말을 이었다.

"주나라 왕실의 내분으로 인해 많은 낙양 사람들이 안전한 피난처를 찾아 떠나고 있습니다. 그중에서도 중원에서 멀리 북동쪽으로 치우쳐 있는데다 물산이 풍부하여 화려한 문화가 발달한 제나라가 가장 좋은 피난처로 꼽힙니다. 제나라로 가서 활동한다면 높은 수준의 선진 문물을 배울 수 있을 뿐만 아니라, 천하 재사들과 폭넓게 교유할 수 있습니다. 제나라는 우리 임금이 망명한 곳이기도 하니 노나라 사람으로서 임금과 안위를 같이한다는 명분도 지킬 수 있을 것입니다. 물론 공실을 위해 할 일도 있을 테지요. 나아가 사형의 능력에 약간의 운만 보태진다면 다른 여러 나라에 출사하여 경륜을 쌓을 수 있습니다. 이런 경험과 교류는 장차 노나라에 돌아왔을 때 우리 학단의 발전은 물론 조정의 정치에도 크게 기여할 것입니다. 이것이 사형이 제나라로 가야 할 또 다른 이유입니다."

사실 주 왕실의 왕위다툼은 주공을 사표師表로 삼는 공자에게는 적지 않은 충격이었다.

공자 32세 때 주나라에서는 주 경왕景王이 죽은 후 적자 세력과 서자인 장자 세력 간에 왕위를 둘러싼 내전이 발생했다. 적자 계승을 주장하는 귀족들이 태자 맹猛을 도왕悼王으로 추대하나, 서장자 조朝가 장례식을 틈타 반기를 들었다. 혼란의 와중에 맹이 죽자 적자파에서는 맹의 아우인 개丐를 경왕敬王으로 옹립한다. 주나라는 이후 적자파인 경왕, 즉 동왕東王과 서장자파인 서왕西王 세력으로 갈려 3년째 엎치락뒤치락 난타전을 벌이고 있었다.

왕실의 내전 소식은 주 경왕의 장례식에 참석하고 돌아온 사절단을 통해 노나라에도 곧 알려졌으며, 이후 내전의 동향은 곡부 지식인들에게도 초미의 관심사가 되었다. 특히 내전이 장기화하여 낙양의 고급 지식인들이 전란을 피해 대거 이웃 진나라와 제나라 등지로 피난을 떠나면서 중원의 귀족 문화가 주변 나라들로 더욱 전파되었다. 특히 당시 중국 최대 상업도시였던 제나라 수도 임치는 전문지식과 기능을 가진 문화집단에게는 최적의 피난처였다. 임치는 오늘날의 뉴욕이나 파리 같은 국제적인 대도시로서 높은 신분과 재력을 겸비한 문화 후원자들이 즐비했다.

　　주나라 왕실의 악사들이 중국 여러 나라로 흩어진 사실[17]이나 공자가 제나라에서 주나라 음악을 듣고 석 달간 고기 맛을 잊었던 것[18]도 역사적 사건이 낳은 편린들이었다. 공자와 붕우들은 제나라로 가면 일급 지식인들과 교류할 수 있을뿐더러 제후국은 물론 나중에 주 왕실에도 출사할 기회가 있으리라는 계산을 어느 정도는 했다고 보아도 좋을 것이다.

자산처럼 되기 위해

　　공자의 망명을 추동한 명분 중에는 공자 자신의 내적 동기도 있었다. 사실 공자는 서른 살을 넘어서면서 내심 새로운 지식과 세계에 대한 동경과 갈증을 느끼고 있었다. 선망해마지않던 정나라 재상 자산의 서거 소식을 들은 뒤부터였다. 자산은 공자가 동시대 사람 중에 가장 흠모한 당대 제일의 정치가였다. 장소백은 공자가 정치적 야심이 부족한 것 같다고 아쉬워했지만, 사실은 그렇지 않았다. 서른다섯 살 공자의 가슴속에는 이미 거대한 꿈이 자라고 있었다. 그 야망의 교사가 바로 자산이었다. 자산은 공자보다 한 세대 위의 사람으로 민본주의적 정치사상을 펼친 대사상가이기도 하였다. 미약한 대부 가문 출신으로 소국 정나라를 국제 정치무대의 중심국가로 성장시킨 자산의 성공사례야말로 보잘것없는 하급 사족 출신인 젊은 공자에게는 다시없는 이정표였을 것이다.

공자는 자산에 대해 이렇게 말했다. "자산에게는 네 가지 도가 있다. 몸가짐이 바르며, 윗사람을 공경하며, 백성을 사랑하며, 정의를 기준으로 다스린다."[19]

또 공자는 자산이 죽자, 그의 정치에 대해 이런 총평을 남겼다. "관대로써 엄격을 조절하고 엄격으로써 관대를 조절하였으니 정치가 이로인해 화평했다. 멀리 있는 백성은 다독이고 가까이 있는 백성은 친애하여 나라는 안정되고 천하는 평정되었다. 너무 조이지도 않고 너무 느슨하지도 않으며, 너무 강하지도 않고 너무 부드럽지도 않게 정치를 너그럽게 펴니 모든 복이 모여들어 화합의 극치를 이루었다."[20]

이는 현실 정치가에게 할 수 있는 최대의 찬사일 것이니, 공자가 얼마나 자산을 높이 평가했는지 엿볼 수 있다.

공자는 자산과 비교해 자신에게 부족한 덕목이 무엇인지를 잘 알고 있었다. 대국大局의 지식과 시야와 경험이 그것이었다. '노나라는 비좁고 약한 반면, 제나라는 넓고 강하다. 그곳에서는 미래를 향해 더 크게 눈을 뜰 수 있으리라.' 공자는 그렇게 자신의 망명을 합리화하고 불확실한 미래를 스스로 격려했을 것이다.

출국을 결심하다

공자는 태산에서 자신의 삶을 되돌아보며 최종적으로 노나라를 떠나 제나라로 가기로 결심했다.

'나는 이렇다 할 계급적 기반을 갖추지 못한 사람이다. 일찍이 아버지를 여의고 스무 살 전후부터 생계를 책임져야 했다. 고상한 신분도 재산도 물려받지 못했다. 일반적으로 보면 출세주의에 투신하는 게 현명한 선택이었겠으나, 나는 다른 길을 택했다. 만약 개인적인 출세만이 목표였다면, 애초부터 무인의 길을 가거나 일찌감치 유력한 세도가의 가신으로 들어가는 게 옳았을 것이다. 그럼에도 나는 미래가 불투명한 직업인 예교 전문가, 아무도 가보지 않은 교사의 길을 개척했다. 나름대로는 눈앞의 이익에 급급하지 않고 원대한 목표를 세웠다는 뜻이다. 무엇이 원대한가? 교육을 통해 자신을 수양하고 인재를 길러 그들과 더불어 세상을 화평케 하는 '수기치인修己治人, 수기안인修己安人'*의 군자철학을 정치를 통해 실현하려는 것이다. 그러나 정치관료로서 입신하려는 나의 가장 현실적인 모순은 내가 노나라 사람이라는 데 있다. 노나라는 누대에 걸쳐 참주의 지배 아래 있다. 정치에 참여하여 이상을 이루고 싶으나, 참주의 가신이 되는 길 외에는 정치에 기여할 길이 없다. 그러나 군자의 꿈이 어찌 일개 가신의 이익에 그칠 것인가. 허울뿐인 조정에서 벼슬은 더더욱 원하는 바가 아니다. 나에게 꿈이 있다면, 그것은 주공의 시대와 같은 이상적인 군자정치의 실현이다. 할 수만 있다면 그 군주정 자체의 실현이다.'

---

* 《논어》, 《대학》에 보이는 수기치인과 수기안인은 '자기 수양을 바탕으로 점차 타인의 행복으로 인을 넓혀간다'는 점에서 다같이 유가의 이상적인 군자상이다. 격물格物, 치지致知, 성의誠意, 정심正心, 수신修身, 제가齊家, 치국治國, 평천하平天下의 《대학》 8조목은 이를 실현하기 위한 방법이다.

바야흐로 대격동의 시대, 지금은 무엇을 할 때인가? 공자는 정치를 생각할 때면 함께 자신의 시대정신을 되물었다. 사명을 직시할수록 세상의 움직임을, 변화의 기미를 통찰할 필요성이 절실하게 다가왔다.

'일찍이 몽산에 올라 노나라가 작다는 느낌을 가진 때가 있었다. 진정한 군자의 뜻이 어찌 천하보다 작으랴! 두려움을 떨치고 세계로 나가보자. 더 많은 것을 보고 배우고 익혀서 돌아오자. 군자의 뜻이 천하를 덮을 만하다면 어찌 우리 노나라가 동쪽의 주나라가 될 수 없겠으며, 노나라의 군자 가운데 주공의 뒤를 이을 이가 어찌 없다고 하겠는가!'

태산에 울려 퍼진 웃음소리

산을 내려오는 길에 자로가 물었다.

"저도 데려가주시는 거지요?"

"자네가 함께해준다면 내가 고맙지."

"이 중유 말고 누가 선생님의 경호대장이겠습니까? 하하"

"외국생활은 고달플 것이다. 괜찮겠는가?"

"걱정 마십시오. 선생님이 말씀하지 않으셨습니까? 덕 있는 자에겐 반드시 이웃이 있다,²¹ 아닙니까?"

"그래, 그곳에도 우리와 뜻을 같이할 지우들이 있을 것이다."

"아무래도 좋습니다. 선생님이 계신다면 어디든, 누구와 함께든 상관없습니다!"

자로가 일행 앞으로 성큼 나섰다.

"조국을 떠나기 전에 함께 읊어봅시다! 선생님의 멋진 말씀을!"

거친 밥을 먹고 물을 마시며 팔을 베고 자더라도

즐거움이 또한 그 안에 있으니

의롭지 못하면서 부귀함이란

나에게 뜬구름과 같도다.[22]

으하하하! 으하하하… 젊은이들의 통쾌한 웃음소리가 태산에 울려 퍼졌다.

아들과 함께 부모님 무덤에 작별을 고하다

태산에서 노나라 산하를 내려다보며 조국을 떠날 결심을 한 공자는 아들 리를 데리고 방 땅에 있는 부모 산소를 찾았다. 자식으로서 부모 님께 하직인사를 드리고, 아비로서 아들과 함께 사람의 도리를 다짐하 기 위해서였다. 자가 백어인 리는 이때 열다섯 살이었다. 젊은 아내와 자식들을 남겨둔 채 기약 없는 길을 떠나는 사내로서 아들이 한 사람의 대장부로 자라주길 바라는 심정이야 공자도 여느 아비와 다르지 않았 으리라.

공자의 그런 애틋한 심정을 잘 알고 있다는 듯이 하늘에서 흰 눈이 펑펑 쏟아졌다. 아버지 숙량흘과 어머니 안징재를 합장한 무덤도 눈으 로 하얗게 덮여 있었다. 공자는 봉분을 쓰다듬으며 추운 내색도 없이 자신을 따라 무덤가를 정돈하는 아들을 바라보았다.

'나는 세 살 때 아버지를 여의어 얼굴조차 기억하지 못한다. 홀로 된 어머니가 먹고살기 위해 어린 나를 업고 도시로 나온 뒤로 아버지의 무 덤이 어디에 있는지조차 알지 못했다. 자라서는 배움에 굶주려 세상 이

곳저곳을 돌아다니느라 어머니의 임종마저 지키지 못했다. 이것이 불초자의 한이다.'

10여 년 전, 24세의 공자는 어머니가 돌아가신 뒤 겨우 알아낸 아버지의 무덤에 두 사람을 합장하면서 4척* 높이의 봉분을 쌓았다. 상례喪禮의 성의를 갖추기 위해서가 아니라, 무덤 표지를 제대로 해두기 위해서였다. 배움을 찾아 다니던 수업시대의 공자는 동서남북으로 떠돌아다니는 사람이었으니, 무덤을 가까이서 돌볼 수 없었던 것이다. 그러나 공자는 가난한 처지라 격식을 갖춘 봉분을 만들지 못했기에, 장례를 마치고 나서 얼마 후 비가 많이 오자 봉분이 허물어지고 말았다. 역부들이 봉분을 고쳐 쌓은 뒤 그에게 이 사실을 전하자, 공자는 "옛사람들은 묘의 흙을 단단히 다져 비바람 정도에 봉분이 무너지는 일은 없었다는데…"[23] 하고 눈물을 흘리며 불효를 자책했다.

겨울 눈보라를 견디며 산소의 눈을 쓸던 공자가 말을 꺼냈다.

"내가 없으면 네가 상주다. 조상을 잘 모셔야 한다."

"네, 아버지."

"아버지가 없으면 아들이 가장이다. 어머니에게 효도하고 동생들을 잘 돌봐야 한다."

"네, 아버지."

"어머니를 어떻게 모셔야 하겠느냐?"

"겨울에는 따뜻하게 해드리고 여름에는 서늘하게 해드리며, 날이 저물면 자리를 펴드리고 새벽에는 안부를 살피며, 밖에 나가 부모님이 아실 정도로 벗들과 다투지 않습니다. 부모님이 부르시면 빨리 대답하고

---

* 약 80~100센티미터.

느리게 대답하지 말며, 손에 일감을 잡고 있으면 일감을 던져놓고, 음식이 입에 있으면 음식을 뱉고서 명을 따르되, 달려가고 종종걸음을 치지 말아야 합니다. 부모님이 늙으시면 외출할 때 정해진 장소를 바꾸지 않으며 돌아올 날짜를 넘기지 않습니다. 부모님이 병이 나시면 얼굴 모양을 펴지 않으며, 근심하는 기색이 있어야 합니다."[24]

"그래, 항상 웃는 얼굴로 어머니를 대하여라. 어머니와 뜻이 맞지 않은 일이 생기면 나중에 기회를 보아 잘 말씀드려라. 어머니가 너의 말을 따르지 않더라도 더욱 공경하여 거스르지 말아라.[25] 아무리 힘들어도 어머니를 원망하는 마음을 가져서는 안 된다.[26] 모름지기 사람이라면 마땅히 효가 만례萬禮의 근본이다. 세상에 죄가 삼천 가지가 넘어도 불효보다 더 큰 죄는 없으니, 제 부모를 사랑하는 자는 남을 미워하지 않으며, 자기 부모를 공경할 줄 아는 자는 남에게도 함부로 하지 않는 법이다."[27]

"네, 아버지. 이웃과 친구들도 예로써 대하겠습니다."

"누군가에게 좋은 벗이 되려면 인격이 높은 사람들을 가까이하여 그들로부터 많이 배워야 한다. 책으로 하는 공부는 사람에게 배우고 나서도 늦지 않다. 부디 잊지 말거라, 예절을 모르면 남 앞에 설 수 없고 학문이 부족하면 남들과 수준 높은 대화를 하기 어렵다는 것을."[28]

어느새 눈발이 잦아들었다.

"이제 그만 돌아가자, 네 어머니가 많이 기다리겠다."

산을 내려가는 부자의 어깨 위로 아지랑이 같은 온기가 피어올랐다.

"리야, 어머니의 나이를 기억하고 있느냐?"

"네."

"부모의 나이는 잊지 말아야 한다. 한편으로는 오래 사시는 것이 기쁘고, 한편으론 돌아가실 날이 가까워져 슬픈 것이니…"[29]

나무는 고요하고자 하나

공자가 붕우들과 함께 곡부를 떠난 것은 소공의 친위 쿠데타가 실패로 돌아간 이듬해인 기원전 516년 초였다. 공자도 막 36세가 되었다.

공자 일행이 제나라 수도 임치를 향해 가고 있을 무렵, 노 소공이 제나라의 지원 아래 맹손씨의 본거지인 성읍을 공격했으나 빼앗지 못했다. 그러자 제나라 임금 경공景公이 직접 노나라 영내로 군대를 보내 운읍을 점령했다. 3월 제 경공은 노 소공으로 하여금 운읍에 망명정부를 세우도록 했다. 망명조정은 곧 주전파와 주화파로 갈려 대립하기 시작했다. 주전파는 제후연합군을 결성해 계씨 정권을 토벌하자는 입장이었으니, 주화파는 현 사태를 삼환과 공실 간의 사적인 권력투쟁으로 보고 공실과 삼환의 직접 협상을 통한 해결방안을 주장했다. 소공은 정치고 전쟁이고 다 집어치우고 그저 편하게 세월을 보내고 싶은 마음이 굴뚝같았다. 그렇다고 계평자와 협상 테이블에 마주 앉는 것도 싫었다. 소공은 달이 뜨면 주화파, 해가 뜨면 주전파로 변하는 박쥐 임금이었다. 어느 쪽이 진짜 자기인지 소공 자신도 헷갈릴 때가 많았다.[30]

이런 정세를 모른 채 공자와 붕우들은 임치를 향해 발걸음을 재촉하고 있었다. 이때 곡부에서부터 공자를 따라온 사람들 중에는 나이 어린 학생들이 적지 않았다. 노나라 정치 현실에 비분강개한 이들은 기개 하나로 공자 일행을 따라나섰다. 학인이 되든 무사가 되든 무엇으로든 애국하고 싶었지만 현실은 엄동설한. 당장 추위와 배고픔부터 물리쳐야 했다. 공자가 자로를 시켜 이들을 타일렀다.

"애들아, 우리는 지금 소풍 가는 게 아니다. 이쯤에서 돌아가더라도 너희를 비웃을 사람은 아무도 없다. 지금의 난세는 너희 탓이 아니니 돌아가 너희의 시대를 준비하거라. 우리도 곧 돌아가 너희와 새로운 미래를 함께하고 싶다."

공자 일행이 태산을 넘을 때에 이르자 여러 사람들이 비로소 집으로 돌아갔는데, 그 계기가 된 사건들이 있었다고 한다.

공자 일행이 길을 가는 도중에 어디선가 애처로운 울음소리가 들렸다. 울고 있는 이는 구오자丘吾子라는 사람이었다. 공자가 물었다.

"상을 당하신 것 같진 않은데 어찌 그리도 곡소리가 구슬픕니까?"

"나에게 세 가지 실책이 있는데, 만년에 이르러서야 겨우 깨닫게 되었소. 그것이 후회되어 미칠 것 같소이다!"

"세 가지 실책이란 무엇이오?"

"나는 젊어서 배우기를 좋아한답시고 천하를 두루 돌아다녔는데, 돌아와 보니 부모가 모두 돌아가시고 없었습니다. 이것이 첫 번째 잘못입니다. 자라서는 제나라 임금을 섬겼는데, 임금이 교만하고 사치함에도 신하로서 절의를 다하지 못했습니다. 이것이 두 번째 실수입니다. 나는 평소 후하게 사람을 대하였는데, 이제 와서 보니 모두 나를 떠나고 없더이다. 이것이 세 번째 실책입니다. 무릇 나무는 고요하고자 하나 바람이 멎지 아니하고, 자식이 부모를 섬기고자 하나 부모가 기다려주지 않는구려[夫樹欲靜而風不停 子欲養而親不待]. 한 번 가고 다시 오지 않는 것이 세월이요, 한 번 죽으면 두 번 볼 수 없는 것이 부모입니다. 이것이 지금 내가 세상을 하직하려는 이유라오."

그러고는 물에 몸을 던져 죽어버리는 것이었다.

공자가 말하였다.

"모두들 기억해두어라. 이야말로 족히 경계로 삼을 만한 일이다."

이때 공자를 작별하고 집으로 돌아가 부모를 봉양한 자가 열세 명이었다.[31]

공자 일행 중 집으로 돌아간 문도들의 이야기는 여러 형태로 전승돼 후대에 전해졌다. 그 가운데는 공자를 야유하려는 사람들에 의해 내용이 변형돼 실제와는 사뭇 다른 의도로 묘사된 경우도 있었다. 나, 이생이 태산 아래 어느 마을 촌로에게 들은 이 이야기도 그중 하나였다. 공자의 일생을 비꼰 듯한 내용과 효孝·충忠·신信의 덕목을 풍자한 말투 따위로 보아 후대의 반유가가 솜씨를 발휘한 냄새가 물씬하다. 비록 사실과 거리가 먼 이야기이지만, 한겨울에 고향을 떠나 태산을 넘던 공자 일행의 고단한 행로를 조금이나마 엿볼 수 있는 장면이기에 간략히 소개해보았다.

가혹한 정치는 호랑이보다 사납다

당시 노나라와 제나라 일대는 가뭄이 들어 백성들의 고통이 심했다. 노나라는 내란까지 벌어져 유랑민이 다수 발생했다. 공자는 제나라로 들어가면서 국경지대에서 유리걸식流離乞食하는 사람들의 비참한 삶을 직접 볼 수 있었다. 그 참상을 바라보며 공자가 무엇을 생각하고 무엇을 다짐했는지는 거듭하여 말하지 않겠다. 다만 그때의 일로서 지금까지 인구에 회자되는 일화 한 가지를 통해 공자의 마음을 느껴보는 것은 충분한 의미가 있으리라. 일군의 젊은이들이 할 말을 잃고 밤새 잠 못 이루며 정치의 본질을 고민케 한 사건이었다.

공자가 태산 기슭을 지날 때 한 부인이 무덤 앞에서 매우 슬프게 울고 있었다. 자로가 부인에게 물었다.

"부인은 어째서 이런 외진 산 속에서 홀로 울고 계십니까?"

"옛날에 시아버지가 호랑이에게 물려 돌아가셨고, 남편도 얼마 전에 또 호랑이에게 물려 죽었습니다. 그런데 이번엔 제 아들이 호랑이에게 물려 갔습니다."

공자가 사정이 안타까워 물었다.

"그런데 부인은 어째서 이곳을 떠나지 않습니까?"

부인이 대답했다.

"가혹한 정치가 없기 때문입니다."

부인을 남겨두고 다시 길을 떠나며 공자가 말했다.

"우리 모두 오늘의 일을 잊지 말도록 하자. 가혹한 정치는 호랑이보다 더 사납다는 것을[小子識之 苛政猛於虎也]."[32]

연주가 시작되다

태산 기슭을 벗어나자 제나라 남쪽 땅이 눈에 들어왔다. 드넓은 벌판이었다. 저 멀리 보이는 임치는 중국 춘추전국시대 최대 도시의 하나였다. 엄청난 부호들이 즐비했고, 당시 기준으로 세계 최대 규모의 상가와 대형 극장, 축구장, 투계장 등이 있었으며, 매일같이 시장이 서고 연희가 벌어졌다. 주나라 도읍 낙양과 더불어 최고 수준의 음악을 상시적으로 연주하고 감상할 수 있는 문화 도시이기도 했다. 공자는 뛰어난 음악이론가이자 연주가였다. 곡부에 있을 때도 기회만 있으면 악사들과 음악을 듣고 토론하기를 즐겼다.

"음악은 알 만한 것이다. 처음 시작할 적엔 오음을 성대하게 합하고, 풀어놓을 때는 아름다운 조화를 이루고, 마칠 때는 긴 여운을 남긴다."[33]

예교 전문가로서 공자는 음악을 조화로운 질서의 결정판으로, 그중에서도 순임금의 통치 이념을 담은 소악韶樂을 극치로 여겼다. 이런 음악 애호가가 임치에 왔으니 그 설렘은 짐작하고도 남을 것이다. 공자는 멀리 외성인 곽문의 불빛이 보이자, 앞으로 닥쳐올 외국생활에 대한 걱정과 설렘도 잊은 채 소악의 선율이 흐르는 상상 속으로 빠져들었다. '아, 소악이야말로 음악의 진선진미盡善盡美가 아닌가!'[34]

공자는 자신도 모르게 수레를 모는 마부를 재촉했다.

"여보시오, 마부. 좀 더 빨리 갈 수 없겠소? 곧 소악이 연주될 것만 같구려!"

그때 "눈빛 맑고 마음이 바르고 행동거지가 단정한" 한 동자가 함께 수레를 타고 가다가 그런 공자를 바라보며 알 수 없는 미소를 지었다.[35]

대망을 품고 망명을 결행하다

뒤에 올 사람들이 두렵구나. 어찌 저들이 지금의 우리보다 못할 것이라고
여기랴! 그러나 사실, 오십이 되어서도 들리는 말이 없는 사람은 그리 두려
워할 것도 없겠지.

後生可畏 焉知來者之不如今也 四十五十而無聞焉 斯亦不足畏也已

_《논어》〈자한〉 22장

　　공자는 젊은 시절 노나라를 떠나 제나라로 가 약 7년간 망명에 가까
운 유학 생활을 했다. 대략 36세부터 43세까지의 시기였다. 연대로는
노 소공이 출국한 이듬해인 기원전 516년부터 소공이 이국땅에서 사망
한 이듬해인 기원전 509년까지였을 것이다. 다른 설도 있다. 공자의 실
제적인 망명 기간을 1~2년 정도로 짧게 보는 견해, 여러 나라를 오가며
생활했다는 설, 망명 시기를 10여 년쯤 뒤로 잡는 주장 등이 그것이다.*
그러나 소공의 출국이 공자 망명의 계기였다면, 소공의 사망을 공자의
귀국 계기로 보는 것이 당시 공자의 언행과 정치 현실 등으로 보아 합
리적인 설명이 될 것이다. 공자는 과연 7년이라는 긴 세월 동안 이국땅
에서 무엇을 했을까?

---

* 사마천은 공자의 실질적인 제나라 체류 기간을 1~2년 정도로 보았다. 최술의《수사고신록》에서 인
　용한 내용에 따르면《궐리지》〈공자연보〉에는 노나라와 제나라를 각기 다른 시기에 세 번 오갔다
　고 기록되었다. 시라카와 시즈카는 공자의 제나라 망명시기를 10여 년쯤 뒤로 잡는다.

사마천은 〈공자세가〉에서 공자가 제나라 임금 경공에게 "임금은 임금답고, 신하는 신하답고, 아버지는 아버지답고, 자식은 자식다운 것이 정치다[君君臣臣父父子子]"라는 유명한 정명론正名論을 설파하며 벼슬을 구하고자 하였으나 재상 안영의 반대로 실패한 이야기를 전하고 있다. 또 제나라 대부들이 공자를 시기하여 해치려 하자 공자가 제나라를 떠났다고 기록하고 있다. 그러나 과연 공자가 겪은 일이 어디 그뿐이었을까?

때로는 문장의 행간이 더 깊은 이야기를 하고, 그림의 여백이 더 많은 풍경을 담고 있기도 한다. 위대한 인격으로서 공자의 이 시기도 많은 부분 역사의 빈칸 속에 있기에 문장의 행간처럼, 그림의 여백처럼 아련히 우리의 마음을 잡아끈다.

망명객의 일상

공자라는 위대한 인격에 접근하기 위해서는, 공자의 성인됨에 앞서 그도 한 사람의 인간이라는 사실을 잊어선 안 된다. 낯설고 물선 이국 땅에 가면 인간이라면 누구나 어려움을 느낀다. 만약 갑자기 뉴욕이나 파리로 유학을 떠나게 되었다면 무엇이 가장 절실하겠는가? 더욱이 아는 사람도 별로 없고, 도와줄 기관이나 단체도 별반 없다면? 아마도 가장 효력이 좋은 것은 현지에서 바로 통할 수 있는 추천장이나 소개장일 것이다. 노나라에서 신진학자로 명성을 얻고 있던 공자가 소개장을 들고 고소자 같은 세력가를 찾아간 상황은 충분히 이해될 만하다. 유세객이 유력한 경대부에 의탁해 자신의 경륜을 세상에 내보이려는 것 자체는 결코 흉이 아니었다.

그렇다고 언제까지 유력자의 식량과 땔감을 축낼 수는 없는 노릇이었다. 특히 자로를 비롯한 붕우들은 공자가 벼슬자리를 얻는 데 부담이 되지 않도록 더욱 구직에 열을 올렸을 것이다. 어쩌면 그들은 임치의 중심가인 장가의 학부 근처에 학원을 열었을 수도 있다. 수준 높은 예교 전문가가 임치에 왔음을 알리는 간판을 악가의 객잔에 내걸었을 수도 있다.* 뛰어난 육예 교사이자, 오례五禮**에 해박한 선비가 학당이나 의례상담소를 운영하는 것은 품위를 유지하며 생계도 유지하는 훌륭한 방편이었을 터이다.

그렇다면 생계 문제가 해결되고 나서는 무엇을 했을까? 허랑방탕한 사람이 아니라면 당연히 애초의 목적에 집중할 것이다. 공자가 임치에 온 계기가 무엇인가? 소공의 망명에 대한 공분公憤이었다. 따라서 소공의 환국복위에 일정한 기여를 할 수 있는 활동에 관심을 가졌으리라. 그런 활동이 비밀스러워야 했다면, 겉으로 드러난 공자는 견문과 식견을 넓히는 일에 비상한 집중력을 발휘하는 유학생 겸 유세객이었을 것이다.

이렇게 본연의 자세를 지키고 남는 시간을 공자는 자신을 위해 썼다. 공자는 문화인이었다. 굶주린 사람처럼 관심 분야를 하나씩 섭렵해갔을 법하다. 음악 애호는 아주 유명했으니 두말할 나위도 없고, 장악지간의 유수한 죽간점에서 키가 큰 노나라 유자를 발견하기란 쉬운 일이었다. 시서詩書를 읽고, 사록史錄을 뒤지고, 예론禮論을 수집했다. 훗날 이뤄진 각종 서적 편찬도 어쩌면 이때의 탐구와 착상에 힘입은 바가 컸을

---

* 장가와 악가는 임치의 번화가 이름이다. 《맹자》〈등문공 하騰文公 下〉에 '인이치지장악지간引而置之莊嶽之間'이라는 말이 나온다.
** 《주례》의 다섯 가지 의례. 길례吉禮, 흉례凶禮, 군례軍禮, 빈례賓禮, 가례嘉禮를 말한다.

지 모른다. 공자는 그렇게 목간죽편의 각종 서물書物들에 파묻혀 시간 가는 줄 모르다가, 해가 지면 비슷한 처지의 유학생 또는 망명객들과 주루에 앉아 현실 정치를 비판하고 역사와 철학, 문학을 논했을 것이다. 후세의 유자들이 바라는 바든 아니든, 이것이 임치의 거리에서 만날 수 있던 젊은 날의 공자였으리라.

가려진 행적들

이 시기 공자는 여행도 많이 했던 것으로 보인다. 제나라에 있을 때는 임치 일대와 석문 등 여러 지방을 돌아봤다. 진晉나라에서도 꽤 머물렀던 듯하며, 주나라 도읍지 낙양과 정나라 등지도 여행했던 것 같다. 훗날 자로가 초나라 접경지대에서 장저와 걸익이라는 은자를 만나 나루터를 물었을 때 "나루터야 당신 선생이 더 잘 알고 있을 텐데"[36]라는 대답을 들은 적이 있는데, 이는 공자가 벼슬을 구하려고 이리저리 돌아다녔다는 비아냥이었다. 이로 미뤄보면 멀리 남방의 초나라까지 내려갔을 가능성도 있다. 주나라 서왕 세력이 동왕에게 패해 대거 초나라로 이동한 때가 공자가 제나라에 온 기원전 516년인 것도 공자의 향후 행로와 관련해 특기해둘 만한 사건이다.

공자의 행적과 관련해서 노 소공의 움직임에도 관심을 기울여볼 만하다. 망명정부의 방침이나 노선이 망명객들의 행로에도 영향을 미치는 것은 예나 지금이나 다르지 않다. 소공의 동선動線을 좇다 보면 희미하게나마 공자의 그림자가 보인다.

공자가 약 7년간의 외유 시기에 무엇을 하고자 했고 실제 무엇을 했든, 이때의 견문과 체험은 그의 삶과 사상 형성에 많은 영향을 끼쳤을 것이다. 공자가 주로 살았던 임치는 당시 전 세계에서도 몇 손가락 안에 드는 대도시였다. 통찰력과 감수성이 강한 젊은 지식인이 이 거대한 국제도시에서 아무런 지적 영향을 받지 않았다면 오히려 이상한 일이다.

"음악이 이런 경지에 이를 수 있다는 걸 도저히 생각하지 못했다."[37]

공자가 남긴 이 감탄사에서 그가 받았던 문화적 충격이 생생하게 전해져온다.

치이자피의 진실

공자의 제나라 시절과 관련하여 주목해볼 전승이 하나 더 있다. 묵가들에 의해 중원 전체로 퍼져나간 이 전승에 따르면, 공자가 제나라를 떠날 때 제나라의 젊은 실력자인 진항의 집 앞에 자신이 제나라를 떠난다는 사실을 알리는 동시에 경공과 안영의 위선을 성토하는 '치이자피鴟夷子皮'*[38]를 남기고 떠났다는 전설이다.

내가 제나라에서 들은 바로는 이 치이자피 전승은 분명 사실이 아니다. 그러나 이와 같은 이야기가 항간에 퍼지게 된 것은 공자가 제나라를 떠날 때 무엇인가 제나라에 대한 울분에 찬 비판을 쏟아낸 일이 있음을 시사한다. 어쩌면 그것은 진씨를 비롯해 소공의 복위 지원 약속을 배반한 제나라 호족에 대한 노나라 망명조정의 분노를 대변했는지 모

---

* 가죽으로 만든 부대를 가리킨다. 고대 중국의 무속 의식에는 신판神判에서 진 쪽의 판결대상자와 판결문을 가죽부대에 담아 강물에 흘려보내는 의식이 있었는데, 이런 유래로 추방, 망명 등을 뜻하게 되었다. 오자서가 오나라 왕 부차의 의심을 받아 자살을 한 뒤 그의 시체가 가죽부대에 담겨 강에 던져진 사건, 월나라 왕 구천의 책사 범려가 구천 곁을 떠나 제나라로 와서 거부가 되었는데 그의 바뀐 이름이 치이자피였다는 것 등이 이와 관련된 사례다. 시라카와 시즈카, 《공자전》.

른다.

맹자는 공자가 제나라를 떠날 때 "밥을 지으려고 일어놓은 쌀을 도로 건져 급히 제나라를 떠났다"고 전하고 있다.[39] 이런 전승은 공자가 소공 환국운동에 가담한 사실이 발각되어 계씨 쪽 사람들을 피해 황급히 제나라를 떠나게 된 사정을 말하는 것은 아닐까? 사마천은 "제나라 대부들이 공자를 해치려 하였고 공자도 이를 알게 되었다"[40]고 했는데, 이때의 제나라 대부들 역시 계씨 쪽과 결탁된 사람들이었는지 모른다. 이런 전승들이 모두 공자가 모종의 정치적 활동과 관련돼 있었다는 증거라고 말할 수는 없지만, 정황으로 보아서는 충분히 그렇게 추정할 여지도 있다. '밥을 먹으려다 말고 달아나듯이' 제나라를 떠날 수밖에 없었던 어떤 절박한 사건이 실제로 있었다면, 권력자의 집 앞에 정치적 비판 대자보를 써 붙인 일이 화근이 되었으리라고 추측해볼 수 있지 않을까?

7년 만의 귀국

소공은 계씨에게 쫓겨 나라를 떠난 지 7년 만인 기원전 510년 진나라 간후 땅에서 죽었다. 계평자는 세자 대신 소공의 동생인 정공定公을 세웠다. 이듬해 7월에 거행된 장례 때는 소공을 역대 임금들의 묘역 밖에다 매장해버렸다. 훗날 사공司空* 벼슬에 오른 공자가 맨 먼저 소공 묘역을 바로잡는 공사부터 벌인 것을 생각할 때, 공자는 귀국길에 이 장례식을 의분 속에 지켜보았을지 모른다.

---

* 건설 공사를 관리하는 직책.

공자는 외유 기간에 제나라를 비롯해 중원의 여러 지방을 여행하며 견문을 쌓았다. 약소국의 비애와 국제정치의 냉혹함도 목격했다. 특히 제나라의 풍부한 산물과 발달된 산업에 감탄하는 한편, 그 이면의 현세주의와 물질주의의 타락도 목격할 수 있었다. 공자는 제나라를 떠나면서 문도들에게 이렇게 말했다.

"물질과 실리를 중시하는 제나라 기풍을 한 번 혁신하면, 인의예지를 중요시하는 노나라의 수준에 이를 것이다. 또 노나라가 자신의 기풍을 한 번 더 혁신하면, 이상적인 도덕사회에 이를 수 있다."[41]

제나라의 현실주의와 노나라의 정신주의가 변증법적으로 지양, 통합된 것이 이상적인 사회상이라는 이 깨달음은 공자가 젊은 시절 7년을 투자해 얻은 소중한 배움을 한마디로 압축하고 있다고 해도 과언이 아니다. 이런 배움을 통해 공자는 외국에서의 출사보다 귀국하여 제자를 양성하는 일이 자신의 당면한 사명임을 깨닫게 되었을 것이다. 7년 만에 조국 노나라에 돌아온 공자는 벼슬에 대한 일체의 미련을 버리고 다시 교사의 길을 걷기 시작했다.

학당을 열고 시대를 예비하다

내가 아는 것이 있는가? 나는 아는 것이 없다. 그러나 어떤 보잘것없는 사람이라도 정성을 다해 질문해온다면, 비록 그 질문에 내용이 없어도 처음과 끝을 헤아려 최대한 알게 쉽게 설명해줄 것이다.

吾有知乎哉 無知也, 有鄙夫問於我 空空如也, 我叩其兩端而竭焉

_《논어》〈자한〉7장

망명이란 중대한 결단이다. 일생일대의 결심과 실행, 그리고 망명지의 고독한 일상 속에서 공자는 견문을 넓히고, 행동규범을 정비하고 인격을 수양하며, 점차 학문적·정치적 사유를 심화해나갔으리라. 이 시기가 공자 인생의 결정적 시기는 아니었다 할지라도 공자가 더욱 크고 넓은 시야로 자신을 연마하는 기회였던 것만큼은 틀림없다.

훗날 노년의 공자는 자신의 인생을 되돌아보면서 '불혹不惑'이란 말로 이 시기를 회고했다. 7년의 외유는 중대한 삶의 전환점이었고, 그 삶의 좌표를 확정해가는 수련장이었던 것이다. 그러나 공자도 한 사람의 인간, '더 이상 흔들림이 없다'는 불혹의 확신에 이르기까지 숱한 불안과 마주쳐야 했을 것이다. 북방의 흙먼지, 남방의 빗줄기 속을 정처 없이 걸을 때는 출사에 실패한 선비의 비애를 처절하게 느껴보기도 했으리라.

출사를 마다한 공자

오랜 망명생활을 마치고 노나라에 돌아온 공자는 출사를 마다하고 학숙을 다시 열고 청년들을 가르치기 시작했다. 그러나 공자는 본래 '이상국가 건설'이라는 커다란 포부를 가슴 속에 감추고 있는 사람. 그의 심중을 읽는 선배 사족들 중에는 출사를 권하는 사람들이 많았다. 그런 사람들 중에는 공자에게 라이벌 의식을 느껴 공자가 노나라 실권자인 계평자의 눈에 띄는 것을 막은 양호 같은 이[42]도 있었다.

"중니, 곡부의 정치 상황이 많이 달라졌소. 어떻소? 이제야말로 나와 함께 정치를 해보는 것이."

그러나 태산에 올라 천하가 작다고 외치는 대관의 사내에게는 보통 사람들은 생각하지 못하는 대의명분이라는 것이 있었다. '불의가 판치는 시대에 벼슬이 무슨 의미가 있을까? 나라에 도가 없을 때 출사하는 것은 선비의 수치가 아닌가!'[43]

"저는 당분간은 벼슬길에 나설 뜻이 없습니다. 《서경書經》에 이르기를 '부모에게 효도하고 형제간에 우애하라. 그 마음이 정치이다'라고 하였습니다. 꼭 벼슬하는 것만이 정치이겠습니까?"[44]

"그렇다고 언제까지 교편이나 휘두르고 있을 참이신가?"

"인재를 키우는 일이니 어찌 보람이 아니겠습니까?"

"우리 같은 사인士人에게 난세는 오히려 절호의 시기일세. 큰 꿈을 준비해야 할 시간을 그렇게 허송할 필요가 있겠는가?"

"임금이든 정치가든 진정으로 백성과 더불어 선한 세상을 이룩하고자 한다면 반드시 학문과 교육으로부터 역사役事를 시작하지 않으면 안됩니다.[45] 저는 미력하나마 그 길로 가보겠습니다."

가르침에는 차별이 없다

공자의 학숙은 처음에는 규모가 크지 않았다. 제자들도 사제지간이라기보다는 뜻을 같이하는 선후배 내지 동지에 가까웠다. 누가 누구를 가르친다기보다는 관심 있는 주제나 과제에 대해 함께 탐구하고 토론하는 사이였다. 그런 연찬을 거듭하는 과정에서 자연스레 공자가 지도적 역할을 맡게 된 것인데, 이는 그의 인격과 월등한 지성을 다른 사람들이 인정한 결과였다.

사실 비슷한 연배의 '동지'들이 공자에게 보인 존경과 충성은 인류 지성사에서 유례를 찾아보기 힘들 만큼 깊고 단단했다. 스승과 제자 간의 이런 정신적 유대는 장차 공자 학당이 하나의 학단으로 성장하는 데 중요한 도덕적·정신적 밑돌이 되어주었다.

초기 붕우 중에 염백우는 선생님보다 일곱 살 아래였다. 그는 만년에 나병에 걸려 다른 사람들과 격리된 채 살았다. 나는 그의 병이 전염되지 않는다는 걸 알고 있었기에 종종 그를 찾아갔는데, 이를 대담한 행동으로 여긴 공문에서는 내게 그의 생활을 돌보는 일도 맡겼다. 그런 인연으로 나는 공문의 초기 시절에 대한 그의 회고담을 들을 수 있었다.

"학당이 처음 자리를 잡아갈 무렵 호향이라는 고을의 한 소년이 공부를 하겠다며 찾아왔었지요. 호향은 곡부에서 멀리 떨어진 야인 부락으로, 언어도 잘 통하지 않을 뿐 아니라 풍속이 입에 담기조차 어려운 것이 많아 국인들은 교류하길 꺼려하는 족속이었습니다. 그래서 많은 문인들이 이 소년의 면접을 반대했습니다. 학숙이 겨우 모양을 갖춰가던 차에 야만족을 받아들인다면 학풍이 흐려져 결국 유수한 가문들이 자제를 맡기길 꺼려할 거라는 반대 여론이 높았지만, 선생님은 과거야 어떻든 참된 배움을 원하는 자라면 누군든 가르칠 것이라며 조금의 망설임도 없이 소년을 받아들였습니다."

염백우는 그때의 일을 회상하며 거듭 강조했다.

"선생님은 배움을 청하는 사람이라면 빈부귀천貧富貴賤과 지우현불초智愚賢不肖를 따지지 않으셨습니다."

이런 생각과 행동이 바로 유교무류有敎無類, 즉 '가르침에는 차별이 없다'는 교육철학의 출발이었다. 염백우의 회고를 듣는 중간중간에 내가 질문을 던졌다.

"그래도 무슨 입학 기준 비슷한 것은 있지 않았나요?"

"유일한 기준은 공부에 대한 열정이었습니다. 학당에서는 오직 배움만을 독려하셨지요."

배우려고 온 힘을 다하지 않으면 길을 열어주지 아니하고, 배운 것을 표현하려 애쓰지 않으면 그 말문을 터주지 않을 것이다. 사물의 한 쪽을 들어 설명해주었는데도 나머지 세 방면의 이치를 깨달아 알지 못하면 다시 되풀이하지 않겠다.[46]

"또한 학문을 오로지 출세와 축재의 수단으로 여기는 자들[47], 공부 삼 년에 출세할 꿈부터 꾸는 자들[48], 겉과 속이 다른 자세로 배움을 처세에 활용하려고만 드는 위선자들[49], 이런 사람들은 진정한 학인이 아니라고 하셨습니다."

"공부하는 자세는 어떻게 제시하셨나요?"

"선생님은 스스로를 채찍질하며 본보기를 보이셨습니다."

덕을 잘 닦고 있는가? 공부한 것을 제대로 가르치고 있는가? 의를 듣고도 실천하지 못하는 일은 없는가? 잘못은 그때그때 바로 고치고 있는가? 나는 이것을 늘 근심으로 삼는다.[50]

염백우는 계속해서 말했다.
"선생님은 또한 공부하는 사람의 노력을 무척 강조하셨습니다."

학문이란 비유하건대 산을 쌓고 땅을 고르는 일과 같다. 마지막 한 삼태기의 흙이 모자라서 미완성에 그쳤다면 그것도 자기가 그만둔 것이고, 땅을 평평하게 다질 때 이제 겨우 흙 한 삼태기를 부었더라도 그만큼 자기가 진보한 것이다.[51]

교학상장教學相長
"공부는 왜 하는 것입니까?"
염백우가 스승의 말을 빌려 답했다.

공부를 하는 궁극적인 뜻은 군자의 길을 가는 데 있다. 덕으로 행동의 준거를 삼고, 인으로 마음의 토대를 삼으며, 문화와 교양으로 품성을 함양하고자 하는 것이다.[52]

"그것이 선생님이 말씀하신 최고의 인간상인가요?"
"그렇습니다. 선생님은 당신을 기용해준다면 그 나라를 동쪽의 이상 국가로 만들겠다고 선언하신 적이 있을 정도로 이 세상의 개혁에 큰 뜻을 품으셨습니다. 그렇기에 일찍이 교육방침도 이상사회 건설을 함께 이끌어갈 사람을 양성하는 데 두었습니다. 군자가 되고자 하는 이는 반드시 인을 근본으로 삼고 지식과 기술을 채워나가야 합니다."

군자는 인덕을 갖추고 선정에 참여할 수 있는 지식과 기술을 연마한다. 자신의 욕망을 절제할 줄 알아야 한다. 불의와 맞서는 용기를 갖추어야 한다. 지와 절제, 용기를 갖춘 군자가 문화에도 조예가 있다면 금상첨화일 것이다. 이상의 네 가지 덕목을 갖추고 예의와 품격으로 자신의 말과 행동을 절제할 줄 안다면 으뜸의 군자이리라.[53]

"한 사람의 학인으로서 젊은 시절 선생님 모습을 그려보고 싶습니다."

"선생님은 늘 읽은 것, 배운 것, 알게 된 것을 말없이 마음속으로 기억하셨습니다. 또 여러 책들을 보시고 그것의 출처와 배경, 의의 등을 따져보는 일을 게을리하는 법이 없으셨습니다. 사람들을 깨우쳐주는 일이 귀찮고 힘들 때가 있어도 이를 마다하신 적이 없으셨습니다."[54]

"교사로서는 어떠셨나요?"

이미 칠순을 넘긴 염백우가 읊조리듯 말하였다.

"이렇게 말씀하시던 게 기억납니다. '내가 아는 것이 있는가? 나도 아는 게 없다. 그러나 어떤 무지한 사람이 찾아와 수준 낮은 질문을 조리 없이 하더라도, 그 질문하는 태도에 알고자 하는 마음이 가득하다면, 나는 그 질문의 취지를 헤아려 내가 알고 있는 지식을 최대한 알기 쉽게 전해주고자 했다.[55] 아무리 맛있는 요리도 먹어보지 않으면 진짜 맛을 모르는 것처럼 아무리 훌륭한 지식과 법칙이 있어도 사람이 스스로 배우고 연구해서 터득한 것이 아니면 그 진가를 모른다. 또 학문을 해봐야 비로소 내 지혜가 부족함을 알며, 가르쳐봐야 비로소 가르치는 일의 어려움을 안다. 부족함을 알아야 자신의 능력을 반성하게 되고, 어려움을 알아야 열심히 노력하게 되는 것이다. 그렇기 때문에 예부터 가르치는 일과 배우는 일은 서로 북돋워주는 것이라고 하였다.[56] 나도 너희와 함께 공부하며 더불어 성장하고 싶노라.'"

창문 너머로 염백우가 전하는 선생님의 교사 시절을 듣고 있노라니 마치 선생님이 내게 직접 말을 걸어오시는 듯했다.

'여보게 이생, 자네도 내 젊은 시절 모습이 궁금한가?'

'네, 선생님!'

'하하하. 나라고 별 것이 있었겠느냐. 나는 아무것도 감추지 않았다. 가르치지 않은 것도 없다. 세자들과 더불어 함께하지 않은 것이 없으니, 그게 바로 나, 구丘라는 사람이라네.'[57]

잠룡의 꿈

공자는 50대에 접어들 때까지 벼슬길에 나아가지 않고 오직 교육에만 전념했다. 출사하지 않은 게 아니라 출사하지 못했다고 말한들 또한 무슨 상관이랴. 40대의 연부역강年富力强한 공자는 양호와 같은 권력자의 집요한 회유를 뿌리치고 정치와는 일정한 거리를 두었다. 그리고 지천명의 나이에 조정의 부름을 받을 때까지 유교무류有敎無類의 위대한 교육철학을 열정적으로 실천해나갔다. 개혁가로서 이상을 실현하기 위한 예열豫熱의 시간이기도 했다. 그리하여 불과 수년 만에 공자 학당에는 수많은 인재들이 구름같이 모여들었고, 박학군자로서 공자의 명성은 노나라 밖으로까지 퍼져나갔다. 공자가 교사로서 가장 왕성하게 활동했던 시기가 바로 망명을 마치고 돌아온 '그 후 10년'이며, 그 시기가 또한 '불혹의 시기'와 겹친다는 사실이야말로 행간과 여백으로 가득 찬 공자의 잠룡 시절을 그려보는 열쇠이리라.

2장

천도는 무엇으로 지킬 것인가

선비가 벼슬을 얻고자 할 때

나라의 중임을 맡은 자라면 마땅히 자신의 소임을 중히 여기고 백성들이 그를 믿을 수 있게 한다. 물자를 아끼고 사람을 귀하게 여긴다. 백성을 부릴 때는 순리를 따른다.

道千乘之國 敬事而信 節用而愛人 使民以時 _《논어》〈학이〉5장

공자와 더불어 석가, 예수, 소크라테스는 인류 최고의 성인으로 꼽히는 사람들이다. 공자는 그들 가운데 유일하게 관리 생활을 경험했다. 성인에 대한 일반적인 인상을 감안하면 조금 특별한 '경력'이 아닐까 싶다. 공자는 어떤 벼슬살이를 했을까? 관리, 나아가 정치인이라는 직업 체험이 그의 삶과 사상 형성에는 어떤 영향을 미쳤을까?

50대의 나이가 다가오자 공자는 벼슬을 하고 싶어 했다. 벼슬살이를 천분으로 여기는 사인士人으로서 때가 왔다고 여긴 것이다. 그는 학숙의 제자들에게 열과 성을 다해 사관仕宦의 길을 가르쳤고, 선비로서 벼슬을 얻어 인人과 민民이 인격을 도야하도록 이끄는 것을 사명으로 여겨왔다. 그러나 명분 없는 벼슬은 가장 경멸하는 바이기도 했다. 군자를 자임하는 공자에게 벼슬이란 그 자체로 정당한 것이 아니면 안 되었다. 제자 중 누군가가 나에게 말했다.

"선생님의 40대가 시대와의 불화로 일관했던 것은 정당한 방식으로는 벼슬을 얻을 수 없는 시대였기 때문입니다. 불혹은 그 유혹을 견뎌

낸 자신에게 수여한 마음의 훈장이지요."

벼슬은 하고 싶은데, 주겠다는 쪽은 불의한 세력이었던 것이다. 그러나 세월이 흘러 노인 반열인 쉰에 이르자 비로소 시운이란 것이 공자에게도 찾아왔다.

"선생님이 그토록 권도를 나누길 꺼린 양호 정권이 삼환씨에 대항해 난을 일으켰다가 패해 자멸하고 새로운 정치 공간이 열린 겁니다. 겨우 정권을 회복한 귀족들은 때 묻고 불신받는 자신들을 대신해 민심을 수습해줄 참신한 신진세력이 필요해졌습니다."

귀족들의 눈에 공자는 그 '신진세력'의 대표적 인물이었고, 공자 역시 기꺼이 '시대의 부름'을 받아들였다.

가슴속에서만 그려왔던 새 정치의 청사진을 세상에 펼쳐 보일 때가 왔다. 공자가 전율하듯 느낀 '지천명'은 출사의 선택과 결코 무관할 수 없었다. 이후 그가 걸어간 벼슬길을 따라가보면 공자가 기꺼이 받아 안은 이 천명이 결코 개인적 영달만을 의미하지 않았음을 우리는 목격하게 된다.

"안락을 꿈꾸는 사람은 선비가 아니다."[1]

벼슬길에 나간 공자는 높은 관직이 선사하는 안락 대신 개혁의 험로를 선택했다. 그랬기에 그의 벼슬길은 출세의 길이 아니라 구도의 길로 역사에 남을 수 있었다.

공자가 맡은 벼슬

공자는 기원전 501년 그의 나이 51세 때 관직에 나가 55세에 국외로 망명할 때까지 약 5년간 벼슬살이를 했다. 공자는 이 기간 동안 중도재

中都宰라는 지방장관급 직책으로 시작하여, 건설부장관에 해당하는 사공을 거쳐 오늘날의 사법부 수장에 해당하는 사구의 자리에 올랐다. 일설에는 대사구大司寇가 되어 국정을 대리하기도 했다고 한다.[2]

5년이라는, 짧다면 짧고 길다면 긴 공자의 관직생활은 크게 두 단계로 나눌 수 있다. 전반부는 중도재에서 사구에 이르는 2~3년의 '목민관' 시절이다. 목민관으로서 공자는 예법을 정비하고 민생을 보살폈다. 그러다가 예교 전문가로 참가한 국제회의에서 공을 세워 사구로 승진했다. 사구 또는 대사구로서 보낸 후반부는 임금을 보좌해 국정개혁을 시도한 '정치의 시기'였다. 공자는 참주의 권한을 축소하고 군주권을 강화하여 궁극적으로는 귀족 대신 사대부 관료가 정치의 중심이 되는 군주정을 꿈꿨다. 원대한 그 구상은 결국 이뤄지지 못했지만, 이 시기는 개혁가로서의 면모가 여실했던 '정치인 공자'의 절정기였다.

인간 공자의 황금시대

세속적인 기준으로 말하면 벼슬을 살던 이때가 인간 공자의 황금기였다. 한미한 무사의 아들로 태어나 고아나 다름없이 성장한 사람이 조정에서 경대부 귀족들과 국정을 논하는 지위에 이르렀으니, 지금이나 당시나 "개천에서 용이 났다"고 할 만한 '출세'였다. 특히 일정 규모의 학단을 이끄는 지식인으로서 자신의 포부를 현실에 적용해볼 기회를 가졌고 상당한 성공을 이루었으니 사유師儒로서도 영광의 시기가 아닐 수 없었다. 물론 귀족들의 반격이 있기 전까지의 일이지만 말이다. 경제적으로도 풍족한 때였다. 상당한 규모의 녹봉은 자신뿐 아니라 공문 전체에 물질적 여유와 정신적 자신감을 불어넣었다. 가난한 제자 원헌

에게 친척과 이웃에게도 나눠줄 만큼의 봉급을 줄 수 있게 되었던 공자의 뿌듯한 기분을 상상해보라.[3]

집에 불이 나거나 재산상의 손실이 생겼을 때도 크게 개의치 않을 수 있었다.

마구간에 불이 났다. 선생님께서 조정에서 돌아와 이를 듣고 사람이 다쳤는지 물어보시고 말에 대해서는 묻지 않으셨다.[4]

당시 말 한 필은 노예 몇 명의 몸값에 해당하는 큰 재산이었지만 대수롭지 않게 여긴 것이다. 높아진 신분에 존경과 권위라는 명예도 따랐다. 공자도 그런 자신이 대견할 때가 있었을 것이다. 은근히 새어나오는 기쁜 감정을 그만 숨기지 못해 제자들에게 핀잔을 들을 정도였으니…

공자가 나이 쉰여섯*에 대사구로서 상국의 일까지 대리하게 되자 얼굴에 기뻐하는 기색이 있었다. 문인들이 물었다. "듣건대, 군자는 화가 닥쳐도 두려워하지 않고, 복이 찾아와도 기뻐하지 않는다고 하였습니다만…" 공자가 겸연쩍게 말했다. "그런 말이 있지. 그러나 사람이 신분이 높아지는 게 즐거운 때도 있지 않을까?"[5]

공자도 사람인 이상, 벼슬이 국정을 대리하는 지위에까지 이르렀는데 어찌 소회가 없었겠는가. 아버지와 어머니가 살아서 오늘을 보았더

---

* 정확히는 쉰다섯이다.

라면 하는 감상이 어찌 일지 않았겠으며, 미천한 시절을 겪고서도 노력을 다하여 지위를 얻은 감회가 어찌 남다르지 않았겠는가? 그렇다 해도 그런 기분을 남의 눈에 띌 정도로 드러냈다는 게 공자 같은 대인격에게는 어울리지 않는다는 지적도 이해할 만하다. 하지만 공자는 그토록 기다려 얻은 출세를 대의를 위해 던져버릴 줄 알았기에 그 뜻밖의 모습은 흠결이 아니라 '성인' 공자의 '인간미'를 보여주는 특별한 예외로 사람들에게 기억되고 있는 것이리라.

목민관 공자

나, 이생이 고제들로부터 들은 말을 종합하면, 공자는 맹손씨의 수장 맹의자가 집정인 계환자에게 추천하는 방식으로 벼슬길에 들어갔다. 맹의자는 쌍둥이동생 남궁경숙과 함께 어릴 때부터 공자의 문하에서 배웠다. 맹의자는 계평자의 사후 권력을 장악한 양호가 계환자에 맞서 일으킨 난을 평정할 때 큰 공을 세운 까닭에 삼환 중 가장 세력이 작은 집안의 젊은 수장임에도 발언권이 상대적으로 높았다. 계환자는 그런 맹의자를 무시할 수 없어서 공자의 등용을 수락하기는 했는데, '맹씨 사람'인 공자에게 선뜻 조정의 대부 벼슬을 주기는 아까웠던 모양이다. 그래서 조정과 귀족들에 대한 공자의 처신도 살펴볼 겸, 임금인 정공에게 공실 직할령인 중도재 자리에 공자를 천거했던 게 아닌가 싶다.

중도는 현대의 중국 산동성 문상현 부근 지역으로, 가까운 감 땅에 공실 묘역이 있었다. 중도는 평소에는 공실 묘역을 관리하다가 유사시에는 수도의 기능도 맡는 공실의 채읍 같은 도시로 추정된다. 이와 관련해 생각해보면, 중도재는 어쩌면 공자가 원한 임지였을 가능성도 있다. 처음부터 조정에 들어가기보다는 삼환의 직접적인 영향권 밖인 외직에서 있으면서 임금의 '근신近臣'으로 발돋움하기 좋은 자리로 중도재를 희망했으리란 추정이다. 공자가 나중에 사구가 되자 공실 묘역을 대대적으로 재정비하여 정공과 정치적 공감대를 이룬 뒤 삼환을 상대로 본격적인 정치개혁에 나선 것을 보면, 이런 추정은 나름대로 설득력을 가진다.

공자는 중도재가 되자 그동안 준비해온 정책들을 하나하나 시행했다. 중도의 백성은 공실의 영지에서 농사를 짓는 일반 백성과 노역을 담당하는 야인과 노예 계층으로 이루어졌다. 공자는 이 신민들을 예로써 교화하면 더 높은 생활수준의 공동체를 만들 수 있다고 보았다. 그래서 가장 먼저 사람의 도리를 가르치고자, 산 사람을 봉양하고 죽은 사람을 장례 지내는 절차를 제정했다. 어른과 아이는 먹는 것을 다르게 하여 어른을 공경하게 하고, 강한 자와 약한 자가 할 일을 달리하여 약자를 보호하였으며, 남녀는 각기 길을 달리 다니도록 하여 풍속의 문란을 막았다. 길에 물건이 떨어져 있어도 줍지 않게 함으로써 이웃 간에 믿음을 쌓고, 그릇에 조각을 하거나 거짓되게 만들지 못하게 하였으니, 백성들 사이에 차별과 파당이 생겨나는 것을 막고자 함이었다.[6]

나는 이때의 일을 고제들에게 물었다.

"그런 정책이 바로 성과가 있었나요?"

"서쪽 지방 제후들까지 선생님의 정책을 본받았다[7]는 말도 있긴 하지만, 1년 남짓한 짧은 재임 기간을 생각하면 조금 과장이 아닐까 싶네. 그러나 일찍이 노나라에서 지방관이 그처럼 예에 입각한 교화 정책을 펼친 적이 없었으니 상하의 사람들이 모두 놀라 선생님을 존경한 것은 틀림없는 사실이라네."

선비가 벼슬을 얻고자 할 때

공자는 벼슬을 시작할 때부터 자신이 세운 명분과 원칙을 잊지 않았다. 정당하지 않은 벼슬살이는 진실로 그가 원하는 바가 아니라는 것이었다. 그는 한창 활력 넘치는 나이를 벼슬을 거부하며 보냈지만, 나중에는 그것이 소중한 자산이 되었다. 공자는 "세상에 도가 사라지고 없을 때는 몸을 숨긴다"[8]는 말로 이때의 의지를 표현한 바 있다.

주변 사람들이 벼슬 운이 없다며 때를 만나지 못하는 걸 안타까워하면 공자는 웃으며 말했다.

자리가 없음을 걱정하지 말고, 어떻게 그 자리에 서야 하는지를 걱정하라. 자기를 알아주지 않는다고 한탄하지 말고, 어떻게 하면 나라는 존재를 사람들이 인정하게 할지를 먼저 생각하라.[9]

그리고 제자들에게도 당부했다.

모름지기 군자란 자기의 능력 없음을 괴로워하는 법이지, 남이 자기를 알아주지 않는다고 화내는 정도의 사람이 아니다.[10]

후세의 맹자는 이 시절의 공자를 염두에 두고 선비가 어떤 태도로 벼슬에 임해야 하는지를 알기 쉬운 비유로 설명한 적이 있다.

남녀가 서로 짝을 맺는 것은 인간이라면 모두 원하는 바다. 그렇다고 해서 부모와 중매인의 말을 기다리지 않고 구멍을 뚫어 서로 들여다보고 담장을 넘어 서로 쫓아다니는 일은 부모와 나라 사람들이 모두 천하게 여기는 것이다. 옛사람들이 벼슬을 살고 싶어 하지 않은 것은 아니지만, 또한 정당한 도리에 따르지 않는 것을 싫어하였다. 정당한 도리에 따르지 않고 벼슬하러 나가는 것은 구멍을 뚫는 따위나 다름없는 일이다.[11]

벼슬에 임하여

공자가 중도재에 이어 사구의 자리에 오르자 공문의 수많은 문도들이 자기 일처럼 기뻐했다. 아침마다 조정에 나가는 공자의 모습은 공문의 미래가 활짝 열렸음을 상징하는 듯했다. 공문의 연찬회에서도 자연스레 벼슬살이에 관한 실질적인 궁금증이 자주 주제가 되었다. 그때를 전후하여 공자와 문도들이 나눈 출사의 도에 관한 문답들이 어록에 남아 전하고 있다.

"벼슬하는 자로서 맨 먼저 무엇을 해야 합니까?"
"정신正身이다. 자기부터 바르게 하는 것이다. 자기를 바르게 닦지 않고서 어떻게 남을 바르게 이끌 수 있겠느냐. (목민관으로서) 그 몸가짐이 바르면 명령하지 않아도 행해지고, 그 몸가짐이 바르지 않으면 명령을 내려도 백성들이 따르지 않는다.[12] … 진실로 그 몸가짐이 바르면 행정을 하는 데 무슨 망설임이 있겠으며, 자기 몸가짐이 바르지 못하면 어찌 다른 사람을 바르게 이끌 수 있겠는가."[13]

"벼슬하는 자의 자세를 말씀해주십시오."
"천승의 나라를 이끌고자 하는 공직자라면 마땅히 자신의 소임을 중히 여기고 백성들로 하여금 믿음을 갖도록 해야 한다. 물자를 아끼고 사람을 귀하게 여기며, 백성은 때를 잘 살펴 부려야 한다."[14]

"무엇으로 백성을 이끌어야 합니까?"
"예, 의, 신이 아니겠느냐. 윗사람이 예를 좋아하는데 아랫사람이 어찌 공경하지 않겠으며, 윗사람이 정의를 좋아하는데 아랫사람이 어찌 본받지 않겠으며, 윗사람이 믿음을 보이는데 아랫사람이 어찌 마음으로 따르지 않겠느냐. 무릇 이와 같이 하면 사방에서 백성들이 자식을 포대기에 싸서 업고 찾아올 것이다."[15]

"임지에 있을 때의 자세를 말씀해주십시오."
"벼슬을 가진 자는 백성의 눈과 귀 속에서 사는 사람임을 명심하라. 일상생활에서는 공손하고, 일에 임하여는 정성을 다 바쳐라. 다른 사람과 일할 때도 진심을 다하라. 이 세 가지는 설사 오랑캐 땅에 가더라도 버려서는 안 된다."[16]

"어떻게 해야 좋은 성과를 낼 수 있습니까?"
"서둘지 말고 작은 이익에 구애받지 마라. 빨리 성과를 내려고 하면 오히려 목표에 도달하지 못하고, 작은 이익에 얽매이면 큰일을 이루지 못하는 법이니."[17]

"어떻게 해야 과오를 줄일 수 있습니까?"
"많이 듣되 의심나는 것은 빼고 그 나머지를 가지고 신중하게 말하면 허물이 적어질 것이다. 많이 듣되 위태로운 것은 빼고 그 나머지를 가지고 신중하게 행하면 후회하는 일이 적을 것이다. 말에 허물이 적고 행실에 후회할 일이 적으면 벼슬이야 늘 그 안에 있는 게 아니겠느냐?"[18]

"어떻게 하면 벼슬하는 사람답다고 하겠습니까?"
"선비는 무엇이 부끄러운 짓인지를 아는 사람이다. 또한 어디 가서든 나라를 욕되게 하지 않는다면 가히 벼슬할 만한 자라고 할 것이다."
"그 아래 벼슬아치는 어떻습니까?"
"안으로는 효자 소리를 듣고, 밖으로는 우애가 깊다고 칭송받는 사람이다."
"그 아래도 있습니까?"
"말을 바꾸지 않고, 원칙을 고수하는 사람이다. 이렇게 하면 고지식한 소인이라는 소리를 듣기는 해도 차선의 벼슬아치는 될 수 있다."[19]

"함께 일하는 사람은 어떻게 이끌어야 합니까?"
"누군가와 같이 일할 때는 자신을 늘 돌아보아야 한다. 군자는 잘못을 자기에게서 찾고, 소인은 다른 데서 찾는다. 일을 하다 잘못이 생기면 자신부터 엄중히 꾸짖고 남의 잘못은 가볍게 질책한다. 그래야 원망이 쌓이지 않는다."[20]

"부하에게 좋은 상관이 되고 싶습니다. 어떻게 해야 합니까?"
"군자는 남의 좋은 점을 완성시켜주고, 남의 나쁜 점을 가려준다. 소인은 반대로 한다."[21]

"선생님은 어떤 사람과 더불어 일하고 싶습니까?"
"중용을 알며, 말과 행동을 중도로서 하는 사람을 얻고 싶다. 그다음으로는 과격할지언정 뜻이 높은 사람, 고집스러워도 절의를 지킬 줄 아는 사람과 함께하고 싶다. 뜻이 높은 사람은 거침없이 나아갈 줄 알고, 절조를 아는 사람은 금도를 지킨다."[22]

"그런 사람과 같은 줄이 되면 유익하지 않겠습니까?"
"군자란 모름지기 자부심을 가지되 그것으로 남과 다투지 않으며, 더불어 일을 도모하되 패거리를 짓지 않는다."[23]

"백성이 모두 좋아한다면 좋은 관리가 된 것입니까?"
"그렇지 않다. 선한 사람들이 좋아하고, 선하지 않은 사람들이 미워하는 사람이 바람직하지 않겠는가?"[24]

법만으로는 선정을 이룰 수 없다

공자가 사구가 되어 업무를 시작하자, 제자들이 다투어 말했다. "우리 선생님이라면, 무슨 송사든 잘 처결하실 거야." 그 말을 들은 공자가 웃으며 말한 내용이 다음과 같이 전한다.

"난들 특별히 다를 것이 있겠느냐. 나는 송사를 잘 판단하는 사람이기에 앞서 송사 자체가 생겨나지 않도록 하고 싶구나."[25]

"판관으로서 어찌해야 밝다는 소리를 듣겠습니까?"
"옷이 물에 젖듯이 은근히 헐뜯고 뜨거운 물이 살갗에 닿듯이 절박하게 호소하여 오더라도, 그 가운데 진실을 간파하여 그것을 따르지 않을 수 있다면 밝다고 할 수 있다. 어디 그뿐이랴, 가히 멀리 내다보는 사람이리라."[26]

"법을 집행하는 자리에 오르셨으니 법대로 이끄시겠지요?"
"이끌기를 법으로 하고, 가지런히 하기를 률로서 하면, 백성들이 형벌을 면하려고만 할 뿐 부끄러워하지는 않을 것이다. 이끌기를 덕으로 하고, 가지런히 질서를 세우기를 예로써 하면, 백성들이 부끄러움을 알게 되어 스스로 바른 마음을 갖고자 할 것이다."[27]

"선정의 요체는 무엇입니까?"
"모름지기 백성은 분명한 명분을 가지고 이끄는 것이지, 지도자의 식견으로 이끄는 것이 아니다. 덕 있는 지도자는 백성들이 자기의 교화를 알아주기를 바라지 않는다. 내세우지 않아도 저절로 드러난다면 이미 선정이 아니겠느냐."[28]

마땅히 역사를 두려워하라

선비에게 벼슬은 축복이면서 동시에 재앙의 근원이다. 무엇이 좋은 벼슬이며, 어떤 자가 훌륭한 벼슬아치인가? 이는 공자에게도 늘 자신을 성찰하게 만드는 화두였다. 누군가가 공자에게 벼슬아치가 진정으로 두려워해야 할 바를 물었다면 공자는 틀림없이 이렇게 답했을 것이다. '군자라면 마땅히 역사를 두려워할 것이다.'

뒷날 공자의 학통을 계승한 증자가 한 말이 선생님의 어록에 남아 있다. 벼슬길에 들어선 전후 무렵의 공자 모습을 그대로 닮은 듯하여 여기에서 함께 전한다.

"벼슬하고자 하는 선비는 뜻이 넓고 굳세지 않으면 안 된다. 맡은 일은 무겁고 갈 길은 멀기 때문이다. 인정仁政을 소임으로 여기는 자이니, 또한 그 책임이 무겁지 않겠는가? 죽어서야 비로소 끝나니 어찌 장구한 임무가 아니겠는가?"[29]

훗날, 만년의 공자는 노나라에 돌아와 노나라 사서인《춘추》를 편찬했다. 맹자는 그 일을 이렇게 적고 있는데, 역사를 대하는 공자의 외경심이 느껴지는 대목이다.

세상이 쇠퇴하고 정도가 미약해져서 괴이한 학설과 난폭한 행위가 또 생기어 신하가 제 임금을 죽이는 일이 있고, 자식이 제 아비를 죽이는 경우도 있다. 공자께서 이런 세상을 두렵게 여기시어《춘추》를 지으셨는데, 《춘추》는 천자가 한 일을 기록한 것이다. 그렇기 때문에 공자께서 말씀하셨다. "나를 알려고 하는 사람도《춘추》를 볼 것이고, 나를 책하려 하는 사람도《춘추》를 볼 것이다."[30]

역사를 두려워하라

임금의 말이 그른데도 반대하는 사람이 없다면, 이것이야말로 한마디 말이 나라를 망치는 실마리가 되지 않겠습니까?

如不善而莫之違也 不幾乎一言而喪邦乎 _《논어》〈자로〉15장

공자가 벼슬하는 동안 어떤 일로 공을 세우려 하고 어떻게 윗사람의 눈에 들고자 했는가 따위는 공자라는 사람을 논함에 있어 정말이지 중요하지 않다. 벼슬살이나 정치라는 행위는 그 속성상 세속의 한가운데 있을 수밖에 없다. 인仁과 양립하기가 좀처럼 쉽지 않다. 공자와 같은 사인 출신으로서 무력으로 삼환을 타도하고자 했던 양호는 '부富하고자 하는가, 인을 잊어라'[31] 하고 권력의 속성을 갈파했다. 아무리 성인 같은 사람이라도 그가 벼슬살이를 잘한다고 하면 사람들은 그의 인을 의심할 것이다. 잘 못한다고 하면, 사람들은 그의 능력을 의심할 것이다. 부하고 귀하고자 하는 것은 아무래도 인자의 사업 목록이 아니다.

그럼에도 한번쯤 세속의 공자를 들여다보고 갈 이유는 있다. 욕망을 가진 한 인간으로서 공자가 자기 삶의 한 시점에서 어떻게 행동하는가, 어떤 인격과 능력으로 사람들에게 다가가고, 어떤 비전으로 계획을 실현하려 하는가를 들여다볼 수 있다면 현실을 사는 보통사람들에게는 매우 유익한 정보가 될지 모른다. 성인으로 분류되는 사람이라 해도 인간의 시간을 살기는 마찬가지니, 뭔가 얻어갈 게 있지 않을까 여기는

것이 우리네 소인의 마음이다.

　사람들은 공자를 성인이라고 한다. 생전에도 공자를 성인으로 흠모하는 사람들이 있었다. 제자 자공은 스승을 해와 달에 비견하기까지 했다. 누군가는 공자에게 "나면서부터 아는 자이십니까?" 하고 물었다. 공자가 말했다. "나는 나면서부터 아는 사람이 아닙니다. 옛것을 좋아하여 부지런히 힘써 구하는 사람일 뿐입니다."[32] 또 누군가 공자를 성聖하고 인하다고 칭송하자, 공자는 "내 어찌 그것을 감당하겠습니까"[33]라며 선을 그었다. 공자는 일평생 어느 상황에서도 자신을 성인이라 말하지 않았다. 자신이 어떤 교리의 창시자로 추앙될 것이라는 환상도 없었다. 오히려 괴이함과 폭력, 문란함과 귀신, 즉 '괴력난신怪力亂神'을 말하지 않음[34]으로써 자신의 가르침이 신비화되는 것을 경계했다.

　공자의 성인됨은 스스로 성인이 아니라 평범한 사람임을 자각하는 데서부터 출발한다. 공자는 처음부터 완정完定한 인격으로 우리에게 온 것이 아니다. 자신이 도달하고자 한 이상을 향해 전 생애를 밀고 나갔을 뿐이다. 그의 위대성에는 그래서 한 인간의 분투가 강물을 이루고 있다. 숱한 도전들, 길고 긴 방랑과 좌절의 비애를 통해 삶 전체가 하나의 사상으로 응축된 것이다. 공자라는 사람에게 성인의 광배光背가 있다면 그것은 자신의 이데아를 체현하기 위해 일생을 투쟁한 사람에게서 나타나는 성채星彩이리라.

　인간 공자는 일생을 살아가면서, 낮은 곳에서 시작하여 높은 데로 나아갈 때 자신에게 주어진 시간과 장소, 임무와 지위를 선의를 다해 사용하고자 했다. 벼슬도, 정치도 그에게는 이상을 향한 수단일 뿐, 궁극적인 목표는 세상을 변혁하는 것이었으니, 공자 자신은 그 이상 속에서 사표인 주공과 더불어 진실로 인간다운 문명을 이룩하는 사도였다. 그것은 사물의 안팎처럼 하나를 이루는 것이니, 사문斯文을 자임한 자, 문명을 계승한다는 자부에 찬 수명受命이었다.

협곡회맹

공자는 51세 때 벼슬길에 올라 약 5년간 노나라 정치에 몸담았다. 공자는 중도재로 시작해 1년여 만에 일약 중앙정계로 진출했다. 이는 공자의 인생에서 중요한 약진이었는데, 기회는 때맞춰 찾아왔다.

공자가 중도재로 일한 지 1년쯤 지났을 때, 최악의 관계에 있던 노나라와 제나라가 국교를 재개하기로 전격 합의했다. 양호가 제 경공의 은밀한 지원 아래 노나라 정권을 독점하려 난을 일으켰다가 실패하고 제나라로 달아난 직후였음을 생각하면, 이 국교 정상화는 놀랄 만한 반전이었다.

이 무렵 중국은 북방의 진나라와 남방의 초나라가 패권을 겨루는 가운데 동방의 제나라가 부강한 경제를 바탕으로 빠르게 부상하고 있었다. 이 틈바구니에서 약소국 노나라는 진나라의 보호 아래 제나라의 침략 야욕을 근근이 막아내고 있었다. 양호가 국경지대의 노나라 영토를 바치는 조건으로 제나라에 망명한 것이 바로 이즈음이다. 제나라는 처음에는 양호와 손잡는 듯하다가 결국 외교적 실리를 선택한다. 제나라는 노나라에게 양호의 추방과 영토 반환을 조건으로 진나라 동맹에서 탈퇴할 것을 제안했고, 영토 수복이 최우선이었던 노나라가 이 제안을 수락했다. 이렇게 하여 여러 차례 전투를 치르며 원한을 쌓았던 두 나라가 동맹을 맺게 된 것이다. 이것이 유명한 '협곡회맹夾谷會盟'이다.

회담이 다가오자 노나라에서는 걱정의 목소리가 높아지기 시작했다. 이번 회맹을 통해 주변 국가들에게 위세를 과시하려 하는 제나라가 노나라를 하대하려 들 것이 분명했으나 이를 피해갈 뾰족한 수가 보이지 않았던 것이다.

"제나라는 천박한 나라다. 주공의 나라로서 어떻게 고개를 숙일 수 있는가!"

노나라가 자존심을 내세워보아도 칼자루를 쥔 쪽은 제나라였다. 게다가 이번 회담에는 빼앗긴 땅이 걸려 있지 않은가. 제나라가 갑, 노나라는 을의 신세가 분명했다.

"무슨 좋은 수가 없을까?"

삼환을 비롯한 조정대신들은 최악의 경우 책임을 떠넘길 희생양이라도 필요했다. 그때 이들에게 떠오른 '신의 한 수'가 공자였다.

"공구는 제나라에도 널리 알려진 예악의 달인입니다. 주례에 관해 그만한 인물이 없습니다. 제나라에는 안영이 있는데, 들으니 생사를 알 수 없을 만큼 노쇠하였다고 합니다. 우리에게 공구가 있고 저쪽에 안영이 없는 한, 예론으로 기준을 세우면 패업霸業의 허상에 취해 있는 제나라 임금도 별수가 없을 겁니다."*

맹의자의 강력한 추천에 계환자도 고개를 끄덕였다.

이렇게 하여 공자는 기원전 500년 여름, 제나라 땅 축기의 한 협곡에서 열린 노나라와 제나라의 회맹에 참석해 임금을 보좌하게 되었다.

---

* 《사기》는 이때 안영이 회담에 참석한 것으로 서술하고 있으나, 현대의 학자들은 그 진위를 의심하고 있다. 안영은 협곡회맹 18년 전인 노 소공 25년(기원전 517년) 이후 사서에 전혀 등장하지 않는다. 이는 안영이 이미 사망했거나, 살아 있다 해도 정상적인 활동이 불가능했음을 시사한다. 훗날의 전승에서 안영이 협곡회맹에 등장하는 것은 공자를 돋보이게 하기 위한 장치로 보아야 합리적이다.

공을 세우다

드디어 두 나라 임금과 신하들은 협곡에 장막을 치고 회맹에 들어갔다. 공자가 노 정공을 보좌하고 있다는 소식은 세작들에 의해 이미 제나라 조정에도 알려져 있었다. 제 경공이 우려했다.

"공구는 일찍이 재상 안영도 견제한 예교의 달인. 안자가 없는 지금 누가 나를 보좌할꼬?"

대신 여미黎彌가 말했다.

"공구가 예교에 밝기는 하나, 용병用兵엔 약합니다. 군사를 풀어 무력시위를 벌이면 노나라 임금이 겁을 먹고 우리에게 끌려올 겁니다."

제나라는 이런 전략 아래 최근 병합한 래이萊夷*의 군대를 풀어 무력시위를 벌였다. '오랑캐'로 겁박하면, 상대적으로 전력이 약한 노나라가 자신들의 뜻을 거역하지 못하리라 보았던 것이다.

과연 회담장 주변은 살벌하기만 했다. 대규모 이민족 군대의 깃발과 창은 위협을 느끼게 하기에 충분했다. 혹여 용병들이 난폭한 일이라도 벌일까봐 노나라 군신들 모두 오금이 저렸다. 이때 계환자의 시선이 공자에게 쏠렸다. 어쩌면 좋겠냐고 묻는 듯한 그의 눈빛을 보고 잠시 생각을 가다듬은 공자가 임금에게 조용히 밀했다.

"회담장 안으로 들어가지 마시고 일단 막사에서 쉬고 계십시오."

그리고 사관들을 모아 제 경공 앞으로 보내는 공문을 작성하도록 했다. 공자가 주도하여 작성한 항의문의 요지는 이러했다.

---

* 동이東夷의 일파. 은나라 때부터 산동 반도 연안 일대에 주로 거주했다. 어업과 염전, 제철 기술이 발달했고, 중국 최초로 수전水田을 경작한 것으로 알려져 있다. 제나라는 래이를 병합함으로써 군사와 경제 양면에서 비약적인 발전을 이룩했다.

두 나라 임금이 회합하여 우호를 맺는 자리에 오랑캐의 군대가 들어와 있는 것은 나라 사이의 비례非禮입니다. 저들이 뜻밖의 난동을 부린다면, 우리도 부득이 무력을 사용하지 않을 수 없습니다. 이런 사태가 진정으로 임금께서 바라는 친선의 뜻이라고 생각하지 않습니다. 같은 주 왕실의 원훈으로서 잘 아시는 바와 같이, 원방遠方의 나라는 중원을 도모할 수 없고, 오랑캐가 중화의 문명을 어지럽힐 수 없습니다. 이적의 무리가 신성한 회맹의 자리를 침범할 수 없고, 같은 제후국이 무력으로 우호국을 핍박하는 것은 왕도를 받드는 제후의 도리라 할 수 없습니다. 만약 제후가 된 자로서 이런 부덕한 일을 자행한다면 하늘의 재앙을 받을 터이며, 스스로 덕을 버리고 도의를 내팽개치는 것이며, 사람으로서는 예를 잃고 짐승이 되는 행위입니다. 현군의 도를 아시는 임금께서 이런 불명예를 모르고 계실 거라고는 결코 생각하지 않습니다.[35]

한마디로 말해, 예를 따르면 패자라는 소리를 들을 것이요, 무력으로 취하려 든다면 부덕하다는 오명을 감수하라는 말이었다. 제 경공은 50년 가까이 재위하며 패자 소리를 듣고 싶어 하던 노회한 임금이었다. 노나라에서 보내온 빈틈없는 항의문이 무엇을 뜻하는지 금세 알아챘다. '일찍이 패업을 이룬 위대한 환공께서 베풀었던 의상지회衣裳之會* 의 위명威名을 따르라는 뜻이겠지…'

경공이 죽간을 한동안 물끄러미 내려다보다가 심드렁하니 말했다.

"본래 저들 땅을 돌려주며 이름을 얻는 것인데, 공연히 창칼을 휘둘러 험담을 자초할 필요는 없지… 래이를 물려라."

---

* 일체의 무력을 배제하고 예의로써 우호하는 회맹.

맹약식이 끝나고 철수를 앞둔 즈음에 제나라 진영에서 다시 사절이 왔다. 경공이 노나라 군신을 위로하는 연회를 열 터이니 모두 참석하라는 것이었다. 이 제안에도 노림수가 있었다. 회맹은 두 나라가 대등한 지위로 진행했지만, 두 임금이 참석하는 연회가 열리면 노 정공이 연장자인 제 경공을 윗자리에 모시는 상황이 전개될 수밖에 없다. 제나라가 노리는 바이고 노나라는 가능한 최대한 피해야 하는 장면이었다.

공자가 또 해결사로 나섰다. 공자는 같은 유사儒士인 제나라 대부 양구거梁丘據를 찾아가 말했다.

"그대도 우리 노나라와 제나라가 공히 따르는 전범을 모르시지는 않겠지요? 회맹이 끝나고 다시 연회를 여는 일은 실무자들을 이중으로 수고롭게 할 뿐입니다. 또 두 임금이 연회를 하려면 그에 맞는 격식을 갖춰야 하는데, 희준犧尊과 상준象尊*의 술잔은 예법상 궁문 밖으로 가지고 나올 수 없는 보물이고, 법도에 맞는 가악嘉樂은 야외에서는 제대로 연주하기 어렵습니다. 향연을 열어 희상과 가악을 다 갖추어 쓰면 이는 예를 버리는 것이고, 그것을 갖추지 않고 거행하려면 가짜를 대신 써야 합니다. 가짜 기물을 사용하는 것은 연회를 제안한 제나라 조정을 욕보이는 것이며, 예를 버리면 고귀한 제후의 명성에 먹칠을 하는 것입니다. 그대는 어찌하여 이를 헤아리지 못하는 것입니까! 무릇 향연이란 덕을 밝히는 것인데, 덕을 밝힐 수 없다면 하지 말아야 합니다!"36

양구거는 공자의 빈틈없는 예론에 아무런 대꾸도 하지 못했다. 양구거가 돌아가 경공에게 이를 고했는지는 알 수 없으나, 제나라는 연회를 열겠다는 말을 더 이상 꺼내지 않았다.

---

* 희준은 소 모양의 술잔, 상준은 코끼리 모양의 술잔이다.

협곡의 회맹에서 두 나라는 서로 줄 것을 주고, 받을 것을 받았다. 제경공은 노나라를 진나라 동맹에서 빼내 자기에게 복속시키고, 회맹에서 예를 따름으로써 외교적 승리와 함께 관후한 '패자'라는 명성을 취했다. 노나라는 눈엣가시 양호를 멀리 송나라로 내쫓고, 국경지대 요충지 세 곳을 되찾았다. 삼환으로서도 전통적인 후원세력인 진나라에게 급한 사정을 설명하고 뇌물을 듬뿍 안기면 정권 유지에는 큰 문제가 없었다. 모두가 잃은 것이 없는 계산서를 받아든 기분이었다. 특히 제나라와의 회맹을 통해 모처럼 노나라 군주의 지위를 과시한 정공은 새삼 공자가 달리 보이기 시작했다.

"협곡회맹에서 선생님의 활약을 지켜본 사람이라면 누군들 선생님을 등용하지 않겠나? 바보가 아닌 다음에야…"

자로는 이때를 회상할 때면 늘 뿌듯한 표정으로 수염을 쓰다듬었다.

과장된 전승들

협곡의 회맹에서 공자가 한 자루의 창도 쓰지 않고 오로지 예로써 나라의 위신을 지켰다는 이야기는 당시뿐 아니라 후세의 추종자들까지 크게 고무시켰다. 협곡회맹에서 공자의 활약상은 여러 세대와 여러 지역에 걸쳐 확대 재생산되어 공자의 '권능을 증거하는' 예화로 자리 잡았다. 그러나 공자 사후 내가 여러 지방을 돌아다니며 직접 보고 들은 바, 대부분의 영웅담은 천유賤儒와 천묵賤墨이 서로 다투는 과정에서 꾸며진 것들이었다. 타락한 속유俗儒와 사이비 유가들이 공자를 팔아 사리를 취하려 조작한 내용도 적지 않았다. 이를 모르는 후세의 유자들은 조작된 신화를 당연한 사실로 여겼고, 급기야 각종 사서에까지 오르게 되었다. 대표적인 몇 가지를 열거해보겠다.

첫째, 협곡회맹이 순전히 공자 때문에 열렸다는 설이다. 노나라가 공자를 등용하자, 제나라는 성인 공자의 '권능'을 두려워한 나머지 우호사절을 보내 회담을 청했다는 것이다. 공자의 벼슬도 특별보좌역 정도가 아니라 정식 재상[相]이었다고 말한다. 그러나 앞에서 보았듯이 협곡회맹은 국제관계의 변화 때문에 열렸고, 공자는 임금을 자문하는[相] 역할이었다. 공자가 공을 세운 것은 사실이지만, 공자가 회담의 원인은 아니었다. 공자 재상설은 속유들이 조종을 팔아 '장사'를 해먹었다는 증거가 될 뿐이다.

둘째, 협곡에 갈 때 공자가 무비를 갖추자고 강력히 주장하여, 노나라가 좌우 사마가 지휘하는 군대를 이끌고 갔다는 설이다. 그러나 공자는 병사兵事를 멀리한데다, 관여할 신분도 아니었다. 또한 노나라에는 사마 벼슬이 좌우로 나눠져 있지도 않았다. 다만 공자의 주장과 상관없이, 무장은 갖추었을 것이다. 창칼을 겨누어온 적국 간의 회담인데 임금이 소풍 가듯 비무장으로 간다는 것은 상상하기 어렵다. 제나라도 래이의 병력을 잔뜩 끌고 와 무력시위를 벌이지 않았는가. 이는 속유들이 병법에 강한 경쟁집단 묵가를 의식해 꾸민 싯이 틀림없다.

셋째, 두 임금이 회맹할 때 제나라가 창칼을 휘두르고 북을 두드리며 음악을 연주하여 위세를 과시하자, 공자가 제단의 계단에 뛰어올라가 엉터리 음악을 꾸짖어 제 경공을 부끄럽게 만들었다는 설이다. 이것은 거의 연극의 한 장면 같다. 음악의 달인인 공자가 제나라쪽 음악 연주를 듣다가 잘못된 점을 발견하여 바로잡아준 정도의 일은 있을 수 있겠으나, 대부도 아닌 신분의 공자가 임금끼리 마주 선 제단에 뛰어오르는 일은 상상할 수 없다. 더욱 가관은 배우와 난쟁이가 연희를 벌이자 공자가 '제후를 미혹시키는 짓'이라며 관리를 시켜 이들의 팔다리를 잘라 죽이게 했다는 것이다. 이런 따위의 잔학무도한 이야기는 묵가가 유가의 위선을 폭로할 목적으로 악의적으로 조작한 것이 분명하다.

압권은 노나라가 제나라로부터 영토를 반환받은 것이 모두 공자의 공로라는 주장이다. 회맹이 끝나자 제 경공은 공자의 활약상을 높이 평가하며 신하들에게 말했다고 한다. "노나라는 군자의 도로써 그 군주를 보필하는데 그대들은 단지 오랑캐의 도로써 과인을 가르쳐 죄를 짓게 하였다." 그러자 담당 관리가 "군자는 잘못을 물질로 사과하고 소인은 꾸민 말로 사과한다"면서 임금에게 물질로 사과할 것을 권하였고, 이에 경공이 사죄의 뜻으로 노나라 땅을 반환했다는 이야기다. 일국이 피 흘려 싸워 노획한 영토를 일개 사족에 대한 사과의 뜻으로 반환하다니, 당시로서는 있을 수 없는 일이다. 전국시대 제나라에서는 도교사상이 성행하고 있었다. 이상의 이야기에 노자류의 말투가 섞여 있는 것으로 보아 도가 우위의 제나라에서 유자들이 자신들의 입지를 넓히기 위해 일부러 도가적 분위기를 끌어들여 만든 신화일 것이다.*

이상의 사례들은 형식적으로는 공자를 높이고 있지만 내용상으로는 사리에 맞는 것이 거의 없다. 이는 의도가 무엇이든 간에 결과적으로는 오히려 공자를 경쟁자들이 꾸민 모함에 빠뜨리게 했다. 당시에도 뜻있는 사람들은 유묵노장儒墨老莊의 입장 차이를 떠나 모두 이를 한심하게 여겼다.

---

* '군자는 물질로 사과하고, 소인은 꾸민 말로 사과한다'는 대목에서는 대조법을 써서 말로만 예를 외치는 인색한 유가를 비난하려는 의도가 드러난다. 한편 공자와 노자가 만났다가 헤어질 때, 노자가 공자에게 "군자는 재물로 배웅하고 인자는 말로써 한다"는 말을 남겼다는 기록도 전한다. 이상의 전승들은 대개 〈공자세가〉에 기술된 것인데, 청나라 때 고증학자 최술은 《수사고신록》에서 이 일화가 공자를 숭배하기 위해 후세 유가들이 과장하거나 허구로 지어낸 것이라고 주장했다.

임금의 근신이 되다

협곡회맹에서 보인 공자의 활약은 확실히 임금 정공에게 강한 인상을 심어주었던 것 같다. 회맹을 마치고 돌아온 정공은 공자를 공실 직할지의 사법을 관장하는 사구에 임명했다. 공실 사구는 조정 사구보다는 낮은 지위였으나, 임금의 측신이기에 실질적인 발언권은 결코 낮지 않았다. 특히 당시 조정에서는 노나라 사구직을 세습하던 장씨 가문이 계환자의 신임을 얻지 못하고 있었기에, 공자가 사실상 노나라 사구였다고 해도 큰 무리가 없었다.

공자는 사구가 되자 '무송사가 명판결보다 낫다'는 평소 소신처럼 형벌보다는 예교로 백성들을 다스리고자 했다. 공자가 사구가 된 후 공실 관할지에서는 뚜렷한 변화들이 생겨났다.

심유씨라는 악덕 정육업자가 있었습니다. 아침에 양에게 물을 먹여 살찐 것처럼 속여 팔았는데, 선생님이 사구가 된 뒤로는 그 짓을 하지 못했습니다. 가축시장에서 소와 말 값을 조작하여 폭리를 취하는 폭력배 같은 자도 있었으나, 선생님이 사구가 된 뒤로는 함부로 가격을 장난치지 못했습니다. 병든 남편을 학대하고 행실이 거친 여자가 있었습니다. 선생님이 사구가 되자 집안 사람들이 그 여자를 내쫓았습니다. 사치와 방종을 일삼던 망나니 호족의 아들은 더 이상 자기 동네에서 살지 못하고 외국으로 가버렸습니다. 사람들은 시장 바닥에 물건이 떨어져도 주워가지 않았고, 타지에서 장사하러 온 사람이 담당 관리에게 뇌물을 주지 않아도 안심하고 지내다 갈 수 있었습니다.[37]

공자의 신망이 높아지자 정공이 공자를 치하하기 위해 연회를 베풀었다. 삼환의 눈을 피해 공자와 정견을 나눌 수 있는 자리를 가지고 싶던 차였다. 공자는 자로와 함께 연회에 참석했다. 어느 정도 분위기가 무르익자 정공은 가슴속에 묻어놓고 있던 질문을 던지기 시작했다.

"정권이 계씨에게 넘어간 지 벌써 4대째, 공실은 정치하는 법조차 잊었다오. 어떻게 하는 것이 군주의 정치요?"

공자가 대답했다.

"정치는 덕으로 하는 것이니, 비유하면 북극성이 있어야 할 자리에 있으면 뭇 별들이 그리로 향하는 것과 같습니다."[38]

"신하가 그 뭇 별과 같지 않다면 북극성인들 무슨 소용이겠소?"

실권이 없는 허수아비 임금으로서는 뼈아픈 토로였다. 그러나 공자의 답변은 여전히 예의 범위를 떠나지 않았다.

"임금은 예로써 신하를 부리고, 신하는 진심을 다 바쳐 임금을 섬겨야 합니다."[39]

"그대는 신하들이 과인에게 진심을 다하고 있다고 생각하시오?"

정공은 내심 공자가 건성으로 대답하는 것 같아 실망스러웠다. 말로야 무얼 못 하겠는가… 그는 잠시 화제를 돌렸다가 다시 한 번 물었다.

"한마디 말로 나라를 흥하게 할 수 있다고 하는데, 그런 것이 있소이까?"

공자가 답했다.

"말이 그와 같은 효과가 있다고 말할 수는 없습니다. 사람들은 말하지요. '임금 노릇하기 어렵고, 신하 노릇도 쉽지 않다'고. 만일 임금이 임금 노릇 제대로 하기가 어렵다는 것을 절실히 알고 임금 노릇을 하면, 이런 말 하나가 나라를 일으켜 세운다고 할 수 있지 않겠습니까?"

정공이 공자에게서 어떤 기백을 느꼈는지 자세를 고치고 나서 재차 물었다.

"그렇다면 한마디 말로 나라를 망하게 할 수도 있다는데 정말 그렇소?"

공자 또한 자세를 바로잡고 힘주어 말했다.

"한마디 말이 꼭 그렇게 한다고 단언하기는 어렵겠지요. 그러나 사람들이 말하기를, '임금 노릇이 즐거운 게 아니라, 임금이 말을 하면 아무도 거역하지 않는 게 즐거운 것'이라고 합니다. 만약 임금의 말이 옳아 누구도 거역하지 않는다면 이는 좋은 일이 분명합니다. 그러나 만약 임금의 말이 옳지 않은데도 거역하지 않는다면, 임금의 그 한마디가 나라를 망치는 실마리가 되지 않겠습니까?"[40]

정공은 술잔을 든 채 창가로 가더니 한동안 말없이 도성의 거리를 바라다보았다.

소공의 묘역을 바로잡다

공자가 정공에게 다가가 읍한 뒤 말했다.

"이 기회를 빌려 아뢸 일이 있습니나."

"무슨 일이오?"

"돌아가신 선공의 묘역을 정비하고자 합니다."

정공이 깜짝 놀란 표정으로 공자를 쳐다보았다.

공자가 말한 선공은 임금 정공의 형으로, 계씨의 전제에 대항해 친위 쿠데타를 일으켰다가 오히려 쫓겨나 외국에서 죽은 소공을 말한다. 소공이 죽어서 고국에 돌아오자 당시 집권자였던 계평자는 자신을 몰아내려 한 소공을 역대 임금들이 묻힌 묘역 밖에다 묻어버린 터였다.[41] 공자도 망명지에서 돌아오는 길에 이 장례식을 지켜보았는데, 어떤 사람들은 공자가 이때 '언젠가 노나라 정치에 참여하면 이 비례부터 바로잡으리라' 다짐했을 것이라고 짐작했다. 그 예상대로라면 바야흐로 때가 된 것이었다.

소공의 묘역 재정비는 과거의 잘못된 장례를 예법대로 바로잡는 것이었다. 이것은 사실상 계평자의 비례를 공개적으로 꾸짖는 것이나 다름없었다. 계씨에게 선대의 문제를 다시 꺼내 정치 쟁점으로 삼으려 한다는 의심을 사지 않을 수 없는 사안이었다.

계씨 손에 옹립된 정공에게도 이 묘역 문제는 늘 마음의 짐이었다. 그러니 정공이 놀라지 않을 수 없었다.

"그 일은 의여가 주장한 일이 아니오? 지금 그의 아들이 집정인데, 아비의 잘못을 드러내는 일을 어찌 하겠소? 잘못 건드렸다간…"

이때 자로가 다가와 거들었다.

"제가 사구를 대신하여 감히 말씀드리겠습니다. 저는 비교적 사斯(계환자의 이름)를 잘 안다고 하는 사람이온데, 결론부터 말해 사는 이 일을 반대하지 않을 것입니다."

정공은 자로의 단언에 또 한 번 놀랐다.

"어째서인가?"

"선공의 묘역을 정한 것은 의여지만, 그 일이 어찌 그 사람만의 일이겠습니까? 그때 의여의 신하 중 상당수가 이 일에 찬동하였습니다. 참람한 짓을 하고 달아난 양호가 대표적이지요. 지금 의여는 죽고 없으나, 그들은 여전히 계씨의 막부 안에서 제멋대로 권력을 휘두르고 있습니다."

"그래서?"

"비례를 바로잡게 되면 그 일에 찬동했던 자들에게 주인을 잘못 모신 책임을 물을 수 있습니다. 구신舊臣들의 담합에 시달리고 있는 사로서는 남의 칼로 적을 베는, 차도借刀의 계책이 되지 않겠습니까?"

"그래도 제 아비의 잘못을 추궁하는 일인데…"

"의여가 죽고 사가 집정을 이은 지 5년째인데, 사는 자신의 막부조차 장악하지 못하고 있습니다. 사는 양호에게 목숨까지 빼앗길 뻔했습니다. 지금은 공산불요와 동생 계오季寤가 본읍을 점거한 채 자신에게 반기를 들고 있습니다. 막부의 구신들은 후사가 아직 정해지지 않았다며 겉으로만 받드는 체하고 있습니다. 사가 장차 명실 공히 가문과 막부의 수장 자리를 실질적으로 계승하려면 자기를 견제하는 아버지의 가신들부터 정리하지 않으면 안 됩니다. 그는 내심 이번 일을 그 계기로 삼고자 할 것입니다."

공사가 나섰다.

"중원의 많은 군주들이 신하들에게 실권을 빼앗기고 있고, 참주들 또한 가신들에게 실권을 빼앗기고 있습니다. 참주의 무리나 배신陪臣의 무리나 하나같이 하극상이라는 자기모순에 발이 걸려 있습니다. 따라서 그들은 적어도 겉으로는 이번 '역사 바로 세우기'의 명분을 반대하지 못할 것입니다. 전하께서 이번 기회에 선공의 명예를 회복시킴으로써 조정의 위엄을 되찾으시기를 바랍니다."

정공은 비로소 안심이 되는 눈치였다. 공자가 말한 북극성과 뭇 별의 관계가 무엇인지, 군주와 신하 사이의 의리가 무엇인지, 어떤 깨달음이 전율처럼 다가왔다.

"좋소이다! 이제야 과인은 우리 노나라에도 인재가 있음을 알았소. 그대들과 더불어 정사를 논하니 가슴이 다 후련하구려!"

개혁의 깃발

공자와 자로는 임금의 윤허와 계환자의 묵시적인 동의 아래 소공의 묘역을 새로 건설했다. 공자가 명분에 의거하여 묘역을 바로잡자, 애초 소공의 장례를 주도했던 대부들과 계씨 막부의 옛 가신들은 위기를 느끼지 않을 수 없었다. 아마도 이들은 공자가 내세운 명분을 교묘한 술책이라고 여겼을 것이다. 눈치 빠른 가로들은 병이나 나이를 핑계로 낙향하거나 사직계를 내고 물러났다. 일거에 막부의 실권을 회복하기 시작한 계환자 및 삼환의 수장들은 새삼 공문의 '정치적 감각'을 감탄해 마지않았다. 이에 고무된 계환자는 공문을 대표하여 자로를 자신의 가재로 삼기에 이르렀다. 자로의 등용을 신호탄으로 신진 사류들이 속속 막부의 빈자리를 채우게 되었다. 소공의 묘역 정비를 통해 공실과 계씨 모두의 지지를 받게 된 공문 출신들이 원로 가신들을 밀쳐내고 정계에 입문했다. 물론 이 신진 사류들의 정신적 지주가 바로 공자였다. 자로가 언젠가 신바람을 내며 당시의 기세를 들려주기도 했다.

"계씨의 전제가 백 년 가까이 이어지는 동안 얼마나 많은 적폐가 있었던가. 그런 가운데 우리가 등장하자, 철밥통 같은 기득권 사족들을 대신해 제대로 공부하고 도덕적으로 깨끗한 선비들이 정치를 이끌어야 한다는 공감대가 확산되기 시작했지. 참신하고 능력 있는 신진 사류라면 당연히 우리 공문의 준재들 말고 누가 또 있었겠는가!"

공자의 뜻은 자로와 달랐다. 아니 달랐다기보다는 규모가 컸다고 해야 할 것이다. 공자는 이상주의자였다. 비록 겉으로는 참주인 계씨와 손을 잡은 모양새가 되고 말았지만, 그의 정치적 이상은 더 크고 더 높은 곳을 향해 있었다.

'계씨가 흘려주는 지위와 녹봉에 취해 있어서야 진정한 출사라고 할 수 없다. 노나라 정치를 바로 세우고자 하는 뜻은 개인적 출세나 가문의 이익이 아니라 백성을 편안하게 하려는 것이 아닌가. 선비는 마땅히 백성의 이익을 위해 의를 다투는 사람, 정치는 군주로 하여금 백성을 위해 덕치를 펼치게 하는 신명나는 마당이 되어야 한다. 그러기 위해서는 무엇보다 먼저 오랫동안 노나라 정치를 질식시켜온 저 불의한 참주정을 종식시켜야 한다. 그것이 나를 정치판으로 밀어넣은 초심이 아닌가! 때가 무르익으면 나는 초심을 실천하기 위해 궐기할 것이다!'

공자는 마침내 노나라 정치의 오랜 적폐를 청산하는 개혁의 깃발을 높이 들리라 결심했다.

권력자를 전율케 하다

제나라가 한 번 혁신하면 노나라에 이르고, 노나라가 한 번 혁신하면 도에
이를 것이다!

齊一變 至於魯 魯一變 至於道 _《논어》〈옹야〉 22장

공자가 노나라 국정에 참여하여 사구의 벼슬에 있은 지 2년째 되던
기원전 498년, 노나라 조정은 일대 개혁령을 발동했다.

대부는 자기 집 안에 무기를 쌓아두지 못하고[家不藏甲], 읍은 100치의 성을
쌓지 못한다[邑無百雉之城].*

임금이 아닌 사람은 독자적인 군사용 성을 쌓거나 사병을 양성해서
는 안 된다는 법령이었다. 그런데 노나라에서 100치가 넘는 성에 군대
를 주둔시키고 있는 대부는 집권세력인 삼환 가문밖에 없었다. 조정이
집권당의 근거지를 없애라고 한 이 경천동지할 법령은 곧 '세 읍을 허
문다'는 뜻의 '휴삼도墮三都'라 불렸다. 삼도는 계손, 숙손, 맹손씨의 본읍
인 비읍, 후읍, 성읍을 가리켰다.

---

* '휴삼도'라 불리게 된 이 법령에 대해《춘추공양전》은 정공 12년,〈공자세가〉는 정공 13년에 있었던
  일로 기록하고 있다. 대체로 12년이라는 설이 정설로 돼 있다. 100치는 오늘날의 길이로 약 1킬로
  미터 정도다.

휴삼도는 당시 사구로서 국정을 대리하고 있던 공자가 삼환의 동의를 받아 주도한 것이었다. 삼환이 자기 팔을 자르는 것 같은 휴삼도에 동의한 데는 그럴 만한 이유가 있었다. 가신들이 주인에게 반기를 들고 본읍을 점거하는 사태가 빈발했기 때문이다. 특히 계손씨의 경우, 2년째 가신 공산불요가 비읍에서 무장 농성을 벌이고 있었다. 계환자로서는 성채를 무너뜨리고라도 반도를 축출하는 일이 시급하고 절박했던 것이다.

앞에서 몇 차례 언급했지만, 노나라 국정은 삼환이 틀어쥐고 있었다. 실질적 집권자인 계씨를 정점으로 한 삼환 세력은 군사권과 국가조세권까지 독점하고 있었고, 각자 자기 영지에 군사시설을 짓고 대규모 사병을 거느렸다. 이처럼 철통같이 구축된 삼환의 전제는 이 무렵 벌써 60년이나 계속되는 중이었다.[42]

당시 거대 호족들은 비대해진 경제력과 군사력을 유지하기 위해 집사 집단을 고용했다. 집사의 업무가 점차 전문화되면서 육예에 능통한 사士들이 우대되기 시작했다. 이 사족들은 주군을 더욱 밀접하게 보좌하면서 조정의 신하에 비견하는 지위를 가지게 되었다. 세력 있는 가신의 등장이었다.

주인의 권세가 커지면, 그 수하의 위세도 함께 커지기 마련이다. 세대를 이어 세력을 키운 가신 중에서 경제력과 무력, 인망 등에서 주인을 추월하는 경우가 생기기 시작했다. 주종관계가 상호의존관계로 바뀌었다가 마침내 역전되는 사례도 생겨났다. 이른바 하극상이었다. 노나라의 경우 임금을 제치고 국권을 장악한 집안이 신하인 계손씨이고, 계손씨를 제거하고 그 집안을 차지하려 한 사람은 그 집의 가신인 양호였다. 30여 년 전에도 남괴라는 대부가 비읍을 거점으로 계씨에게 반기를 들었고, 2년 전에는 숙손씨의 가신 후범侯犯이 역시 주군에 대항했다. '참월'과 '반란'은 노나라뿐만 아니라 여러 나라에서 대수롭지 않게 벌어지고 있었다. 바야흐로 고대 중국은 격렬한 계급변동이 벌어지는 대동란의 시대에 들어서 있었던 것이다.

비읍과 후읍을 철거하다

삼환의 수장인 계환자의 승계 과정은 순탄하지 않았다. 아버지의 총신 양호에게 실권을 빼앗기고 죽음 일보 직전까지 내몰린 바 있었다. 이어서 동생 계오가 반기를 들었고, 가신 공산불요가 비읍에서 반란했다. 계환자가 명실 공히 삼환의 수장임을 인정받기 위해서는 내부의 반란자부터 다스려야 했다. 그러나 아직 자신의 막부조차 완전히 장악하지 못한 상태에서 군사를 일으키는 것은 위험천만한 일이었다. 설사 군사적 해결에 성공한다 해도 막대한 출혈을 입는다면 오히려 반격의 빌미가 될 수 있었다.

"우리 집안이 망하기를 기다리는 자들은 노나라에 차고 넘친다. 그렇게 이겨서는 이긴 것이 아니다."

이때 계환자에게 계책을 낸 사람은 아마도 아들 계강자(이름은 비肥)였을 것이다. 진퇴양난에 놓인 아버지와 함께 가문의 장래를 걱정하던 계강자가 숙손과 맹손을 비롯한 다른 족벌들을 끌어들여 국가의 이름으로 공산불요를 치는 계책을 도출했을 것이다.

"사구인 중니로 하여금 군명을 받들게 하고, 그 제자인 중유를 우리 집 가재로 삼아 국군을 지휘케 한다면, 다른 가문들도 병력을 내놓고 우리를 따르지 않을 수 없을 겁니다. 공산씨가 이에 맞선다면 이는 군명을 거역하는 것, 역적을 면할 수 없습니다!"

자신의 본읍인 비읍을 철거하는 것은 벼룩 잡자고 초가삼간을 태우는 격으로 보이지만, 벼룩이 아니라 큰 도둑을 잡기 위해서라면 불가피했다. 계환자에게 휴삼도는 일종의 고육지책이었다.

휴삼도가 발동되자, 가장 먼저 행동에 나선 사람은 숙손무숙叔孫武叔(숙손주구叔孫州仇)였다. 숙손씨의 수장이 된 지 얼마 안 되는 숙손무숙은 직접 가병을 이끌고 가 자신의 본읍인 후성을 단숨에 허물어버렸다. 무숙은 아버지 숙손성자叔孫成子가 죽은 뒤 숙손씨 내부의 강력한 반대에 부딪혀 후계자의 지위를 잃을 뻔했다. 게다가 가신 후범이 후읍을 근거지로 삼아 반란을 일으키는 바람에 큰 곤욕을 치른 터였다. 무숙은 가문 내부의 적들에게 경고를 보내기 위해 맨 먼저 자기 성을 철거해버린 것이다.

계손씨의 가재가 된 자로는 이 무렵 계손과 맹손씨 연합군을 이끌고 비읍으로 출동했다. 공산불요는 자로의 공격로를 우회해 곡부를 역습했다. 비읍군이 곡부를 향해 쳐들어오자, 계환자는 임금 정공을 데리고 곡부에서 동북쪽으로 5리 정도 떨어진 무자대武子臺*로 들어갔다. 이는 비읍군이 무자대를 칠 경우 임금을 공격한 반도로 몰기 위한 것이었다. 이 심리전이 먹혀들어 비읍군은 무자대 공격을 놓고 강온파로 분열했고, 협공을 당한 끝에 고멸성 싸움에서 격퇴됐다. 공산불요, 숙손첩叔孫輒 등 비읍군 지도자들은 모두 제나라로 망명했다. 비읍으로 출동했던 자로는 예정대로 비읍 성을 허물고 무기를 환수했다.

---

* 계무자가 유사시를 대비하여 축성한 군사시설.

이로써 노나라에서 가장 큰 세 군사기지 중 두 개가 철거되고 맹손씨의 성읍만이 남게 되었다. 맹손은 삼환 중 가장 세력이 약한 집안이며, 수장인 맹의자는 공문의 일원이었다. 휴삼도는 거의 완수되는 듯했다.

실패로 끝난 변혁

그러나 의외의 복병이 나타났다. 맹손씨의 가로인 공렴처보公斂處父가 성읍 철거를 강력하게 반대하고 나선 것이다. 공렴처보는 기민한 첩보전과 양동작전으로 양호의 반란을 진압한 주역이었다. 당시 그는 양호를 제압한 뒤 주군인 맹의자에게 "이참에 계손과 숙손까지 처단하면 맹손씨가 정권을 잡을 수 있습니다"라며 은밀한 역쿠데타를 제안했을 만큼 노회한 책사였다.

"우리 맹손은 삼환 중 가장 약세입니다. 그런데 계손과 숙손이 성을 허물고 무기를 반납했습니다. 이는 기회입니다. 소신은 성을 철거하지 않고 버틸 테니, 주군은 제 핑계를 대고 모른 체하십시오."

"무슨 이유를 대려고?"

"성읍은 제나라 국경과 가깝습니다. 국방에 필요한 요새라고 하면 굳이 허물자고 고집하지는 못할 겁니다."

공렴처보가 계손과 숙손의 가신들에게도 도움을 요청했다.

"삼환의 본읍을 일시에 모두 허무는 것은 스스로 무장해제하는 어리석은 일일세."

계환자와 숙손무숙도 맹의자를 불러 함께 의논했다.

"아무래도 다 허무는 것은 불안하다. 휴삼도는 처음부터 양날의 칼이었다. 임금이 다른 족당과 결탁해 우리를 치는 일이 생기지 않는다는 보장이 어디 있는가."

"그렇습니다. 마침 임금이 제나라와 회맹하러 가고 없으니 서둘 일도
아닙니다."

"임금이 돌아와 재촉하면 어쩌지요?"

"공렴처보에게 책임을 떠넘기고 우린 그냥 모른 체합시다. 병력이 없
는 임금으로서는 별 도리가 없을 겁니다."

골칫거리 비읍 문제를 해결한 계환자는 내색을 하지 않았을 뿐, 이미
마음이 바뀌어 있었다. '휴삼도는 비읍 문제가 해결된 이상 계속해도
실익이 없다. 우리 삼환이 새롭게 전열을 정비하려면 성읍의 무장은 그
대로 유지하는 것이 유리하다.'

계환자를 비롯한 삼환의 세 수장은 서로 눈빛을 교환하며 고개를 끄
덕였다.

자진철서에 들어갈 줄 알았던 맹의자가 치일피일하며 성읍을 철거
하지 않자, 자로가 나섰다

"휴삼도는 국가의 명령, 두 성이 철거됐는데 대부께서는 어찌 명령을
따르지 않습니까?"

맹의자는 이미 가문의 안위를 우선하기로 결심한 터라 자로에게 진
심을 말하지 않았다.

"공렴처보가 성문을 걸어 잠그고 고집을 부리고 있으니 난들 어쩌겠
소? 그리고 성읍은 국방의 요충입니다. 제나라 견제를 위해 그냥 둬야
한다는 여론도 적지 않소이다."

맹의자가 소극적인 태도로 일관하자, 자로는 계환자에게 맹의자를
성토하고 계환부가 나서서 성읍 철거를 주도하자고 주장했다. 그러나
계환자의 반응 또한 미지근했다.

"싫다는 것을 굳이…"

"휴삼도는 우리 계씨의 계책이 아니었습니까?"

"그렇긴 하지만, 비읍의 철거로 우리 목적은 이미 달성됐소. 그대는 이제 이 일은 그만하고 다른 집안일에 주력하시오."

그럼에도 자로가 포기하지 않고 휴삼도의 당위성을 계속 역설하고 다니자, 계환자는 휴삼도의 완결을 강하게 고집하는 공문의 의도에 불쾌감을 넘어 의구심을 갖기 시작했다.

한편 제나라에서도 시비를 걸어왔다. 제나라로 망명한 노나라 사람들이 제나라 귀족들을 들쑤신 결과였다.

"휴삼도의 의도가 무엇인가? 왜 잇따라 노나라 사람들이 우리 제나라로 넘어와 실정失政을 호소하는가? 혹시 지난번 회맹을 뒤엎을 모종의 계략이라도 꾸미고 있는 것인가?"

노나라 조정은 제나라의 의심을 풀고 제나라로 달아난 반도들에 대한 입장을 전달할 필요가 있었다. 그해 가을이 끝나고 겨울로 접어들 무렵 노 정공은 황 땅으로 가 제 경공에게 지난번 협곡에서 한 맹약을 재확인했다. 진나라가 주도한 북방동맹에서 노나라가 탈퇴하는 후속 조처들도 취하기로 했다. 망명자들에 대한 조정의 입장도 아울러 전달했다. 그러나 정공이 회담을 마치고 돌아올 때까지도 성읍은 철거되지 않고 있었다. 휴삼도를 주도한 자로는 계환자의 신임을 잃고 사실상 해임 상태에 있었다. 정공을 호종하던 공자는 곡부로 돌아오는 길에 성읍에 들러 공렴처보에게 성문을 열고 임금을 맞이할 것을 명령했다. 그러나 공렴처보는 주군의 직접 지시가 없는 상태에서 임금을 맞이할 수 없다며 성문을 열지 않았다. 일개 배신이 주군에 대한 충성을 내세워 군주가 영내에 들어오는 것을 사실상 거부하고 있었다. 임금이 신하의 가신조차 제대로 징치할 수 없는 것이 당시 노나라 정치의 실상이었다.

맹의자로부터는 아무런 대답이 없었다. 의도적으로 회신을 늦추고 있음이 틀림없었다. 겨울의 매서운 추위가 시작되고 있었으니 임금이 스스로 물러서기를 기다린 것이다.

정공과 공자가 성읍 철거를 포기하고 곡부로 말머리를 돌리는 순간, 휴삼도는 사실상 실패로 끝났다. 곡부로 돌아오는 임금의 행렬 분위기는 무겁게 가라앉아 있었다. 정공은 내내 말이 없었고, 뒤따르는 공자의 수레도 적막했다.

위기의 공자

애초에 휴삼도를 먼저 문제 삼은 것은 훈구 사족들이었다. 그들은 휴삼도가 주인집뿐만 아니라 자기들 기반도 허무는 계기가 될 수 있음을 주목했다. 이들은 자로가 계씨의 가재가 되어 물갈이 인사를 단행하자, 기득권 사수라는 공통의 목표 아래 결집했다. 삼환의 수뇌들은 내부 반란자를 제거하기 위해 동의하기는 했지만, 휴삼도가 그 이상으로 비화되는 것을 극도로 경계하고 있었다. 주인들의 속마음을 읽은 삼환의 가신들은 더욱 크게 떠들어댔다.

"아무래도 이 정책은 너무 나갔습니다. 공산씨나 후범 세력만 솎아내면 될 것을 성까지 허물 일은 아니었습니다!"

"분명 우리 삼환을 뿌리째 흔들려는 음모입니다!"

"공문에는 자기가 제일 잘난 줄 아는 자들이 넘쳐납니다. 이번 사건은 공문이 우리 기존 사족들을 밀어내고 그 자리를 차지하려고 조직적으로 벌인 일이 틀림없습니다!"

음모의 주체로 자로를 지목하는 사람 중에 공백료公伯寮라는 자가 있었다. 그가 계환자를 찾아가 자로를 참소한 것도 이때였다.

"휴삼도의 최종 목표는 삼환 타도였음이 분명합니다. 주군께서는 자로에게 속지 마십시오."

공백료 등이 자로 제거를 밀모하고 있다는 정보를 들은 자복경백子服景伯이 공자에게 달려왔다.

"선생님. 공백료가 계씨에게 자로를 해치라고 충동질을 하는 모양입니다. 공백료 하나쯤은 제 손으로 그 시체를 시장통에 늘어놓을 수 있습니다!"

자복경백이 분을 못 참고 뛰쳐나가 곧 일을 벌일 듯이 하자, 공자가 타일렀다.

"모두 천명이다. 도가 장차 행하여지는 것도 명일 것이며, 도가 장차 이뤄지지 않아도 천명이리라. 어찌 공백료 따위 때문에 천명이 바뀐다 하랴…"[43]

한편 계환자가 자신을 경질하려는 것을 알게 된 자로는 계강자에게 후배 자고를 비읍 책임자로 추천하고자 공자와 상의했다.

"선생님, 계씨가 저를 해임하려는 이유는 뻔합니다. 순순히 물러서 주면 오랜 가신들이 반드시 복복하려 들 것입니다. 자고를 비읍에 보내 만일에 대비하려 합니다. 자고는 아직 젊지만 재능이 출중하며 저를 몹시 잘 따릅니다."

그러나 그런 자로를 공자가 만류했다.

"아니다. 위험한 일에 남의 자제를 끌어들이는 것은 인이 아니다. 자고가 자질이 뛰어나기는 하지만, 지금의 상황을 다룰 수 있을 만큼은 아니다. 자칫 크게 다칠 수 있다."[44]

공자는 사태가 역류하고 있음을 통찰했다. 더 이상의 희생은 무의미했다. 특히 젊은이들을 희생시킬 수는 없다고 생각했던 것이다. 실패는 성읍에서 돌아올 때 이미 예감되고 있었다. 훈구 사족은 반격을 위한 결집의 기회를 잡았고, 삼환의 수장들도 칼끝을 내부에서 외부로 돌리기 시작했다. 이는 휴삼도를 삼환정권 종식의 서막으로 삼고자 한 공자의 의도가 수포로 돌아가고 있음을 의미했다.

숨은 입안자

휴삼도의 실패가 공자의 망명으로 귀결되었다는 것은 이 계책의 배후에 공자가 있었음을 웅변하고 있다. 휴삼도의 전말 속에서 시종 부지런히 움직이고 있는 자로의 배후에서 우리는 공자의 그림자를 충분히 감지할 수 있다.

앞에서 나는 휴삼도의 계책을 내고 자로를 계손씨의 재로 천거한 자를 계환자의 아들 계강자라고 추정한 바 있다. 표면적으로는 그렇지만, 휴삼도를 실제로 입안한 쪽은 자로를 비롯한 공문의 신진기예들이었다. 공자와 계환자는 서로 경원하는 사이지만, 아들 계강자는 평소 공문의 젊은 준재들과 가깝게 지내려 노력했다. 자기 집안을 휘두르고 있는 훈구 사족들을 대체할 새로운 사족들이 필요했던 것이다. 공문의 젊은 문도들 중에도 계강자 같은 실력자를 통해 입신하고자 하는 이들이 많았다. 공자 학단이 사관仕官의 학교인 이상 무시할 수 없는 욕구였다. 계강자나 자로나, 양쪽 모두 서로가 필요한 시기였다. 고육지책은 그럴 때가 아니면 도출되기 어려운 특단의 대책이다.

공자도 곧 자로를 통해 이 '계획'을 알았을 것이다. 그리고 공자는 그런 움직임을 노나라 정치의 근본적 개혁이라는 보다 넓고 큰 시야로 이끌었을 것이다. 혁명가들은 보통 사람들이 보기 어려운, 아니 보지 않는 곳까지 내다보는 눈과 그 지평선 너머에 아주 광대한 세상을 그려보는 담대한 심장을 가진 사람들이다. 이승의 안위와 희로애락을 한 자락 바람처럼 여기고, 역사 속에 서 있는 거인을 꿈꾸는 자. 아마도 그 무렵의 공자가 그랬으리라.

공자는 자로가 계손씨 가신들을 지휘하는 가재가 되게 하고, 그의 운신의 폭이 최대한 넓어질 수 있도록, 그리하여 자신의 숨은 계획이 결실을 맺을 수 있도록 계환자와 유화 분위기를 이어갔다. 노나라 조정에서 공식적으로 휴삼도를 발동하기 전, 공자와 계환자의 개인적 관계에 대한 이례적인 언급이 사서에 등장하는 것은 이런 정황을 시사하려는 사가의 의도가 틀림없다.

"공자가 계손씨 아래의 관직에 있으면서 석 달 동안 실수가 없었다."

사서는 이 문장 바로 다음에 공자의 말이라며 휴삼도를 기록했다.

"말하기를, '대부의 가家마다 군사를 숨기지 못하고 읍에는 100치의 성을 없앴다'라고 하였다."[45]

공자를 주어로 삼은 이 기록은 무엇을 드러내고, 무엇을 숨기려 한 것일까?

공자는 벼슬하기 전에 제자 자로를 비롯해 여러 사람들에게 종종 이런 질문을 받았다.

"선생님이 정치를 한다면 무엇으로 시작하시겠습니까?"

그때 공자가 한 대답의 의미를 모르고서는 휴삼도에 임한 공자의 저의를 제대로 이해할 수 없을 것이다.

"반드시 명분을 바로잡겠다!"[46]

노나라의 정치에서 명분을 바로 세우는 일이 무엇이었겠는가. 또한 공자는 노나라 개혁에 대한 질문을 받았을 때 이렇게 선언했다.

"노나라가 한 번 변혁의 기회를 잡으면 도에 이르리라!"[47]

공자에게 휴삼도는 삼환의 집안 정리나 제자들의 취직자리 마련 따위의 일이 아니라 노나라 정치개혁의 도화선이었다. 공자가 이상으로 삼은 주공의 정치는 호족들에 의한 참주정을 타도하고 군주정을 회복하는 일을 전제하지 않는 한 시작도 할 수 없었다. 그 참주정을 비폭력적으로 종식시키기 위한 가장 좋은 계책을 실행할 절호의 기회가 생겼으니 '명분을 바로잡는 것'이 당연했다. 나, 이생은 공자가 조정에 서서 휴삼도를 발령할 때, 그의 가슴은 사명감으로 활활 타오르고 있었으리라 확신한다.

망명

공자 망명의 결정타는 제나라의 이간책에 정공이 굴복하고 공자를 배신한 것이었다.

휴삼도가 사실상 실패로 돌아간 이듬해인 기원전 497년 공자가 55세 되던 해, 제나라는 아름다운 무희 80명과 준마 120필을 위시한 막대한 선물을 노나라에 보냈다.[48] 이 사절단을 인도해 온 사람들은 제나라로 망명했다가 계환자의 사면을 받고 돌아오는 대부와 사족이었다. 제나라가 이들을 노나라에 돌려보내면서 엄청난 양의 뇌물을 안겨 보낸 것이다. 뇌물의 대가는 노나라가 진나라 주도의 북방연맹에 이어 초나라 주도의 남방연맹에서도 탈퇴하는 것이었다. 이런 외교노선 전환이 성립되면 초나라를 통해 제나라를 견제하려는 공자는 일대 타격을 입을 터였다.

　이 계책은 친진파로서 제나라와의 관계 개선이 절실했던 계환자와 휴삼도 과정에서 밀려난 삼환의 옛 사족들이 사면복권을 원하는 제나라 망명자들과 손잡고 추진했다. 훈구 사족들의 목적은 강력한 경쟁자로 부상한 공문 사람들을 노나라 정계에서 축출하는 것이었다. 핵심은 공자와 자로의 숙청이었다. 이들은 제나라 권신 여미에게 은밀히 뇌물을 먹이고 말했다.

　"제나라가 노나라 조정을 마음대로 주무르고 싶으시다면 계씨 정권을 승인해주고 활용하십시오. 그리고 초나라의 영향력을 노나라 조정에서 몰아내고 싶으시다면 먼저 공자 일당을 쫓아내야 합니다."

　"방법은?"

　"노나라는 지금 여러 차례에 걸친 난리로 민심이 흩어지고 물자도 많이 부족합니다. 임금과 그 측근들에게 뇌물을 듬뿍 안긴 뒤 초나라 동맹국인 정나라와의 화평을 깨라고 하십시오. 그렇게 되면 초나라가 노나라와 멀어져서 제나라는 노나라 정치를 마음대로 할 수 있고, 저희는 눈엣가시인 공자를 쫓아낼 수 있습니다."

　여미가 무릎을 쳤다

　"좋은 꾀로다. 얼마의 뇌물이면 노나라 임금과 신하가 다 같이 얼이 빠질까? 하하하."

　제나라 사절단이 곡부성 남쪽 문 앞에 이르렀다. 아름다운 옷을 차려입은 무희들이 강락무康樂舞를 추게 하고, 가져온 각종 뇌물과 준마를 보란 듯이 진열해놓고는 노나라 조정의 입성 허가를 기다렸다. 내막을 알고 있는 계환자는 성문 밖으로 나가 이들의 춤을 구경하며 망명자들과의 밀약을 확인했다. 미녀와 막대한 뇌물이 성 밖에 당도했다는 소식을 들은 정공은 탐심이 솟구쳤다. 정공은 뇌물을 죄다 삼환에 빼앗길까 싶어 서둘러 그들의 입궐을 명령했다.

정공이 뇌물을 받아먹고 제나라 요구를 수용한 것은 공자에게 중대한 정치적 패배였다. 국정 대리자였던 공자의 실각은 자명해졌다. 문제는 자로였다. 정치적 보호막인 공자의 실각은 자로에게 바로 신변의 위기를 불러올 수 있었다. 공백료처럼 그동안 자로에게 반감을 품어온 계환자의 가신 일부가 공공연히 자로를 해칠 뜻을 밝히고 있는 판이었다. 자로는 제나라 사절단에 자기가 밀어낸 옛 사족들이 대거 포함돼 있는 것을 보고는 곡부를 벗어나기로 결심했다.

"선생님, 저는 노나라를 떠나겠습니다."

"혼자 어디로 간단 말이냐? 떠난다면 같이 떠나야지."

공자는 임금 정공과의 관계를 분명히 할 필요를 느꼈다. 떠날 때 떠나더라도 군자로서 명분을 갖춰야 했다.

"임금이 교제郊祭를 지내고 나면 제육을 대부들에게 나눠주는 관례가 있다. 이는 군신 간에 믿음을 다지는 것이다. 임금에게 나에 대한 믿음이 남아 있는지 여쭤보련다. 군신 간에 의가 사라지면, 사士는 그 군주를 버릴 수 있다."

공자의 뜻을 알아챈 정공은 사흘 동안 조당에 나오지 않았다. 교제를 지내고 난 뒤 대부들에게 나눠주는 제육도 공자에게는 보내지 않았다. 정공은 자신의 의사를 그런 식으로 표현했다. 계속해서 삼환과 각을 세우는 데 두려움을 느낀 나머지 제나라의 압력을 핑계 삼아 공자를 버린 것이다.

이로써 공자도 정공의 변심을 확인했다. 배신감을 느끼지 않을 수 없었지만, 세력 없는 임금의 처지를 이해하지 못할 바도 아니었다. 다만 예로써 결별하지 않은 것이 유감일 뿐이었다.

공자와 자로는 마침내 출국을 결행했다. 발길이 떨어지지 않았지만, 다른 도리가 없었다. 두 사람을 따라나선 제자는 안연, 자공, 염유 정도였다. 공자 일행은 수레 한 대에 불과했다.

공자 일행이 위나라를 향해 갈 때 악사 한 사람이 뒤쫓아와 공자를 전송했다.

"선생님은 죄가 없습니다."

공자는 그에게 "노래를 불러도 되겠는가?"라고 물은 뒤 노래를 남기고 떠나갔다.[49]

전율하는 권력자

지금까지 한 이야기는 공자의 행적을 좇아 여러 나라를 여행하며 채집한 사실과 합리적 추론들을 취합하여 정리한 것이다. 더 진실에 가까운 사실들이 후대의 눈 밝은 이에 의해 많이 발굴되기를 기대해본다. 그중에 특별히 제나라 지방에서 들은 이야기를 따로 덧붙인다.

"공자가 휴삼도로 정권을 잡을 것 같자 제나라로 망명 온 양호와 공산불요 등의 추종자들, 숙손씨의 망명자 등이 노나라 내의 가신세력들과 손을 잡았지요. 계환자도 자신에게 전향하는 자들에 대해서는 사면을 약속했다고 합니다. 계환자는 반대세력이 제나라 조정과 연계하는 것을 아주 두려워했습니다. 계손씨는 전통적으로 진나라 족벌들과 가까운 사이였으니까요. 노나라 망명자들은 사면을 받기 위해 제나라를 끌어들였고, 제나라는 기꺼이 이 집단의 후견자가 되었습니다. 제 경공은 사면을 받아 돌아가는 이들에게 각종 '비밀 임무'를 주는 동시에 노나라 조정을 회유할 뇌물을 듬뿍 안겨 보냈습니다. 이들은 이 뇌물을 계씨와 임금에게 바치고 본래 자리로 착착 복귀했습니다. 그리고 자신들을 몰아낸 자들에게 보복을 다짐했지요. 그들의 살생부 맨 앞자리에 자로의 이름이 있었다고 합니다. 공자의 망명은 개인적으로는 자로를 구하기 위한 것이기도 했던 겁니다. 안연과 자공, 염구 등 20대의 제자들이 스승을 보좌하기 위해 따라나섰습니다. 짐이 단출했던 것으로 보아 망명이 그리 오래가지는 않으리라 여겼던 듯합니다. 자로의 후원자인 계강자가 곧 후계자가 될 테니까요. 그러나 그런 기대는 이뤄지지 않았습니다. 공자가 노나라를 떠나고 4년 뒤에 계환자가 죽고 계강자가 섰지만, 공자는 그로부터 10년이 더 지나서야 겨우 돌아올 수 있었습니다. 계강자 역시 집정이 되고 보니 공자가 두려워졌던 게지요."

공자가 노나라를 떠난 뒤 몇 가지 사실이 분명해졌다. 노나라에서 삼환의 참주정을 혁파하려 한 사람은 공자 말고 양호가 있었다. 양호는 혁명의 과실을 자기가 차지하려 해 세인의 지탄을 받았지만, 공자는 그런 흔적이 전혀 없었다. 공자가 시도한 혁명에는 그 어떤 정치적 이해나 배려도 고려돼 있지 않았다[50]는 사실을 알게 되었을 때, 그들은 어떤 느낌을 받았을까? 집권자가 된 계강자가 진실로 전율을 느낀 것은 바로 이 사실을 깨달았을 때가 아니었을까.

패배가 낳은 사상

공자가 변혁을 시도한 이상 기득권자들과의 충돌은 필연적이었다. 출세한 사유로서 안온한 삶을 바랐다면 굳이 벌일 필요가 없는 싸움이었지만, 그는 스스로 전선 속으로 들어갔다. 왜였을까? 철학의 실천 의지였을까? 혁명이라는 대욕大欲이었을까?

공자의 왕도는 덕치가 펼쳐지는 대동大同의 세상이었다. 그는 자신의 왕도를 두 가지 방면에서 실현하려 했다. 수십 년째 계속되고 있는 비정상적인 참주정치를 종식시키고 도덕성과 능력을 갖춘 사대부士大夫들이 백성을 위한 정치를 주도하는 군주정으로 복귀하는 것을 정치적 이상으로 삼았다. 그는 사유로서 군주를 교육시켜 인정仁政으로 이끌 지식인 집단을 이미 양성하고 있었다. 두 번째는 바로 그 체제 혁신을 평화적으로 이루어내는 것이었다. 양호가 군사력을 갖고도 실패한 체제 전환을 공자는 오히려 비폭력의 방식으로 달성하고자 했다. 동시대의 다른 사람들이 보기에는 환상 같은 이런 측면이야말로 바로 공자라는 사람이 품었던 이상의 비상함이었다.

그러나 변혁은 실패했고, 공자는 기득권 세력의 적이 되었다. 이상을 버리고 굴복하지 않는 한 선택의 여지가 없었다. 위대한 사상을 태동한 한 인간의 유랑은 그렇게 도망치듯 시작됐다. 14년의 주유열국周遊列國은 모욕과 배척으로 얼룩졌다. 정치적으로 위협적인 존재가 되지 못하는 노쇠한 나이가 되어서야 제자의 보증으로 겨우 귀국이 허락되는 굴욕을 겪어야 했다. 그의 인생은 패배였다. 처절한 실패였기에 그의 삶은 하나의 사상이 될 수 있었다. 사상이란 본디 패배로부터 태어나는 것이다.

세속의 꿈, 영원의 빛

공자는 위대한 교사였지만 그가 역사 속에서 불리길 원한 진정한 이름은 '위대한 건설자'였다. 평화가 강물처럼 흐르는 이상국가의 건설이 그의 꿈이었다. 고대 중국에서 어떤 사士가 그런 꿈을 가졌다면 벼슬길은 필연의 선택일 터. 하지만 공자는 그 벼슬의 적기適期에 오히려 정치권 밖에서 교육에만 전념했다. 공자의 나이 대략 40대에서 50대 초반 때였다. 훗날 공자는 이때를 '불혹'이라 이름했다. '흔들림 없는 마음'을 뜻하는 불혹은 그러나 뒤집어 말하면 그만큼 유혹이 강렬했고, 갈대처럼 이리저리 흔들리는 마음을 다잡기가 그만큼 어려웠다는 고백이리라. 공자는 그 유혹이 넘실대는 연부역강의 강을 물속에 잠긴 용처럼 '탈정치의 정치'로 흘려보냈다. 불혹은 어쩌면 바로 이 회심의 '역선택'을 은유했던 것인지 모른다.

도덕 혁명, 계급 혁명

공자와 같은 유사 출신으로 노나라 정권을 거머쥔 양호는 다른 길을 걸었다. 양호는 노나라 사람들이 대표적인 신진 문사를 거론할 때 공자와 더불어 쌍벽으로 꼽혔다. 양호는 실권자인 계평자의 오른팔이 된 후 출세를 거듭해 노나라 정계의 실세로 올라섰다. 곡부의 젊은이들에게 이런 양호는 성공한 사의 표상이었다. 출세한 양호는 '능력 있는 후배' 공자를 자기 밑에 두려고 애를 썼다. 양호가 공자를 만나 시문詩文 같은 문답으로 자신의 진영에 들어오기를 권한 유명한 일화가 있다.

양호는 공자가 집에 없는 날을 골라 삶은 돼지 한 마리를 선물로 보냈다.

'권력과 재물 앞에 장사 없는 법. 중니가 나를 소인배로 여기고 경원한다지만, 내가 확실한 일인자임을 수긍하면 결국 내 밑으로 들어오지 않고는 못 배길 것이다.'

윗사람이 보낸 선물을 직접 받지 못하면 반드시 다시 찾아가 사례하는 예법을 이용해 공자의 방문을 유도한 것이다. 이런 양호의 의도를 모를 리 없는 공자 역시 양호가 집에 없는 틈을 타 답례를 마칠 참이었다. 그렇게 급한 마음으로 걸음을 재촉하는데 누군가가 공자를 막아섰다.

"중니 나리, 저와 같이 가십시다. 우리 주인께서 저쪽 길모퉁이에서 기다리고 계십니다."

공자는 난감했지만 피할 도리가 없었다. 역시 이런 일은 양호가 한 수 위였다.

"이리로 올라오시오. 중니."

양호가 손을 내밀어 공자를 자기 수레에 태워 나란히 앉았다.

"보내드린 돼지는 잘 자셨소? 예를 아는 중니께서 답례를 오실 줄 알고 기다리고 있었소이다. 허허."

양호가 자세를 고쳐 앉고 말했다

"중니에게 하나 묻겠소. 여기에 웅혼한 기상을 가슴에 담고 살아가는 대장부가 있다고 합시다. 만약 그의 나라가 도탄에 빠졌는데도 가만히 있는다면 인하다고 할 수 있겠소?"

질문의 의도는 뻔했지만, 그렇다고 부인하기도 어려운 화술이었다.

"그럴 수 없겠지요."

"한 훌륭한 선비가 늘 정치에 참여하기를 바라면서도, 출사할 때를 자꾸 놓친다면 지혜롭다고 할 수 있겠소?"

"…할 수 없겠지요."

양호가 공자의 손을 끌어당겨 잡고 말했다.

"그대가 제나라에서 돌아온 이래 내가 종종 정치 참여를 권유하였으나 그대는 번번이 사양하였소. 나는 그 사양하는 취지를 잘 알기에 그동안 참고 기다려왔소. 이제 그대가 정치에 들어올 때가 무르익었소."

그러면서 시를 읊듯이 말했다.

"하늘의 해와 달이 흘러가듯이, 세월은 우리를 기다려주지 않는다오."

이미 서로의 마음을 읽고 있는 이상, 다시 에둘러 말하는 것은 무의미했다. 공자가 대답했다.

"알았습니다, 대부의 말씀. 저도 선비의 한 사람, 때가 되면 벼슬길로 나아갈 것입니다."[1]

그러나 이런 우호적인 대화에도 불구하고 공자는 양호의 정권에 가담하지 않고, 오히려 양호를 기피했다. 왜였을까?

두 사람은 외견상 출신, 정치철학, 심지어 외모까지 비슷했지만 결정적으로 다른 한 가지가 있었다. 비유컨대 도덕형 혁명가와 권력형 혁명가의 차이였다. 공자가 이 유력한 실세의 끈질긴 유혹을 끝까지 참아낸 것은 어쩌면 일찍부터 두 사람 사이의 이런 내밀한 차이를 직관하고 있었기 때문이라고 나는 생각한다. 본래 이상주의자는 인내심이 강한 법. 권모와 술수로 얼룩진 정권에 가담해 '타락'하기보다는 허명의 욕망을 누르고 하대의 수모를 견디며 '때를 기다리는' 것이 종종 그들이 '즐기는' 삶의 방식이 아닌가.

함께 학문을 할 수 있어도 더불어 도의 길을 갈 수 없는 사람이 있다.
도의 길에 함께 나아갈 수 있어도, 더불어 깨달을 수 없는 사람이 있다.
깨달음을 함께 하더라도 더불어 권도를 나눌 수 없는 사람도 있다.[2]

공자와 같은 사람에게 양호와 같은 권력 추종자는 권도를 나눌 수 없는, 아니 나누어서는 안 될 사람이었다.

양호는 춘추 말기 계급변동의 시대를 대표할 만한 인물이다. 그는 노나라에 자신만의 전제정권을 세우기 위해 귀족들을 상대로 반란을 일으켰다. 먼저 실세인 계손씨 일족을 친 뒤 때를 보아 숙손씨와 맹손씨를 폐함으로써 삼환의 권력과 재부를 자신이 접수할 계획이었다. 그러나 이 쿠데타는 사전에 기밀이 누설되는 바람에 치열한 전투를 벌이고도 성공하지 못했다. 반란은 양호가 제나라로 달아나면서 막을 내렸다. 노나라에서 실패하자 제나라와 송나라에서 다시 변란을 시도했고, 진나라 귀족의 책사가 되어 거대한 패권국의 정치를 한 손으로 주물렀다.

당시 지배귀족들이 사족 출신의 양호를 어떻게 생각하고 있었는지를 보여 주는 일화가 있다. 진나라의 실권자인 조간자趙簡子는 양호가 망명을 오자 그를 재상에 기용했다. 측근들이 깜짝 놀라서 "양호는 정권을 훔치는 데 선수"라며 만류하자 조간자는 "그는 (다른 정권을) 빼앗아

나에게 주려 애쓰면 되고, 나는 (내 정권을) 지키려 애쓰면 된다"고 말했다. 약육강식 시대의 패권자들에게 양호는 '사상가'도 '혁명가'도 아니라 귀족들이 권력을 유지하고 확장하는 데 유용한 도구에 지나지 않았다.

사실 공자와 양호의 정치적 이상은 다르지 않았다. 귀족이라는 이유만으로 정치적 지위를 세습하는 것을 반대했다.* 두 사람 모두 국리민복을 위해서는 '군주를 정점으로 한 현인 정치'를 이상적인 통치제도로 여겼고, 이 제도를 효과적으로 가동하기 위해서는 실력을 갖춘 사 계급이 정치 전면에 나서야 한다고 보았다. 그런 과정을 통해 점차 귀족들이 작록을 세습하는 관례를 소멸시켜 종국적으로는 '계급교체'가 가능한 사회를 만들고자 한 것이다. 따라서 "양호가 자신과 비슷한 정치사상을 품은 공자를 자기 진영에 끌어들여 자기 세력을 강화하는 데 이용하려 했던 것은 어쩌면 당연한 사태의 흐름"[3]이었다.

양호가 공자와 달랐던 점은 그는 오로지 권력 쟁취와 향유에만 관심이 있었다는 사실이다. 양호는 삼환 타도의 대가로 맹손씨의 재산과 군대를 자신이 차지하려 했다. 즉 혁명의 결과를 사유화하려 했다. 혁명의 중간단계였다고 변명할 수도 있겠지만, '혁명이라는 명분은 가증스러운 탐욕을 감추기 위한 가면에 불과할 뿐'이라는 기득권층의 선전에 증거 하나를 보탤 뿐이었다. '계급타파란 결국 도둑질일 뿐이다. 백성들이여, 도적들에게 속지마라!' 민중에 대한 지배층의 이 같은 세뇌는 시대를 초월해 세계 곳곳에서 위력을 발휘했다. 이것이 양호 같은 도덕 부재 혁명론자들이 수없이 반복해 저질러온 역사의 과오였다.

---

* 귀족지위 세습 반대는 공자의 중요한 정치사상 중 하나다. 유가는 《춘추공양전》에서 조정의 상대부 벼슬인 경卿의 지위를 세습하는 것을 비례[世卿非禮也]라고 못박고 있다.

제값을 기다리는 사람

공자는 쉰 살이 되면서 출사에 강한 의욕을 느꼈다. 사후에는 타의 추종을 불허하는 지성선사至聖先師 반열에 올랐지만, 장년의 공자는 삶의 정점을 향해 비상飛翔하려고 욕망하는 한 인간이자, 직업적으로는 '교서상례敎書相禮', 즉 지식 전수와 제례 대행을 생업으로 하는 한 사람의 생활인이었다.

당시에 중간계급으로서 유사는 상위계급에 의해 기용되어야만 존재 가치가 있었다. 벼슬살이를 하거나 교서상례의 직무를 대행하지 못하는 유사란 생산활동 측면에서는 별 쓸모가 없었다. 이것은 당시 유사 계급이 처한 엄연한 현실이었다. 공문의 교과목 중에서도 예 교육이 큰 비중을 차지한 까닭은 바로 예교의 전수가 유라는 집단의 존재양식이었기 때문이다. 공자도 한 사람의 유로서 자신의 정체성을 지키며 그 지식으로 제자를 키우고 생업을 유지하였다. 그런 유자에게 부모형제를 모시고, 상례에 최선을 다하고, 선비로서 어떤 경우라도 체통을 잃지 않는 것, 그리고 무엇보다 벼슬을 얻어 군주와 대부를 보필하는 이른바 '출사공경出仕公卿'만큼 중요한 지상과제는 없었다.[4]

그러나 훗날 열국을 유랑하던 공자의 모습이 사람들에게는 벼슬에 안달복달하는 속유로 비쳤을 가능성이 얼마든지 있다. "공자는 섬길 임금이 석 달만 없어도 안절부절못하고 다른 나라에 들어갈 때는 반드시 임금에게 줄 폐백을 싣고 다녔다"[5]는 이야기가 떠돌기도 했다. 하지만 떠돌이 처지의 공자가 언제 있을지 모를 자신 또는 제자들의 출사에 대비하여 예물을 상비하고 다녔다고 해도, 일상적인 삶의 기준에서 볼 때 결코 이상한 행동이 아닐뿐더러 비난받을 일은 더더욱 못 된다. 사람은 생활을 해야 살 수 있는 존재이고, 더구나 공자는 한 집단을 책임지고 있던 사람이 아닌가.

벼슬을 해야 하늘이 부여한 천분, 가문이 물려준 직분을 수행할 수 있었다. 그래서 당시 사람들은 선비가 벼슬자리를 잃는 것을 제후가 나라를 잃는 것에 비교하고, 선비가 벼슬하는 것을 농부가 밭을 갈아 가족을 먹여살리는 것에 비유했다.[6]

따라서 "나이 마흔을 넘어서도 남에게 손가락질이나 당하면 더 볼 것이 없는 사람"[7]이라거나, "나이 사십, 오십이 되어서도 이름이 들리지 않으면, 이 역시 별 볼일 없는 사람"[8]이라고 말하며 '무직자'의 불안과 초조를 감추지 않은 공자에게 미래의 자본주의 사회에서 온 나는 공감히지 않을 수 없었다.

그 무렵의 공자에게 '불확실한 미래'는 자신에게 부여된 천명의 실체를 고뇌하게 만들었다. '천명을 알지 못하면 군자가 될 수 없다고 했거늘[9] 지금 나는 군자의 길을 가고 있는 것일까? 나에게 천명이란 무엇일까' 그렇게 그는 자신의 사명을 하늘에 묻고 또 물었을 것이다.

가끔 공자는 깊은 밤 잠들지 못하고 뒤척이다가 자리를 고치고 앉아 점을 치기도 했다. "내가 몇 년을 더 공부해 나이 오십에 주역을 제대로 이해할 수 있게 된다면 큰 허물은 면할 수 있을까?" 하고 말한 직도 있었다.[10]

공자는 나이 쉰이 다 되어서도 연배에 맞는 자리를 갖지 못하고 있는 자신이 불안했을 것이다. 비록 자기 탓이 아니라 그가 감내해야 할 시대의 탓이었다 해도, 시운을 만나고 못 만나는 것 또한 천명의 테두리 안에 있는 것이므로, 그는 초조한 마음으로 자신의 뜻을 펼 수 있는 '때'를 기다렸던 것이다.

"선생님, 여기 아름다운 옥이 있습니다. 그냥 궤짝에 넣어둬야 합니까, 팔아야 합니까?"

"무슨 소리, 당연히 팔아야 하고말고. 나도 좋은 값을 쳐줄 사람을 기다리고 있다."[11]

훗날 제자 자공과 나눈 이 대화에서도 유자로서 공자가 견지해온 직업의식을 읽을 수 있다. 듣는 이로 하여금 슬그머니 웃게 만드는 공자의 솔직한 토로는 그러나 노경에 이른 자의 달관만은 아니었을 것이다.

불타는 마음

양호의 집권과 몰락 과정은 노나라 정계에 핵폭탄 같은 충격을 안겨주었다. 기존 지배층은 양호의 권력찬탈을 별 저항 없이 받아들인 민심에 공포를 느꼈다. 귀족들이 반란에 대한 불안 속에 정치개혁을 외치고 있을 때, 비밀리에 공자를 필요로 하는 또 다른 인물이 있었다. 곡부에서 동쪽으로 200리쯤 떨어져 있는 요새에 웅거하며 '새로운 나라'를 구상하고 있던 공산불요라는 인물이었다.

양호가 제나라로 달아난 뒤 어느 날 밤, 비읍에서 무장농성 중인 공산불요가 공자에게 밀사를 보내왔다. 공자를 자기 진영으로 초빙하려는 것이었다. 공산불요는 대대로 계씨 가에 충성해온 가신으로, 계평자의 아들들이 후계싸움을 벌일 때 계환자가 아닌 동생 계오를 지지한 탓에 양호가 계환자를 축출하려는 거사에 동조한 터였다. 양호가 거사에 실패하고 망명해버린 후에는 비읍에서 계오, 숙손첩 등과 함께 계환자로부터 독립하려 하고 있었다. 비읍은 오랜 기간 계씨의 본읍이었던지라 상당한 군사력과 물적 토대를 갖추고 있어 하나의 나라로 자립할 수 있다는 자신감을 가질 만했다. 공산불요는 바로 이 '건국 계획'에 공자를 끌어들이려 한 것이다. '중니와 같이 원대한 꿈이 있는 사람이라면, 내가 내민 손을 잡지 않을까?'

공산불요의 생각은 어느 정도 들어맞았다. 공자는 공산불요의 은밀한 제안을 받고 일종의 격정에 휩싸였다. 아주 오랫동안 어떤 꿈을 간직해온 사람이 그 꿈을 이룰 길을 찾았다고 여겼을 때의 심정이라고나 할까. 공자의 가슴은 그저 흔들리기만 한 것이 아니라 뜨거운 불길에 휩싸인 듯한 상태였으리라.

'지금 인의를 아는 대부가 함께 새로운 치국의 도를 열어보자고 부르고 있다!'

공자의 마음속에 어찌 불길이 일지 않겠는가!

'주나라 문왕과 무왕은 겨우 사방 100리도 안 되는 풍과 호 땅에서 기업을 일으켜 마침내 주나라를 세워 왕 노릇을 하였다! 지금 비성이 작다고는 하지만, 주공의 계승자인 나라면 거의 치국의 도를 실현할 수 있지 않을까!'12

그러나 공자는 결국 공산불요의 제안을 받아들이지 않았다. 내가 지로에게 그에 대해 묻자 자로는 조심스럽게 그때의 일을 들려주었다.

"아무리 비읍이 부유하고 성채가 견고하다고 해도 노나라 전체로 보면 일개 읍성에 불과하다. 그 성 하나에 의지해 노나라 병권을 한 손에 쥔 계씨와 언제까지 맞설 수 있다고 보나? 노나라는 아직 삼환의 나라일세. 계씨로부터 벗어나기에 급급한 나머지 밀려서 자립하는 형국으로는 노나라의 개혁은커녕 스스로의 존립도 보장할 수 없을걸세. 그래서 내가 제자들을 대표하여 강력히 반대한 걸세. 선생님은 높은 이상을 지니셨지만, 현실을 보는 눈은 내가 선생님보다 나을 수도 있네."

"선생님이 공산씨에게 가지 않으신 건 결국 그런 현실론을 수긍했기 때문인가요?"

"선생님이 포부를 접은 데는 우리 제자들의 존재가 컸다. 양호의 사변을 수습하려면 새로운 제도와 인물이 많이 필요할 때가 아닌가. 그런 판국에 선생님이 훌쩍 계환자에게 반기를 든 공산씨에게 간다면 많은 제자들의 앞길이 어떻게 될까? 선생님은 결국 공문 전체를 놓고 고심한 끝에 최종판단을 내리셨네."

그렇다면 애초에 선생님이 공산에게 가려 한 '마음의 실체'는 무엇이었을까? 훗날 공자가 노나라 정치개혁에 나선 이야기를 듣고나서야 나는 그 마음의 실체가 바로 새로운 세상을 여는 '변혁'이었음을 깨닫게 되었다. 공자와 공산불요, 양호 등은 젊은 시절부터 같은 문제의식을 가지고 새로운 세상에 대한 꿈을 나누었을 것이다. 공자는 조정에 등용되자 그 자신도 양호나 공산불요처럼 노나라 정치의 재정립을 시도했다. 양호와 공산불요가 했던 것처럼 삼환 세력을 약화시키는 일에 공자도 착수했고 똑같이 실패했다. 공자도 결국 양호와 공산불요처럼 망명의 길을 떠나지 않을 수 없었다. 이는 당대의 정치현실 속에서 이들 모두가 당파를 떠나 같은 개혁 방향을 바라보고 있었음을 말해준다.

동쪽의 주나라를 꿈꾸다

나, 이생은 자로를 비롯한 고제들의 회고를 들으면서 그때까지 몰랐던 사실 하나를 알게 되었다. 공자는 공산불요의 제안을 놓고 자로와 격론을 벌이는 와중에 자기도 모르게 가슴속에 깊이 간직하고 있던 속마음을 꺼내 보이고 말았던 것이다.

"가지 마십시오. 하필이면 공산씨에게 가시려 하십니까!"
자로가 화를 내며 공자를 말렸다.
그러자 선생님께서 말씀하셨다.
"나를 부르는 사람이 어찌 아무런 뜻도 없이 부르겠느냐? 나를 쓰는 자가 있다면, 내가 그의 나라를 동쪽의 주나라로 만들 것이다!"[13]

'내가 동쪽 땅에 새로운 나라를 건설할 것이다!'
이는 부지불식간에 터져 나온 공자 스스로의 천기누설이었다고 나는 확신한다. '새 나라 건설'은 공자가 가슴속 깊이 간직해온 꿈이자 평생을 통해 줄기차게 추구한 원대한 이상이었다. 그러므로 '동쪽의 주나라 즉 동주*'는 막연한 수사修辭가 아니다. 공자가 이상국가로 여긴 초기 주나라를 모태로 하는 문화를 동쪽 땅에 완전히 실현하겠다는 의지의 표현이었다.
언젠가 한 제자가 물었을 때 공자가 이렇게 대답한 적이 있다.

대도가 행해지던 시대와 하 은 주 3대의 성현에게는 이 구가 아직 미치지 못하고 있지만, (언젠가는) 행할 뜻이 있노라![14]

공자가 어느 시기부터 자신을 '문명의 계승자'로 자리매김하고 '동쪽

---

* 주나라 입장에서 보면 노나라는 동쪽 땅이므로, 동주는 노나라를 가리킨다.

땅'에 주나라와 같은 문화국가를 건설한다는 웅지를 품었는지는 알 수 없으나, 그가 실제로 "주나라를 계승한 제4의 왕조를 꿈꾸었다"고 믿은 사람은 후대에도 많았다.[15] "공자는 주나라 제도를 개혁하고자 하는 의지를 피력한 적은 있어도, 주 왕실에 대한 충성을 공개적으로 천명한 적은 없었다"고 주장하는 사람마저 있었다.[16] 공자에게 '충忠'은 쇠락한 주 왕실에 대한 화석화된 충성이 아니라 백성을 위한 변혁의 갈구였다. 공자가 살던 혼란한 시대에 '역易'은 변혁, 곧 뜻있는 지식인의 당연한 시대정신이었다. 공자는 일찍이 공산불요에게 가려 했고, 망명 시절 중모성에서 조간자로부터 자립하려 한 노나라 출신의 진나라 대부 필힐佛肹에게도 가려 했다. 그의 정치적 지향은 따라서 "도덕적으로 아무런 하자가 없는"[17] 것이었다.

새로운 나라를 그려보는 공자의 마음속에 존재하는 유일한 사표는 '문명의 건설자' 주공이었다. 공자는 일평생 주공의 계승자로 자임했다. 목숨을 잃을 뻔한 공격을 당했을 때 공자는 이렇게 외쳤다.

> 문왕이 이미 세상에 없으니 그 문화가 나에게 있지 않으면 누구에게 있겠는가! 하늘이 이 문화를 단절시키고자 했다면 어찌 내가 있어 이 문화를 계승하고자 할 수 있었겠는가![18]

늙어 기력이 쇠해졌을 때도 마찬가지였다.

> 내가 이제 쇠하였나보다. 꿈에 주공을 뵙지 못한 지가 오래구나![19]

죽음이 임박하자 그는 외친다.

태산이 이렇게 무너지는가!

대들보가 이렇게 부러지는가!

철인이 이렇게 사라지는가![20]

마침내 그때가 오자, 그는 하늘을 향해 탄식한다.

명왕明王이 일어나지 않았으니 세상에 누가 나를 종주로 받들 것인가![21]

천명

'밝은 임금이 나타나지 않아 나를 기용해주지 못하니 후세에 누가 나를 새 나라의 종주로 받들 것인가'라는 한탄을 사람들은 어떻게 이해했을까? 나는 선생님의 꿈을 쫓아 그 행적을 추적할 때, 선생님에 대해 악평하는 사람들도 많이 만났다. 불가능한 일에 덤벼드는 사람이라는 야유는 그나마 연민이 섞인 것이었고, 아예 선생님을 과대망상증 환자로 치부하는 부류도 있었다.

봉황이 오지 않고, 하도河圖*가 나타나지도 않으니, 나의 시대도 이제 다하는가보다.[22]

선생님은 말년에 당신의 큰 뜻을 봉황과 하도같은 위대한 하늘의 계시와 비견하였는데, 이를 전해들은 악의에 찬 비판자들은 어이없어하

---

* 고대 황하에 나타났다는 신령스러운 그림.

며 가가대소呵呵大笑했을 수 있다. 그러나 그들의 어떤 비난도 선생님의 삶 전체와 철학을 깊이 이해하고 있지 않았다.

선생님의 높은 이상이 죽음의 순간까지도 원대할 수 있었던 것은 누구보다 선생님 자신이 그것을 확신했기 때문이다. 공자는 자신을 진실로 비범한 존재로 여겼고, 평생 동안 그 비범성을 실현하고자 하였다. 공자는 고대 문화의 건설자인 문왕의 도통道統을 계승할 사람으로 자임하고, 그 도를 세상에 펼쳤던 주공의 덕을 자기 시대에 펼치고자 했다. '동주'의 건설은 그런 자기 확신이 만들어낸 정치적 테제였다.

공자는 문명의 계승자라는 확신에 따라, 일생을 그토록 고단하게 자신을 등용해줄 명왕을 찾아나섰다. 밝은 눈의 임금이 있어 자신을 등용해야 비로소 자신은 주공이 되고, 자신이 주공이 되어야 임금을 밝은 눈을 가진 문왕으로 만들 수 있었다. '문왕'과 '주공'이 함께하고 봉황과 하도의 '천명'이 세상에 드러날 때 그의 대동세계는 건설될 수 있었던 것이다. 공자는 만년에 이르러 스스로의 한계를 인정할 때까지 그 꿈의 실현을 위해 매진했다. 죽을 때까지 '좋은 때를 만나 좋은 값으로 매겨져서 사방에 선이 가득한 세상을 이룩하기'를 소망했다. 공자는 천생 유사였으므로 그것은 스스로 설정한 숙명이자 천명이었다.

고단한 일생 속에서 공자가 마음 한편에 감추어놓고 진실로 부러워했던 부류는 탁류에 몸을 더럽히지 않고 비켜서 있는 은자였다. 공자가 평생을 유랑하며 '조롱박 신세'²³를 면하고자 했을 때, 은자들은 그런 공자를 경멸했다.

"이보게 공구, 그런 짓은 속유들이나 하는 걸세. 도대체 자네 같은 용이 무얼 더 바라기에 그렇게 일생을 비루하게 떠돈단 말인가."

공자도 인간이기에 이런 야유를 들으면 야속했을 것이다. 그래서 마음속으로 외쳤을 것이다. '나는 그대들과 다르다. 그래야 할 것도 없고 그러지 말아야 할 것도 내게는 없노라!'

그러나 공자는 은자의 야유 속에서 한 줄기 역설의 위안을 발견하고 싶어 했다. '있는 듯이 없고, 찬 듯이 빈 마음, 수모조차 수행으로 삼는'[24] 그 초월이 공자는 한없이 부러웠다. 유는 그럴 수 없으므로, 사는 조롱박처럼 매달려 있을 수만은 없으므로, 문명의 계승자는 결코 그래서는 안 되므로. '천명을 짊어진 몸이 어찌 잠시라도 쉴 수 있겠는가!'[25]

위대한 사명

천명을 이루기 위해 한시도 쉬지 않았던 공자의 꿈은 어떻게 되었는가? 공자의 칠십 평생은 누가 봐도 실패의 연속이었다. 공자는 양호처럼 권력을 얻지도 못했고, 이상주의자들에게 권력에 대한 희망을 부여하지도 못했다. 대신 공자는 그들에게 권력보다 영구적인 힘을 가진 '군자'라는 이름의 자부심을 가슴에 심어주었다. 붓과 책이 창과 방패보다 강하다는 확신도 심어주었다. 천명이라는 이름으로, 인류애라는 대의명분으로, 인간을 위하고 세상을 구하기 위해 용감하게 나아가, 권좌에 앉아 있는 불의한 강자를 대체하라는 사명을 부여했다.[26]

공자의 시대에는 이러한 위대한 사명이 성공할 가능성이 거의 없었다. 그러나 너무나 큰 꿈이어서 결코 실현 불가능할 것 같던 공자의 이상은 250여 년 뒤에 이뤄진 진秦나라의 중국 통일에 힘입어 제도화의 길로 들어섰다.* 불가능한 꿈처럼 보였던 공자의 '혁명'은 비록 오랜 시간과 수많은 시행착오를 겪으면서도 한 번 이룩되자 수천 년 동안 면면히 이어지며 한 문명의 마르지 않는 샘과 흔들리지 않는 뿌리가 되었다.

　나, 이생은 이제 삼가, 머리를 조아려 공자가 보여준 필생의 고군분투에 감사드린다. 전장과도 같은 인류 진보의 역사 속에서 공자와 함께, 공자를 따라, 공자와 더불어 인간다운 세상을 위해 분투한 수많은 이름 없는 영웅들 뒤에 거인처럼 서 있는 '한 사람 공구孔丘'를 내 마음속에 그려본다.

　공구는 참으로 정치력이 없는 사람이었지만, 또한 그처럼 이상이 큰 사람도 없었다. 공구는 자신의 꿈이 현실에서는 이뤄지기 어렵다는 것을 인정하기 싫어했다. 그러나 결국 그것을 받아들였다. 죽음이 얼마 남지 않았을 때였다. 그러자 공구의 마음도 담담해졌다. 쓸쓸했지만 외롭지 않았다. 세속의 꿈은 이뤄지지 않았으나, 빛은 이미 영원을 향해 출발했다고 그는 확신했다.

　"하늘을 원망하지도, 사람을 탓하지도 않으련다. 내가 진실로 최선을 다했음을 하늘은 알아줄 것이다."

---

* 기원전 221년 진나라의 통일 이후 비로소 세습제가 약화되고, 군현제가 실시되었으며, 유학이 국가이념으로 자리 잡았다. 과거제가 처음 도입된 것은 한참이나 후인 587년 수나라 때였다.

별록
——
공자와 노자

카를 야스퍼스가 말한 '축의 시대'에 동아시아에서는 공자와 더불어 또 한 사람의 위대한 현자가 있었다. 도가道家의 원조 노자老子이다. 유가儒家와 도가는 서로에게 거울 같은 존재이다. 공자가 정면을 응시한다면, 노자는 배후를 바라보는 눈이다. 유가가 인도人道를 행하면 도가는 천도天道를 사유한다. 인의仁義와 무위無爲가 공존하는 동아시아적 정신세계는 그렇게 창조되었다. 그래서 일찍부터 공자와 노자가 만나 사상을 교류했다는 '신화'가 생겨났고, 사마천은 그것을 '역사'로 기록했다. 신화와 역사가 공히 가리킨 대로 두 거인은 정말로 조우했을까? 만났다면 어떤 영향을 주고받았을까?

공자의 문도로서 나, 이생은 선생님과 노자의 만남을 추적하다가 노담老聃이라는 인물이 바로 '최초의 노자'였다는 결론에 이르게 되었다. 그러나 역사적으로 노자는 실존 자체가 불확실하다는 점에서 노담에 관한 나의 추론도 미지의 한계를 벗어나기 어려웠다. 그럼에도 공자와 더불어 노자를 이야기하지 않을 수 없는 것은 그를 빼놓고 동아시아 고대 사상을 온전히 말하기는 어려울 것이란 생각 때문이다.

이에 부족하나마 공자와 노자의 만남에 대한 이야기 뒤에 나, 이생이 전승을 토대로 작성한 노담의 약전略傳을 노담일사老聃逸事, 즉 '노담, 그 잊힌 이야기'란 제목으로 덧붙인다. 부디 노자라는 사람이 고대 동아시아 문명에 새긴 사상의 자취를 상상하는 데 조금이라도 도움이 되기를 바란다. 이 별록은 공자와 노자, 두 거인의 족적을 좇아 설화의 숲 속을 헤맨 한 늙은 순례자의 기록이다.

1장

공자,
노자를
만나다

낙양의 철인

공자는 박학다식한 사람이었다. 그는 묵묵히 알 뿐 결코 아는 체하는 사람이 아닌데도 그의 지식은 저절로 드러났다. 수십 년을 함께한 제자들은 그런 스승을 나면서부터 아는 사람, 즉 생이지지자生而知之者가 아닐까 여겼다. 그러나 공자는 제자들이 타고난 재능을 믿고 공부를 소홀히 할까 염려하여 자주 이렇게 말했다.

나는 결코 나면서부터 아는 사람이 아니다. 옛것을 좋아하여 부지런히 구하는 자일 뿐이다.[1]

어떤 이들은 공자의 학문하는 태도와 교수법의 원천을 궁금해했다. 공자는 제자들에게 진지하게 말하곤 했다.

열 집이 사는 작은 마을에도 반드시 나만큼 성실하고 신의 있는 사람이 있겠지만, 나보다 배우기를 좋아하는 사람은 없을 것이다.[2]

그대들은 내가 감춰놓고 가르쳐주지 않는 것이 있다고 생각하는가? 나는 결코 그런 일이 없네. 나는 그대들과 더불어 하지 않은 것이 없으니, 그것이 바로 나, 구의 본모습일세.[3]

공자에게 따로 학문적 계보가 없다는 사실을 끝내 믿으려 하지 않는 이들도 있었다. 공자 자신도 이런 질문이 종종 지겨웠던지, "어려서 비천하게 살았기 때문에 이것저것 주워들은 게 많았지"[4]라고 말하며 웃어넘기곤 했다. 가르쳐주는 사람 없이 공부하는 방법에 대해 질문을 받았을 때는 이렇게 대답했다.

세 사람이 길을 가도 그 가운데 스승으로 삼을 만한 경우가 반드시 있는 법. 좋은 점을 보면 본받고, 나쁜 점을 보면 반성의 대상으로 삼으면 되지.[5]

스승이란 어떤 사람인가, 하는 질문에는 이렇게 답했다.

옛것을 익히고 그것으로 미루어 새로운 것을 안다면 남의 스승이 될 만하다.[6]

훗날 제자 자공은 어떤 사람과 이런 대화를 남겼다.

위나라 대부 공손조公孫朝가 자공에게 물었다.
"공자께서는 어디서 배웠습니까?"
"문왕과 무왕의 가르침이 아직 땅에 떨어지지 않고 사람들 사이에 남아 있습니다. 현명한 사람은 그 가운데 큰 것을 알고 그렇지 못한 사람이라도 작은 것을 배우게 되지요. 위대한 성현의 도가 없는 곳이 없는데, 왜 선생님이 배울 곳이 없었겠습니까? 선생님께는 따로 스승이 없으셨습니다."[7]

자공의 분명한 회고에도 불구하고 언제부터인가 공자에게 스승이 있었다는 주장이 생겨났다. 공자에게 예를 가르쳤다고 전해지는 사람은 '노자'라고 존칭되는 어떤 인물이다. 훗날 도가들이 자신들의 비조鼻祖로 여긴 바로 그 철인哲人이다. 노자가 공자의 스승이었다는 설은 의도적으로 노자를 높이고 공자를 낮추려는 도가 우위 시대의 산물이다. 사상경쟁이 낳은 가공의 이야기일 가능성이 큰데도 이 믿음은 매우 오랫동안 지속되었다. 아마도 그렇게 믿고 싶은 이유가 대중들 속에 잠재해 있었을 것이다. 허구적인 신화나 설화가 생겨나 수천 년간 전승될 때는 그 원천이 되는 '사실'이 실제로 존재했을 가능성이 높다. 나, 이생도 그 설화의 '기원'이 궁금하여 선생님이 돌아가신 후, 중국의 여러 지방을 여행하며 전설의 진원과 진위를 추적했다.

노자는 누구인가

공자가 스승도 없이 집대성의 경지에 이르렀다는 사실은 공자 생전에도 그렇고, 사후의 사람들에게도 매우 특이하게 여겨졌다. 사람들은 공자의 어록과 행적을 근거로 공자가 스승으로 삼았음직한 사람들을 애써 꼽아보기도 했다. 공자가 고대 관제官制에 밝은 것은 젊어서 담자에게 배웠기 때문이고, 음악에 정통한 것은 장홍萇弘과 사양자의 지도가 있었기 때문이라고 짐작했다. 공자가 존경한 현자로는 위나라의 거백옥, 제나라의 안영, 초나라의 노래자老萊子, 정나라의 자산, 노나라의 맹공작孟公綽 등과 함께 '낙양의 노자'가 거명되고 있다.

열거된 '현자들' 가운데 노자는 유일하게 실존 자체가 논란이 되는 인물이다. 그럼에도 공자에게 직접 '예를 가르친 것은 물론이고 일종의 도덕적 깨달음을 전수한 사람'으로《사기》등 역사 기록에까지 올라 있다. 게다가 유가와 쌍벽을 이루는 도가 사상의 원조로 추앙되고 있으니, 만약 그가 실제로 공자와 동시대를 살면서 사상을 교류하였다면 이는 인류 문화사의 중대 사건이 아닐 수 없다. 그러나 아쉽게도 선생님의 어록에는 노자라고 불리는 인물은 등장하지 않는다. 대신 이름이 비슷해 혹시 노자가 아닐까 추정해볼 수 있는 노팽老彭이 선생님의 육성에 실려 딱 한 번 등장한다.

선생님께서 말씀하셨다. "서술하되 창작하지 않음은 옛것을 믿고 좋아하기 때문이니, 나는 이를 몰래 우리 노팽과 견주어보노라."[8]

내가 언젠가 고제들에게 이 노팽이라는 사람에 대해 물어본 적이 있다. 유사 출신의 제자들은 대개 이 노팽이라는 이름을 알고 있었다.

"노팽은 선생님이 존경한 고대 무 축巫祝*의 한 사람으로, 유명한 열 명의 대무大巫 중 네 번째인 무팽巫彭이라는 분이다.[9] 축도문을 낭송하고 전승하는 집단인 사무史巫의 원조라고 할 수 있지. 고천의식告天儀式을 치를 때 훌륭한 사무는 신의 뜻을 정확히 전수하고 전달할 뿐, 사사롭게 의미를 더하거나 빼지 않았다. '서술하되 창작하지 않는나'는 징신은 무축의 전통을 이어받아 유儒를 이루신 선생님께서 저 위대한 현자로부터 고도古道의 연원을 찾으며 겸손하게 자부하신 말씀이다."

"그렇다면 노팽이라는 이름 앞에 붙은 노老는 무팽을 높이는 수식어이지, 이름이 아니라는 말씀인가요?"

"노라는 글자는 단순히 나이가 많음을 뜻하는 게 아니다. 지혜와 경

---

* 고대 사회의 제사장으로 무당의 원류.

험이 풍부해 남의 스승이 될 만한 사람을 가리킨다고 봐야지. 임금의 스승을 '삼로三老'라 부르기도 하는 것처럼. 여러 나라에서 '나라 안의 삼로를 존중한다'며 고을의 현명한 노인들을 찾아 우대했고, 민간에서 농사 경험이 많은 지혜로운 농부를 '노농老農'이라 불렀던 것도 좋은 예라고 할 수 있다. 선생님께서도 '나는 노농보다 못하다'[10]는 말씀을 하신 적이 있는데, 이때도 단순히 늙은 농부가 아니라 농사 경험이 풍부한 농부를 말씀하신 것이다."

'노팽'이 무팽을 높이는 말이고, '노'라는 수식어가 '나이가 많고 지혜와 경험이 풍부하다'는 뜻의 형용사라고 본다면 '노자老子'는 '나이 많고 지혜와 경험이 뛰어난 선생님'을 뜻하는 보통명사가 된다. 우리가 궁금해하는 노자는 이 보통명사에서 출현한 사람일 것이다. '나이 많고 지혜로운 선생님'으로 존칭된 어떤 사람이 어떤 특별한 사건과 함께 오랫동안 사람들 사이에 전승되는 과정에서 '노자'가 그의 이름으로 굳어졌으리라.

사실事實과 사실史實

노자라는 사람이 실제로 존재했으며 공자에게 예를 전수했다는 이른바 '문례問禮 설화'가 역사적 사실로 '공인'된 데는 역사가 사마천의 역할이 결정적이었다. 사마천은 중국사를 통틀어 최고의 역사가로 꼽히는 인물이다. 그가 자신의 사서에 노자를 실존 인물로 기록한 이후 중국에서 노자의 존재를 의심하는 사람은 거의 없게 되었다. 만약 사마천이 이 문례 설화를 역사적 사건으로 간주하지 않았다면, 공자와 노자의 조우도 실제 있었던 사건이기보다는 '설화'의 테두리 안에서 후세에 전해졌을 것이다. 사마천은 《사기》에서 이때의 일을 이렇게 기록하고 있다.

노나라의 남궁경숙이 노나라 군주에게 말했다. "공자와 함께 주나라에 가고자 청합니다." 이 말을 듣고 노나라 군주는 그에게 수레 한 대와 말 두 마리 그리고 어린 시종 한 명을 갖추어 주고 주나라에 가서 예를 물어보게 했다. 공자는 이때 노자를 만났다고 한다.[11]

노자는 초나라 고현 여향 곡인리 사람으로 성은 이李씨, 이름은 이耳, 자는 백양伯陽, 시호는 담聃이다. 주나라의 장서를 관리하는 사관史官이었다. 공자가 주나라에 가 머무를 때 노자에게 예를 물었다[孔子適周 將問禮於老子].[12]

이를 종합하면, 노자는 '주나라 사관을 지냈으며, 공자가 주례를 수집하기 위해 주나라 도읍 낙양에 갔을 때 공자에게 예를 전수한 사람'을 가리킨다.

공자가 노자를 찾아가 예를 배웠다는 문례 설화는 매우 유명하여, 역사가 사마천이 태어나기 전부터 유가와 도가를 말하는 사람치고 한두 번 이상 입에 올리지 않은 사람이 없을 정도였다. 장자를 비롯한 후대 사상가들이 공자와 노자의 대화 형식으로 자신의 사상을 설파하면서 사상사의 맥락 속에서 노자의 실존은 더욱 확고해졌다. 전국시대의 제자백가 쟁명기를 거쳐 진한秦漢 시기의 국가이념 수립 과정에서 공자와 노자 사상은 치열하게 경쟁하는 관계가 되었고, 공자 사후 300여 년 뒤 사람인 사마천이 살던 한나라 시대에 이르러서는 이미 양립불가의 정신세계로 여겨졌다. 사마천은 당시 두 사상의 대립상을 이렇게 묘사하고 있다.

세상에서 노자의 학문을 배우는 이들은 유가 학문을 내치고, 유가 학문을 배우는 이들은 역시 노자의 학문을 내쳤다. '길이 다르면 서로 도모하지 않는다'라는 말은 정말 이를 두고 한 말일 것이다.[13]

그러나 내가 공문의 일꾼이 되어 여러 문도들과 생활할 때 그 누구로부터도 '노자'라고 존칭되는 현자에 대해 들은 적은 없었다. 만약 공자보다 나이가 많고 대중적으로 인기가 높은 노자라는 저명한 현자가 있어서 공자에게 특별한 가르침을 전수했다면, 민간 학숙으로서 학생들을 유치해야 하는 공문의 입장에서 이를 적극적으로 활용하지 않을 이유가 없을 텐데 말이다. 선생님 생전이든 사후든 노자라는 인물이 존숭되거나 반대로 폄하된 흔적을 선생님의 어록, 즉《논어》에서는 찾아볼 수 없다는 사실은 무엇을 뜻하는가? 그것은 노자가 후대에는 도가 사상의 비조로까지 떠받들어지는 위대한 인물이었을지라도, 적어도 이 시기의 노나라나 제나라에까지 대중적으로 알려진 현자는 아니었음을 시사한다.

그러나 공자가 살던 시기는 고대로부터 내려온 '고도'가 완전히 분화되기 전이었다. 이때의 '사상'들은 멀리 떨어진 지역에서 발생하여 장시간에 걸쳐 마치 산속에서 메아리가 퍼져나가는 것처럼 전파되고 공명되었다. 그래서 이때의 '사상가'들은 훗날 유가니 도가니 하는 이름이 붙여지기 전에는 특정한 계보로 분리되기 어려운 동출이명同出異名의 '혈통'을 나눠 가지고 있었다. 공자와 노자도 그렇게 서로의 존재를 모르는 현자들로서, 자신들도 모르는 사이에 사상적으로 교감하고 교류했을 수 있다.

아무튼 사마천은 노자가 공자에게 예를 전수했다고 기록해놓고도 정작 그 자신도 노자가 어떤 사람인지를 확신하지는 못했던 듯하다. 사마천은 노자를 "공자와 동시대를 산 주나라 사관 노담"이라고 해놓고 뒤에 가서는 "어쩌면 초나라 사람 노래자, 또는 훗날 주나라 태사를 지낸 담이라는 사람이 노자일지도 모른다"는 식의 여운을 남겼다. 적어도 사마천의 시대까지 노자는 실체를 판단하기 어려운 인물이었던 것이다. 사마천은 사가로서 노자의 존재를 기록하면서도 그 근거에 대한 설명이 어렵자, 그를 그냥 "은군자隱君子"라고 얼버무리고 말았다.[14] 즉 '숨어 산 사람이기에 그 생애를 정확히 알 수 없다'는 변명이나 다름없었다.

그리니 나는 최초의 노자는 분명 '노담'이라는 인물이었다고 생각한다. 내가 여러 고제들의 증언을 종합한 결과, 공자는 주례를 수집하러 주나라 수도 낙양에 갔을 때 노담을 만났으며, 그가 바로 후대에 '대철학자 노자'로 지목되는 최초의 사람이었다.

사마천은 시대적 한계로 인해 노자의 실체를 확정하지 못했지만, 그때나 지금이나 가장 자연스러운 결론은 우리가 현재 알고 있는 노자는 여러 세대에 걸쳐 창조된 '역사적 인물'이라는 것이다. 따라서 '최초에 실존한 노담'이 '최후에 완성된 노자'는 아니지만, 노자라는 인물의 기원이 되었으리라고 보는 것이 합리적인 추론이다.

노담이 '최초의 노자'일 가능성을 높이는 '물증'도 있다. 《노자》 또는 《도덕경道德經》이라 불리는 5000언言의 짧은 책이 그것이다. 이 책 내용을 분석해보면, 공자보다 훨씬 후대의 사람들이 만든 위문僞文들이 적지 않게 포함돼 있어 책의 진위 자체가 의심되기도 한다. 그러나 책의 기본 뼈대나 원천 사상의 표현방식에서는 한 사람의 일관된 관점이 아니면 나올 수 없는 부분이 더 많다. 이는 적어도 이 책이 최초에 쓰일 때는

저자가 단일한 한 사람이었음을 강력히 시사한다. 그 '최초의 저자'가
바로 '최초의 노자'라면, 가장 유력한 '용의자'를 나는 노담이라고 상정
한다.[15]

그렇다면 노담은 과연 어떤 인물이었으며, 공자를 만났을 때 무슨 대
화를 나누었을까? 공자는 그로부터 어떤 영향을 받았을까? 이에 대한
사서의 언급은 지극히 단편적이고, 유가의 경쟁자들이 남긴 진술은 일
방적이어서 객관성을 담보하고 있지 못하다. 나는 두 사람이 나눈 생생
한 육성이 궁금해 한동안 잠을 못 이룰 지경이 되었다. 견디다 못해 어
느 날부터인가는 선생님과 함께 낙양에 갔던 고제들의 뒤꽁무니를 쫓
아다니며 질문하기 시작했다.

"선생님과 함께 낙양에 갔던 이야기를 들려주세요. 거기서 누구를 만
나 무슨 이야기를 했나요?"

"선생님이 주례를 수입하러 갔던 주나라 낙양에서의 일 말이냐?"[16]

"그렇습니다. 그때가 언제였나요?"

노담, 낙양의 은둔자

공자가 노자를 만난 사실에 좀더 가깝게 접근하기 위해서는 사마천
의 기록을 꼼꼼히 분석해볼 필요가 있다. 기록에 특정되어 있지 않으나
공자 일행이 낙양에 간 시기가 언제인지도 매우 중요하다. 시점에 따라
공자와 노자의 나이, 그에 따른 학문적 수준 등을 어느 정도 추정해볼
수 있기 때문이다. 이는 사상의 교류가 고도의 사색을 요구한다는 점을
생각할 때 무시할 수 없는 조건이다.

"저, 이생이 듣기로 선생님이 주나라 수도 낙양에 가서 노자를 만난

게 17~30세거나 34~35세 때의 일이라고 하던데, 사실인가요?"

"둘 다 틀렸다. 선생님이 20대를 전후한 시기에 유儒의 일원으로 여러 지방을 다니며 상례喪禮를 수집하신 적이 있는데 그때 낙양에도 들렀을 수 있겠지만, 남궁경숙과 함께 낙양을 공식 방문한 것은 훨씬 뒤의 일이다. 또한 선생님이 34세 때는 맹손씨의 수장인 맹희자의 삼년상이 치러지던 때라 그의 아들인 남궁경숙이 먼 여행을 할 수 없었다."

고제들의 여러 증언과 시대적 상황, 공자의 행적 등을 종합해보건대, 선생님이 주례를 배우러 낙양을 방문한 시기는 노나라 정공 4년, 즉 기원전 506년께였다. 이때는 선생님이 제나라 망명에서 돌아와 곡부에 학숙을 다시 연 지 4년째 되던 해로, 선생님의 나이 45~46세 때였다.[17]

기원전 507년 노 정공이 즉위한 지 3년째 되던 해 노나라는 각종 국가의식을 치르기 위한 예법과 시설물을 재정비할 필요성을 심각하게 느끼고 있었다. 노나라 집권당인 삼환은 내부 논의 끝에 주나라 왕실이 비전秘傳하고 있는 고례전장古禮典章을 구해 올 사절단을 낙양에 보내기로 결정했다. 이때의 일을 자로는 이렇게 회고했다.

"당시 조정과 삼환은 정통성의 위기에 시달리고 있었다. 돌아가신 소공께서 7년을 망명해 있는 동안 조성과 공실의 예법이 많이 흐트러지거나 망실됐고, 소공의 아드님이 폐세자가 되고 대신 동생인 정공이 계씨의 의해 옹립되면서 임금의 정통성이 더욱 취약해져 있었다."

염백우가 수염을 쓸며 말을 이었다.

"정공이 즉위한 이듬해 궁궐 남문의 양관兩觀이 불에 탔지.[18] 양관은 국법과 조정의 포고문을 게시하는 곳인데 이곳을 방화했다는 것은 명백한 반체제 시위였지. 게다가 임금께서 진晉나라에 조공을 갔다가 황하도 건너보지 못하고 되돌아오자 삼환도 더 이상 이 상황을 방치해선 안 되겠다고 생각했을 거야."

삼환 세력은 정권유지를 위해 자신들이 옹립한 정공의 정통성을 조속히 안정시킬 필요성에 공감하게 되었고, 그 방책의 하나가 국가 예법의 복구였다. 주나라로서도 노나라 사절단의 방문은 환영할 일이었다. 주나라는 십여 년 전 왕실 내란에서 패배한 서왕 세력이 주나라 왕실의 고대 전적들을 가지고 초나라로 망명하는 바람에 예법 시행에 중대한 공백을 맞고 있었다. 주 왕실은 내란이 수습되고 낙양이 안정되자 왕족을 봉한 동성同姓 제후국이 소장한 주 왕실 관련 전적들을 왕실도서관에 바치도록 했다. 주나라 왕실 입장에서 보면 실질적인 주나라 창업자인 주공의 봉국으로 유일하게 왕례王禮로 제사하고 있는 노나라의 사례는 가장 밀접한 상고 대상이었을 것이다. 삼환 입장에서도 노나라 역사서인《춘추》와 천문·역법을 담은《역상易象》등 노나라가 개찬한 전적을 바쳐 주나라 왕실과의 관계를 돈독히 할 수 있는 좋은 기회였으리라.

"아, 그렇게 되어 노나라 사절단이 주나라 도읍 낙양에 갔군요. 그런데 그 일을 남궁경숙과 공자가 맡은 이유는 무엇입니까?"

"이때 집정대신인 계평자는 낙양 사절단의 임무를 삼환의 큰집인 맹손씨에게 일임했다. 맹손씨가 대대로 사공 벼슬을 세습했기 때문이지. 사공은 궁궐과 성곽, 조정 묘당과 묘역 등의 건설과 보수를 담당했으므로, 그에 따른 예법을 정비하고 관리하는 업무도 관할했다. 맹손씨가 주례를 수집하는 일을 맡은 것은 이런 연유였지. 정공 원년에 낙양의 성주성을 새로 쌓을 때 여러 제후국들이 역부役夫와 물자를 바쳤는데, 우리 노나라에서는 맹의자가 이 일을 맡았던 것도 같은 이유였다."

"선생님이 이 일에 참여하게 된 데는 어떤 계기가 있었나요?"

내 질문에 안연이 조용히 당시의 정황을 설명해주었다.

"맹의자와 남궁경숙은 쌍둥이 형제로 이때 나이가 25~26세였다. 맹의자는 이 중요한 임무를 동생 남궁경숙에게 맡겼는데, 아직 예법 전반에 대해 잘 알 수 있는 나이가 아니었던 만큼, 사절단을 자문하고 지도할 예악 전문가가 필요했지. 그때 그들의 눈에 띈 분이 스승님 말고 누가 있었겠는가?"

맹의자·남궁경숙 형제의 아버지는 맹희자로, 임종하면서 자식 교육을 공자에게 맡기라고 유언한 바 있었다. 즉 공자는 이 형제의 스승이었다. 공자의 아버지 숙량흘이 맹손씨가 주도한 전투에 장교로 참여해 큰 공을 세워 두 집안이 인연을 가지게 된 것도 공자가 중대한 임무의 국가사절단 일원으로 선발되는 데 일정하게 작용했을 것이다.

"맹의자 형제가 사절단 자문관으로 스승님의 동행을 정공에게 청하자, 임금께서 특별히 수레 한 대와 말 두 마리 그리고 어린 시종 한 명을 하사하기도 하였지."

자로가 안연을 바라보며 웃었다.

"그 어린 시종이 바로 저 사람 안연일세. 하하하."

공자는 낙양 사절단에 공문의 여러 제자를 데리고 갔다. 이때 공자를 수행한 제자로는 자로를 비롯해 염백우, 안연의 아버지 안로 등 초기 제자들이 있었고, 안연이 시동으로 뽑혀 이 여행에 참가했다. 안연은 이때 10대의 나이로 곡부의 사족 사이에서 수재로 소문이 자자했다. 공자는 공문의 미래이자 자신이 아들처럼 아끼는 안연을 데리고 가 낙양의 높은 문물을 직접 보고 배울 기회를 주고 싶었던 것이다. 훗날 안연이 공자의 여러 제자 중에서 철학자의 면모가 가장 두드러지게 된 것이 어쩌면 이 여행에서 노담을 만난 영향이었으리라는 상상도 해보게 된다.

노나라 문례 사절단이 낙양에 도착한 것은 기원전 506년 공자 46세 때였다. 낙양은 이때 동왕과 서왕 간의 왕위다툼이 동왕의 승리로 일단락된 지 10년이 지나고 있었다. 왕실 내부의 갈등이 진화되고 성주성을 비롯한 왕도의 주요 시설들이 재정비되는 등 내란의 후유증이 어느 정도 수습되고 있던 시점이었다.

사절단의 선발대로 먼저 낙양의 동정을 살펴본 자로가 보고했다.

"우리의 임무상 낙양에서 꼭 만나보아야 할 인물은 우선 장홍이라는 대부가 될 것 같습니다. 그는 태사로서 천문과 귀신의 일에 능통해 3대에 걸쳐 왕실의 총애를 받고 있습니다."

남궁경숙이 말했다.

"장홍이라면 3년 전 형님이 낙양 성주성 축성에 참가했을 때 축성 책임자였습니다. 그때 우리 집안과 인연을 맺은 사람이니, 그를 잘 활용하면 어렵지 않게 이번 임무를 수행할 수 있을 것 같군요."

장홍은 음악에도 뛰어났는데, 이때 공자는 장홍과의 교류를 통해 주나라의 궁중음악과 주나라가 여러 제후국으로부터 수집한 시詩에 대해 많은 견문을 얻을 수 있었다.

"장홍이 현직에 있는 가장 뛰어난 지식인이라면, 재야 인물로는 노담이라는 전직 태사가 으뜸이라고 합니다."

자로가 공자에게 따로 말하였다.

"제가 낙양에 먼저 와보니 일반 사관들이 한결같이 노담을 대석학으로 존경하고 있었습니다. 우리가 편찬한 책들을 주 왕실이 소장하게 하는 데는 노담의 감수가 지름길이라고 합니다."

공자도 낙양에 들어와 여러 경로로 노담에 대해 더 알아본 뒤 남궁경숙에게 말했다.

"낙양의 재야에 노담이라는 노사老師가 계시다는데, 사람들이 이구동성으로 그가 옛일을 넓게 알고 지금 일도 모르는 것이 없으며, 예악의 근원에 능통하고 도덕의 귀추에 밝다고 말합니다. 사절단이 가르침을 받을 만한 듯하니, 노담과 따로 만날 수 있도록 주선해주십시오."[19]

노담은 태사를 지낸 할아버지와 아버지가 왕실로부터 장로長老의 예우를 받은 이래 자신도 그 존칭을 물려받아 '담 선생' 즉 '노담'이라 불렸다. 노담은 일찍이 정치에 환멸을 느껴 오로지 주 왕실의 도서관장으로서 고도를 지키고 전승하는 일에만 전념하다가 얼마 전에 예순이 넘은 나이로 은퇴한 터였다.

훗날 자로 등 나이 많은 제자들이 회상했다.

"노담을 만나보니 석학이 따로 없었다. 선생님의 박학이야 우리가 모르는 바 아니지만, 노담의 박학 또한 대단했다. 나이 많은 철인답게 사물을 초월직 경지에서 인식하는 심오한 직관을 가지고 있었다. 사관으로 오래 재직하면서 여러 정치적 사건을 경험한 탓인지, 치술治術에도 남다른 조예가 있었다."

아직 어린 나이였으나 시동인 관계로 스승과 노담의 대화를 곁에서 들을 수 있었던 안연은 노담에게 깊은 인상을 받은 듯했다.

"제가 보기에 노사께서는 궁정생활을 경험하고 동시에 일반 백성들의 비참한 생활을 목격하여 정치의 양면에 대해 깊은 통찰을 얻은 듯했습니다. 언제부터인지는 모르겠지만, 우리가 그분을 뵈었을 때는 이미 명상생활의 묘리를 터득한 사람처럼 보였습니다. 마치 끝 모를 해저를 유영하는 바다용처럼, 붉은 태양을 스치며 구만 리 장천을 날아가는 하늘용처럼 도의 심연을 가로지르는 듯했습니다."

공자 일행은 노담과의 만남이 주선되자, 노담이 살고 있다는 낙양의 북망산 아래 초옥으로 찾아갔다. 공자와 노담은 나이차가 스무 살 남짓이었다.[*] 이때 나눈 대화 내용의 일부가 사서에 실려 전하고 있다. 그러나 어떤 것은 가탁의 흔적이 농후해 진위 자체가 의심스럽고, 어떤 것은 너무 단편적이어서 전후 맥락을 알기 어려워 후대 사람들의 아쉬움을 사고 있다. 내가 가장 궁금했던 것도 바로 그 사라진 대화의 진정한 주제와 내용이었다. 과연 두 사람은 무슨 말을 주고받았을까? 일행의 수레가 북망산 아래 대나무숲에 이르자, 멀리서 시동이 일행을 맞이하러 달려오는 것이 보였다. 낙양의 아침 해가 정오를 향해 가던 어느 날이었다.

---

[*] 20세기 중국 사상가이자 역사학자 호적胡適은 노자의 나이를 공자보다 약 20살 위로 추정했다.

같은 뿌리, 다른 이름

40대의 공자와 60대의 노담이 나눈 대화는 단편적으로 전해지고 있다. 사마천이 '사실'로 채택해 역사의 일부가 된 짧은 언술이 《사기》에 실려 있고, 《장자》에는 두 사람의 철학적 '대화'가 일곱 편 실려 있다. 좀 더 후대에 성립된 《예기》에는 노담이 공자에게 상례를 지도한 일화가 등장한다. 그 밖에도 공자와 노담(혹은 노자)의 관계에 대한 글들이 여기저기 산재해 있다.[20] 그러나 그 어느 것도 주제와 내용, 결론에 이르는 대화의 총체적인 상을 보여주지는 못한다. 심지어 《장자》 속 대화는 읽는 이로 하여금 비유와 은유로 가득 찬 우화의 숲 속을 헤매게 만든다.

아무튼 파편을 모아 전체 그림을 완성하듯 두 사람의 만남에 최대한 가깝게 접근하기 위해서는 몇 가지 '현실적인' 대화 조건들을 염두에 두어야 할 것 같다. 우선 낯선 사람들이 처음 만날 때의 '관계 설정'을 생각하면, 20여 년의 나이차를 무시할 수 없다. 공자가 멀리 제후국에서 온 벼슬 없는 사士이고, 노담은 왕실 태사를 지낸 대석학이라는 지위의 차이도 반드시 고려해야 한다. 도, 덕, 예, 인의 같은 철학적·정치적 주제를 자유롭게 논할 수 있는 지적 수준, 인생의 좌절과 울분을 우아한 방식으로 토로할 수 있는 자기 절제력을 갖추고 있는지도 감안해야 한다.

대화의 실질적인 주제가 무엇이었을지를 생각할 때는 공자의 공식 임무가 주례의 습득이었다는 사실이 가장 중요하다. 주례란 무엇인가? 그것은 주나라에서 공식적인 예를 집행하는 실무적인 지식만을 말하지 않는다. 큰 범주의 예란 사회규범과 제도를 말한다. 즉 공자 일행이 낙양에 온 목적은 주나라의 규범과 제도에 관한 전범을 전수받는 것이었다. 노담이 혼란했던 주 왕실 정치에 절망한 '정치적 인간'이라는 사실은 두 사람의 대화 속에서 어떤 '정치성'을 찾아보게 만들 수 있다. 공자와 노담은 주례와 불가분의 관계에 있는 정치적 사건들을 토론했을 수 있다. 아마도 서로의 수준을 인정한 뒤에는 심중의 정치철학까지도 서로 꺼내 보였을 가능성이 있다.

염백우가 훗날 나에게 들려주었다.

"그때 우리가 보기에 노담은 훗날 선생님이 유랑하던 시절에 만난 피세의 은일자들과는 격이 달랐네. 정치적 염세주의가 강했지만, 근본 정치철학은 성인, 즉 성왕을 중심으로 한 '무위의 정치'라는 덕치의 구축을 요체로 하고 있었지. 그의 사상은 적극적인 사회철학이면서 또한 강력한 군주론 같았다네."

안연이 덧붙였다.

"노담은 역사철학자이기도 한 사람, 그의 사상은 정치의 흥망성쇠를 관찰한 경험의 축적에서 나온 것 같았습니다. 그래서일까, 그의 염세주의는 오히려 '구원'을 위한 일종의 정언명령처럼 들렸습니다."[21]

대화록 1 도와 덕

다양한 증언을 토대로 나는 선생님과 노담이 나누었던 대화의 일부를 다음과 같이 재구성해본다. 훗날 눈 밝은 이가 나타나 두 사람의 대화를 새롭게 정리할 때 하나의 예로 참고할 수 있다면 다행이겠다.

공자와 노담이 번갈아가며 말했다.

"일찍이 우리 선조들께서는 도를 전수함에, '아침에 도를 들으면 저녁에 죽어도 좋다'[22]는 결사決死의 자세로 임하였습니다."

"좋구려! 선비의 그 패기가! 그러나 만물의 심연이요 근원인 도를 어찌 한 번에 깨달을 수 있으리오? 도란 깊고 맑아서 마치 있는 듯이 여겨지지만, 나도 그것이 누구의 자식인지조차 모른다오."[23]

"군자가 근본에 힘쓴다면 어찌 도가 생生하지 않겠습니까!"[24]

"좋구려, 선비의 그 밝음이! 보통의 선비는 도를 들으면 도가 마음에 있는 것 같기도 하고 없는 것 같기도 하고, 조금 낮은 선비는 도를 들으면 크게 웃습니다. 하긴 웃지라도 않으면 도라고 할 것도 없겠지요. 그런데 그대와 이야기해보니 '뛰어난 선비는 도를 들으면 힘써 행한다'[25]고 하는 말이 결코 빈말이 아니구려. 내 그대와 더불어 도를 논함이 즐거울 것 같소이다."

"사람[人]은 하늘의 도[天道], 땅의 이치[地理]와 더불어 삼재三才의 조화를 이룬다고 합니다. 그러므로 덕은 하늘과 땅과 짝하여 그것으로 만물을 이롭게 하며, 해와 달과 더불어 빛나니 온 세상을 밝게 비추면서 또한 아주 작은 존재라도 버리지 않습니다."[26]

노담이 금을 끌어당겨 퉁기며 노래로 화답했다.

큰 덕의 모습은 오직 도를 따른다.
예부터 지금에 이르기까지 그 이름이 사라지지 않으니
내가 이로써 중생을 살핀다.
내가 그 이름을 알지 못하니

글자를 붙여 도라 이르고

굳이 말하라면 크다고 하리라.

도가 크니

하늘도 크고

땅도 크고

사람 또한 크리라

사람은 땅을 본받고

땅은 하늘을 본받고

하늘은 도를 본받고

도는 자연을 본받느니라.[27]

공자가 다시 말했다.

"선비란 도에 뜻을 두고 덕에 의거하는 자이니, 모름지기 자기의 덕을 닦는 데서 도를 시작합니다. 자기를 수양하고[修身] 그것으로 집안을 가지런히 하고 나면 비로소 문밖을 나섭니다[齊家]. 자기를 닦고 집안을 가지런히 할 수 있는 품성과 능력이 있으면 비로소 사람들을 편안하게 하는 도에 참여합니다[治國]. 한 나라의 치도를 이룬 후에는 천하가 안정되는 일에 나아갑니다[平天下]. 수신제가치국평천하! 이것이 선비 된 자의 길입니다."

노담이 공자의 말을 듣고 읍하며 답했다.

"그대의 생각이 나와 조금도 다름이 없구려.

잘 세운 사람은 뽑아버릴 수 없고

잘 끌어안는 사람은 벗어날 수 없다

자손은 대대로 제사를 받들어 끊어지지 않게 한다.

자기 몸을 닦으면 그 덕이 곧 참되고

자기 집안을 닦으면 그 덕이 곧 넘치고

자기 고을을 닦으면 그 덕이 곧 오래가고

자기 나라를 닦으면 그 덕이 곧 풍요하고

천하를 닦으면 그 덕이 널리 퍼지리라.

그러므로 자기로써 자기를 살피고

집으로써 집을 살피고

고을로써 고을을 살피고

나라로써 나라를 살피며

천하로 천하를 살피느니라.

외람되게도 내가 천하의 지노에 대해 왕공王公들에게 감히 말할 수 있었던 건 바로 이런 이치를 알았기 때문이지요."[28]

이어서 공자가 말했다.

"위정이덕爲政以德이라 하니, 치도의 요체는 덕치입니다."

노담이 말을 받았다.

"또한 무위이치無爲而治이니, 억지로 하지 않는 다스림을 일컫습니다."

두 사람은 서로 상대방을 향해 정중하게 읍했다. 그리고 노담은 주인의 예로서 공자에게 차를 권한 뒤 금을 끌어당겨 다음과 같은 노래를 들려주었다.

천하를 취한 자들을 살펴보면

그것이 마지못해서였을 때 얻을 수 있음을 알 수 있네.

천하란 신령스러운 그릇이어서

억지로는 취해지지 않는 법.

인위적으로 다투는 자는 실패하고

인위적으로 잡으려 드는 자는 잃는다네.

도란 아무것도 하지 않는 듯하지만

하지 않음이 없다네!

만약 왕자王者가 이와 같을 수 있다면

만물은 저절로 돌아갈 것이다!

저절로 되는데도 무엇인가 억지로 지으려 든다면

내가 장차 이름 없는 몽둥이가 되어 막으리라!

이름 없는 몽둥이는

무릇 또한 욕심이 없으니

욕심을 부리지 않아 고요하게 되면

천하는 저절로 안정되리라!"[29]

대화록 2 대동과 소강*

다음의 대화는 정치의 요체에 관한 것이다. 그 내용은 공자나 노담 어느 일방의 주장만으로 되어 있지 않다. 요순 이래의 고도에서부터 당대의 정치현실에 이르기까지 두 사람이 공히 알고 공감한 토론의 결과

---

* 대동론大同論과 소강론小康論은 각각 유가가 설정한 이상적인 공동체상을 표현한 설이다. 특히 대동에 관하여 혹자는 유가가 묵가를 통합하여 만든 설이라고 하고, 혹자는 유가가 노자의 사상을 수용한 증거로 보기도 한다. 어느 쪽이든 사상의 근본 뼈대는 유·묵·도가 공통으로 계승한 전통에서 발원하고 있다고 본다.

이리라. 몇 년 후 공자가 노나라 사구가 되어 정치에 참여하고 있을 때, 제자 자유가 예의 운용, 즉 '정치'에 대해 묻자, 선생님이 자세히 대답한 내용이 《예기》에 전해진다. 선생님께서 그때 하신 말씀이 어쩌면 이 '낙양의 대화'에서 연원하지 않았을까 생각하여 여기에 간추려 적는다.

대동사회론[30]

대도가 행해지던 시대에는 세상을 자기의 소유물로 생각하지 않고 공공의 것[天下爲公]으로 여겼다. 현명하고 유능한 사람을 뽑아 쓰고 서로의 신의화목을 두텁게 하였다. 자신의 어버이만을 친애하지 않았고 자신의 자식만을 사랑하지 않았다. 늙은 사람은 안락하게 그 수명을 다하게 하고, 장년의 사람은 충분히 그 능력을 발휘할 수 있게 하고, 어린아이는 건강하게 자랄 수 있게 하고, 홀아비, 과부, 고아, 자식 없는 사람 및 장애인도 모두 고생하지 않고 생활할 수 있도록 했다. 남자에게는 각자에 맞는 직분을 주고, 여자는 각각 자기의 집안을 가지게 했다. 재물이 함부로 낭비되는 것을 싫어하지만, 자기의 소유로만 독점하려고도 하지 않았다. 힘은 자기 몸에서 나오지 않으면 안 되는 것이지만, 반드시 자기 자신을 위해서만 쓰지 않았다. 이러므로 모략이 사라지고 도둑들도 생겨나지 않으니, 모든 사람이 대문을 잠그지 않고 살았다. 이를 대동의 세상이라 한다.

소강사회론[31]

오늘날에는 대도가 숨어서 행해지지 않고, 세상을 자신의 소유물[天下爲家]로만 여긴다. 각자 자기 부모만 부모로 여기고, 자기 자식만 자식으로 여기고, 재물과 힘을 자기 이익을 위해서만 쓴다. 대인의 지위는 세습하게 되었고, 성곽을 쌓고 도랑을 파서 자기의 경계를 지었다. 예의를 만들어서 나라의 기강으로 삼으니, 임금과 신하의 분수를 바로 하고, 어버이와 자식 사이를 돈독하게 하고, 형제 사이를 화목하게 하고, 남편과 아내 사이를 화합하게 한다. 제도를 설정하고, 농토와 마을의 구획을 지었다. 지혜와 용맹을 높이 치고, 공功을 얻으면 자기를 위하는 일에 이용한다. 그러므로 모략이 꾸며지고, 그로 말미암아 전쟁이 일어난다. 우임금, 탕임금, 문임금, 무임금, 성임금, 주공이 이 예도로 세상을 잘 다스렸다. 이 여섯 군자는 예를 삼가지 않은 사람이 없다. 그 의를 밝히고, 그 믿음을 이루고, 허물을 밝히고, 인애와 겸양을 가르쳐서 사람들에게 변하지 않는 도리가 있음을 보여주었다. 만약 이 도리를 따르지 않는 자는 그가 아무리 권세를 지녔다 해도 백성들의 배척을 받아 끝내는 멸망에 이를 것이다. 이를 소강의 세상이라 한다.

군주론[32]

그런 까닭에 정치는 원래가 성인의 사업이다. 성인이 하늘과 땅의 중간에 서서 여러 신령들과 어깨를 나란히 하고 인류의 교도에 힘쓰는 것, 그것이 바로 정치다. 성인이 천지 귀신의 도를 터득하여 그것을 기초로 예의 체계가 만들어졌으며, 성인이 만백성의 기쁨과 즐거움을 충분히 고찰한 다음에 행하는 것이 정치다. 그러므로 하늘은 사계절을 낳고, 땅은 물질을 낳았으며, 사람은 그 어버이가 낳고 스승이 가르친다. 하늘과 땅과 어버이와 스승 등 이 네 가지에 대한 도리를 임금이 바르게 써야 한다. 그렇게 하기 때문에 임금만이 허물이 없는 곳에 설 수 있다. 그러므로 임금은 남의 모범이 되는 자이지, 남을 본받는 자가 아니다. 임금은 남에게 길러지는 자이고, 남을 기르는 자가 아니다. 또한 임금은 남에게 섬겨지는 자이고, 남을 섬기는 자가 아니다. 그러므로 임금이 남을 본받으면 과실이 있게 되고, 남을 기르면 한 사람의 몸으로 억조창생億兆蒼生을 기르기에는 부족할 것이고, 남을 섬기면 지위를 잃을 것이다. 그런 까닭에 백성들은 임금을 본받아 스스로 다스리고, 임금을 봉양함으로써 자신이 편안하며, 임금을 섬김으로써 자신이 드러난다. 그러므로 예가 통달하게 되면 분수가 정해진다. 그렇게 되면 사람들은 모두 임금을 위하여 죽기를 원하고 불의하게 사는 것을 싫어할 것이다.

그리하여 군주 된 자는 사람의 지혜를 이용하지만 삿된 계략은 쓰지 않는다. 사람의 용기를 높이 사들이지만 감정에 빠지는 자는 취하지 않는다. 사람의 어진 마음을 존중하지만 편애에 빠지는 자는 피한다. 나라에 재해가 있어 군주가 사직을 지키다 죽는 것을 의롭다[義] 하고, 대부가 재해를 당하여 종묘를 지키다 죽는 것을 바르다[變] 한다. 그러므로 성인은 천하를 잘 다스려서 한 집안처럼 하고, 세상 전체를 합쳐 한 몸처럼 하지만, 이는 성인이 삿된 이익을 도모하여 특별한 수단을 썼기 때문이 아니라 반드시 만백성의 마음을 알고 정의를 보였으며, 이를 밝혔기 때문이다. 그리고 만백성의 근심거리가 되는 곳을 알아내어 이를 제거한 결과 비로소 천하가 한 집안처럼, 온 세상이 한 몸처럼 평화로운 세계가 출현하는 것이다.

예치론33

예라는 것은 군주에게 있어서 치국의 중요한 수단이다. 예는 정正과 부정不正이 서로 혼동되지 않도록 구별하고, 모든 일의 미묘한 차이를 분명히 하며, 인간을 신에게 접근시키고, 혹은 제도나 규칙이 우러나게 하고, 인의도덕을 세운다. 이는 모두 나라를 잘 다스리고 군주의 지위를 안정시키기 쉽게 하는 데 필요하다. 그런 까닭에 정치가 바르지 않으면 임금의 지위가 위태롭고, 임금의 지위가 위태로우면 대신大臣은 배반하고 소신小臣은 도둑질한다. 형벌이 엄준하고 풍속이 퇴폐하면 떳떳한 법이 될 수 없다. 바르고 떳떳한 법이 없으면 예에 존비귀천의 차례가 없을 것이며, 예에 차례가 없으면 선비는 맡은바 책임을 다하지 않게 된다. 형벌이 엄준하고 풍속이 퇴폐하면 백성들의 마음은 이반한다. 이런 것을 병든 나라라 하지 않겠는가? 그러므로 나라를 다스리는 데 예를 사용하지 않는 것은 마치 밭을 가는 데 쟁기를 사용하지 않는 것과 같다. 예를 행하려 해도 먼저 의를 알려고 하지 않는다면 그것은 밭을 갈았어도 아무것도 심지 않는 것과 같다. 또 예의를 알고 있어도 학문을 널리 배우려고 하지 않으면 그것은 밭에 무엇을 심고도 제초를 하지 않는 것과 같다. 또 학문을 배워도 인애가 따르지 않으면 제초는 해도 익은 곡식을 베지 않고 놓아두는 것과 같다. 인애는 뒤따라도 음악을 사용해서 민심을 화락하게 하지 않는다면 베어들인 곡식이 사람의 입으로 들어가지 않는 것과 같다. 또 음악을 사용해 민심을 화락하게 했어도 아직 순화順和한 지경에 달하지 않았으면 그것은 곡식을 먹었어도 몸을 살찌우지 못함과 같은 것이다.

위대한 교감

노담과의 만남은 공자의 정치사상에 적지 않은 흔적을 남겼다. 공자는 군자의 인애를 바탕으로 한 덕치를 근본 도로 여겼고, 노자는 성왕의 덕치를 중심으로 한 무위의 정치를 근본 철학으로 삼았다. 덕치를 최고의 통치행위로 삼는다는 점에서 같은 정치철학을 지녔다고 할 수 있다. 공자와 노담의 시대는 유儒와 도道가 아직 분화되기 전이었다. 그래서 후대의 근본주의자들이 아무리 부정하고 감추려 애써도 '유로동근儒老同根'의 흔적은 머리털 속에 숨은 태생胎生의 점처럼 사상의 이면에 새겨져 있다.

선생님이 말씀하셨다. "일찍이 순임금은 억지로 다스리지 않은 채[無爲而治] 몸을 공손히 하고 남면南面하고 있었을 뿐인데도 그 어떤 시대보다 세상이 잘 다스려졌다."[34]

'남면지술南面之術'은 고례에서 비롯한 은유로 왕이 북쪽을 등지고 앉아 남쪽에 도열한 신하를 바라본다는 말이지만, 단순히 자리를 지키는 것이 아니라 왕에게 부과된 군주의 덕목을 실천한다는 뜻이다. 왕이 필요한 덕목을 진실로 성실하게 다하면 나라는 저절로 다스려지는 법이니, 이것이 고도古道의 이상적인 정치사상인 무위의 정치이다.

선생님이 말씀하셨다. "정치는 덕으로써 함이니[爲政以德], 비유컨대 북극성이 제자리에 있고 뭇 별들이 그를 향하는 것과 같다."[35]

이 또한 무위사상을 공자의 정치학으로 표현한 것이다. 정치를 덕으로써 한다는 것은 성권을 가진 자가 능력 있는 신하를 부림으로써 한다는 것이다. 북극성이 중앙에 정좌하고 뭇 별들이 그 주변을 돌며 조화를 이루듯, 정권을 확고히 견지한 연후에 능력 있는 자를 부리면 힘들이지 않고 좋은 정치를 이룰 수 있다는 의미다.[36] 이 또한 무위의 정치이다. 그 발상과 표현이 모두 노자의 정치사상과 흡사하다.

선생님이 말씀하셨다. "정령으로 이끌고 형벌로 다스리려 들면, 백성들은 형벌을 면하려고 할 뿐, 부끄러워하지는 않는다. 백성을 덕으로 이끌고 예로써 다스리면, 부끄러운 마음도 가지게 되고 스스로 바로잡는 데까지 이를 것이다."[37]

이 또한 공자의 덕치가 곧 무위의 정치임을 보여준다. 당시에도 통치의 효율성을 좇아 법제와 형벌을 강화하는 흐름이 있었는데, 공자는 이런 '유혹'을 배격하고 군자가 덕으로 백성을 인도할 것을 주장했다. 노자 사상이 말하는 무위의 정치도 그 행해지는 모습은 덕치주의였다. 이는 공자 사상과 노자의 정치사상이 본래 같은 뿌리였음을 말하는 한 예에 불과하다. 공자의 '정자정야政者正也'[38]와 노자의 '이정치국以正治國'[39]에서처럼 '정치의 근본은 정正'이라는 대명제 역시 유로儒老 공동의 테제였다.

전통의 성립

고대 사상들은 성립기에 서로 영향을 주고받았다. 공자와 노자의 사상도 예외가 아니다. 그들은 서로에게 얼마간 스승이 되어주었을 것이며, 또한 서로 경쟁하는 과정에서 차이점만큼이나 두드러진 공통점을 발견하게 되었을 것이다. 그런 과정을 통해 자기 사상의 연원을 되돌아볼 수 있게 되었고, 그런 통찰을 통해 현재를 바라볼 수 있게도 되었을 것이다. 그것은 경계를 뛰어넘으려는 인간 정신의 도약이다. 시대를 초월하여 어느 사상에서나 이런 시도를 하는 철인이 등장하고 있다는 것은 그 자체로 인류의 진보를 예지하는 고도가 면면히 이어지고 있음을 웅변한다.

공자는 도약하는 인간이었다. 특별한 스승이 없었다는 증언처럼 그는 무류무제無類無際의 사상가였다. 소명의식 가득한 유사로서 고도를

'술이부작述而不作'하고 '온고지신溫故知新'하여 그 중핵들을 '집대성'했다. 공자가 노자에게 어떤 영향을 받았다면 그것은 공통의 연원을 발견할 때 생겨나는 확신의 자양분으로서였거나, 넘치거나 모자란 것을 알게 해주는 반면反面의 성찰로서였을 것이다.

공자라는 한 고대인이 그때까지의 고도를 수렴하여 후대에 전승한 사상은 동아시아에서 수천 년을 이어오며 전통으로 살아 숨쉬고 있다. 그 뿌리는 깊고, 그 가지는 무성하다. 공자는 어떻게 뿌리 깊은 나무처럼, 샘이 깊은 물처럼 한 사상의 연원이 되었던 것일까.

유儒는 본래 무축을 의미하는 말이었다. 그들은 고대의 주술 의례나 상장喪葬 따위의 일에 종사하는 밑바닥 계층의 사람들이었다. 공자는 아마도 그런 계층에서 태어난 사람일 것이다. 그러나 비할 바 없는 호학자였던 공자는 의례의 본래적인 의미를 탐구하면서 고전을 배웠다. 시와 서를 배우고 이 것을 전승해온 사는 물론이고 사에서 더 나아가 고견을 지닌 자를 찾아 널 리 식견을 구했다. 그리하여 무릇 선왕의 예악으로 전해지는 것을 거의 빠 짐없이 익힐 수 있었다. 유학이 지닌 지식적인 측면은 이로써 이미 준비를 마쳤던 것이다. 이를 현실사회에 어떻게 적용해갈 것인가 하는 것은 다음 문제였다.

이 시대에는 이미 상당히 일반화되었지만, 공자도 제자를 거느렸다. 정치 적으로 발언할 수 있는 입장이었고, 지식인 사회에 미친 영향력도 결코 미 약하지 않았다. 그러나 그와 같은 종류의 교단이 (공자 말고) 더 없었다고 할 수 없거니와, 그것만으로는 진정한 의미의 군자다운 유라고 할 수 없었 다. 돌이켜보면 그러한 지식이나 덕목이나 교과는 각각의 직능자들의 전 승으로 이미 존재했던 것이다. 문제는 그러한 의식 형태들을 어떻게 통일

해서 전체적인 연관성을 부여하고, 어떻게 구체화시켜서 유기적으로 기능케 하느냐, 요컨대 어떻게 전통으로 수립하느냐 하는 점에 있었다. 여기에 공자의 과제가 있었다.

공자는 맹자의 말처럼 자신의 시대를 중심으로 그 이전 시대의 모든 사상을 집대성한 사람이다. (우리가 지금 말하는) 유교는 중국에서 고대적 의식 형태의 모든 것을 포함하고는 바로 그 위에서 성립했다. 전통은 과거의 모든 것을 감싸 안고 새로운 역사의 가능성을 낳는 장이므로, 그것은 말하자면 수많은 통일 위에 성립된 것이다. 유의 원류로 추정되는 고대의 전승은 실로 잡다하다. 정신적 계보는 아마도 과거의 모든 민족 체험과 연결되어 있다고 할 수 있다. 공자는 여러 전승이 지닌 의미를 극한까지 추구하려 했다. …과거의 모든 정신적 유산은 이 지점에서 규범적인 것까지로 승화된다. 그런데도 공자는 모든 것을 전통의 창시자인 주공에게 되돌린다. 그리고 자기 자신을 "옛것을 조술할 뿐이지 창작하지 않는" 사람으로 규정한다. 공자는 전통의 가치체계인 문文의 조술자로서 만족해한다. 그러나 실은 이러한 무주체적인 주체의 자각 속에서야말로 창조의 비밀이 존재하는 것이다.

전통은 운동성을 지니지 않으면 안된다. 운동은 원점으로 회귀함으로써 역사적인 가능성을 확인한다. 회귀와 창조의 끝없는 운동 위에 전통은 명맥을 이어가는 것이다. 유교는 이후 이천몇백 년 이상에 걸쳐 전통을 형성해왔다. 그리고 몇 차례인가 새로운 자기 운동을 전개했는데, 그러한 운동 방식은 이미 공자에게서 설정되었던 것이다. 공자가 불멸의 존재일 수 있는 것은 다름 아닌 그러한 전통의 수립자였기 때문이다.[40]

재회

공자와 노담은 이후에도 다시 한 번 만난 적이 있다. 이 '재회'에 관한 기사는 《장자》에 등장하는데, 공자는 중국 남쪽 패 땅에 와서 노담을 만났다.[41] 이 기록은 순례자인 나에게도 의미가 깊다. 내가 직접 본 바로도 선생님 일행이 초나라로 가기 위해 패 땅을 지날 때 거기서 한 늙은 현자를 만난 적이 있기 때문이다. 그 늙은 현자가 바로 《장자》에 등장하는 노담이리라. 그때 공자 나이 59세였으니, 노담은 팔순이었다.

패 땅은 노담의 고향인 초나라 고현과 그리 멀지 않은 곳이다. 아마도 노담은 나이가 많아지자 객지 생활을 접고 고향으로 돌아가 천수를 마치고자 한 것 같다. 노담은 공자와의 대화를 통해 공자가 노나라에서 벼슬길에 올랐다가 좌절한 끝에 새 정치를 찾아 유랑 중임을 알게 되었을 것이다. 초월의 경지에 이른 팔순의 노담은 여전히 이상을 향한 열정을 거두지 못하고 그것을 실현할 땅을 찾아 유랑하는 공자를 안타깝게 여기지 않았을까?

"그대가 세상에 알리고자 하는 성현들은 이미 뼈가 다 썩어 없어지고 오직 그 말만이 남아 있을 뿐이오. 이제 그만 세상을 바꿔보겠다는 꿈과 소인배들에겐 위신으로밖에는 보이지 않을 그 뜨거운 마음도 버리시오."[42]

문자 기록이란 피와 온기가 사라진 채 오로지 그 형태로만 전해지는 것이므로, 남아 있는 문자만으로는 말한 자의 당시 마음을 다 온전히 전하지 못한다. 노담이 공자에게 한 말도 그 말의 '뼈가 다 썩어 없어진 채' 오직 차가운 언어로만 시간 위에 남아 있다. 그러나 나는 그 문면 속에서 오래전에 증발해버린 노담의 이상과 열정을 읽어내고 싶다. 초월과 달관의 경지에서 지난 세월의 이상과 열정, 그리고 그 이면의 허무와 비정非情에 쓰러져본 사람의 말은 이러하지 않았을까?

'성현들이 전하고자 한 진정한 뜻은 이제 문자 속에 가려지고 오직 시체의 거죽처럼 남아 있을 뿐이오. 군자가 뜻을 펴고자 해도 시운을 만나지 못하면 그만이니, 애써 돌아다닌들 무슨 소용이 있겠소? 그대는 조롱박처럼 매달려 있기를 거부하고, 팔리지 않는 옥이 되기를 마다하지만, 진정으로 훌륭한 상인은 좋은 물건일수록 깊숙이 감춰놓는다오. 부디 재주를 세상에 드러내려 하지 말고 어리석은 사람처럼 보이길 바라오. 그것이야말로 이 혼란한 시대에 자신을 보전하는 길이오. 군자는 뜻이 높을수록 더욱 시기의 대상이 된다오. 사람들은 당신의 참뜻을 교만과 욕망, 위선으로 왜곡할 뿐이오. 세상을 바로잡으려는 열망이 클수록 세상은 그만큼 더 당신을 외면하고, 이상과 열정은 당신 자신을 모욕하고 상처를 입히는 혀와 창이 되어 돌아올 수 있음을 잊지 마시오.'

두 사람의 재회는 서로에게 그리 깊은 감흥을 주지는 못했을 것이다. 십수 년의 세월이 흐르는 동안 두 사람의 여정은 이상과 현실처럼 멀어져 있었을 것이기 때문이다. 여전히 꿈을 좇아 대륙을 떠도는 공자에게 좌절의 철인 노담은 여러 의문을 자아내지 않았을까?

'그는 왜 홀연히 주나라를 떠나 서쪽으로 자취를 감췄으며, 왜 다시 변방에 숨어 깊은 물속의 용처럼 자신을 침잠시키고 있을까? 저 노사는 언제부터 내가 알 수 없는 용이 되었을까? 다시는 이 세상에서 만날 수 없는, 만나더라도 잊혀 이미 알아볼 수 없는…'

공자가 패 땅을 떠나 위나라로 돌아오는 들판에서 은자들이 밭을 갈며 부르는 노래를 들었다.

즐거워라 골짜기에 사니
숨어 사는 자의 마음도 너그러워지네
홀로 잠자고 홀로 말해도
이 즐거움 잊지 말자 다짐하네
즐거워라 언덕 아래에 사니
숨어 사는 자의 마음 더욱 너그럽네
홀로 잠자고 홀로 노래해도
이 즐거움 간직하자 다짐하네
즐거워라 언덕 위에 사니
숨어 사는 은자의 마음 유유자적하네
홀로 자다 깨고 또 잔드니
이 즐거움 누구한테도 말하지 않으려네[43]

공자는 은자들을 바라보며 손을 흔들어주었다. 그들도 공자 일행을 향해 손을 흔들었다. 수레가 멀어지자 모두 지기의 일을 계속하면서 더 이상 서로를 의식하지 않았다. 공자가 수레를 모는 자공을 재촉했다.

"어서 가자. 이러다가 들판 한가운데서 일몰을 맞겠구나."

공자는 일흔셋에 죽었고, 노담은 그 몰년을 알 수 없다. 두 사람의 기억 속에서 희미해져갔을 서로의 존재는 생의 막바지에 이르러 다시 의식되었을 것이다. 아마도 죽음이 임박했을 때는 옛날의 대화 속에서 주고받았던 무언의 공감을 떠올리면서 자신들의 생을 되돌아보기도 하였으리라.

나는 이런 상상을 해본다. 두 사람이 만약 후대에 자신들이 각자 유가와 도가라는 거대 사상의 종주로 떠받들어질 거라는 사실을 알게 된다면 어떤 반응을 보일까? 어쩌면 두 사람 모두 고개를 갸우뚱하며 잠시 어리둥절해하다가 다시 고개를 끄덕이며 슬그머니 미소를 짓지는 않을까?

2장

노담, 그 잊힌 이야기

늙은이의 노래

　노담은 어릴 때의 이름이 전해지지 않는다. 태어날 때부터 귀 모양이 특이했던 듯하다. 그의 자로 여겨지는 담聃은 '귓바퀴가 없을 정도로 귀가 늘어졌다'는 뜻의 글자이다. 그의 관직으로 추정할 때, 공자보다 한 세대 위, 약 스무 살 정도 위였을 것으로 여겨진다. 담의 출신지는 중국 남방의 초나라 고현으로 알려져 있다. 고현은 원래 진陳나라 상 땅이다. 진나라는 소국으로 초나라의 보호국이었다가 기원전 479년 초나라에게 합병당했다. 담은 상 땅이 진나라에 속했던 시절에 태어났지만, 이 상 땅이 나중에 초나라에 흡수되었기에 후대 사람들은 노담을 초나라 사람이라고 여겼다.

　노담의 성씨에 대해서도 정확히 알려진 바가 없다. 다만 그가 약소국 진나라 출신으로 주 왕실의 천문역법을 관장하는 고위직 태사에 오른 것으로 보아, 최소한 서민은 아니었을 것으로 추정된다. 진나라 공실의 성은 규嬀씨다. 규는 고대의 성왕인 순임금의 성이다. 어쩌면 그의 집안은 낙양으로 진출한 진나라 공족의 후예였을지 모른다. 또는 중원의 전통 깊은 무사巫史 가문이었을 수도 있다.

　노담의 집안이 언제부터 주나라 수도 낙양에 살았는지도 알 수 없으나, 고조부나 증조부 대부터 주 왕실의 사史를 세습하였던 것 같다. 이 집안에는 비전하는 양생술養生術이 있어서 담의 할아버지와 아버지가 함께 장수하였다. 그런 탓에 늙도록 왕실에 충성한 할아버지는 귀족들로부터 장로의 예우를 받았다. 담의 아버지는 태사의 지위에서 은퇴한 뒤에도 후배 사관들에게 노사라 불렸다. 이런 자랑스러운 가계 때문에 담은 어릴 때부터 '장로의 손자 담', '노사의 아들 담'이라고 불렸다. 나중에는 그 자신도 매우 장수하였으므로 사람들이 담을 존칭하여 '노담 선생'이라 불렀다. '노자'라는 존칭은 아마 여기서 처음 유래하였을 것이다.

노담의 직책은 왕실 사관이었다. 사史는 본래 고대 원시사회의 무축에서 비롯되었다. 무축은 모계 중심의 원시 농경사회에서 신에게 다산과 풍요를 기원하고 사냥과 전쟁의 유불리를 점치는 사제이자 주술사였다. 이 제사장 집단에서 유儒와 사가 나왔다. 유가 제례와 의전을 집행하는 직능이라면, 사는 축도문을 낭송하고 이를 기록하는, 정확하게 말하자면 기억하는 직능의 계보를 이었다. 그들은 고도의 상징과 의식을 통해 자신들이 신과 닿아 있음을 자부했다. 그들이 사용한 은유로 가득 찬 주술적인 언어들은 집단의 '공동기억'으로서 가문 안에서만 전승됐다. 이들은 무축의 시대가 가고 왕권의 시대가 오자 세력을 잃고 하층계급으로 전락해갔다. 그러나 소수는 그 비전한 지식으로 권력을 가까이서 보좌했고, 정치력을 갖춘 지는 권력의 한 축이 되기도 했다. 왕실의 사가 본래 모계사회의 성직자였음을 암시하는 노담의 시가 지금도 전해진다.

골짜기의 신은 죽지 않는다.
이를 일컬어 신비한 암컷이라 한다.
신비한 암컷의 문이여!
이를 일컬어 만물의 근원이라 한다.

이어지고 이어져 영원한 듯

아무리 써도 마르지 않는다.[1]

제사자에서 왕의 정치적 자문관이 된 사는 일상적으로는 조정과 왕실의 제례와 의전에 관한 전거와 기록의 관리를 담당하며, 유사시에 천문天文과 복서卜筮, 점사占辭를 행하고 해석함으로써 정치에 참여하였다. 사관으로서 노담이 맡았던 주요 직책 중에는 왕실도서관인 수장실 장관직도 있었다. 당시 왕실도서관이 소장한 하은주 3대 왕조의 전적과 기물들은 오직 왕실과 왕명을 받은 자만이 열람·사용할 수 있었다. 따라서 수장실 장관의 권위는 매우 높았다.

노담은 주하사柱下史라는 직책을 겸하였다. 말 그대로 '기둥 아래에서 대기하고 있다가 왕의 자문에 응하는 시어사侍御史'의 직책이었다. 왕을 정치적으로 보필하는 근신, 나아가 특별한 사랑을 받는 총신으로 발돋움할 수 있는 요직이었다. 노담같이 높은 지위를 부여받은 사관은 광범위한 지식과 충성심을 바탕으로 현실 정치에 깊숙이 개입하기도 했다.

왕실 소속의 세습 사관 겸 정치 자문관으로서 담의 집안에 대대로 내려오는 잠언이 있었으니, 군주에게는 무위의 정치를 촉구하면서, 스스로는 무욕하고 지혜로운 통나무가 되어 자신과 가문을 보전하기를 경계하는 내용이었다.

도道란 아무것도 하지 않는 듯하지만,

하지 않음이 없다.

만약 임금이 이를 잘 지킨다면

만물은 저절로 교화되리라.

교화를 억지로 하려고 든다면

우리가 이름 없는 통나무가 되어 못하게 하리라.

이름 없는 통나무는

대저 또한 욕심이 없을지니,

욕심내지 않고 고요하여

천하는 저절로 안정하리라.[2]

영광의 시절

노담이 태사일 때 주나라 국왕은 경왕景王이었다. 그는 27년간 재위하며 군왕의 자질을 발휘했던 아버지 영왕靈王으로부터 군주의 도를 배웠다. 노담은 경왕에게 두 가지 특별한 임무를 받았다. 첫째는 일종의 비밀업무로서 '제왕학'과 '군사학'을 연구하는 것이었고, 둘째는 태자에게 그것을 교육하는 일이었다.

주나라는 외적을 피해 낙양으로 동천東遷하면서 사실상 천하의 주인으로서 권위와 힘을 상실했다. 영토는 축소되었고, 이웃한 강력한 제후국인 정나라와 진晉나라에 의지하여 겨우 천자天子의 지위를 유지했다. 따라서 지각 있는 왕이라면 본래의 권좌와 위력을 되찾고 싶어하게 마련이었다. 그러나 이미 영락한 작은 나라에 불과한 왕실이 힘센 제후국들을 별다른 무력도 없이 통어統御한다는 것은 사실상 불가능했다. 경왕은 부왕인 영왕의 뜻을 이어받아 주 왕실의 이런 서글픈 처지를 바꿔보고 싶었다. 노담 집안은 그런 왕실의 '비밀 두뇌'였다.

"왕실이 다시 저 사나운 제후들을 말과 개처럼 부릴 지혜를 강구하시오! 왕도를 회복할 길을 반드시 찾아주시오!"

그런 지침을 받은 노담 집안이 찾아낸 치도는 무엇이었을까?

'없음'으로 '있음'을 제압한다.

바로 성왕의 도, 즉 무위의 치였다. 무력無力으로 유력有力을 아우르고, 무용無用으로 유용有用을 이끌고, 부드러움으로 굳셈을 감싸고, 약함으로 강함을 덮는 고도의 정치술이었다. 노담이 간절한 마음으로 왕에게 무위의 치의 중요성을 가르친 글 한편이 전해진다.

천하에 물보다 부드럽고 약한 것이 없으나

굳고 강한 것을 공격하여 이기는 데

물과 바꿀 만한 것이 없다.

약한 것이 강한 것을 이기고

부드러운 것이 굳센 것을 이긴다.

천하에 이를 모르는 사람이 없으나

능히 행할 수 있는 사람도 없다.

이런 까닭에 성인이 말하기를

나라의 오욕을 짊어지는 자.

그를 일컬어 사직의 주인이라 하며

나라의 불행을 떠메고 가는 자.

그를 일컬어 천하의 주인이라 한다.[3]

또한 노담은 강력한 제후의 군사력을 역이용하여 약한 왕실의 안녕을 지키고, 제후의 군사지휘권을 왕의 통제하에 두어 그것으로 제후를 복종시키는 용병술도 깊이 연구했다. 그것은 곧 도로써 덕을 넓혀 지智와 무武를 복종시키는 것. 제후들이 병기를 함부로 사용하지 못하도록 통제하는 것이었다.

무릇 아무리 좋은 병기라도
상서롭지 못한 기물일 뿐이다.
만물이 다 싫어하는 바이니,
도를 지닌 자는 병사兵事에 몸을 두지 않는다.
병기는 도무지 상서롭지 않은 것이니
군자의 기물이 아니다.
어쩔 수 없을 때 쓰는 것이니
사용함에 초연하고 담담해야 한다.
이겨도 아름답지 않으니
승리를 찬양하는 자는
사람 죽이기를 즐기는 것이다.
무릇 살인을 즐기는 자가
어떻게 천하의 지지를 얻겠는가.
사람을 많이 죽였으면
슬픔과 자비로 애도해야 하니
전승戰勝의 의식,
상례를 따르는 것이 도리일진저.[4]

경왕은 왕실 중흥이라는 염원이 태자 시대에는 꼭 이뤄지기를 희망했다. 담은 경왕의 간절한 뜻을 받들어 태자를 가르치는 데 충심을 다했다. 경왕이 이를 흡족히 여겨 태자 수壽에게 노담을 교부敎父라 부르게 하니, 노담이 경왕 부자 앞에서 태자에게 바친 시가 전해진다.

사람이 싫어하는 바가 셋이 있으니
어려서 부모를 잃는 고아[孤]요,
같아 살 배필이 없는 홀아비와 과부[寡]요,
사람으로서 굶주리는 불곡不穀이니
그래서 왕공王公은 이를 자신의 칭호로 삼는 것입니다.
그러므로 사물의 이치란
덜어내면 더해지고
더하려 하면 오히려 줄어듭니다.
이는 오래전부터 내려온 가르침이지만
지금 다시 이를 가르치고자 합니다.
교부의 이름으로
오직 이 한 말씀을 그대에게 바칩니다.[5]

태자는 총명하여 충실한 학업으로 왕의 기대에 부응했다. 왕실은 평안했고 미래는 밝게 빛나고 있었다. 바야흐로 주 왕실 중흥의 시대가 곧 도래할 것만 같았다. 노담의 가슴에도 뜨거운 자부와 웅지가 뭉게구름처럼 피어나고 있었다.

철학의 시작
"담 선생!"

"노담 선생!"

수장실로 당직 사관이 헐레벌떡 뛰어 들어왔다.

"무슨 일이기에 이리 급히…"

"큰일 났습니다. 태자 저하께서 급서하셨다고 합니다!"

노담의 손에 들려 있던 도필이 쨍그랑 소리를 내며 바닥에 떨어졌다.

기원전 522년 주나라 경왕 18년, 태자 수가 왕후에 이어 갑자기 죽었다. 노담의 나이 40대 후반에 일어난 청천벽력 같은 사건이었다. 태자의 요절은 왕실의 비극이기도 했거니와 노담 개인에게도 커다란 좌절이었다.

"그동안 제후들 몰래 연구한 제왕학을 꽃피워줄 성군의 재목이었는데… 아, 주 왕실의 천록天祿이 진정 여기까지인가…"

태자가 왕위를 계승하면 만개할 것이 분명했던 노담의 영화도 꽃을 피워보지 못한 채 사라지고 말았다. 더욱이 태자의 죽음이 장장 17년에 걸친 골육상잔의 서막이 될 줄이야 노담은 상상도 하지 못했다.

경왕은 태자와 왕후가 잇따라 죽는 슬픔 속에서도 군왕으로서 중심을 잃지 않고자 애썼다. 경왕에게는 태자 말고 여러 명의 서자가 있었다. 그중 맏아들 조는 장자로서 책임감이 강하고 기상도 늠름했지만, 경왕은 왕위만큼은 적자로 이어지길 원했다. 그래서 경왕은 곧 새 왕후를 맞아 연이어 두 명의 아들을 얻었다. 맹과 개였다. 그런데 이 무렵부터 경왕의 건강이 급격히 나빠지기 시작했다. 경왕은 자신의 수명이 다해가고 있음을 느끼자, 비로소 태자가 어린아이에 불과한 현실이 눈에 들어왔다.

"맹은 이제 겨우 세 살배기가 아닌가. 이리 같은 제후들과 호시탐탐

왕권을 노리는 노회한 왕족들 틈바구니에서 저 아이가 제대로 임금 자리를 지켜낼 수 있을까…"

게다가 왕후 집안을 중심으로 새 외척 세력이 빠르게 형성되고 있었다. 몇몇 탐욕스러운 귀족들이 작당作黨을 주도했다. 왕은 불안감으로 잠 못 이루는 날이 늘어만 갔다.

"노담, 어찌하면 좋겠소?"

죽은 태자의 스승인 노담으로서는 다른 왕자들이 태자의 지위를 다투는 문제에는 개입하고 싶지 않았다. 그는 자신의 친구이자 서장자 조의 사부인 빈기賓起를 추천했다.

"그런 일은 저보다 빈기가 믿을 만한 사람입니다. 그는 장자의 스승이니…"

태자가 죽은 후 맏아들 조에게 허전한 마음을 의지해온 경왕은 마침내 서자일지라도 이미 장성한 성인인 맏아들로 후사를 교체하기로 결심했다.

"조의 기상이 실로 할아버지 영왕을 닮았다. 왕실을 지키려면 이 길뿐이다…"

경왕은 조를 태자로 삼기 전에 중단한 결단을 하나 더 내렸다.

"태자의 외척들이 순순히 찬성할 리는 없을 터…"

태자 맹 형제를 에워싼 외척과 귀족들을 먼저 제거하지 않으면 태자 교체는 말도 꺼내기 전에 수포로 돌아갈 것이 뻔했다. 그들은 강력한 제후국인 진나라를 배후세력으로 두고 있었기에 왕으로서는 더욱 두려운 존재였다.

고민하는 경왕의 귀에 빈기가 속삭였다.

"폐태자를 하려면 우선 맹 왕자의 훈육을 맡고 있는 하문자下門子의 입부터 막아야 합니다. 다른 죄를 씌워 하문자를 멀리 쫓아 보내십시오. 그런 다음 망산에서 여름 사냥대회를 열어 공경들을 모두 초대하십시오. 왕의 부름에 선選공과 유劉공*도 오지 않을 수 없을 것입니다. 사냥하는 틈을 보아 둘을 처단한 뒤 즉시 태자의 교체를 명하신다면 누가 감히 이의를 제기하겠습니까!"

그렇게 왕의 비밀작전이 착착 진행되어 마침내 사냥날이 하루 앞으로 다가왔다. 경왕은 의심을 사지 않기 위해 궁을 나와 사냥터와 가까운 왕족 집에 머물렀다. 그런데 여기서 또다시 충격적인 일이 벌어졌다. 경왕이 갑자기 심장발작을 일으켜 죽고 만 것이다.[6]

왕자 조와 빈기의 입장에서 보면 이 붕어崩御는 매우 의심스러운 것이었다. 정황상 시해 음모가 있었으리라 짐작되지만, 증거를 찾을 수 없었다.

사자 굴에 들어간 뻔한 사실을 깨달은 태자당은 즉시 왕자 맹을 새 왕으로 추대하고 선씨와 유씨가 섭정이 되었음을 공표했다. 그리고 바로 군사를 보내 빈기를 척살하고, 조정 안팎에 포진해 있던 선왕의 측근과 총신은 물론, 서왕자들과 가까운 백공百工**들까지 내몰고 그 자리를 자기 세력으로 채웠다.

전광석화처럼 새 왕 체제가 들어서고 두 달 뒤 경왕의 장례식이 거행됐다. 그런데 장례식이 끝나고 새 왕의 정식 즉위식이 거행되기 전에 또 다른 반전이 기다리고 있었다. 서장자 조를 지지하는 왕족들과 숙청된 백관 및 백공 세력이 연합하여 왕궁을 기습 공격한 것이다. 선대 두

---

* 외척의 후견 세력.
** 성 안에 살며 왕실과 귀족들의 일상생활에 필요한 각종 물품을 제작·공급하는 세습적인 공장工匠 집단을 말한다.

왕의 직계 왕자들도 모두 조의 편에 가담하니 전세가 단숨에 서장자 쪽으로 기울었다. 선씨와 유씨 등은 맹과 개 형제를 들춰 업고 이웃한 제후국인 진나라로 달아나 구원을 요청했다. 이 내전의 와중에 태자 맹이 놀라 죽자, 척신들이 동생 개를 추대하니 이 사람이 경왕敬王이다. 호족들이 어린 이복동생 개를 즉위시켰다는 소식을 들은 조도 즉각 왕위에 오르니, 주나라 수도 낙양에 두 명의 왕이 동시에 들어서게 되었다. 낙양에는 두 개의 성이 있는데 서쪽에 본래의 왕성이 있고 동쪽에 새로 쌓은 성주성이 있었다. 사람들은 왕성에서 즉위한 조를 서왕, 동쪽 성주에 들어간 개를 동왕이라 불렀다.

한쪽은 비록 서자이긴 하나 선왕이 후계자로 삼으려 했다는 명분이 있었고, 한쪽은 어린아이지만 정비 소생의 적통이라는 명분이 있었다. 약점과 명분이 뒤섞여 어느 쪽도 온전한 정통성을 주장하기 어려웠다. 낙양 사람들은 두 왕 사이에서 갈팡질팡했다. 줄을 잘못 섰다간 온 집안이 역적으로 떼죽음을 당할 수도 있기에 이러지도 저러지도 못한 채 어느 쪽으로든 빨리 결판이 나기만을 바랐다.

노담의 상황은 더욱 안 좋았다. 개인적인 친분으로는 서왕자들과 가까운 사이였지만, 태사로서 서자들에게 적통의 계승자를 제치고 왕이 되어야 한다고 말하기는 어려웠다. 그렇다고 선왕의 총애를 받은 사람으로서 어린 왕자를 허수아비 삼아 왕권을 전단하려는 귀족들을 추종하기엔 양심이 허락하지 않았다.

동왕 세력이 불러들인 진나라 군대가 낙양에 진군했다. 낙양은 진나라 군대를 사이에 두고 왕성의 서왕파와 성주의 동왕파로 갈려 사활을 건 대치에 들어갔다. 오늘 서왕파의 군대가 기세를 올리면 내일은 동왕파가 만세를 부르는 격이었다. 어느 쪽에도 가담하기 어려운 상황에서 진나라 군대의 노략질까지 당하게 된 백성들은 남부여대하여 피난을 떠났다. 노담의 가족도 전화를 피해 낙양을 떠났다가 전선에 가로막히자 선조의 땅인 남쪽 진陳나라를 향해 피난길에 올랐다.

이복형제 세력 간의 맹렬한 왕위다툼은 5년을 끌었다. 싸움은 진晉나라 군대를 끌어들여 장기전을 펼친 동왕의 승리로 끝났다. 기원전 516년 서왕은 주 왕실의 내전을 힘으로 종식시키려는 진나라 군에 밀려 지지세력을 이끌고 마침내 초나라로 망명했다. 왕실의 정통성이 자신에게 있다고 확신했던 서왕은 이때 주나라 왕실 수장고에 있던 창업 이래의 수많은 전적을 가지고 초나라로 갔다. 서왕의 남천은 그 자신에게는 슬픈 망명이었지만, 황하 유역의 중원 문화가 양자강 이남으로 확산되는 계기가 되었다.[7]

서왕은 망명하면서 각 제후국에 이런 조칙을 내리고 떠나갔다.

"왕실이 혼란할 때 선씨와 유씨의 무리들이 천하를 착란시켜 한결같이 불순한 짓만을 자행하고 '선왕의 후사에 어찌 정해진 규정이 있었던가? 오직 내 마음 내키는 대로 할 뿐이니 누가 감히 나를 토벌하셨는가?' 하면서 하늘의 버림을 받은 무리들을 거느리고서 왕실에 혼란을 조성하고… 선왕의 명을 가탁해 거짓을 자행하는데도 진나라는 부도不道하여 저들을 도와 그 끝없는 탐욕을 멋대로 부렸다. 지금 나는 난리를 피해 형만(초나라)으로 도망하여 몸을 의탁할 곳이 없으니, 나의 형제친족인 제후들은 하늘의 법을 따라 나의 성공을 돕고 교활한 자들을 돕지 말라. 선왕의 명을 따라 하늘의 벌을 부르지 말고서 부덕한 나를 용서하여 위난의 평정을 도모한다면 나의 소원이 이뤄질 것이다…"[8]

서왕을 부인하고 목숨을 구하다

내전이 끝나자 온통 전장이었던 낙양에 오랜만에 평화가 찾아왔다. 낙양을 떠났던 사람들도 하나둘 돌아와 본래의 생업을 되찾았다. 한편에선 피바람이 불었다. '줄을 잘못 선' 많은 사람들이 반역죄와 부역죄로 처단되거나 투옥과 유형을 감수해야 했다. 구체적인 혐의는 없다 해도 서왕파와 가깝다고 의심되는 사람들은 목숨이 위태로웠다.

낙양으로 불려 들어온 노담의 목숨은 풍전등화였다.

"적통을 폐하고 서자를 받들려고 했던 '역적 중의 역적' 빈기라는 놈과 가까운 사이가 아닌가? 너도 그와 한패가 틀림없으렷다!"

그런 의심 속에서 노담은 제 발로 낙양에 온 것을 천번만번 후회했다. '차라리 서왕을 쫓아 초나라로 갈 걸 그랬나, 동쪽 바닷가로 가서 이름을 바꾸고 숨어 살 걸 그랬나…'

기원전 515년, 노담이 50대 중반에 맞이한 인생 최대의 위기였다. 그런데 이 위기 속에서 노담을 구한 건 다름 아닌 그가 지닌 광대한 지식이었다. 서왕이 수많은 왕실 전적을 가지고 망명하는 바람에, 새로운 지배세력은 권위와 정통성을 과시할 의전과 제례의식 거행에 큰 어려움을 겪고 있었다. 이른 시일 안에 왕실 전적을 보완해 제후국들에게 체통이 깎이는 일을 최대한 막아야 했다. 그러기 위해선 고전에 정통한 어용학자들이 다수 필요했는데, 노담이야말로 영입 제1순위였다.

용케 화를 피한 동료들이 노담에게 권했다.

"노담 선생. 서왕 쪽과 맺었던 과거 친분은 모두 부인하시오. 낙양을 떠난 것도 진나라 군대의 약탈을 피해 떠났다가 서왕파의 군대에 막혀 돌아오지 못한 것이라고 사정하시게. 서왕을 따라 오랑캐 땅으로 가지 않은 것이야말로 바로 금상을 사모한 증거가 아니냐고 거짓말이라도 하란 말일세. 사람은 일단 살고 볼 일이 아니오?"

"나는 선왕의 지극한 은총을 입은 몸. 그 아들들이 서로 죽고 죽이는 싸움을 벌이는데 내가 어느 편을 들어야 옳았단 말이오? 나는 그저 선왕을 기리며 여생을 살고 싶을 뿐이오."

"선생의 마음을 우리가 왜 모르겠소. 그러나 여기는 금상의 땅이고, 서왕은 천 리 밖에 있소이다."

제자들도 노담을 붙들고 간청하다시피 조언했다.

"선생님! 텅 빈 수장실을 전적으로 채우라는 성화가 하루가 멀다 하고 쏟아지고 있습니다. 얼마 전에는 애꿎은 사관 하나가 매를 맞아 죽기도 했습니다."

"…"

노담이 침묵으로 일관하자, 제자들의 목소리에는 더욱 간절함이 실렸다.

"지금 섭정들은 자신들의 지위를 제후들에게 뽐내고 싶어 하지만 그것을 뒷받침할 전고典故를 몰라 어려움을 겪고 있습니다. 그래서 제후들이 비밀리 소장하고 있는 전적들을 왕실에 바치도록 해야 하는데, 그런 전적들에 대해 선생님만큼 깊이 알고 있는 사람이 지금 수장실에는 아무도 없습니다. 선생님이 한 번 허리를 굽혀주신다면 미력한 저희는 겨우 한시름 놓을 수 있을 것 같습니다. 부디 이 점을 살펴주십시오."

죄인의 신분으로 낙양에 끌려오다시피 했던 노담은 결국 서왕을 공개적으로 부인했고, 그 대가로 사면을 받아 수장실로 돌아갔다. 그곳에서 그는 일실된 전적을 보충하고 새로 바쳐지거나 필사한 전적을 감수하는 일을 맡았다. 그것은 매우 깊고 넓은 지식을 요하는 작업이었지만, 노담에게는 더 이상 '학문'이랄 것이 없었다. 비루한 목숨값이었다.

그에게 독서와 연찬은 목숨을 유지하기 위한 더럽고 치욕스러운 어용 행위에 지나지 않게 되었다.

나는 홀로 뭇사람들과 다르니

어느 화창한 봄날 성주성의 축성이 끝났다. 여러 나라에서 차출돼 온 역부들은 고향에 돌아갈 기쁨에 성을 돌며 '성주풀이'를 지어 불렀다. 왕과 신하들은 제단을 쌓고 신에게 축성을 고한 뒤 군신이 더불어 영화를 누리게 해달라고 빌었다. 서약식이 끝나자 대부 이상의 관리 출신 사면자들은 왕실이 베푸는 잔치에 나와 은혜에 감사를 표시하라는 명을 받았다. 왕과 섭정들 앞에서 충성스러운 모습을 보여줘야 하는 시간이었다. 함께 나온 수장실의 동료가 노담에게 넌지시 말했다.

"까짓 기라면 기고, 춤을 추라면 춥시다. 기왕이면 왕이 직접 보고 들을 수 있다면 더욱 좋겠지요."

또 다른 친구가 말했다.

"하늘에도 눈이 떠다니고 땅 밑에도 귀가 있소. 괜한 객기는 부리지 맙시다."

노담은 하늘을 올려다보았다. '그래, 더 이상 학문도, 봉사도 없다. 내가 무엇 때문에 형편없는 왕자들의 개 같은 싸움에 내 소중한 목숨을 던져주랴. 만세를 부르라면 실컷 불러주자, 만세! 만세! 만만세…'

이 잔칫날에 노담이 지어 불렀다는 노래가 전해지고 있다.

뭇사람들은 즐거워하네
큰 잔칫상을 받아 들고

봄날의 누대에 오른 듯하네.

나는 홀로 조용하네

아무런 느낌 없이

아직 웃는 것을 모르는 갓난아이처럼.

나는 홀로 우두커니 서 있네

마치 돌아갈 곳이 없는 사람처럼.

뭇사람들은 다 잔치를 즐기는데

나는 홀로 떨어져 있네.

나는 마음이 어리석은 사람

아무것도 모른다고 하는 사람

세상 사람들은 다 밝다 하는데

나는 홀로 깜깜하고

세상 사람들 다 총명하다 하는데

나만 홀로 어둡네.

고요하기가 바다 같고

맑은 바람처럼 머무는 곳 없네.

뭇사람들은 다 높이 받들건만

나의 뜻은 홀로 낮은 곳에 처하는 것

나는 홀로 뭇사람들과 다르니

산다는 것의 본질을 귀히 여기노라.

잔치에 참석은 하고 있지만, 마음은 진심으로 즐겁지 않다. 그래서 아직 웃는 것이 무엇인지 모르는 갓난아이처럼, 웃어도 웃는 것이 아닌 마음으로 술을 마신다. 잔치가 무르익자 노담은 조용히 따로 떨어져 나와 홀로 술잔을 기울인다. 흥청거리며 춤추는 사람들을 바라보면서 우두커니 또 한 잔, 또 한 잔을 마신다. 바람이 따스하게 불어오고 꽃이 흐드러졌다. 하늘은 높고 푸르고 흰 구름은 어디선가 일어나 어디론가 흘러간다.

학문을 끊어 근심의 뿌리를 잘랐으니
이제 나에게 '네'와 '예'에 무슨 차이가 있으랴
선과 악의 차이는 또 얼마란 말이냐
사람들이 두려워하는 바를 나도 두려워한다.
아, 생의 도
아득하여 다 깨달을 수 없구나…[9]

노담은 충성하는 '네'와 마음을 감추고 대답하는 '예', 선과 악의 차이가 드러나지 않는 세상을 한탄해보지만 별 도리가 없다. 뭇사람들과 마찬가지로 죽음을 두려워하며 승자를 따르기는 자신도 마찬가지가 아닌가.

'인생이란 아직 다 건너지 못한 강, 다다르지 못한 평원을 가는 것과 같다. 나의 삶은 천명을 따르고 있는가, 거스르고 있는가? 옳은 것은 무엇이고, 그른 것은 또 무엇인가? 나는 아직 그 멀고 깊은 끝을 보지 못했다. 삶의 여정이여, 이치여, 참으로 멀고 아득하여 알 수가 없구나…'

하늘의 길, 사람의 길

10년의 세월이 유수처럼 흘렀다. 때는 기원전 506년 낙양의 뜨거운 태양이 기울기 시작한 가을이었다. 낙양은 낙수의 북쪽에 있다 하여 붙여진 이름으로, 북쪽은 망산이 가로막고 있어 전형적인 배산임수背山臨水 지형이다. 도읍 서쪽에 왕성이 있고, 동남쪽으로 성주성이 들어서 있다. 망산은 임금의 사냥터였으나 왕실이 쇠락하면서 북쪽 지역은 점차 귀족들의 묘지로 변해갔다. 그 북망산 자락 끝에 은퇴한 한 늙은 태사가 초옥을 지어 살고 있었다. 수장실 사관에서 물러난 뒤 은거에 들어간 '노담 선생'이었다. 노담은 예순이 넘은 나이에 머리도 백발이 되었으나 몸은 젊은이 못지않게 가벼웠다. 사람들은 본래 장로의 집안은 특유의 양생술이 있어서 대대로 백수百壽를 우습게 여긴다며 노담도 분명 그럴 것이라며 부러워했다.

노담은 이 누옥에서 늙은 아내와 단 둘이 살았다. 그는 집으로 이어지는 세 갈래 길을 밖에서 찾지 못하도록 모두 대나무숲으로 감춘 채, 서실에 파묻혀 지냈다. 다만 사람들은 간혹 그가 달밤에 거문고를 연주하며 읊는 시를 들을 수 있었는데, 그중 한 수가 전해진다.

영화榮華와 내처짐은 놀라듯이 받으라
큰 근심을 내 몸같이 귀하게 여겨라

영화와 내처짐을 놀라듯이 함은 무슨 뜻인가

영화는 은총을 입음이니

얻을 때는 기뻐 놀라듯이 받고

잃을 때는 슬퍼 놀라듯이 잃어야

이 한 몸을 지킨다네.

큰 근심을 내 몸처럼 귀히 여김은 무슨 뜻인가

사람에게 큰 근심이 생기는 까닭은

자기에게 몸이 있기 때문.

내게 지킬 몸이 없다면

내게 무슨 근심이 있으랴.[10]

이날도 노담이 금을 켜고 있는데 손님이 찾아왔다. 한때 그가 수장실에서 데리고 있던 제자이자 부하 관리였다.

"선생님. 저희를 도와주셔야 할 일이 생겼습니다. 동쪽 노나라에서 방문단이 와 있습니다. 최근 노나라에서 개정 보수한 노나라 사서 《춘추》와 역법책 《역상》을 바치겠다고 가져왔는데 저희 수준으로는 아직 완전한 독해가 무리라 선생님의 도움이 필요합니다. 그리고 방문단 중에 공구라는 선비가 있는데 자신이 편수한 책들을 가져와 경사京師의 여러 현자들에게 과시하고 싶어 하니 선생님께서 한번 만나주실 것을 청합니다. 방문단장으로 온 맹의자라는 젊은 대부가 매우 부유하므로…"

"허명에 들뜬 유자를 만나주면 우리가 올겨울을 조금은 따뜻하게 지낼 수 있겠다는 뜻이냐? 허허."

조우

노담이 이때 노나라에서 온 공구라는 유사와 무슨 이야기를 나눴는지에 대해서는 여러 전설이 남아 있다. 대부분의 이야기는 주로 공자가 노담에게 주례, 즉 주나라의 예악제도에 관해 궁금한 것을 묻고 가르침을 받았다는 식이다. 공자가 주나라에 와서 주례를 배운 것은 아마도 사실일 듯하다. 동쪽의 전통 있는 제후국 노나라에서 학숙을 열고 있는 사유라면 천하의 중심인 낙양에 와서 많은 전문가들로부터 예악제도의 핵심을 전수받고자 했으리라는 것은 충분히 상상 가능하다. 역시 각종 전승이 말해주듯이 공자 일행이 낙양 왕실과 공족들의 묘당을 방문해 제식祭式과 시설을 관찰하고 문답한 것도 실제로 있었던 일이리라. 그러나 이때 공자가 배운 주례는 단지 예악제도에만 국한되지 않았다. 사실 공자가 배우러 간 주례는 작게는 예악제도이고, 넓게는 주나라의 정치제도와 운용, 즉 천하를 다스리는 '치도'였다. 당시의 정치적 용어로 예는 모범적인 규범이나 제도를 의미하므로 주례는 곧 주나라 봉건제도의 전범이었다.

주례를 배우고자 낙양까지 온 박학다식한 사유와 그보다 나이가 스무 살 이상 위인 은퇴한 대학자가 처음 나눴을 법한 수인사는 어떤 형식이었을까? 어느 전승에는 노자가 묻고 공자가 대답하는 대화가 기록돼 있다.

"듣기로는 그대가 북방에서 온 현자라 하던데 그대는 도를 터득하였소?"

"아직 터득하지 못했습니다."

"선생은 어느 분야의 도를 찾고 있소?"

"저는 법도法度에서 도를 구하고 있는데 5년이 지나도록 아직 구하지 못하고 있습니다."

"그럼 또 어느 분야에서 도를 찾고 있소?"

"음양역술에서 찾아보고 있는데 12년이 지나도록 구하지 못했습니다."[11]

이 대화는 당연히 두 사람이 나눈 구도求道에 관한 대화로 전해지고 있지만, 내가 들은 바로는 기실 이런 내용이었다.

"내가 들으니 선생께서는 북방의 현자라고 하는데, 그대는 벼슬을 하시었소?"

"아직 벼슬을 구하지 못했습니다."

"그대는 어느 분야의 벼슬을 구하고 있소?"

"저는 수학에 능하여 벼슬을 찾고 있는데 5년이 넘도록 아직 얻지 못했습니다."

"그럼 또 어느 분야에서 벼슬을 구하고 있소?"

"음양술로 찾아보고 있는데 12년이 지나도록 못 구하고 있습니다."

두 성인이 이런 비루한 대화를 나눴다는 사실을 알려주면 사람들은 몹시 화를 냈다. 그러나 구도에 관한 문답으로 알려진 이 대화가 실은 상대방의 관록을 알아보는 대화였다는 내용은 당시 문헌에 남아 있었다. 주나라 관헌들이 상부에 보고한 노담에 대한 기록과 노나라 방문단의 관찰 보고서가 바로 그것이다. 두 사람은 처음 만나 서로의 처지를 탐색하고 대화의 수준과 범위를 찾기 위해 '호구 조사'처럼 가볍지만 그들이 처한 현실에 기반한 대화를 나눴는데, 이 다분히 형식적인 대화를 참관 관리들이 충실하게 보고서에 기록했다. 그리고 이 대화의 이면을 간파한 눈 밝은 사람들이 나타나면서 마침내 두 성인 간의 구도에 관한 문답으로 '승화'되었던 것이다.

인도와 천도

아마도 두 사람의 진정한 철학적 대화는 평범한 보통사람들은 알아듣지 못하는 수준에서 이뤄졌을 것이다. 노담은 물론 공자도 사상가였으므로 두 사람은 서로의 수준을 파악하여 어느 정도 대화가 무르익은 후에는 예법이나 정치에 관한 주제만으로는 만족하지 않았을 것이다. 두 사람은 일반적 의미에서 진리라고 말해지는 도에 관해서도 서로의 생각을 알고 싶었던 듯싶다. 특히 공자 입장에서는 이런 기회가 아니면 문화의 중심지 낙양에서도 손꼽히는 철인과 대화를 나눌 기회란 다시 얻기 어려웠을 테니까.

두 사람은 예법에 관한 심도 깊은 대화를 나누다가 어느덧 미묘한 차이점을 서로 발견해가기 시작했다. 관헌들은 처음 만났을 때처럼 그 대화도 상례에 관한 일반적인 대화라고 여겼지만, 대화는 점차 암호처럼 중의적 의미를 담기 시작했다.

두 사람은 귀족이 미성년자로 죽었을 때 상례를 어떻게 치러야 하는지, 상중에 전투를 하는 것이 예에 맞는지, 임금이 죽거나 망명할 때 신주神主를 어떻게 보관하는지 등을 차례로 논했는데, 예리한 감각을 가진 지식인이라면, 주나라 왕실에서 벌어진 왕자들 간의 내전과 관련된 사례임을 눈치챘을 것이다. 이 대화 기록은 조정에 보고된 면담 문서기 전란 중에 망실될 때 함께 사라지고 말았지만, 상례에 관한 두 사람의 문답은 그 대화의 실상을 파편적으로나마 보여주고 있다. 이 대화는 공자가 묻고 노담이 답하는 형식으로 이루어졌다.

"장례 행렬이 떠나는 도중에 일식을 만나면 어찌해야 합니까?"

"당연히 멈추고 일식이 끝나기를 기다려야 하오. 다시 해가 밝아지면 출발하지요. 그것이 예입니다."

"대저 영구靈柩는 한 번 나가면 돌아오지 않는 법이고, 일식은 곧 끝날 줄을 아는 것. 계속 가는 것이 예가 아닐까요?"

"밤중에 별을 보고서라도 계속 가야 하는 사람은 죄를 입고 가는 자이거나, 부모가 죽어서 달려가는 사람뿐이오. 일식은 깜깜한 밤이니 위험하지 않겠소? 군자는 예를 행하되 남의 어버이를 근심에 빠지게 하지 않는다오."[12]

노담은 사실 이 대화 때문에 공구라는 사람을 오래도록 기억하게 되었다. 애초 상례에 대한 문답으로 시작한 대화가 이 대목에 이르러 자신들도 모르게 자기 사상의 본질을 드러내고 있었던 것이다. 두 사람이 나눈 본래의 대화는 이런 문답이었다.

"인도人道와 천도天道가 부딪치는 일이 있습니까?"

"그런 일이 생기면 천도를 따르는 것이 순리이지요."

"죽음은 돌이킬 수 없고 천도의 움직임은 사람이 감히 알 수 없으니, 사람에게 '천도는 멀고 인도는 가까운 것'이라 들었습니다.[13] 인도로 천도를 헤쳐 나가는 것이 인간을 위한 길이 아닙니까?"

"억지로 인도와 천도를 나누면 그렇겠지요. 그러나 인위의 도는 예법을 구하지만, 무위의 도는 보이지 않는 사람까지 구한다오. 어느 쪽이 더 인간을 위한 길이겠소?"

두 사람의 대화가 며칠간 계속되고 얼마나 많은 대화가 더 있었는지 알 길은 없다. 그러나 마침내 노담의 서실을 나올 때, 공자가 읍하며 문답을 허락한 데 대한 감사의 뜻을 표하자 노담도 공자로부터 많은 것을 배웠다며 겸손하게 답례했다. 두 사람은 대나무숲길을 나란히 걸으며 마지막 대화를 이어갔다. 공자가 몇 번인가 망설이는 듯하다가 스스로에게 다짐하듯이 말했다.

"노사의 말씀 평생 가슴에 새기겠습니다. 참으로 깊고 넓은 가르침이었습니다. 저는 아직 젊어 세상을 구하는 일에 대한 미련을 아주 거두고 싶지 않습니다. 저는 여전히 인도로 천도에 다가서고 싶습니다. 비록 그것이 불가능을 꿈꾸는 것이라 해도 말입니다. 감히 한마디 말할 기회를 주신다면 말씀드리고 싶습니다. 사람 사는 세상에서 '사람이 도를 넓히지, 도가 사람을 넓혀주지는 않는다'[14]고 믿습니다."

두 사람은 이 역사적인 조우에서 많은 사상적 교감을 나누었으리라 추정된다. 두 사람을 조종으로 삼은 학파의 사상 발전사를 보면 서로의 사상을 통섭한 흔적이 많이 남아 있기 때문이다. 한편 두 사람이 근본적으로 가진 생각의 차이도 발견할 수 있다. 이미 인생의 풍파를 뼈아프게 겪어본 노담의 시각에서 보면 더욱 그러했다. 공자는 아직 벼슬하기 전의 학사였으며, 그만큼 원기왕성하고 미래에 대한 의지도 강했다. 인의라는 명분으로 출사의 도를 주창하는 모습도 하등 이상할 것이 없었다. 노담의 입장에서 그것은 바로 자신의 젊은 모습이기도 했다. 노담은 젊은 공자에게서 태자를 훈육하던 시절 자신이 지녔던 뜨거운 열정과 이상을 보았는지도 모른다.

인간도 천지인 삼재의 일원이므로 그냥 자연법칙을 뒤따르지만은 않겠다는 인간의 주체성에 대한 저 자부, 인도를 끝까지 밀고 나가 인도로서 천도의 천도다움을 보이겠다는 저 기개가 노담은 부러웠다. 그러나 그런 만큼 그에게 말해주고 싶었다. 진실로 사람의 힘으로 도달할 수 없는 깊고 아득한 심연 같은 우주의 섭리를. 인위의 눈으로는 도저히 가늠할 수 없는 무위의 세계를. 오직 욕망을 버려야 얻을 수 있는 천도회귀天道回歸의 진리만이 자신의 마음을 지극히 크고 넓은 허정虛靜의 바다로 이끌어준다는 것을.

대나무숲 끝에서 노담이 공자의 손을 잡으며 말했다.

"나는 가난하고 벼슬도 없는 몸이라 먼 길 돌아갈 그대에게 마땅히 줄 선물이 없구려. 그러나 인자는 좋은 말로 배웅할 수 있는 자라고 하니, 조금 더 인생을 살아본 사람으로 그대에게 말하오. 내가 보니 그대는 인과 의, 지혜와 용기를 모두 겸비한 군자요. 뜻이 원대하고 생각 또한 깊소. 그러나 귀 밝고 눈이 밝아 깊이 보고 들을 수 있는 사람은 그것으로 위험을 불러들일 수 있소. 다른 사람의 질시를 부르기 때문이오. 널리 세상사와 인간사에 박학하여 그것으로 권도를 통찰하는 사람은 또한 그것으로 자신을 위태롭게 하는 자이오. 자신이 밝을수록 다른 사람의 오점을 세상에 잘 드러나게 하기 때문이라오. 진정 효를 아는 자는 함부로 자신을 내세우지 않고, 다른 사람의 신하가 된 자는 섣불리 자신을 드러내지 않는 법이라오. 허허. 부디 이 늙은이의 말이 그대의 전도前途에 도움이 되길 바랄 뿐이오."[15]

공사가 수레에 올라 손을 흔들었다.

"노사, 우리가 언제 다시 만날 수 있을까요?"

노담이 웃으며 답했다.

"글쎄. 이 늙은이 얼마나 더 살 수 있을지 모르겠으나, 살아가다보면 어떤 식으로든 다시 만날 날이 있을 수 있겠지요. 부디 그렇게 되기를 바라겠소."

공자 일행의 수레가 멀어져 보이지 않자, 노담이 시동을 불렀다.

"애야, 소를 끌고 오너라. 내 오늘은 시냇가에서 곡신谷神과 더불어 한 잔해야겠구나."

노담이 푸른 소를 타고 오솔길을 따라 골짜기 속으로 사라졌다. 아스라이 안개가 그가 떠난 자취를 지우고 있었다.

빛을 감춘 채 속세의 티끌 속으로

노담이 공자의 방문을 받고 서로의 생각을 나눈 이듬해, 낙양에 충격적인 소식이 들려왔다. 왕성에서는 만세 소리가 높았으나, 낙양의 뒷골목에서는 탄식과 한숨 소리가 새어나왔다. 왕위 쟁탈전에서 패해 멀리 초나라로 망명한 서왕이 낙양 조정에서 보낸 자객에게 암살당했다는 소식이 전해진 것이다.

집요하게 서왕의 목숨을 노리던 경왕 조정은 기원전 506년 오나라왕 합려가 오자서가 지휘하는 대군을 이끌고 초나라 영도를 함락시킨 전란의 소용돌이를 틈타 왕실의 맏형이자 자신의 이복형인 서왕, 왕자 조를 죽이는 데 성공했다. 비록 왕위 쟁탈전을 벌인 사이라 해도 이미 11년 전 패배해 천 리 밖으로 달아난 형을 동생이 집요하게 쫓아가 전란 속에서 살해한 비정한 사건은 서왕에 대한 지지 여부를 떠나 많은 낙양지사의 가슴을 아프게 했다. '그래도 한 아비를 가진 형제이건만. 아, 욕망의 끝없음이여, 권력의 추악함이여…'

낙양은 또다시 거대한 후폭풍에 휩싸였다. 서왕의 비극적인 죽음은 그동안 물밑에 잠복해 있던 지지세력들의 분노를 한순간에 폭발시켰다. 서왕의 망명 조정과 낙양의 왕성에서 숨죽이며 지내던 서왕 지지세력이 연합해 들고일어났다. 여기에 선왕인 경왕과 동맹관계였던 정나라 사람들과 지난 내란 때 쫓겨났던 정나라 출신 백공 집단이 가담해 반란의 규모는 성주의 동왕 조정을 뒤엎을 정도로 컸다. 왕과 측근들은 정신없이 진晉나라로 도망쳐야 했다. 그러나 이 반란도 강력한 진나라 군대 앞에서는 결국 시간문제였다. 이듬해 반란군은 진나라 대군에 밀려 궤산하고 동왕이 다시 진나라 군대의 보호를 받으며 낙양에 복귀함으로써 장장 17년간 계속된 동서왕의 분조分朝가 마침내 끝났다. 이 마지막 내전에서 살아남은 서왕파 잔존세력은 모두 낙양을 떠나 중국 전토로 흩어졌다.

난이 끝난 낙양에는 평화가 찾아왔다. 서왕 조를 암살하고 잔존세력까지 소탕한 동왕 조정은 이제 두 발을 쭉 뻗고 편히 잘 수 있게 되었다. 궁성은 다시 화려해지고 거리의 민생도 활기를 되찾았다. 어린 왕을 겁박하여 서형을 죽이게 한 집권세력은 벌써부터 태평성대를 운위했다. 그러나 노담의 귀에 그것은 태평가가 아니라 동주東周의 몰락을 알리는 만가晩歌처럼 들렸다. 노담은 마침내 이 환멸로 가득 찬 도시를 떠나기로 결심했다. 그의 나이 67세, 더는 낙양의 곡식을 먹고 싶지 않았다. 노담이 낙양을 떠나면서 남긴 시가 세상에 전해진다.

나에게 약간의 지혜가 있으니
비로소 대도大道를 가리라.
하늘의 도리를 두려워하리라.
대도는 평탄하건만
사람들은 샛길을 좋아하니
궁성은 안락하나 들판은 황폐하고 창고는 텅 비었네.
화려한 옷을 입고 날카로운 칼을 찬 무리들
물리도록 먹고 마셔도 재물이 넘쳐흐르니

아, 이것이 도盜가 아니고 무엇이랴!

아, 이것은 정녕 도道가 아니리라![16]

빛을 감춘 채 속세의 티끌 속으로

수장실의 사관들 사이에 은밀히 돈 소문에 따르면, 노담이 주나라 서쪽 관문인 함곡관을 나가 진秦나라로 갔다는 것이었다. 그런 소문이 사실처럼 퍼진 것은 함곡관의 관령이 한때 노담과 함께 수장실에서 근무했던 전직 사관 윤희尹喜라는 사실과 관련이 있었다. 소문에 따르면 노담으로 보이는 백발의 노인이 부인과 함께 소가 끄는 수레를 타고 와서 관령의 도움으로 함곡관을 넘어 서쪽으로 갔다고 했다.

윤희는 감숙지방 천수 땅 사람으로 낙양의 대부였으나 서왕과 동왕의 싸움에 환멸을 느끼고 일찍이 지방관을 자청하여 함곡관 관령이 되었다. 그래서 그를 관윤關尹이라고도 한다. 관윤은 노담처럼 천문과 역법에 능통했다. 그는 왕실 도서관에서 노담과 함께 일하며 학문을 논했고 다른 사람들 앞에서는 종종 노담의 제자를 자처했다. 사람들은 노담과 관윤의 교유에 대해 이렇게 말했다.

"두 사람은 언제나 아무것도 없는 허무의 경지를 내세우고 만물과 하나가 되는 태일太一을 으뜸으로 삼았다. 연약하고 겸손한 것으로 외표를 삼고 텅 비워두어 만물을 훼손하지 않는 것을 그 실질로 삼았다."[17]

노담은 낙양을 떠나기로 결심한 뒤 관윤에게 은밀히 '성을 끊고 지혜도 버린다'는 뜻의 절성기지絶聖棄知[18] 네 글자가 쓰인 죽간을 보냈다. 관윤은 노담에게 망명의 뜻이 있음을 알아채고 '담담하게 혼자 산다'는 담연독거澹然獨居[19] 네 글자로 답간을 써서 그가 와도 좋음을 알렸다.

함곡관 관사에서 두 사람이 보낸 작별의 밤에 노담은 관윤에게 자신이 평생 써온 시편을 내놓았다.

"집에 두고 오기도 그렇고, 먼 길에 가져가기도 어려우니…"

"무엇입니까?"

"기도였을까… 노래였을까… 나는 사관으로서 술이부작의 전통을 지켜왔지만, 가슴에 이는 뜨거운 불길을 견딜 수 없을 때 몇 자씩 적어놓은 것이라오. 세상이 이 늙은이를 기억하지 못하는 때가 되거든 사람들 속에 던져주오."

그러면서 거문고에 맞춰 잠언 한 수를 읊어 작별의 인사를 대신했다.

가득 찬 것은
모자란 것만 못하다네
날카롭게 갈아 지닐수록
오래 간직하지 못한다네
금과 옥이 넘치면
지킬 수 없게 되고
부귀하여 교만하면
자기 허물만 남길 뿐이네
이루었으면 물러나는 것이
하늘의 도이라.[20]
도는 텅 비어 있어
아무리 채워도 채울 수 없다네.
깊고 깊으니 만물의 근원 같도다
날카로움을 무디게 하고

어지러움을 풀어 헤치고

빛을 퍼지게 하고

티끌과 함께 티끌이 된다네.

맑고 맑아 늘 있는 것 같아

나는 그가 누구의 자식인지 모르겠네

만물을 지은 한울님보다 먼저이려나…[21]

노담이 관윤에게 전한 서물書物의 전모에 대해 정확히 아는 사람은 없다. 이 서물은 관윤이 비밀스럽게 소장하고 있다가 죽을 때 후학들에게 전했다고 하는데, 오랜 세월 전승하는 과정에서 많은 내용의 첨삭과 증보가 있었으리라고 여겨질 뿐이다. 또한 누군가에 의해 상권이 〈도〉, 하권이 〈덕〉으로 편집되었다고도 전한다. 이 〈도〉와 〈덕〉은 나중에 도가 학파에 의해《도덕경》으로 높여졌는데, 이것이 오늘날 우리가 알고 있는 《노자》이다. 5000자로 이뤄진 이 서물이 애초 노담이 관윤에게 건넨 서물과 얼마나 가까운지는 알 수 없다.

노담이 이때 함곡관을 나갔기에 사람들은 그가 서쪽으로 간 것으로 알았다. 그러나 이는 낙양 조정을 속이기 위한 계책이었고, 노담이 실제로 향한 곳은 남쪽이었다. 당시에도 이 사실을 아는 사람은 관윤밖에 없었다. 노담은 함곡관을 나갔다가 밤을 이용해 되돌아온 뒤 관윤으로부터 새 수레와 역부들을 제공받아 몰래 남쪽 땅으로 내려갔다. 노담이 남방으로 간 이유는 오직 한 가지. 서왕을 따라 남천했으나 망명 조정의 몰락으로 산실散失 위기에 놓인 왕실 전적을 다시 모으고 복구하여 천년을 전해온 위대한 고도를 단절 없이 후대에 전하려는 것이었다. 한 늙은 사관의 마지막 사명감이었다.

어느 날 초나라 수도 영도에 눈빛 형형한 백발의 늙은이가 홀연히 나타났다. 그는 거리 한 모퉁이에 중고 책권冊卷점을 열고 낡아 못 쓰게 된 죽간과 목간을 수집했는데, 해독하지 못하는 책권이 없을 만큼 학식이 뛰어났다. 이 백발 노인에 대한 소문은 곧 도시 전체로 퍼져나갔다. 어느새 그의 죽간점에는 학문을 배우려는 젊은이들이 가득하게 되었다. 그들은 자기들끼리 이 늙은 서생을 '높은 선생님' 즉 '노자'라고 존칭하였다. 노자라 불린 이 백발 노인이 그 후로 얼마나 더 영도에 머물며 낙양의 책권을 수집했는지는 전해진 바가 없다. 그가 어느 날 책권점을 닫고 영도에서 사라진 뒤 그의 종적에 대해서도 아는 사람이 없었다. 진위는 알 수 없으나, 열국을 주유하던 공자가 송나라 패 땅을 지날 때 그곳에서 우연히 노담과 재회했다는 설화가 노담의 '그 후'를 말해줄 뿐이다.

초나라는 이후 문화가 중원을 방불할 정도로 발전하였으며, 특히 철학과 예술 방면에서 찬란한 꽃을 피우기 시작했다. 어느 시기부터인가 중원의 남쪽 송나라와 초나라 시역에 이른바 '무위자연無爲自然' '천인합일天人合一'을 기본 테제로 삼은 초월적이고 자연주의적인 사상이 형성되기 시작했다. 그 사상의 후예들은 '노자'를 자신들의 종주로 내세웠다.

노담, 이름붙일 수 없는 이름

노담이 언제 어디서 죽었는지는 알 수 없다. 어쩌면 패 땅을 떠나 그의 조상 순임금이 묻힌 구의산으로 들어가 마침내 우화羽化하였는지도

모른다. 혹은 망국의 일민逸民 속으로 들어가 화광동진和光同塵하였는지
도 모른다. 그를 봤다는 소문이 오랜 훗날까지 떠돈 탓인지, 그가 보통
사람의 수명보다 훨씬 긴 160여 년 또는 200여 년을 살았다는 믿기 어
려운 전승도 사서로까지 전해지고 있다. 노담이 오래 살았다는, 예를
들어 태어날 때 이미 80세의 백발 노인 같았다는 전설은 아마도 그가
양생술을 비전한 집안 출신이라는 점과, 중국 남방 지역에 그와 비슷한
행적을 가진 어떤 노현인이 장수했다는 점[22]과 관련이 있을 것이다.

한편 그의 수명이 황당할 정도로 길었다는 소문이 끈질기게 이어진
데 주목한 사람들은 노담이 어쩌면 후대의 다른 사람이 아닐까 생각하
기도 했다. 기이한 것을 좋아하는 사람들이 노자가 불사영생不死永生한
다고 믿고 싶었다 해도, 그도 분명 사람이므로 오래 살았을지언정 반드
시 죽었을 것이다.

그러나 이 특별한 철인은 죽음을 향해 가는 동안에도 어떻게 유한한
인간이 불멸의 존재가 될 수 있는가를 후세에 보여주려는 모종의 가르
침을 '계획'했던 것은 아닐까? 그가 남긴 시에 이런 내용이 전한다.

타인을 아는 자를 지혜롭다 하고
자기를 아는 자를 밝다고 한다.
타인을 이기는 자를 힘 있다 하고
자기를 이기는 자를 강하다고 한다.
족함을 아는 자는 부유하고
힘써 행하는 자는 뜻이 있다고 한다.
그 마땅함을 잃지 않는 자가 오래가고
죽어도 잊히지 않는 자를 오래 사는 자라고 한다.[23]

그는 사라졌으나 그의 5000언은 남아서 그의 존재를 후세에 전하고 있다. '이름붙일 수 없는 이름'과도 같았던 노담의 시편들이 후세 사람들에 의해 '노자'로 이름붙여진 것은 어쩌면 그가 세상을 등지고 숨을 때의 구상이 마침내 실현된 결과는 아닐까?

유망민들의 이동을 따라 전파된 노담의 사상은 초월과 은일의 남방 사상과 결합하여 무위자연의 이른바 '노자 사상'을 배태하였고, 만물 제동萬物齊同의 장자 사상과 더불어 도가 사상의 양대 원류가 되었다. 대혼란의 시대에 대륙 전역으로 흩어져간 유민들 가운데 일부 백공 집단은 평등사상과 자신들의 기술력을 결합하여 비전非戰과 겸애兼愛라는 위대한 인류애를 담은 묵가 사상으로 나아갔다. 그런가 하면 강력한 국가 시스템을 창안한 법가는 역설적이게도 법치의 첫머리에 노자를 왕관처럼 얹어놓았다. 냉철한 현실주의자들인 법가가 왜 무위의 치를 주장한 노자를 자기 사상의 왕관으로 삼았는가? '군주가 허정무위虛靜無爲하면 신하는 두려워 긴장한다'는 노자 속의 제왕학을 간파했기 때문이다. 진나라 왕 정, 이른바 진 시황은 이런 법가라는 이름의 호랑이 등을 탔기에 천하를 통일했고, 또한 그랬기에 자멸했다. 진나라의 실패를 직시한 한나라는 법치의 제도 위에 유가의 덕치를 용포龍袍처럼 입힘으로써 '외유내법外儒內法'이라는 통치원리를 창안했다. 법가를 통해 국가운영 제도를 갖게 된 유가와 도가는 지배이념을 놓고 경쟁하는 과정에서 '내성외왕內聖外王'이라는 공통의 철학적 전통을 확립했다. 이로써 동아시아 사회에서는 '안으로는 최고 경지의 인격을 닦고, 밖으로는 그 최고 경지의 인격을 사회화하여 이상사회를 실현하는 것'이 유파의 차이를 떠나 모든 군자의 이상으로 자리 잡게 되었다.

법가가 노자를 끌어들여 천하질서를 아우르는 동안 태자의 스승 노자가 연마했던 '왕자의 철학'과 훼절한 사유 노자가 침잠한 '패배의 철학'은 어디로 흘러갔는가? 유가가 백가의 으뜸이 되어 '체제의 철학'으로 부상할 때 장자 학파는 '반체제의 철학'을 고양시켰는데, 그들은 그 누구보다 노담을 높이 평가하였다. 장자는 노담의 행장行狀에서 이렇게 말하고 있다.

노담이 말하였다.
"수컷에 대해 알면서도 암컷을 지키면
천하의 골짜기가 되리라.
영예를 알면서도 그 굴욕을 지키면
천하의 골짜기가 되리라."24

다른 사람들은 앞서기를 좋아하는데, 그만 홀로 뒤에 서기를 좋아했다. 그러면서 말했다.
"세상의 굴욕을 받아들여라."
다른 사람들은 모두 가득 찬 것을 좋아하는데, 그만 홀로 텅 빈 것을 좋아했다. 그는 또 천하의 묵은 때를 모두 받아들이라고 하였다. 사람들이 모두 열매를 취할 때, 그는 홀로 텅 빈 것을 취하였다. 저장하는 것이 없었기에 언제나 모든 것에 여유로웠다. 그는 세상을 살아가는 데 있어 서두르는 법이 없었으니, 자기를 소모시키려 하지 않았다. 아무것도 함이 없음으로써 교묘함을 비웃었다. 다른 사람들은 모두 행운을 좇는데, 그만 홀로 자기를 굽힘으로써 온전함을 지켰다. 그러면서 말했다.
"그 순간에 적합하게 행동함으로써 재앙을 피하라."
그는 가장 심오한 것을 만물의 뿌리라고 여기고 모든 실은 매듭으로부터 나온다고 생각했다. 그러면서 말했다.

"단단하면 부서지고, 예리하면 무뎌진다."

그는 항상 다른 사물들을 위해 자리를 내줄 만큼 자신을 넓히고, 다른 사람들의 영역을 침범하지 않았다. (관윤과) 노담은 과연 지극한 경지에 올랐다고 할 만하다. 그 폭넓음과 광대함이 실로 옛날의 참사람이었다.[25]

노담에 대한 장자의 이런 평가가 실제 인물로서 노담과 얼마나 부합하는지는 알 수 없다. 후학들은 자신들이 상상하는 노담과 그럴 것이라고 믿는 노담을 적절히 섞어, 역사 속에 살다 간 '인간 노담'이 아니라 자신들의 간절한 희망 속에 담긴 '사상가 노자'를 탄생시켰다. 그런 점에서 노담은 노자가 아니지만, 노자는 노담이다. 노담은 한 사람의 노자지만, 노자는 여러 사람의 노담이다. 노자의 실존은 그 누구도 확신할 수 없다. 그럼에도 2500년이 넘는 세월 동안 노담, 혹은 노자는 같은 사람, 혹은 다른 사람으로 '여전히 실존한다'. 이 약전은 그리하여 불멸하는 노담의 '전해지지 못한' 혹은 '잊힌' 이야기이다.

노담, 혹은 '늙은이 선생'으로서 노자에게 배운 사람들 중에 남방 사람들이 많았다. 정치적 좌절과 인간성에 대한 회의에서 출발한 무위자연설은 때로는 강력한 정치사상으로, 때로는 인간성을 한없이 높은 수준으로 고양하는 초월의 철학으로, 때로는 처절한 패배의 문학으로 수세기에 걸쳐 거듭 태어났다.

굴원屈原이라는 사람이 있었다. 하은주 삼대의 고전들과 지식인들이 망명하는 서왕을 따라 초나라로 이동하고 노담이 뒤따라간 지 백수십여 년 뒤, 초나라의 유력한 귀족가문에서 태어나 중원의 전통사상을 흠

빼어 흡수한 대시인이었다. 그는 조정의 권력투쟁에 휩쓸려 유배지를 떠돌며 좌절과 원망으로 몸부림치다가 결국 자살하고 말았다. 그가 죽기 전에 썼다는 다음과 같은 시가 세상에 전해진다.

굴원이 쫓겨나
강담에서 노닐 때
못가를 거닐며 시를 읊었네.
얼굴은 해쓱하고
형색은 초췌했네.
어부가 이를 보고 물었네.
그대는 고귀한 대부가 아니오
어찌 이런 곳까지 왔는가.

굴원이 말한다.
세상이 모두 흐린데 나 홀로 맑고
뭇사람 모두 취했는데 나 홀로 깨어 있소.
그래서 쫓겨난 것이라오.

어부가 말한다.
성인은 사물에 막히는 바가 없어
세상과 더불어 옮겨 다닌다오.
세상 사람이 모두 흐리거든
어찌하여 함께 흙탕물을 일으켜
그 물결을 더 높이 일으키지 않으며

세상 사람이 모두 취해 있으면
어찌하여 같이 술지게미를 먹고
바닥까지 술을 핥지 않고
어찌하여 혼자 깊이 생각하고 우뚝 서서
스스로 내쫓기는 신세가 되었는가.

굴원이 말한다.
내가 일찍이 들으니
새로 머리를 감은 자는 반드시 관을 털어 쓰고
새로 몸을 씻은 자는 반드시 옷을 털어 입는다.
어찌 이런 깨끗한 몸에
더러운 것을 받게 할 수 있으랴.
차라리 상수의 물에 빠져서
물고기 뱃속에 장사를 지낼지언정
어찌 이렇게 희디흰 몸으로
세속의 티끌을 뒤집어쓴단 말인가.

어부가 빙그레 웃으며
돛대를 두드리고 가면서
노래를 부른다.
창랑의 물이 맑으면
내 갓끈을 씻고
창랑의 물이 더러우면
내 발을 씻으리라.

드디어 떠나서는 다시 돌아오지 않았네.[26]

공자의 행적을 따라가다 문득 길을 잘못 든 사람마냥 실전失傳의 미로를 헤매었던 나, 이생은 이제 그 끊어진 최후의 종적 앞에서 무딘 붓을 내려놓는다. 먼 하늘에 무연히 떠가는 구름을 바라보며 또한 생각에 잠긴다. 굴원이 만난 어부는 누구였으며, 어부에게 굴원은 누구의 초상인지를.

왜 지금 우리에게 공자인가

이 책은 현대의 이생이 2500여 년 전으로 돌아가 독일 철학자 카를 야스퍼스Karl Jaspers가 '축軸의 시대'라고 부른 그 시대 중국 땅에 홀연히 나타난 선각자 공자를 만나, 전쟁과 혼란의 난세를 함께하며 직접 지켜본 공자와 그 제자들의 삶과 사유에 대해 쓴 소설 형식의 글이다.

공자는 사후에 더 유명해지고, 세상에 큰 영향을 끼친 사람이다. 그러나 그가 영광만을 누린 것은 아니었다. 공자의 사상은 권력 이데올로기가 되어 사문난적斯文亂賊으로 정적을 탄압하는 구실로 악용되기도 하였고, 애초의 뜻과는 무관하게 이른바 이단異端 공격의 도구로 오용되어 무자비한 숙청의 피바람을 몰고 오기도 했다.

이와 관련해 《논어》〈위정〉편에 나오는 '공호이단 사해야이攻乎異端 斯害也已'라는 문장에 대한 해석의 중요성을 이야기해야 할 것 같다. 많은 해설서들이 '이단을 행하는 것(또는 공부하는 것)은 해로울 뿐'이라고 해석한다. 소수만이 '(자기와) 다른 생각을 공격하는 것은 해로울 뿐'이라고 해석한다. 이것은 공자 사상에 대한 이해의 중요한 갈림길이다. 나는 후자의 해석이 공자의 뜻에 부합한다고 본다. 지금까지 공자 사상이 정치나 종교 권력으로 이용되었을 때, 그 왜곡이 가장 심한 문장이 바로 이것이었으리라 추정한다. 이단 논쟁은 비단 유교 이외의 것에 대해서만 나타나는 것이 아니라, 유교 안에서도 나타나 권력 투쟁의 도구가 되었다. 그러나 내가 논어를 강독하면서 느낀바 이런 것은 공자 사상과는 전혀 인연이 없다. 어떤 단端도 검토의 대상일 뿐이다.

최근세에 공자가 태어난 중국 땅에서도, 이른바 문화혁명 시기에 공자는 반동의 원흉으로 극렬하게 비판받았다. 한국에서도 한때 '공자가 죽어야 나라가 산다'는 말이 나올 정도로 근대화를 가로막는 주적으로 매도되기도 했다. 나만 하더라도 사회변혁 운동에 몸담았던 젊은 시절은 물론 그 후로도 공자를 제대로 알아보려고 하지도 않고 싫어했다. 예순 살이 넘어 《논어》에 접하면서, 비로소 공자를 비난하고 비판하는 것이 사실은 공자가 살아 활동한 그 시대와 사회를 지금의 시점에서 비판하는 것임을 알았다. 그리고 공자 사상의 본질이 현대의 모순을 해결하는 데 아주 귀중한 길잡이가 된다는 것을 알았다. 이것은 나에게는 행운이었다. 그러나 나는 《논어》에 나오는 공자의 말을 현대의 시각으로 보았을 뿐, 그 난세의 인간 공자가 2500년이 지나서야 보편적으로 받아들일 수 있는 사상과 이상을 품고 어떻게 고군분투했는지를 알지 못했다. 그러나 그 분투를 가까이에서 지켜본 '이생'이라는 인물을 통해 우리는 공자의 진면목을 생생하게 느끼게 된다.

공자가 살았던 시대도 난세였지만, 2500여 년 후의 지금도 난세다. 물질도 제도도 공자 시대와는 비교가 되지 않을 정도로 발달했지만, 그것이 진정한 진보로 작동하지 못하고 있다. 특히 우리나라는 사상·이념·가치관 면에서는 이미 난세고, 이 상태가 좀 더 악화되면 현상적으로도 난세가 될 위기에 직면하고 있다. 그 배경에는 우리나라만이 아닌 인류 역사가 보편적으로 가지고 있는 모순이 있다.

사람은 우주 안에서 가장 뛰어난 '자유 욕구'와 그것을 실현할 수 있는 '지적 능력'을 가진 존재이다. 사람의 자유 욕구는 세 가지 방향으로 나타난다. 첫째는 육체적 생명을 유지하기 위한 물질적 결핍으로부터 해방되는 것이다. 둘째는 사회적 관계에서 발생하는 억압이나 착취로부터 해방되는 것이다. 셋째는 인간의 특성의 하나인 '관념으로부터 발생하는 부자유'로부터 해방되는 것이다.

이 세 가지 분야에서 사람의 자유의지와 지적 능력이 힘을 발휘해온 것이 '역사'라고 할 수 있다. 현대의 최대 모순은 인간의 지적 능력이 행위 능력을 발전시키는 방향으로는 고도로 발전했지만, 인간중심적 가치이념체계를 변혁하는 방향으로는 그다지 발전하지 못했다는 것이다. 그런데 2500여 년 전 공자를 포함한 인류의 선각자들은 이미 그 지적 능력의 사용 방향을 올바르게 제시했다. 다만 그 물질적·제도적 준비가 턱없이 부족하였기 때문에 보편화되지 못했고, 지금에 와서 비로소 보편화의 길을 걸을 수 있게 되었다. 나는 지금을 '제2의 축의 시대'라고 부르고 싶다.

현대 인류, 특히 지정학적 특성으로 세계의 모순이 중층적이고 복합적으로 모여 있는 한반도에서 '새로운 문명'이 탄생하는 것은 오랜 세월 이 땅에서 삶을 영위해온 선조들의 비원悲願이며, 세계의 거친 물결이 휘몰아치는 동북아에 진정한 평화와 번영의 공동체를 건설하는 것은 피할 수 없는 시대적 요청이다. 특히 아시아인들이 공통으로 받아들이고 있는 지혜로서 공자의 사상은 상당한 역할을 할 수 있을 것이다.

요즘 중국에서는 그 부富는 자본주의가, 그 교教는 중국공산당이 맡는 세기적 실험이 진행되고 있다. 그리고 중국 공산당이 그 이념으로 공자를 활용하려 한다. 그러나 권력을 쥔 집단이 공자를 활용했을 때 나타나는 폐단을 극복할 수 있을지 두고 볼 일이다. 나는 공자가 종교적·정치적 권력으로부터 완전히 벗어난 지금의 한국에서야말로, 공자의 진면목이 '새로운 인간', '새로운 사회', '새로운 문명'을 향해 나아가는 데 크게 기여할 수 있다고 본다.

한반도의 지정학적 조건은 세계에서 그 유례를 찾기 힘든 요충지다. 이곳에 정치·경제·문화적 고기압이 발생하면 이 땅에 사는 사람들이 '영광스러운 역사'의 주인공이 되지만, 그동안 우리 역사는 만성적 저기압에 시달려온 경험이 더 많다. 특히 구한말에서 일제강점기 그리고 분단과 동족상잔으로 이어진 근대사의 아픈 흔적은 지금도 계속되고 있다. 그런 가운데에서도 한국은 짧은 기간에 '산업화'와 '민주화'라는 대단한 밑천을 장만했다. 그런데 지금 '위기'에 봉착했다. 그것은 '절대빈곤'이나 '절대독재'의 위기가 아니다. 업그레이드해야 할 때 업그레이드하지 못하는 데서 오는 위기다. 어렵사리 마련한 밑천마저 활용하지 못하고, 다시 저기압의 소용돌이 속으로 말려들어가고 있는 것이다.

한반도에 진정한 고기압은 '새로운 문명의 중심교역국가'가 이루어지는 것이다. 물론 '통일'로 완성되겠지만, 나는 그 단계가 있다고 생각한다. 지금은 통일이라는 말은 심장 깊숙이 감추고, 일단 남북이 일반국가관계로 전환해야 할 때다. 그리고 남쪽은 인간화·선진화라는 국가 과제에, 북쪽은 민주화와 개방 개혁이라는 국가 과제에 전념할 수 있게 해야 한다. 서로가 서로의 발목을 잡는 악순환을 그만두는 것이 급선무다. 지금 희망은 대한민국에서 출발한다. 물질도 정신도 풍요로운 새로운 문명국가를 만들어야 한다. 이를 위해서 나는 몇 해 전부터 근대 100년의 정치를 수렴하는 '합작과 연정'을 그 출발점으로 제안하고 있다. 나는 인문운동가로서 그 인문적 바탕을 공자 사상의 핵심에서 얻을 수 있다고 생각하고, 다음 몇 가지를 이야기해오고 있다.

소통과 탐구에 대하여

요즘 화두처럼 들리는 말이 '소통'이다. 소통은 도덕적 요구나 현실적 필요에 부응하기 위한 강조에 의해서 이루어지는 것이 아니다. 소통은 '과학'이며, 그 자체가 목적이 아니다. 인간은 사실 그 자체를 인식할 수 있는 존재가 아니라는 '무지無知의 자각'에서 출발하여, 그러나 불가지론不可知論이나 '이런들 어떠하리 저런들 어떠하리'에 빠지지 않고, 끝까지 그 시대의 의義를 탐구하고 실천하는 것이다. 소통은 다른 생각들을 같게 하는 것이 아니다. 다름을 인정하며, 자신의 생각이나 가치관, 지식이나 경험을 당당하게 주장하되, 그 바탕에는 그것들이 사실이고 틀림없다는 과학적으로 근거 없는 단정이 아니라, 자신의 감각과 판단에 불과하다는 자각(그것을 공자는 공공空空이라고 표현하고 있다)이 있는 것이다.

지난 세기 동안 분단된 남북의 정치가 하나로 수렴하기 위해서는 '합작과 연정'이라는 방향이 필요하다. 이제 과거의 상처를 들쑤시게 되는 '해원'이나 '화해'라는 말보다, 풀리지 않는 것은 우선 괄호 안에 넣어둔 채 미래지향적인 '합작'이나 '협치' 같은 노력에 집중했으면 좋겠다. 아마도 이런 노력 속에서 괄호 안에 넣어둔 얼음들이 실질적으로 녹을 것이다. 《논어》의 다음 두 문장은 이런 면에서 참된 소통과 탐구의 길을 잘 보여준다.

내가 아는 것이 있겠는가? 아는 것이 없다. 그러나 어떤 사람이 나에게 묻더라도, 텅 비어 있는 데서 출발하여 그 양 끝을 들추어내어 끝까지 밝혀보겠다. [吾有知乎哉 無知也 有鄙夫問於我 空空如也 我叩其兩端而竭焉] _《논어》〈자한〉

군자는 세상 모든 일에 단정하지 않고, 오직 의를 좇을 뿐이다. [君子之於天下

也 無適也 無莫也 義之與比] _《논어》〈이인〉

이 두 문장만 제대로 이해하고 살려도, 요즘 시대정신으로 이야기되는 통합·상생·정의가 비로소 시대의 용광로 속에 하나로 녹을 수 있는 길을 발견하게 될 것이다.

경쟁과 대립을 넘어서

요즘 세계적으로 신자유주의에 대한 비판과 반대의 목소리가 높다. 지금의 높은 생산력과 소비수준의 근저에는 자유라는 이름 아래서 이루어지는 경쟁의 비인간성, 야만성이 있다. 결코 행복으로 이어지지 않는 경쟁 대신에 자기실현의 즐거운 노동에 의한 적절한 생산력이 어떻게 하면 가능할까? 이에 대해 논어의 다음 구절을 함께 생각해보고 싶다.

공자가 말하기를, "삼아, 나의 도는 하나로 관철되어 있다." 증자가 말했다. "예, 그러합니다." 공자가 나가시자 제자가 물었다. "무슨 말씀이신지요?" 증자가 말했다. "선생님의 도는 충과 서일 따름이니라." [參乎 吾道 一以貫之 曾子曰 唯 子出 門人 問曰 何謂也 曾子曰 夫子之道 忠恕而已矣] _《논어》〈이인〉

여기서 서란 '받아들임'이며, 충은 '자발적으로 즐겁게 전념하는 상태'를 말한다. 흔히 경쟁에 대칭하는 말로 협동을 이야기하지만, 이 협동이 잘 이루어지기 위해서 필요한 마음의 상태가 무엇인지에 대해서는 막막한 경우가 많다. 그러다보니 '동업하면 망하기 쉽다'라는 말이 생길 정도다. 단순히 협동지향적인 추상적 가치관만 가져서는 잘되지 않는다. 서와 충은 단순히 좋은 사회적 관계나 인仁한 마음의 상태를 가리키는 말이 아니라 구체적인 생산력으로 되어야 진짜다. 자기실현의 노동, 자신과 다른 사람 그리고 자연을 살리는 생산력이 경쟁에 쥐어짜여 나오는 생산력을 능가할 때 비로소 진정으로 새로운 세상이 열리게 될 것이다.

현대의 최대 모순을 극복하기 위하여

현대 인류는 전쟁, 양극화, 지구생태계 위기 등의 난제 등에 직면하고 있다. 그런데 사실 이런 문제를 야기하는 근본 원인은 인간의 엄청난 행위능력과 그다지 변치 않는 자기중심적 가치체계의 모순에 있다. 행위능력을 멈출 수는 없으니, 자기중심성을 넘어서는 의식의 진보가 그 해법이 될 것이다. 공자가 제시하는 군자상이 바로 그것이다.

나는 공자가 말하는 군자를 현대적 의미의 진보적 인간이라고 부르고 싶다. 인간의 고도한 행위능력은 동물적 자기중심성을 넘어설 것을 요구하고 있다. 지금과 같은 소유제도나 의식 그리고 이기적 동기로는 대량실업을 비롯한 극단적 양극화를 막을 수 없다. 인공지능을 비롯한 과학기술의 비약적 발전이야말로 자본주의를 넘어서는 '새로운 인간', '새로운 사회', '새로운 문명'의 가장 직접적인 동인이 될 것이다.

군자는 의에 밝고, 소인은 이익에 밝다. [君子 喩於義 小人 喩於利] _《논어》〈이인〉

군자는 화합하되 같게 하려 아니하고, 소인은 같게 하려 하되 화합하지 못한다. [君子 和而不同 小人 同而不和] _《논어》〈자로〉

군자는 태연하지만 교만하지 않고, 소인은 교만하지만 태연하지 못하다.[君子 泰而不驕 小人 驕而不泰] _《논어》〈자로〉

군자는 긍지를 가지면서도 다투지 아니하고, 여러 사람과 어울리면서도 편을 가르지 않는다.[君子 矜而不爭 群而不黨] _《논어》〈위령공〉

사람을 사랑하는 예술의 정치를 위하여

정치를 권력을 쟁취하는 과정으로 생각하는 것은 인간의 역사에서 아주 오래된 일이다. 그러나 이상주의자들은 일찍이 정치를 '사람의 자유를 확대하는 조화의 예술'로 생각했다. 민주주의가 발달하면 정치가 권력쟁탈의 장이 아니라 '대립과 갈등을 해소하는 조화와 상생의 기술(예술)'로 되어야 한다.

이를 위해 첫째는 시대정신을 제대로 실현할 수 있는 종합철학이 요청된다.

자로가 여쭈었다. "위나라 임금께서 선생님께 정치를 맡기신다면 무엇을 가장 먼저 하시겠습니까?" 공자께서 말씀하셨다. "반드시 명을 바로 세울 것이다." 자로가 말씀드렸다. "현실과는 먼 말씀이 아니신지요. 어찌 명을 먼저 세운다 하십니까?" 공자께서 말씀하셨다. "자로야, 너는 참 비속하구나. 군자는 자기가 알지 못하는 일에는 입을 다무는 법이다. 명이 바로 서지 않으면 말이 불순해지고, 말이 불순해지면 일이 이루어지지 않으며, 일이 이루어지지 않으면 예악이 일어나지 못하고, 예악이 일어나지 못하면 형벌이 적절하게 집행되지 못하고, 형벌이 잘 집행되지 않으면 백성들이 손발 둘 곳이 없게 된다. 따라서 군자가 명을 바로 세우면 반드시 말이 서고 말이 서면 반드시 행해지게 될 것이니, 군자는 말을 세움에 있어 조금도 소홀함이 없어야 한다."[子路曰 衛君 待子而爲政 子將奚先 子曰 必也正名乎 子路曰 有是哉 子之迂也 奚其正 子曰 野哉 由也 君子於其所不知 蓋闕如也 名不正 則言不順 言不順 則事不成 事不成 則禮樂不興 禮樂不興 則刑罰不中 刑罰不中 則民無所措手足 故 君子名之 必可言也 言之 必可行也 君子於其言 無所苟而已矣]_《논어》〈자로〉

여기서 정명正名은 시대정신을 실현할 수 있는 종합철학을 올바로 세우는 것을 의미한다. 나는 한국의 정치적 국가 과제를 인간화·선진화라고 생각하고 있다. 또한 정명은 보수와 진보, 새로운 문명을 추구하는 정당들이 시대에 맞게 그 정체성을 확립하는 것이다. 그런 다음 합작과 연정을 추구하는 것이다.

둘째는 덕이 있는 사람이 정치를 하는 것이다. 흔히 '인사人事가 만사萬事'라는 말이 있는데, 이것은 요즘 우리 정치 현실에서도 절실하게 다가오는 테마로 보인다.

덕으로써 정치를 한다면 마치 북극성이 그 제자리에 있어도 여러 별들이 이를 향하여 도는 것과 같다.[爲政以德 譬如北辰 居其所 而衆星 共之]_《논어》〈위정〉

번지가 인에 대하여 묻자 공자가 말하기를, "사람을 사랑하는 것이다." 지에 대해 묻자, "사람을 알아보는 것이다." 번지가 말뜻을 알아듣지 못하자 공자가 말하기를, "정직한 사람을 천거하여 정직하지 않은 사람 위에 두면 정직하지 못한 사람을 정직하게 만들 수 있다."[樊遲問仁 子曰 愛人 問知 子曰 知人 樊遲未達 子曰 擧直錯諸枉 能使枉者直]_《논어》〈안연〉

인사 청문회를 보면서 느끼는 것이지만, 도덕성(정직)과 실무적 능력을 함께 갖춘 인재의 양성이야말로 우리 정치를 한 단계 업그레이드하는 요체라고 생각된다.

셋째는 다원주의적 정치관이다.

> 어떤 사람이 공자에게 "선생은 왜 정치를 하지 않으시오?" 하고 묻자, "서경에 '효도하라, 오직 효도하고 형제간에 우애 있게 하라. 그러면 네가 하는 일에 늘 정치가 있느니라' 하고 일렀거늘, 바로 그것이 정치를 하는 것인데 따로 정치를 한다고 나설 이유가 무엇이오?"라고 대답했다. [或謂孔子曰 子奚不爲政 子曰 書云孝乎 惟孝 友于兄弟 施於有政 是亦爲政 奚其爲爲政] 《논어》 〈위정〉

> 제나라 경공이 정치에 관해 묻자 공자 말하기를, "임금은 임금다워야 하고, 신하는 신하다워야 하며, 아비는 아비다워야 하고, 자식은 자식다워야 합니다." [君君 臣臣 父父 子子] 《논어》 〈안연〉

정치가 권력을 둘러싼 투쟁이 아니라 조화의 예술이 되기 위해서는 이런 다원주의적 정치관이 뿌리내려야 한다. 특히 제도적 민주화를 달성하는 데 기여한 저항 주체로서의 시민으로부터 수평사회의 진정한 시민 주체가 이루어지는 것이야말로 새로운 정치가 이루어지는 바탕이 될 것이다. 민주화의 후퇴에 저항하는 것은 물론 '책임', '관용', '공공성', '세계시민의식'을 갖춘 진정한 시민 주체가 형성되어야 한다.

정신과 물질의 조화를 위하여

공자의 경제에 대한 관점은 현실적이면서도 이상적이다. 인간의 행복을 위한 필요조건으로 경제[富]를 첫 번째 조건으로 인정하면서도, 이것이 정신적 성숙[敎]의 조건으로 작용해야 한다고 전제한다. 특히 의롭지 않은 부의 축적이나 고르지 못한 분배에 대해 지적하는 부분은 요즘의 양극화 현상에 대해 이야기하는 듯 생생하게 들려온다. 지구생태계 위기의 근본 요인인 소유와 소비 위주의 삶을 반성하며 '단순 소박한 삶'이라는 화두가 부각되고 있는 현대에 '소박한 삶일지라도 즐거울 수 있다'는 메시지를 전달한다는 점에 엄청난 현대성이 있다.

공자가 위나라에 가실 때 염유가 수레를 몰고 따르니, 공자께서 말씀하시기를, "백성들이 참 많구나." 염유가 말씀드렸다. "백성이 많아진 다음에는 무엇을 해야 합니까?" 공자께서 말씀하셨다. "부유하게 해주어야 한다." 염유가 다시 여쭈었다. "부유해지면 다음에는 무엇을 해야 합니까?" 공자께서 말씀하셨다. "가르쳐야 한다." [子適衛 冉有僕 子曰 庶矣哉 冉有曰, 旣庶矣 又何加焉 曰 富之 曰 旣富矣 又何加焉 曰 敎之] _《논어》〈자로〉

자공이 여쭈었다. "가난하면서도 아첨함이 없으며, 부유하면서도 교만함이 없으면 어떠합니까?" 공자께서 말씀하셨다. "좋은 말이다. 그러나 가난하면서도 즐거워하며, 부유하면서도 예를 좋아하는 것만은 못하다." [子貢曰 貧而無諂 富而無驕 何如 子曰 可也 未若貧而樂 富而好禮者也] _《논어》〈학이〉

공자 말하기를, "나라가 있고 가문을 가지고 있는 자는 적음을 걱정하지 않고 고르지 않음을 걱정하며, 가난함을 걱정하지 않고 편안하지 않음을

412

걱정한다. 대체로 고르면 가난함이 없고, 화합하면 부족함이 없고, 안정되면 기울어지지 않는다." [有國有家者 不患寡而患不均 不患貧而患不安 蓋均無貧 和無寡 安無傾] _《논어》〈계씨〉

공자 말하기를, "거친 밥을 먹고 물을 마시고 팔베개를 하고 살더라도 즐거움이 또한 그 가운데 있는 것이니, 의롭지 않은 부귀는 나에게 있어 뜬구름과 같은 것이다." [子曰 飯疏食飲水 曲肱而枕之 樂亦在其中矣 不義而富且貴 於我 如浮雲] _《논어》〈술이〉

이상 부족한 대로 나의 생각을 적었다. 이 글이 책 속에 묘사된 이상주의자 공자의 다양한 면모를 이해하는 데 도움이 되기를 바란다.

이 책의 저자인 한겨레의 이인우 선생은 언론계에 쭉 몸담은 사람이다. 그 바쁜 시간 틈틈이 이런 글을 썼다는 것도 놀랍지만, 노출이 많이 된 사람임에도 이와 같은 깊은 내공이 숨은 보배처럼 감추어져 있었다는 사실이 더욱 놀랍다. 아무쪼록 이 책이 현대의 한국과 세계의 과제들과 씨름하는 사람들에게 용기와 기쁨과 영감을 주기를 바란다. 나같이 부족한 사람에게 추천의 글을 쓰게 해주어서 큰 영광으로 생각한다.

2016년 3월 장수에서
이남곡

공자가 내 어깨를 두드려올 때

이 책은 논어 읽기를 권하기 위해 쓰여졌다. 더 많은 사람들이 논어라는 책을 접하고 감화를 받으면 우리가 사는 공동체가 한층 더 따뜻하게 진보하리라는 지극히 소박한 믿음에서 시작됐다. 논어 읽기를 권장하려고 하니 주인공인 공자의 삶과 사상을 이야기하지 않을 수 없었다. 그런 점에서 이 책은 공자평전의 성격도 가지게 되었다.

책의 성격이 이렇다 보니 당연히 원전인《논어》와 사마천의《사기》〈공자세가〉가 이 책의 저본이 되었다. 그러나 가상의 화자가 이야기를 이끌어가는 소설 형식 때문에 원문과 뉘앙스를 달리하거나 다양한 해석 가능성을 열어두는 상황도 적지 않게 생겼다. 이런 형식에 따른 불가피한 단점, 즉 원문 오독 소지를 최대한 줄이면서 동시에 읽는 이의 사색 폭을 넓혀 보다 유용한 독서기 될 수 있도록 필요한 경우 미주를 통해《논어》원문과 역문을 밝혀두었고 〈공자세가〉 대역 전문을 부록으로 첨부했다.

개인적으로 필자는 쉰 살 즈음에 자신을 돌아보게 되는 사건을 만났고, 그때《논어》를 읽은 것이 인생 후반의 중요한 전환점이 되었다. 돌이켜보면, 그 무렵 나는 사회적 존재로서나 자연인으로서 모든 한계에 부딪히며 고전하고 있었다. 그러면서 그 모든 원인을 나의 선의善意를 알아주지 않는 타인들에서 찾고 있었다. 원망과 분노가 자기환멸로 이어지는 악순환 속에서 마음도 황폐해지고 있었다. 그때 한 지인이 지나가는 말처럼 나에게 지천명知天命의 의미를 물어왔고, 나는 그 우연한 질문을 계기로 나의 천명天命을 생각해보게 되었다. 골방에서 먼지를 뒤집어쓰고 있던《논어》를 다시 꺼내들게 된 것도 이때였다. 오래전 스승과의 재회였다!

논어를 천천히 읽어가면서 천명을 안다는 것이 동시에 천분天分을 알아가는 과정일 수 있겠다는 생각이 들었다. 하늘이 자신에게 부여한 분수를 받아들이는 행위가 결코 자신의 가능성을 한계 짓는 것이 아니라, 오히려 또 다른 차원에서 자아를 해방하는 방법이라고 말이다. 자기성찰과 세계를 향한 겸손을 통해 현실의 울타리를 벗어나지 않고도 원망과 분노를 감싸 안을 수 있는 길이 있다고 여기게 되니 비로소 악순환을 벗어나는 통로가 보이기 시작했다.《논어》를 읽어갈수록 나는 그 길이 조금씩 더 넓어지고 있음을 느꼈다.《논어》를 읽고나서는 "자기도 모르게 팔다리가 저절로 움직여서 춤을 추게 되었다[手之舞之足之蹈之]"는 중국 송대 철학자 정이천程伊川처럼 나 또한 말할 수 없는 기쁨을 얻었고, 인생과 세상을 바라보는 마음의 시야를 얻었다고 감히 말하고 싶다.

《논어》를 통해 발견한 나의 이런 즐거움을 더 많은 사람들과 나누고 싶은 내 나름의 '선의'가 이 책을 쓰게 된 최초의 동력이 되어주었다. 그후 내가 평소《논어》예찬을 자주 하자 몇몇 지인들은 내 의도를 글로 써볼 것을 권했다. 그러나 엄두가 나지 않았다. 나는 동양철학이나 고전을 정식으로 전공한 적이 없다. 일개 독서독학인讀書獨學人 처지라 외람되고 주제 넘는 일로만 여겨졌다. 그러던 차에 당시 한겨레 장철규

출판국장이 새로 창간되는 월간지에 지면을 만들어놓고 나에게 '월급 값'을 요구하는 상황이 되었다. 신문 종사자로서 마감의 무서움 덕분일까, 나는 시간에 쫓긴 끝에 세 사람, 혹은 세 권의 책을 머리속에서 종합하게 되었다.

첫 번째는 요시카와 고지로의《공자와 논어》(1984)였다. 중국문학연구자인 요시카와 선생은 동양 고전에 대한 폭넓은 이해를 바탕으로 쉬운 언어로 공자와 논어를 말하고 있었는데, 동아시아 문화·사상사라는 큰 흐름 속에서 공자 사상을 말하고 싶은 내 생각의 방향을 확인시켜주었다.

두 번째는 시라카와 시즈카의《공자전》(1977)에서 맛본 감동이었다. 비록 넓지 않은 내 독서 경험 안에서지만 공자 전기물 중 단연 최고의 책이었다. 전통적 해석에서 벗어난 부분에 대한 주류 학계의 비판이 있다고는 해도, 그것까지를 포함하여 그처럼 아름답고 절실하며 독창적인 '공자 찬양'을 일찍이 나는 보지 못했다.《공자전》을 계기로 시라카와라는 고문학자에 관심을 갖고 있다가 우연히 한 대담집[시라카와 시즈카-우메하라 나게시 대담,《주술의 사상》, 이경덕 옮김(사계절, 2008)]을 읽게 되었다. 시라카와 선생이 91세 때 이뤄진 이 대담에서 76세의 대담자는 "선생의《공자전》을 누군가가 소설로 쓰면 명작이 될 것"이라고 말하고 있었다. 서점 진열대에서 이 대목을 마주했을 때, 나에게는 그 말이 마치 "당신이 한번 도전해보면 어떻겠소?" 하는 말처럼 다가왔다. 그때는 흔한 말로 '자뻑'의 기분이 되어 혼자 실소를 머금었는데, 나중에 연재 제의를 받고서는 일종의 자기암시같이 여겨지기도 했다.

또 다른 방향에서는 한 헌책방에서 이노우에 야스시의 소설《공자》

(1989)를 발견하고서였다. 일본 현대문학의 대문호가 나이 여든이 다 되어 쓴, 결과적으로 유작이 되고 만 이 소설에서 저자는 자신의 분신이 틀림없는 '언강'이라는 가상의 노인을 화자로 내세워 이야기를 전개하고 있었다. 그 소설은 소설가가 아닌 나에게 안도감과 자신감을 동시에 안겨주었다. 대문호도 쓰는 방식이니 비소설가인 내가 따라한들 부끄러운 일은 아닐 것이다 하는…

그렇게 세 사람이 이 책의 방향과 내용과 형식을 제공해주었다고 해도 과언이 아니다. 이들이 모두 현대 일본인이라는 점이 공교롭지만, 내가 공감하는 바가 그들의 사상과 문학에 닿아있다는 사실을 억지로 부인하고 싶은 생각은 없다. 그것이 나의 지식의 한계에서 비롯된 것이라 해도, 그 세 사람이 공자 사상에 관한 한 손색없는 지성이라는 나의 생각을 바꾸지는 못할 것 같다.

2012년 말부터 3년 동안 나는 〈이인우의 소설 논어명장면〉이라는 제목으로 월간지와 종교명상사이트 '휴심정'에 이 책의 바탕이 된 이야기들을 연재했다. 연재를 하는 동안 나는 많은 책의 도움을 받았다. 앞에서 말한 대로 나는 철학이나 고전을 정식으로 공부한 적이 없다. 그래서 나의 공부는 전적으로 독서 체험에 의존하고 있다. 그러므로 내가 읽은 책과 저자들이 이 책의 전거이자 출처들이다. 간략히 중요한 순서대로 언급하면,《논어집주》《사기》《춘추좌씨전》 등의 핵심 고전들을 번역해준 성백효, 김원중, 정태현(이하 존칭 생략) 등과 같은 고전 학자·번역가들에게 진심으로 감사와 존경을 바친다. 훌륭한 고전 번역과 해석이 이뤄져 있지 않았다면, 필자 같은 일개 독서인이 고전에 관한 책을 쓰기는 매우 어려웠을 것이다. 앞으로도 다방면에 걸친 많은 고전들이 속속 번역되어 일반 대중들이 생각의 지평을 넓히는 데 도움이 될 수 있도록 정부와 민간이 지원을 아끼지 않았으면 한다.

다양한 논어 해석의 모범을 보여준 이을호, 이재호, 박기봉, 배병삼, 한필훈, 부남철 등 논어 애호가·연구자들에게도 개인적으로 경의를 표한다. 《강의》 《담론》 등을 쓴 고 신영복, 《논어, 사람을 사랑하는 기술》의 이남곡, 《노자철학 이것이다》를 비롯해 여러 동양학 관련 책을 저술해준 김용옥, 《공자의 생애와 사상》의 김학주, 《공자와 세계》의 황태연, 《공자와 천하를 논하다》의 신동준, 《논어로 논어를 풀다》의 이한우, 《오랑캐로 사는 즐거움》의 이상수 등에게서도 많은 지식과 영감을 얻었다.

외국 저작으로는 중국의 펑유란, 장대년, 채인후, 리링, 영국의 앵거스 그레이엄, 미국의 크릴, 안핑 친, 대만의 왕건문(《공자, 최후의 20년》의 저자) 등의 책으로부터 지적 자극과 도움을 받았다. 그 밖에도 꼭 언급해야 할 많은 책들이 있으나 일일이 다 열거하지 못하는 점 아쉽게 생각한다. 훗날 보완할 기회가 있기를 진심으로 바란다.

〈이인우의 소설 논어명장면〉이 인터넷으로 연재되는 동안 여러 독자들에게 과분한 격려와 사랑을 받았다. 나에게는 한 사람 한 사람이 모두 '특별한 독자'인 여러분들께도 진심으로 감사를 드린다. 연재 글을 읽고 찾아와 출판을 제안해준 책세상 출판사 강연옥 팀장에게는 감사와 함께 인연의 소중함을 느낀다. 졸고에 기꺼이 추천사를 써주신 이남곡 선생님에게 다시 한번 감사와 존경을 바친다. 개인적으로 이 책은 아직 미완성이다. 처음 이야기를 시작할 때 염두에 두었던 목차를 이른 시일 안에 다 채울 수 있도록 이 책의 출간이 나에게도 격려와 힘이 되었으면 한다.

   '왜 21세기에 공자인가?'라는 물음은 이 책의 진정한 화두이다. 필자도 여전히 그 대답을 찾고 있는 중이다. 여기서는 이남곡 선생님(본인은 인문사회운동가라고 한정하시지만, 내가 보기에 선생은 그 이상으로 뛰어난 사상가이다)의 추천사 내용이 그 대답의 하나가 될 수 있기를 바란다. 다만 필자는 어리석은 대로 이런 소망을 말하고 싶다. 2000여 년 전 중국 사람 사마천은 〈공자세가〉를 쓰기 위해 공자의 묘당을 찾아가 그가 차지하고 있는 문명사적 위치를 생각하면서 "고개를 숙인 채 묘당을 배회하며 한동안 떠날 수 없었다[余祗回留之不能去]"는 경모의 심회를 역사에 남겼다. 20세기 일본 사람 시라카와 시즈카는 대만의 공자 묘당을 찾아가 "고개를 숙인 채 묘당을 배회하며 그 자리를 떠나지 못하는" 자신의 심회를 《공자전》의 결어로 삼고 있다. 그 밖에도 우리가 알지 못하는 많은 한국인, 일본인, 중국인들이 역사의 뒤안길에서 같은 심정으로 공자의 묘역을 배회했으리라. 나 또한 언젠가 나의 이야기를 마치고 나면 감히 선인들의 심회를 따르고 싶다. 2500년이라는 장구한 시간 속에 면면히 이어져온 문명과 전통을 새삼 확인하면서. 또한 그 문명과 전통이라는 것이 도대체 21세기에 무슨 의미를 갖느냐는 후생들의 질문 앞에 많은 동아시아인들이 겸허한 마음으로 함께 서 있게 되기를 희망하면서.

2016년 4월
이인우

이야기를 시작하며 : 공자, 위대한 사상의 시작

1 [余讀孔氏書 想見其爲人 適魯 觀仲尼廟堂車服禮器 諸生以時習禮其家 余祗回留之不能
   去云 天下君王至於賢人衆矣 當時則榮 沒則已焉 孔子布衣 傳十餘世 學者宗之 自天子王
   侯 中國言六藝者折中於夫子 可謂至聖矣]《사기》〈공자세가〉.

2 번지가 인에 대해 물으니 선생님께서 말씀하셨다. "사람을 사랑하는 것이다." 지에 대
   해 묻자 선생님께서 말씀하셨다. "사람을 아는 것이다." 번지가 무슨 뜻인지 알아듣지
   못하니, 선생님께서 말씀하셨다. "정직한 사람을 뽑아쓰고 구부러진 사람을 쓰지 않는
   다면, 부정한 사람을 능히 바르게 할 수 있을 것이다. …" [樊遲問仁 子曰 愛人 問知 子
   曰 知人 樊遲未達 子曰 擧直錯諸枉 能使枉者直…]《논어論語》〈안연顔淵〉22장.

3 채인후蔡仁厚,《공자의 철학》, 천병돈 옮김(예문서원, 2000) 참조.

4 카를 야스퍼스,《역사의 기원과 목표》, 백승균 옮김(이화여대출판부, 1986).

5 《맹자》〈만장 하萬章 下〉.

6 선생님께서 말씀하셨다. "나는 열다섯에 학문에 뜻을 두었고, 서른에 목표를 세웠으며,
   마흔 살에 의혹이 사라졌다. 쉰에 하늘의 뜻을 알았고, 예순에는 무슨 말이든 새겨 이
   해하였다. 일흔에 이르러서는 마음이 하고자 하는 대로 따라도 법도를 벗어나지 않
   았다." [子曰 吾十有五而志于學 三十而立 四十而不惑 五十而知天命 六十而耳順 七十而
   從心所慾不踰矩]《논어》〈위정爲政〉4장.

7 《논어》〈헌문憲問〉26장.

8 《논어》〈위령공衛靈公〉38장.

1부 군자의 길 : 하늘을 배워 천명에 이르리라

1장 유랑하는 군자

1 《사기》〈공자세가〉.

2 　선생님께서 말씀하셨다. "포 한 꾸러미 정도를 들고 와서 배움을 청하는 이를 내 일찍이 가르치지 않은 적이 없다." [子曰 自行束脩以上 吾未嘗無誨焉]《논어》〈술이〉7장.

3 　호향은 풍속이 달라 사람들이 교류하기를 꺼리는 부족이었다. 어느 날 호향의 소년이 찾아와 공자를 뵙고자 하니, 문인들이 좋아하지 않았다. 선생님께서 말씀하셨다. "배움으로 나아가려는 사람은 받아들이고, 그렇지 않은 사람은 받아들이지 않으면 그만이지 그렇게 심하게 대할 것이 있느냐? 사람이 자기를 깨끗이 하고 배우러 오면 그 깨끗함으로 받아들이면 된다. 과거는 묻지 말도록 하자." [互鄕 難與言 童子見 門人惑 子曰 與其進也 不與其退也 唯何甚 人潔己以進 與其潔也 不保其往也]《논어》〈술이〉28장.

4 　선생님께서 말씀하셨다. "가르침에는 차별이 없다." [子曰 有敎無類]《논어》〈위령공〉38장.

5 　선생님께서 말씀하셨다. "나는 나면서부터 아는 자가 아니다. 옛것을 좋아하여 힘써 구하는 자이다." [子曰 我非生而知之者 好古敏以求之者也]《논어》〈술이〉19장.

6 　《설원說苑》〈건본建本〉.

7 　《공자가어》〈자로초견子路初見〉.

8 　선생님께서 말씀하셨다. "배우고 그때그때 익히니 기쁘지 아니한가! 벗이 있어 먼 데서 찾아와주니 즐겁지 아니한가! 남들이 알아주지 않더라도 서운하지 않으니 이 또한 군자가 아니겠는가!" [子曰 學而時習之 不亦說乎 有朋自遠方來 不亦樂乎 人不知而不慍 不亦君子乎]《논어》〈학이學而〉1장.

9 　선생님께서는 네 가지로 가르치셨다. 학문, 행실, 진실한 마음, 신의가 그것이다. [子以四敎 文行忠信]《논어》〈술이〉24장.

10 　안연과 계로(자로)가 공자를 모시고 있을 때 선생님께서 말씀하셨다. "어찌 각자의 바람을 말하지 않느냐?" 자로가 말하였다. "수레와 말과 가벼운 가죽옷을 친구와 함께 쓰다가 부서지고 해지더라도 시운힘이 없고자 합니다." 안연이 말하였다. "착함을 내세우지 않고, 공로를 과시함이 없고자 합니다." 자로가 "선생님의 말씀도 듣고 싶습니다"고 하자, 선생님께서 말씀하셨다. "늙은이를 보살펴주고, 벗들과는 믿음으로 사귀고, 후배들을 진심으로 이끌어주련다." [顔淵季路侍 子曰 盍各言爾志 子路曰 願車馬衣輕裘 與朋友共 弊之而無憾 顔淵曰 願無伐善 無施勞 子路曰 願聞子之志 子曰 老者安之 朋友信之 少者懷之]《논어》〈공야장〉25장.

11 　《사기》〈공자세가〉,《여씨춘추呂氏春秋》〈제14권 효행람孝行覽〉.

12 　저 유는 듣기를, 좋은 일을 하는 자는 하늘이 복으로써 보답하고 나쁜 일을 하는 자는

재앙으로써 갚는다고 했습니다. 지금 선생님께서는 덕을 쌓고 의를 쌓고 아름다움을 품어서 행해온 지 오래되었건만 어찌 곤궁하여 고생하십니까?" [聞之 爲善者天報之 以福 爲不善者天報之以禍 今夫子累德積義懷美 行之日久矣 奚居之隱也] 《순자荀子》 〈제28편 유좌宥坐〉 이지한 해역(자유문고, 2003), 562쪽.

13 위령공이 공자에게 진 치는 법을 묻자, 공자께서 말씀하셨다. "제기를 늘어놓는 일에 대하여는 일찍이 들었으나, 군대에 관한 일은 배우지 않았습니다." 그러고는 다음 날 떠나버렸다. 진나라에 있을 때 식량이 떨어져 따르는 이들이 지쳐 일어나지도 못했다. 자로가 성난 얼굴로 뵙고 말하였다. "군자도 궁할 때가 있습니까?" 선생님께서 말씀하 셨다. "군자는 본디 궁하다. 소인은 궁하면 흐트러진다." [衛靈公問陳於孔子 孔子對曰 俎豆之事 則嘗聞之矣 軍旅之事 未之學也 明日 遂行 在陳絶糧 從者病莫能興 子路慍見 曰 君子亦有窮乎 子曰 君子 固窮 小人 窮斯濫矣] 《논어》 〈위령공〉 1장.

14 《여씨춘추》 〈제14권 효행람〉.

15 선생님께서 말씀하셨다. "도가 행해지지 않아 내가 뗏목을 타고 바다를 선너가고자 하면 나를 따라나설 자는 자로이리라." 자로가 이 말씀을 듣고 기뻐하자, 선생님께서 말씀하셨다. "유는 나보다 용감하지만, 사리판단은 잘하지 못하는구나." [子曰 道不行 乘桴浮于海 從我者 其由與 子路聞之喜 子曰 由也 好勇過我 無所取材] 《논어》 〈공야장〉 6장.

16 何草不玄 何人不矜 哀我征夫 獨爲匪民 匪兕匪虎 率彼曠野 哀我征夫 朝夕不暇. 《시경詩 經》 〈소아小雅〉 '하초불황何草不黃'.

17 《맹자》 〈진심 하盡心 下〉.

18 선생님께서 말씀하셨나. "유야, 덕을 아는 사가 드물구나!" [子曰 由 知德者鮮矣] 《논 어》 〈위령공〉 3장.

19 君子博學深謀不遇時者多矣 由是觀之 不遇世者衆矣 何獨丘也哉 且夫芷蘭生於深林 非 以無人而不芳 君子之學 非爲通也 爲窮而不困 憂而意不衰也 知禍福終始而心不惑也 夫 賢 不肖者 材也 爲不爲者 人也 遇不遇者 時也 死生者 命也…故君子博學深謀修身端行 以 俟其時. 《순자》 〈제28편 유좌宥坐〉.

20 선생님께서 말씀하셨다. "사야, 너는 내가 많이 배우고 그것을 다 알고 있는 사람이라 고 여기느냐?" 자공이 대답하였다. "그렇습니다. 아닙니까?" 선생님께서 말씀하셨다. "아니다. 나는 하나로 모두를 꿰뚫었다." [子曰 賜也 女以予爲多學而識之者與 對曰 然 非與 曰 非也 予一以貫之] 《논어》 〈위령공〉 2장. 선생님께서 말씀하셨다. "참아, 나의

도는 한 가지 이치로 만 가지 일을 꿰뚫는 것이다." 증자가 "예" 하고 대답했다. 선생님께서 나가시자, 문인들이 물었다. "무슨 말씀입니까?" 증자가 대답했다. "선생님의 도는 충과 서일 뿐입니다." [子曰 參乎 吾道一以貫之 曾子曰 唯 子出 門人問曰 何爲也 曾子曰 夫子之道 忠恕而已矣]《논어》〈이인里仁〉15장.

21 《사기》〈공자세가〉.

22 선생님께서 말씀하셨다. "군자는 배부름과 안락함을 구하지 않는다. 일은 민첩히 하고 말은 신중하게 한다. 나아가 도가 있는 사람을 찾아 올바름을 배운다면, 가히 학문을 좋아한다고 할 수 있으리라." [子曰 君子 食無求飽 居無求安 敏於事而愼於言 就有道而正焉 可謂好學也已]《논어》〈학이〉14장.

23 번지가 지혜에 대하여 묻자, 선생님께서 말씀하셨다. "사람의 도리에 힘쓰고, 귀신을 공경하되 멀리한다면 지혜롭다고 할 수 있다." 다시 인에 대하여 묻자 말씀하셨다. "인자는 어려운 일은 자기가 먼저 하고, 이익은 맨 뒤에 받고자 한다. 그렇게 하면 인하다고 할 수 있다." [樊遲問知 子曰 務民之義 敬鬼神而遠之 可謂知矣 問仁 曰 仁者 先難而後獲 可謂仁矣]《논어》〈옹야雍也〉20장.

24 선생님께서 말씀하셨다. "날씨가 추워진 뒤에야 소나무와 잣나무가 뒤늦게 시듦(오래도록 푸름)을 알 수 있다." [子曰 歲寒然後知松柏之後彫也]《논어》〈자한子罕〉27장.

25 안회가 두 손을 공손히 모으고 눈을 돌려 바라보자, 공자는 그가 자신을 존경한 나머지 이 재난이 너무 크다고 여기거나 자신을 사랑한 나머지 슬퍼할까 걱정되어 이렇게 말하였다. "회야! 하늘의 재난을 받아도 이를 인정하기는 쉽지만, 사람의 세상에서 이익을 생각하면서 마음이 편하기란 어려운 것이란다. 모든 일은 시작이 없으면 끝도 없으니, 사람이란 하늘과 하나란다. 지금 노래를 부르는 사람이 그 누구이겠느냐?" [顏回端拱還目而窺之 仲尼恐其廣己而造大也 愛己而造哀也 回 无受天損易 无受人益難 无始而非卒也 人與天一也 夫今之歌者其誰乎]《장자莊子》〈산목山木〉임동석 역주(동서문화사, 2009), 448쪽.

26 사마천은 공자가 초 소왕의 초빙을 받아 초나라에 간 것으로 말하고 있으나, 후대 학자 중에는 공자가 초나라를 방문한 사실이 없다고 주장하는 이들도 있다. 최술崔述,《수사고신록洙泗考信錄》, 이재하 외 옮김(한길사, 2009).

27 초나라의 한 미친 사람이 수레 옆으로 공자를 지나쳐 가며 노래를 불렀다. "봉이여, 봉이여! 어찌 덕이 쇠하였는가? 지나간 것은 말할 필요가 없지만, 다가올 일은 따를 수 있지 않은가? 그만두게나, 그만두게나! 오늘날 정치하는 자들은 위태로우니." 공자께

서 수레에서 내려 대화를 나누려고 하자 피하여 가버려, 더불어 말씀하지 못하였다. [楚狂接輿歌而過孔子 曰 鳳兮 鳳兮 何德之衰 往者 不可諫 來者 猶可追 已而已而 今之 從政者 殆而 孔子下欲與之言趨而避之 不得與之言] 《논어》〈미자〉 5장.

28 선생님께서 말씀하셨다. "일어나 은둔한 자가 일곱 사람이다." [子曰 作者七人矣] 《논어》〈헌문〉 40장.

29 《사기》〈오자서열전伍子胥列傳〉.

30 《춘추좌씨전》 정공定公 4년.

31 《사기》〈공자세가〉.

32 대학의 도는 밝은 덕을 밝히는 데 있으며, 백성을 새롭게 하는 데 있으며, 지극한 선에 머무는 데 있다. [大學之道 在明明德 在親(新)民 在止於至善] 《대학大學》에서 차용했다.

33 선생님께서 말씀하셨다. "부유함과 높은 신분은 사람마다 바라는 것이지만 올바른 방법이 아니면 억지로 가지고자 하지 않는다. 가난과 낮은 신분은 사람마다 원하지 않는 것이지만 올바른 방법이 아니라면 억지로 피하지 않는다. 군자가 인을 벗어나서 어찌 이름을 이루겠는가? 군자는 밥을 먹는 동안에도 인을 벗어나는 일이 없으니, 형편이 급하고 구차한 때에도 인을 생각하고 거꾸러지고 자빠지는 고난 중에도 인의 실천을 생각한다." [子曰 富與貴是人之所欲也 不以其道得之 不處也 貧與賤是人之所惡也 不以其道得之 不去也 君子去仁 惡乎成名 君子無終食之間違仁 造次 必於是 顚沛 必於是] 《논어》〈이인〉 5장.

34 《춘추좌씨전》 애공哀公 6년.

35 공사가 초나라에 이르자 초나라 광인 접여가 공자의 문 앞을 지나며 노래를 불렀다. "봉이여 봉이여, 어찌 그리 덕이 쇠하였는가! 오는 세상은 기대할 수 없고, 지나간 시절은 돌이킬 수 없는 것. 천하에 도가 있으면 성인은 그것을 이루고, 천하에 도가 없으면 성인도 그저 살아갈 뿐이다. 이러한 시절에는 형벌만 면하고 살면 그만, 복은 새털처럼 가벼운데 그 누구도 이를 실어갈 줄 모르고, 화는 땅처럼 무거운데 누구도 이를 피할 줄 모르누나. 그만하시게, 그만하시게, 덕을 내세워 사람들 앞에 나서는 따위는! 위험하다네, 위험하다네, 자리를 골라가며 쫓아다니는 짓은! 이리저리 헤쳐 다니며 길을 어지럽히지 말지니! 우왕좌왕 헛발질로 발에 상처나 입히지 말기를!" [孔子適楚 楚狂接輿遊其門曰 鳳兮鳳兮 何如德之衰也 來世不可待 往世不可追也 天下有道 聖人成焉 天下無道 聖人生焉 方今之時 僅免刑焉 福輕乎羽 莫之知載 禍重乎地 莫之知避 已乎已乎

臨人以德 殆乎殆乎 畵地而趨 迷陽迷陽 無傷吾行 卻曲卻曲 無傷吾足]《장자》〈인간세
人間世〉.

36 돌아가자. 사귀는 것도 그만두고 노는 것도 끊으리라. 세상과 내가 서로 어긋나 맞지
않으니 다시 수레를 몰아 무엇을 구하려는가. [歸去來兮 請息交以絶游 世與我而相違
復駕言兮焉求] 도연명陶淵明의 시 〈귀거래혜사歸去來兮辭〉에서 차용했다.

37 《공자가어》〈재액在厄〉에서는 자공이 지니고 있던 재물을 풀어 포위망을 뚫고 농촌에
서 쌀을 사 왔다고 말하고 있다.

38 자공이 말하였다. "저는 남에게 당하기 싫은 일은 저도 남에게 하지 않겠습니다." 선생
님께서 말씀하셨다. "사야, 그것은 네가 하기 어려운 일이다." [子貢曰 我不欲人之加諸
我也 吾亦欲無加諸人 子曰 賜也 非爾所及也]《논어》〈공야장〉 11장.

39 선생님께서 안연에게 말씀하셨다. "써주면 도를 행하고 버려지면 조용히 도를 추구하
는 경지는 오직 너하고 나하고만 가능한 일이다." 자로가 말하였다. "선생님께서 삼군
을 통솔하신다면 누구와 함께하시겠습니까?" 선생님께서 말씀하셨다. "맨손으로 범
을 잡으려 하고 맨몸으로 강물을 건너려다가 죽어도 후회하지 않겠다고 하는 자와는
함께하지 않을 것이다. 나는 반드시 두려운 마음으로 임하여, 반드시 성공하도록 일을
계획하는 자와 함께하고 싶다." [子謂顔淵曰 用之則行 舍之則藏 惟我與爾有是夫 子路
曰 子行三軍 則誰與 子曰 暴虎憑河 死而無悔者 吾不與也 必也臨事而懼 好謀而成者也]
《논어》〈술이〉 10장.

40 선생님께서 자공에게 말씀하셨다. "너와 안회 중에 누가 더 나으냐?" 자공이 대답했다.
"제가 어떻게 감히 회를 바라보겠습니까? 회는 하나를 들으면 열을 알고, 저는 하나를
들으면 둘 정도 압니다." 선생님께서 말씀하셨다. "그렇지, 너나 나나 모두 회만 못하
지." [子謂子貢曰 女與回也 孰愈 對曰 賜也何敢望回 回也 聞一以知十 賜也 聞一以知二
子曰 弗如也 吾與女 弗如也]《논어》〈공야장〉 8장.

41 자공이 물었다. "저는 어떤 사람입니까?" 선생님께서 말씀하셨다. "너는 그릇이다." 자
공이 다시 물었다. "어떤 그릇입니까?" 선생님께서 대답하셨다. "호련이다." [子貢問曰
賜也何如 子曰 女器也 曰 何器也 曰 瑚璉也]《논어》〈공야장〉 3장.

42 선생님께서 말씀하셨다. "군자는 그릇처럼 국한되지 않는다." [子曰 君子不器]《논어》
〈위정〉 12장.

43 《공자가어》〈재액〉.

44 믿을 수 있는 것은 눈이지만 눈도 믿을 수 없을 때가 있다. 의지할 것은 마음이지만 마

음도 의지할 수 없을 때가 있다. 제자들아, 기억해두거라. 사람을 안다는 것은 진실로 쉬운 일이 아니라는 것을. [所信者目也 而目猶不可信 所恃者心也 而心猶不足恃 弟子記 之 知人固不易矣]《여씨춘추》〈제17권 심분람審分覽〉.

45 안연이 탄식하며 말하였다. "우러러볼수록 더욱 높고, 뚫을수록 더욱 단단하며, 바라보면 앞에 있는 듯하더니 어느새 뒤에 있도다. 선생님께서 차근차근 이끌어 학문으로 나를 넓혀주시고, 예로써 나를 요약해주신다. (공부를) 그만두고자 해도 그만둘 수 없어 가진 재주를 다해 노력해보아도 선생님은 늘 내 앞에 우뚝 서 계시다. 아무리 선생님을 따라잡고자 해도 어디서부터 시작해야 할지 모르겠다." [顔淵喟然歎曰 仰之彌高 鑽之彌堅 瞻之在前 忽焉在後 夫子循循然善誘人 博我以文 約我以禮 欲罷不能 既竭吾才 如有所立卓爾 雖欲從之 末由也已]《논어》〈자한〉 10장.

46 사마천은《사기》〈화식열전貨殖列傳〉에서 자공이 위나라에서 벼슬살이를 한 뒤 조나라와 노나라 간의 무역에 종사하여 재산을 모았다고 기록하고 있다. 자공이 제후를 방문할 때면 기마대의 호위 아래 네 마리 말이 끄는 마차를 타고 비단을 선물로 가져가니, 몸소 뜰 아래까지 내려와 맞이하지 않는 왕이 없었다고 한다.

47 선생님께서 말씀하셨다. "안회는 (도에) 가까웠으나 자주 끼니를 굶었다. 사는 천명을 받아들이지 않고 스스로 재물을 일구었으니 추측으로 계산해도 자주 적중했다." [子曰 回也 其庶乎 屢空 賜 不受命 而貨殖焉 億則屢中]《논어》〈선진先進〉 18장.

48 《논어》〈옹야〉 9장.

49 《설원》〈정리政理〉를 보면 공자는 이 이야기를 전해 듣고 "자공의 실책"이라고 말하고 있다. 보상금을 받으면 깨끗한 부자라는 소리를 못 듣고 안 받자니 막대한 비용이 부담스러운 상황에서, 자공의 선례로 인해 부자들이 노예 송환에 적극 나서지 못할 수도 있음을 우려한 것이다. 설원은 이에 대해 공자야말로 교화에 능란한 사람이라며 "작은 것을 볼 수 있는 것이 밝음이다[見小曰明]"라는 노자의 말을 소개하고 있다.

50 숙손무숙이 조정에서 대부들에게 말하기를, "자공이 중니보다 낫다" 하였다. 자복경백이 이 말을 자공에게 일러주자, 자공이 다음과 같이 말하였다. "대궐 담장에 비유하면 나의 담장은 어깨 정도이다. 그래서 안에 있는 좋은 것들을 들여다볼 수 있다. 그러나 선생님의 담징은 여러 길이 된다. 그래서 정문으로 들어가지 않는 한 그 안에 있는 종묘가 얼마나 아름답고, 백관들의 수가 얼마나 많은지를 알 수 없다. 그 문을 얻은 자조차 드무니, 숙손이 그리 말하는 것도 무리는 아니다." 숙손무숙이 중니를 헐뜯자, 자공이 말하였다. "그러지 마시오. 중니는 헐뜯을 수 없는 사람입니다. 다른 현자는 언덕 정

도라 타넘을 수 있지만, 중니는 해와 달과 같아 넘을 수 없습니다. 사람들이 스스로 (해와 달을) 끊고자 하여도 그것이 어찌 해와 달에게 흠이 되겠습니까? 다만 자기 분수를 모르는 것만 드러내 보일 뿐입니다." [叔孫武叔 語大夫於朝曰 子貢賢於仲尼 子服景伯 以告子貢 子貢曰 譬之宮牆 賜之牆也 及肩 窺見室家之好 夫子之牆 數仞不得其門而入 不見宗廟之美 百官之富 得其門者或寡矣 夫子之云 不亦宜乎 叔孫武叔 毁仲尼 子貢曰 無以爲也 仲尼 不可毁也 他人之賢者 丘陵也 猶可踰也 仲尼 日月也 無得而踰焉 人雖欲 自絶 其何傷於日月乎 多見其不知量也]《논어》〈자장子張〉23~24장.

51 《공자가어》〈곤서困誓〉.

52 선생님께서 말씀하셨다. "정치를 덕으로 하는 것을 비유하면, 북극성은 그 자리를 지키고 있고, 뭇 별들이 그를 향하는 것과 같다." [子曰 爲政以德 譬如北辰居其所 而衆星拱之]《논어》〈위정〉1장.

53 孟子曰…故 天將降大任於是人也 必先苦其心志 勞其體筋骨 餓其體膚 空乏其身 行拂亂 其所爲 所以動心忍性 曾益其所不能.《맹자》〈고자 하〉.

54 선생님께서 위나라에 가실 때에 염유가 수레를 몰았다. 선생님께서 "백성들이 많기도 하구나"라고 말씀하셨다. 염유가 "백성들이 많은 후엔 또 무엇을 더하여야 합니까?" 하고 묻자, 선생님께서 말씀하셨다. "부유하게 해야 한다." 염유가 "부유한 뒤엔 또 무엇을 더하여야 합니까?" 하고 묻자, 선생님께서 말씀하셨다. "교육해야 한다." [子適衛 冉有僕 子曰 庶矣哉 冉有曰 旣庶矣 又何加焉 曰 富之 旣富矣 又何加焉 曰 敎之]《논어》〈자로〉9장.

55 자공이 정치를 묻자, 선생님께서 말씀하셨다. "식량이 풍족하고, 군비가 충실하고, 백성들이 (그 조정을) 믿어야 한다." 자공이 말하였다. "부득이 하나를 버려야 한다면 이세 가지 중에 무엇을 먼저 버려야 합니까?" 선생님께서 말씀하셨다. "군비다." 자공이 말하였다. "부득이 또 한 가지를 버려야 한다면 남은 두 가지 중에 무엇을 먼저 버려야 합니까?" 선생님께서 말씀하셨다. "식량이다. 예부터 사람은 죽게 되어 있지만, 백성의 믿음이 없으면 (그 나라는) 제대로 지탱될 수 없다." [子貢問政 子曰 足食足兵 民信之 矣 子曰 必不得已而去 於斯三者 何先 曰 去兵 子貢曰 必不得已而去 於斯二者 何先 曰 去食 自古 皆有死 民無信不立]《논어》〈안연〉7장.

56 섭공이 정치를 묻자, 선생님께서 말씀하셨다. "가까이 있는 자들이 기뻐하며, 먼 곳의 사람들이 찾아오게 하여야 합니다." [葉公問政 子曰 近者說 遠者來]《논어》〈자로〉16장.

57 《춘추좌씨전》 정공 4년.

58 《한비자韓非子》〈오두五蠹〉, 이운구 옮김(한길사, 2002), 2권, 888쪽.

59 섭공이 공자에게 말하였다. "우리 나라에 정직한 사람이 있습니다. 그는 아버지가 양
   을 훔치자 그것을 고발하였습니다." 공자께서 말씀하셨다. "우리 나라의 정직한 사람
   은 다릅니다. 아버지가 자식을 감추고, 자식이 아버지를 감추어줍니다. 정직이란 바로
   그 안에 있습니다." [葉公語孔子曰 吾黨 有直躬者 其父攘羊 而子證之 孔子曰 吾黨之直
   者 異於是 父爲子隱 子爲父隱 直在其中矣]《논어》〈자로〉 18장.

60 선생님께서 말씀하셨다. "법령으로 이끌고 형벌로 누르기만 하면, 백성들은 형벌을 면
   하려고만 하고 부끄러워하지 않습니다. 이끌기를 덕으로 하고 다스리기를 예로써 하
   면, (백성들이) 부끄러움을 알아서 스스로 바른 길을 행할 것입니다." [子曰 道之以政
   齊之以刑 民免而無恥 道之以德 齊之以禮 有恥且格]《논어》〈위정〉 3장.

61 《여씨춘추》〈제11권 중동기 당무仲冬紀 當務〉.

62 청나라 고증학자 정요전程瑤田의 말이다. "돌이킬 수 없는 말을 이렇게 하는 사람이
   있다. '공변됨이 자리 잡으면 사사로움이 모두 사라질 것이다.' 이 말이 공변됨을 끌어
   올리는 것이라고 볼 수 없다. 사실, 공변됨과 별 관계가 없는 말이라고 나는 생각한다.
   이런 가르침은 모든 것을 똑같은 마음으로 대하고 모든 사람을 구별 없이 사랑하자는
   것이다.…모든 사람이 사사로운 동기로 행동할 때 한 사람만이 그렇지 않다면 그것을
   진정 사사로운 동기가 없는 것이라고 볼 수 있을까? 성현들조차도 공변됨을 실천하
   기 어려워했는데 그것을 쉽다고 하는 사람이 있다면, 그 사람은 모든 사람이 어려워하
   는 것을 쉽게 만드는 재주를 가진 것일까? 가졌다고 우기는 것을 정말로 가진 것으로
   여겨야 할까?" 다음에서 차용했다. 아핑 친,《공자 평전》, 김기협 옮김(돌베개, 2010),
   150~151쪽.

63 선생님께서 말씀하셨다. "사람이 도를 넓히는 것이지, 도가 사람을 넓히는 것은 아니
   다." [子曰 人能弘道 非道弘人]《논어》〈위령공〉 28장.

64 선생님께서 말씀하셨다. "지혜가 미치더라도 인으로 지킬 수 없다면 비록 얻더라도 반
   드시 잃는다. 지혜가 미치고 인으로 지킬 수 있더라도 권위를 가지지 못하면 백성들이 공
   경하지 않는다. 지혜가 미치고 인으로 지키고 권위를 가지고 백성들 앞에 서더라도 백
   성들을 예로써 감화시킬 능력이 없다면 좋은 정치가라고 할 수 없다." [子曰 知及之 仁
   不能守之 雖得之 必失之 知及之 仁能守之 不莊以涖之 則民不敬 知及之 仁能守之 莊以
   涖之 動之不以禮 未善也]《논어》〈위령공〉 32장.

65 섭공이 자로에게 공자의 근황을 물었으나 자로가 대꾸하지 않고 돌아왔다. 선생님께서 말씀하셨다. "너는 왜 말하지 않았느냐? 그 위인은 분발하면 밥 먹는 것도 잊고, (이치를 깨달으면) 기뻐서 근심조차 잊어버리며 늙어가는 것조차 모르는 사람이라고." [葉公問孔子於子路 子路不對 子曰 女奚不曰 其爲人也 發憤忘食 樂以忘憂 不知老之將至云爾] 《논어》〈술이〉 18장.

66 《신서新序》〈잡사雜事〉.

67 "자장이 벼슬을 구하는 방법을 배우려고 하였다. 선생님께서 말씀하셨다. "많이 듣고 의심스러운 것은 제쳐놓고 나머지를 신중하게 말하면 허물이 적을 것이다. 많이 보고 위험스러운 것은 제쳐놓고 나머지를 신중하게 행하면 후회할 일이 적을 것이다. 말에 허물이 적으며, 행동에 후회할 일이 적으면 녹은 그 가운데 있는 것이다." [子張 學干祿 子曰 多聞闕疑 愼言其餘則寡尤 多見闕殆 愼行其餘則寡悔 言寡尤 行寡悔 祿在其中矣] 《논어》〈위정〉 18장.

68 《공자가어》〈제자행弟子行〉.

69 자유가 말하였다. "나의 벗 자장은 어려운 일을 잘한다. 그러나 인하지는 못하다." [子游曰 吾友張也 爲難能也 然而未仁] 《논어》〈자장〉 15장.

70 증자가 말하였다. "당당하구나 자장이여! 그러나 인을 함께하기는 힘들구나." [曾子曰 堂堂乎 張也 難與竝爲仁矣] 《논어》〈자장〉 16장.

71 《공자가어》〈육본六本〉.

72 자장이 사람을 지도하는 법에 대해 묻자, 선생님께서 말씀하셨다. "차근차근 착실히 밟아가지 않는 사람은 또한 방에도 들어갈 수 없는 법이다." [子張問善人之道 子曰 不踐迹 亦不入於室] 《논어》〈선진〉 19장.

73 자장이 사리 밝음에 대해 묻자, 선생님께서 말씀하셨다. "스며들듯 하는 중상모략과 피부에 와 닿는 호소에도 말려들지 않는다면 밝은 사람이라고 할 만하다. 스며들듯 하는 중상모략과 피부에 와 닿는 호소에도 끌려들지 않는다면, 멀리 내다보는 사람이라 할 만하다." [子張問明 子曰 浸潤之讒 膚受之愬 不行焉 可謂明也已矣 浸潤之讒 膚受之愬 不行焉 可謂遠也已矣] 《논어》〈안연〉 6장.

74 자장이 공자에게 인을 여쭙자 공자께서 말씀하셨다. "능히 이 다섯 가지를 세상에 행할 수 있으면 인이 된다." 자장이 가르침을 청하니, 말씀하셨다. "공손함, 너그러움, 믿음, 민첩함, 은혜로움이 그 다섯 가지다. 공손하면 업신여김을 받지 않고, 너그러우면 사람을 얻게 되고, 믿음이 있으면 남들이 의지해 오고, 민첩하면 공을 이루게 되고, 은

혜로우면 사람을 부릴 수 있게 된다." [子張問仁於孔子 孔子曰 能行五者於天下爲仁也
請問之 曰 恭寬信敏惠 恭則不侮 寬則得衆 信則人任焉 敏則有功 惠則足以使人]《논어》
〈양화〉6장.

75 《사기》〈공자세가〉.

76 자장이 공자께 묻기를 "어찌해야 정사에 종사할 수 있습니까?" 하니, 선생님께서 말씀
하셨다. "오미를 높이고 사악을 물리치면 다스리는 사람이 될 수 있다." 자장이 "무엇
을 오미라 합니까?" 하고 묻자, 선생님께서 말씀하셨다. "군자는 은혜를 낭비하지 않
으며, 부리되 원망을 사지 않으며, 공을 추구하지만 탐욕하지 않으며, 태연하면서 동시
에 교만하지 않으며, 위엄 있되 사납지 않다." 자장이 "은혜를 낭비하지 않는다는 것은
무엇입니까?" 하고 묻자, 선생님께서 말씀하셨다. "사람들이 이롭게 여기는 것을 가지
고 이롭게 해주니, 이것이 은혜를 허투루 베푸는 것이 아니지 않겠는가. 부릴 만한 일
을 가지고 부리니, 또 누가 원망하겠는가. 인을 하고자 하여 인을 얻으니 무엇을 탐했
다 하겠는가. 군자는 많거나 적거나 크거나 작거나에 관계없이 늘 교만함이 없으니, 이
것이 태연하면서 교만하지 않은 것이 아니겠는가. 군자는 의관을 바르게 하며 바라보
는 자세를 존엄하게 하여 그 엄숙함에 바라보는 사람들이 스스로 두려워하니, 이것이
위엄 있으면서 사납지 않은 것이 아니겠는가." 자장이 "무엇을 사악이라고 합니까?"
하고 묻자, 공자께서는 다음과 같이 대답하셨다. "(미리) 가르치지 않고 죽이는 것을
학虐이라 하고, 미리 경계하지 않고 성공만 책하는 것을 폭暴이라 하고, 명령을 태만히
해놓고 기일을 각박하게 독촉하는 것을 적賊이라 하고, 똑같이 남에게 주면서도 출납
할 때 인색하게 구는 것을 유사有司처럼 한다고 한다." [子張問於孔子曰何如 斯可以從
政矣 子曰 尊五美屏四惡 斯可以從政矣 子張曰何謂五美 子曰 君子 惠而不費 勞而不怨
欲而不貪 泰而不驕 威而不猛 子張曰何謂惠而不費 子曰 因民之所利而利之 斯不亦惠而
不費乎 擇可勞而勞之 又誰怨 欲仁而得仁 又焉貪 君子 無衆寡 無小大 無敢慢 斯不亦泰
而不驕乎 君子 正其衣冠 尊其瞻視 儼然人望而畏之 斯不亦威而不猛乎 子張曰何謂四惡
子曰 不敎而殺 謂之虐 不戒視成 謂之暴 慢令致期 謂之賊 猶之與人也 出納之吝 謂之有
司]《논어》〈요왈堯曰〉2장.

77 자장이 "열 왕조 뒤의 일을 미리 알 수 있습니까?" 하고 묻자, 선생님께서 말씀하셨다.
"은나라는 하나라의 예를 따랐으니 (그것을 통해) 더할 것과 뺄 것을 알 수 있으며, 주
나라는 은나라의 예를 따랐으니 (그것을 통해) 더할 것과 뺄 것을 알 수 있다. 혹시라
도 주나라를 잇는 자가 있다면 비록 백세 뒤라도 알 수 있을 것이다." [子張問十世可知

也 子曰 殷因於夏禮所損益可知也 周因於殷禮所損益可知也 其或繼周者 雖百世可知也]
《논어》〈위정〉 23장.

78 자장이 물었다. "선비가 어떠하여야 통달에 이를 수 있습니까?" 선생님께서 말씀하셨
다. "무엇이냐? 네가 말하는 통달이라는 것이." 자장이 대답하였다. "나라에 있어도 반
드시 이름이 불려지고, 집 안에 있어도 반드시 이름이 불려지는 것입니다." 선생님께
서 말씀하셨다. "그것은 명성이 난 것이지 통달이 아니다. 통달이란 질박하며 정직하
고 의를 좋아하며, 남의 말과 행동을 잘 살펴 알며, 깊이 생각해서 자세를 낮추는 것이
다. 그러기에 나라에 있어서도 반드시 통달하고, 집 안에 있어서도 반드시 통달하게 되
는 것이다. 명성이란 얼굴빛은 인을 취하나 행실은 실제와 같지 않으면서 그것을 자신
도 의심하지 않는다. 그러하기에 나라에 있어서도 반드시 이름이 나고, 집 안에 있어서
도 반드시 이름이 나는 것이다." [子張問 士何如斯可謂之達矣 子曰 何哉 爾所謂達者 子
張對曰 在邦必聞 在家必聞 子曰 是聞也非達也 夫達也者 質直而好義 察言而觀色 慮以
下人 在邦必達 在家必達 夫聞也者 色取仁而行違 居之不疑 在邦必聞 在家必聞]《논어》
〈안연〉 20장.

79 자장이 말하였다. "선비가 위태로움을 보면 목숨을 다하며, 이익을 보면 의를 생각하
며, 제사에는 공경함을 생각하며, 상사에 슬픔을 생각한다면 가히 선비라 할 수 있다."
[子張曰 士見危致命 見得思義 祭思敬 喪思哀 其可已矣]《논어》〈자장〉 1장.

80 선생님께서 말씀하셨다. "군자는 죽은 뒤에 이름이 불리지 않게 되는 것을 걱정한다."
[子曰 君子疾沒世而名不稱焉]《논어》〈위령공〉 19장.

81 子張病 召申祥而語之曰 君子曰終 小人曰死 吾今日其庶幾乎.《예기》〈단궁 상〉.

82 《장자》〈도척盜跖〉, 《사기》〈소진열전蘇秦列傳〉 등에 나온다. 〈소진열전〉에서 미생은
목숨을 바쳐 신의를 지킨 인물로 언급되었으나, '고지식하고 융통성 없이 작은 명분에
집착하는 신의'를 뜻하는 사자성어 '미생지신尾生之信'이 여기서 나왔다.

83 선생님께서 말씀하셨다. "누가 미생고를 정직하다 하는가? 어떤 사람이 식초를 빌려달
라고 하자, 이웃집에서 빌려다가 주는구나!" [子曰 孰謂微生高直 或乞醯焉 乞諸其隣而
與之]《논어》〈공야장〉 23장.

84 《논어집주論語集註》.

85 자화(공서적)가 제나라로 심부름을 가게 되었다. 염유가 자화의 어머니를 위해 곡식
을 내어줄 것을 요청하니, 선생님께서 "부釜(6말 3되)를 주어라" 하셨다. 더 줄 것을 요
청하자, 선생님께서 "그러면 유庾(16말)를 주어라" 하셨다. 그러나 염유는 그보다 많

은 5병秉(80섬)을 주었다. 선생님께서 말씀하셨다. "적이 제나라에 갈 때에 살찐 말을 타고 가벼운 가죽옷을 입었다. 내가 들으니, '군자는 궁박한 자를 돌봐주고 부유한 자를 계속 대주지 않는다' 하였다. 원사(원헌)가 공자의 가재가 되었을 때 공자께서 곡식 900섬을 주자, 원사가 사양하였다. 선생님께서 말씀하셨다. "사양하지 말아라. 너의 이웃집과 마을 및 향당에도 나눠주면 되리라!" [子華使於齊 冉子爲其母請粟 子曰 與之釜 請益 曰與之庾 冉子與之粟五秉 子曰 赤之適齊也 乘肥馬 依輕裘 吾聞之也 君子 周急 不繼富 原思爲之宰 與之粟九百 辭 子曰 毋 以與爾隣里鄕黨乎]《논어》〈옹야〉 3장.

86 是曰是 非曰非 有謂有 無謂無 曰直. 주희의《논어집주》에서 차용한 범조우范祖禹의 말이다.

87 선생님께서 말씀하셨다. "도에 뜻을 둔 선비가 나쁜 옷과 거친 음식을 부끄러워한다면, 그는 더불어 말할 만한 사람이 못 된다." [子曰 士志於道而恥惡依惡食者 未足與議也]《논어》〈이인〉 9장.

88 일본 국학자 모토오리 노리나가本居宣長의 말이다. 다음에서 차용했다. 요시카와 고지로吉川幸次郎,《공자와 논어》, 조영렬 옮김(뿌리와이파리, 2006), 148쪽.

89 선생님께서 말씀하셨다. "유야! 너는 육언과 육폐를 들어보았느냐?" 자로가 대답하였다. "아직 듣지 못하였습니다." 선생님께서 말씀하셨다. "앉거라. 내 너에게 말해주리라. 인만 좋아하고 배우기를 좋아하지 않으면 그 폐단은 어리석음이다. 지혜만 좋아하고 배우기를 좋아하지 않으면 호탕하기만 한 폐단이 있고, 믿음만 좋아하고 배우기를 좋아하지 않으면 상대방을 해치게 되는 폐단이 있고, 정직한 것만 좋아하고 배우기를 좋아하지 않으면 급하게 구는 폐단이 있고, 용맹만 좋아하고 배우기를 좋아하지 않으면 어지럽게 행동하는 폐단이 있고, 강한 것만 좋아하고 배우기를 좋아하지 않으면 경솔함이 그 폐단이 된다." [子曰 由也 女聞六言六蔽矣乎 對曰 未也 居 吾語女 好仁不好學 其蔽也愚 好知不好學 其蔽也蕩 好信不好學 其蔽也賊 好直不好學 其蔽也絞 好勇不好學 其蔽也亂 好剛不好學 其蔽也狂]《논어》〈양화〉 8장.

90 선생님께서 말씀하셨다. "공손하되 예가 없으면 수고롭기만 하고, 삼가되 예가 없으면 두렵고, 용맹스럽되 예가 없으면 혼란하고, 강직하되 예가 없으면 너무 급해진다." [子曰 恭而無禮則勞 愼而無禮則葸 勇而無禮則亂 直而無禮則絞]《논어》〈태백泰伯〉 2장.

91 공자께서 말씀하셨다. "제사 지내야 할 귀신이 아닌데 제사하는 것은 아첨하는 것이요, 의를 보고도 행동하지 않는 것은 용기가 없는 것이다." [曰 非其鬼而祭之 諂也 見義不爲 無勇也]《논어》〈위정〉 24장.

92 자로가 임금 섬기는 것을 묻자, 선생님께서 말씀하셨다. "속이지 말고 얼굴빛이 벌게
지도록 간쟁해야 한다."[子路問事君 子曰 勿欺也 而犯之]《논어》〈헌문〉23장.

93 《맹자》〈진심 상〉.

94 선생님께서 말씀하셨다. "군자는 자기의 무능함을 괴로워할 뿐, 남들이 자신을 알아주
지 않음을 괴로워하지 않는다." 선생님께서 말씀하셨다. "군자는 죽은 뒤에 이름이 불
리지 않게 되는 것을 걱정한다." 선생님께서 말씀하셨다. "군자는 (잘못을) 자신에게
서 찾고, 소인은 남에게서 찾는다."[子曰 病無能焉 不病人之不己知也 子曰 君子疾沒世
而名不稱焉 子曰 君子 求諸己 小人 求諸人]《논어》〈위령공〉18~20장.

95 愛人不親 反其仁 治人不治 反其智 禮人不答 反其敬 行有不得者 皆反求諸己 其身正 而
天下歸之.《맹자》〈이루 상〉

96 사마우가 군자에 대하여 묻자, 선생님께서 말씀하셨다. "군자는 걱정하지 않으며 두려
워하지 않는다." 사마우가 말하였다. "근심하지 않고 두려워하지 않으면 군자가 되는
것입니까?" 선생님께서 말씀하셨다. "스스로 성찰해보아 떳떳하지 못한 점이 없다면,
어찌 근심하며 어찌 두려워하겠는가?"[司馬牛問君子 子曰 君子 不憂不懼 曰 不憂不懼
斯謂之君子矣乎 子曰 內省不疚 夫何憂何懼]《논어》〈안연〉4장.

97 선생님께서 말씀하셨다. "천명을 알지 못하면 군자가 될 수 없으며, 예를 알지 못하면
세상 앞에 설 수 없으며, 말을 알지 못하면 사람(의 선악)을 알 수 없다."[子曰 不知命
無以爲君子也 不知禮 無以立也 不知言 無以知人也]《논어》〈요왈〉3장.

98 동진시대 시인 도연명의 〈도화원기병시桃花源記幷詩〉의 내용이다. 무릉도원이라는
이상향은 이 작품에서 유래했다. 도연명,《도연명 전집》, 이치수 역주(문학과지성사,
2005) 참조.

99 자로가 석문에서 유숙할 때 문지기가 물었다. "어디서 오는가?" 자로가 말하였다. "공
씨 댁에서 오는 길이오"라고 대답하자, 문지기가 말하였다. "아, 그 불가능한 줄 뻔히
알면서도 굳이 하려고 나서는 자 말이군!"[子路宿於石門 晨門曰 奚自 子路曰 自孔氏
曰 是知其不可而爲之者與]《논어》〈헌문〉41장.

100 선생님께서 위나라에 계시며 경을 연주할 때였다. 삼태기를 메고 공씨 집 앞을 지나가
는 자가 말하였다. "경쇠 소리에 속셈이 들어 있구나!" 조금 더 듣고 있다가 또 말하였
다. "소리에 비루함이 묻어 있구나. 자신을 알아주지 않으면 그만둘 뿐이다. '물이 깊으
면 바지를 벗고 건너고, 물이 얕으면 바짓단을 걷고 건넌다'는 말도 모른단 말인가?"
선생님께서 이 말을 듣고 말씀하셨다. "과감한 사람이로군! 그런 식이라면 세상에 어

려울 일도 없겠지." [子擊磬於衛 有荷蕢而過孔氏之門者 曰 有心哉 擊磬乎 既而曰 鄙哉 硜硜乎 莫己知也 斯己而已矣 深則厲 淺則揭 子曰 果哉 末之難矣]《논어》〈헌문〉42장. '물이 깊으면 바지를 벗고 건너고, 물이 얕으면 바짓단을 걷고 건넌다'는 《시경》에 나온 표현이다.

101 미생묘가 공자에게 말하였다. "구는 어찌하여 이리도 (세상에) 연연해하시는가. 말재주로 세상에 영합하시려는 건가?" 공자께서 말씀하셨다. "내 감히 말재주를 부리는 것이 아니라, 고집불통이 싫기 때문입니다." [微生畝謂孔子曰 丘何爲是栖栖者與 無乃爲佞乎 孔子曰 非敢爲佞也 疾固也]《논어》〈헌문〉34장.

102 공산불요가 비읍에서 반란을 일으키고 선생님을 초빙하니 선생님께서 가려고 하셨다. 자로가 불쾌하게 여기며 말했다. "가실 곳이 없으면 그만이지, 하필이면 공산 씨에게 가시려 하십니까?" 선생님께서 말씀하셨다. "나를 부르는 자가 어찌 하릴 없이 그러하겠느냐? 나를 써 주는 자가 있다면, 나는 그 나라를 동쪽의 주나라로 만들 것이다." [公山弗擾以費畔 召子欲往 子路不說曰 末之也已 何必公山氏之之也 子曰 夫召我者 而豈徒哉 如有用我者 吾其爲東周乎]《논어》〈양화〉5장, 사기 〈공자세가〉.

103 선생님께서 광 땅에서 (양호陽虎로 오인당해) 곤경에 처하셨을 때 두려워하는 제자들에게 말씀하셨다. "문왕이 이미 돌아가셨으니 그 문화는 이제 나에게 있지 않겠는가? 하늘이 장차 이 문화를 없애려 하셨다면 뒷사람인 내가 이 문화를 이을 수 없었겠지만, 하늘이 이 문화를 없애려 하지 않는데, 광 땅 사람인들 나를 어떻게 하겠는가!" [子畏於匡 曰 文王旣沒 文不在玆乎 天之將喪斯文也 後死者不得與於斯文也 天之未喪斯文也 匡人其如予何]《논어》〈자한〉5장.

104 이 땅의 국경관리가 뵙기를 청하며 말하였다. "군자께서 이곳에 이르면 제가 일찍이 뵙지 않은 분이 없었습니다." 따르던 제자가 공자를 만나 뵙게 해주자, (뵙고 나와서) 말하였다. "그대들은 어찌 (선생님께서) 벼슬을 잃은 것을 걱정하고 계십니까? 천하에 도가 사라진 지 오래이니, 장차 하늘이 선생님을 세상을 깨우는 목탁으로 삼으실 것입니다." [儀封人 請見曰 君子之至於斯也 吾未嘗不得見也 從者見之 出曰 二三子 何患於喪乎 天下之無道也久矣 天將以夫子爲木鐸]《논어》〈팔일〉24장.

105 《사기》〈노자·한비열전老子韓非列傳〉.

106 《여씨춘추》〈제19권 이속람離俗覽〉.

107 장저와 걸익이 함께 밭을 갈고 있을 때, 공자께서 지나가시며 자로에게 나루터를 묻게 하셨다. 장저가 말하였다. "수레 고삐를 잡고 있는 분이 누구인가?" 자로가 "공구이

십니다" 하고 대답하였다. 그가 "저 사람이 노나라의 공구인가?" 하고 다시 묻자, "그 렇습니다" 하고 대답하니, "그렇다면 그는 나루터를 알 것이다"라고 하였다. 자로가 걸 익에게 묻자 걸익이 "당신은 누구인가?" 하고 물어 "중유라고 합니다" 하고 대답했다. "저 노나라 공구의 무리인가?" 하고 다시 물으니 자로가 그렇다고 대답했다. 그러자 자 로에게 말했다. "물결이 거세게 흐르는 것처럼 세상 또한 그렇다. 누구와 더불어 그것 을 바꾸겠느냐. 그대는 사람을 피하는 선비를 따르기보다는 세상을 피하는 선비를 따 르는 것이 낫지 않겠는가?" 하고는 더 이상 거들떠보지 않고 밭에 씨앗 덮는 일을 계속 했다. 자로가 돌아와 그대로 아뢰니, 선생님께서 한동안 말없이 계시다가 말씀하셨다. "새나 짐승과는 더불어 살 수 없으니, 내가 저 사람의 무리와 더불어 살지 않으면 누구 와 살겠느냐? 천하에 도가 있다면 내가 구태여 개혁하려고 애쓰지도 않았을 것이다." [長沮桀溺耦而耕 孔子過之 使子路問津焉 長沮曰 夫執輿者爲誰 子路曰 爲孔丘 曰 是魯 孔丘與 曰 是也 曰 是知津矣 問於桀溺 桀溺曰 子爲誰 曰 爲仲由 曰 是魯孔丘之徒與 對 曰 然 曰 滔滔者 天下皆是也 而誰以易之 且而與其從辟人之士也 豈若從辟世之士哉 耰 而不輟 子路行以告 夫子憮然曰 鳥獸不可與同群 吾非斯人之徒與 而誰與 天下有道 丘不 與易也]《논어》〈미자〉6장.

108 자로가 따라가다가 뒤에 처졌을 때, 지팡이를 짚고 대바구니를 진 사람을 만났다. 자로 가 물었다. "어른께서는 우리 선생님을 보셨습니까?" 장인이 말하기를 "사지를 부지런 히 쓰지 않고, 오곡도 분별하지 못하는 사람을 누가 선생님이라고 하는가?" 하고는, 지 팡이를 꽂은 채 김을 매었다. 자로가 손을 모으고 서 있자, 자로를 자기 집에 데리고 가 닭을 잡고 기장밥을 지어 먹이고 두 아들을 소개시켰다. 이튿날 자로가 떠나와서 아뢰 니, 공자께서 "은자이다" 하시고, 자로로 하여금 돌아가 만나보게 하셨는데, 도착하니 떠나가고 없었다. 자로가 말하였다. "벼슬하지 않으면 정의를 행할 기회도 없습니다. 어른과 아이 사이의 예절은 없앨 수 없으니, 임금과 신하 간의 의를 어찌 없앨 수 있겠 습니까. 선비가 벼슬하지 않음은 자기 한 몸 깨끗하려고 큰 윤리를 어지럽히는 것입니 다. 군자가 벼슬함은 그 정의를 실천하고자 함일 뿐, 정의가 반드시 실현되는 것이 아 님을 몰라서가 아닙니다." [子路從而後 遇丈人 以丈荷蓧 子路問曰 子見夫子乎 丈人曰 四體不勤 五穀不分 孰爲夫子 植其杖而藝 子路 拱而立 止子路宿 殺雞爲黍而食之 見其 二子焉 明日 子路行以告 子曰 隱者也 使子路反見之 至則行矣 子路曰 不仕無義 長幼之 節 不可廢也 君臣之義 如之何其廢 欲潔其身而亂大倫 君子之仕也 行其義也 道之不行 已知之矣]《논어》〈미자〉7장.

2장 선의의 길을 함께한 사람들

1   昔者 孔子沒 三年之外 門人 治任將歸 入揖於子貢 相嚮而哭 皆失聲然後 歸 子貢 反築室 於場 獨居三年然後 歸.《맹자》〈등문공 상滕文公 上〉.

2   선생님께서 말씀하셨다. "나는 말을 하지 않으려고 한다." 자공이 말하였다. "스승님께서 말씀을 하지 않으시면, 저희가 어떻게 기술할 수 있겠습니까?" 선생님께서 말씀하셨다. "하늘이 무슨 말을 하더냐. 봄, 여름, 가을, 겨울, 사시가 차례로 돌아 만물이 저절로 생장하는데 하늘이 무슨 말을 하더냐." [子曰 予欲無言 子貢曰 子如不言 則小子何述焉 子曰 天何言哉 四時行焉 百物生焉 天何言哉]《논어》〈양화〉 19장.

3   앞의 자공의 일화는 모두 《사기》〈화식열전〉에서 인용했다. 화货는 재화, 식殖은 증식을 뜻하므로, 〈화식열전〉은 재산을 늘리는 방법을 안 사람들의 이야기를 모은 것이다. 당시 상공업으로 부자가 된 사람들을 통해 상공업의 실상을 엿볼 수 있는 기록인 동시에, 재산이 없어 보석금을 내지 못해 궁형을 당한 사마천의 한을 느낄 수 있기도 하다. 이어지는 자공 집안에 대한 이야기에는 글쓴이의 상상력이 가미되었다.

4   《사기》〈화식열전〉에 나오는 사마천의 말을 각색했다.

5   자공이 말하였다. "만일 백성들에게 은혜를 널리 베풀어 많은 사람들을 구제할 수 있다면 어떻겠습니까? 인하다고 일컬을 수 있겠습니까?" 선생님께서 말씀하셨다. "어찌 인에만 그치겠느냐? 반드시 성인의 지경에 이르게 될 것이다. 요임금과 순임금께서도 그 일은 오히려 어렵게 여기셨다. 대체로 인한 사람은 자신이 서고자 하면 다른 사람을 세워주고, 자신이 통달하고자 하면 다른 사람을 통달하게 한다. 가까운 데서 비유를 취하면, 인을 실천하는 방법이라 할 수 있다." [子貢曰 如有博施於民而能濟衆 何如 可謂仁乎 子曰 何事於仁 必有聖乎 堯舜 其猶病諸 夫仁者 己欲立而立人 己欲達而達人 能近取譬 可謂仁之方也已]《논어》〈옹야〉 28장.

6   爲富不仁矣 爲仁不富矣.《맹자》〈등문공 상〉.

7   극자성이 말하였다. "군자는 바탕만 튼튼하면 그만인데, 무엇 때문에 무늬로 꾸미려고 하는가?" 자공이 말하였다. "애석하구나. 그분이 군자에 대해 하는 말은 (너무 급해서) 수레를 끄는 날랜 말조차 그 혀를 따라 잡을 수가 없구나. 무늬가 바탕이고, 바탕이 무늬이니, (털을 보지 않는다면) 범과 표범의 털 뽑은 가죽이나 개와 양의 털 뽑은 가죽이나 다 같은 것이다." [棘子成曰 君子 質而已矣 何以文爲 子貢曰 惜乎 夫子之說 君子也 駟不及舌 文猶質也 質猶文也 虎豹之鞟 猶犬羊之鞟]《논어》〈안연〉 8장.

8   자공이 물었다. "고을 사람들이 모두 저를 좋아하면 어떻습니까?" 선생님께서 말씀하

셨다. "바람직하지 않다." "고을 사람들이 모두 저를 미워하면 어떻습니까?" 선생님께서 말씀하셨다. "그것도 바람직하지 않다. 고을 사람들 중에서 좋은 사람들은 너를 좋아하고, 나쁜 사람들은 너를 미워하는 것만 못하다." [子貢 問曰 鄕人皆好之 何如 子曰 未可也 鄕人 皆惡之 何如 子曰 未可也 不如鄕人之善者好之 其不善者惡之]《논어》〈자로〉 24장.

9 자공이 말하였다. "군자의 과실은 일식과 월식 같아서 사람들이 모두 볼 수가 있다. 그래서 군자가 그 과실을 고칠 때는 사람들이 다 우러러보게 된다." [子貢曰 君子之過也 如日月之食焉 過也 人皆見之 更也 人皆仰之]《논어》〈자장〉 21장.

10 他日 子夏子張子游以有若似聖人 欲以所事孔子 事之 彊曾子 曾子曰 不可 江漢以濯之 秋陽以暴之 晧乎不可尙已.《맹자》〈등문공 상〉.

11 《사기》〈중니제자열전仲尼弟子列傳〉.

12 최술,《수사고신여록洙泗考信餘祿》, 이재하 옮김(한길사, 2009), 154쪽.

13 夫富 如布帛之有幅焉. 폭리幅利는 제나라에서 안자晏子로 불린 안영晏嬰의 말이다. 제나라에서 난리가 평정된 후 논공행상이 있을 때 공신이 된 안영이 식읍을 사절하자 다른 공신이 그 이유를 물었다. 안영은 절제되지 않은 재물욕은 백성을 다스리는 도리에 맞지 않을 뿐 아니라 본인에게도 화의 근원이 된다면서 "모든 재화는 비단의 폭처럼 그에 (재화가 생겨난 도리에) 맞는 이익의 범위가 있다"고 말했다.《춘추좌씨전》 양공 28년.

14 재여가 낮잠을 자니 선생님께서 말씀하셨다. "썩은 나무에는 새길 수가 없고, 썩은 흙으로 쌓은 담장은 손질해도 소용이 없으니 내가 재여에게 무엇을 책망하겠는가." 선생님께서 말씀하셨다. "내가 처음에는 사람에 대해서 그 사람의 말만 듣고 그 행실을 믿었는데, 지금 사람을 대할 때는 그의 말을 듣고 나서 그 행실도 자세히 보게 되었다. 내가 재여 때문에 사람 보는 태도를 바꾸었다." [宰予晝寢 子曰 朽木不可雕也 糞土之墻 不可杇也 於予與 何誅 子曰 始吾於人也 聽其言而信其行 今吾於人也 聽其言而觀其行 於予與 改是]《논어》〈공야장〉 9장.

15 《사기》〈중니제자열전〉.

16 자공이 초하룻날 사당에 고하는 제사에 쓰는 양을 없애려고 하니 선생님께서 말씀하셨다. "사야. 너는 그 양을 아까워하느냐? 나는 그 예를 아까워한다." [子貢 欲去告朔之 餼羊 子曰 賜也 爾愛其羊 我愛其禮]《논어》〈팔일八佾〉 17장.

17 재아가 물었다. "삼년상은 기간이 너무 깁니다. 군자가 3년 동안 예절을 행하지 않으

면 예절은 반드시 무너지고, 3년 동안 음악을 하지 않으면 음악도 반드시 무너질 것입니다. (1년이면) 묵은 곡식이 없어지고 새 곡식이 익고, 불쏘시개도 고쳐서 불을 붙이게 되니 1년으로 하면 될 것입니다." 선생님께서 말씀하셨다. "(부모의 상을 당하고서) 쌀밥을 먹고, 비단옷을 입는 것이 너의 마음에 편하더냐?" 재아가 대답했다. "편안합니다." 선생님께서 다시 말씀하셨다. "네가 편안하게 여긴다면 그러려무나. 군자가 부모상을 입었을 때는 맛있는 음식을 먹어도 달지 않으며, 좋은 음악을 들어도 즐겁지 않으며, 거처하는 곳이 편안해도 그걸 느끼지 못하기 때문에 하지 않는 것이다. 그런데 지금 너는 이런 것들을 마음으로 편안하게 여기고 있으니, 그렇다면 네 마음대로 하려무나." 재아가 밖으로 나가고 선생님께서 이런 말씀을 하셨다. "재여는 인덕이 없는 사람이구나. 자식은 태어난 지 3년이 되어야 부모 품을 벗어나기에 3년은 천하 사람들의 공통적인 상기喪期인데, 재여는 3년 동안 사랑이 그 부모를 향해 있기나 했을까?" [宰我問 三年之喪 期已久矣 君子三年不爲禮 禮必壞 三年不爲樂 樂必崩 舊穀旣沒 新穀旣升 鑽燧改火 期可已矣 子曰 食夫稻 衣夫錦 於女安乎 曰 安 女安則爲之 夫君子之居喪 食旨不甘 聞樂不樂 居處不安 故 不爲也 今女安則爲之 宰我出 子曰 予之不仁也 子生三年然後 免於父母之懷 夫三年之喪 天下之通喪也 予也有三年之愛於其父母乎]《논어》〈양화〉21장.

18 《장자》〈외물外物〉.

19 선생님께서 말씀하셨다. "예다, 예다 말하지만, 옥과 비단을 말하는 것이겠는가? 음악이다, 음악이다 말하지만 종과 북을 일컫는 것이겠는가?" [子曰 禮云禮云 玉帛云乎哉 樂云樂云 鐘鼓云乎哉]《논어》〈양화〉11장.

20 임방이 예의의 근본에 대해서 물으니 선생님께서 말씀하셨다. "좋구나, 그 질문! 예는 사치한 것보다는 차라리 검소한 것이 낫고, 상례는 형식을 차리는 것보다는 차라리 슬퍼하는 것이 낫다." [林放 問禮之本 子曰 大哉 問 禮 與其奢也 寧儉 喪 與其易也 寧戚]《논어》〈팔일〉4장.

21 시라카와 시즈카白川靜,《공자전孔子傳》, 김하중 옮김(지인사, 1977).

22 《묵자墨子》〈절용節用〉.

23 유가 학파 중 가장 민중주의적 입장에 선 것은 자장 일파다.《장자》〈도척〉을 근거로 묵가가 자장 학파에서 배태되었다고 보는 설이 있다. 자장은 재여보다 19세 연하다.

24 계강자가 도둑의 피해를 근심하여 공자에게 물으니, 공자께서 대답하였다. "다만 당신이 탐욕을 부리지 않는다면, 비록 백성들에게 상을 주어 도둑질을 하라고 하더라도 백

성들은 도둑질하지 않을 것입니다." [季康子患盜 問於孔子 孔子對曰 苟子之不欲 雖賞 之 不竊]《논어》〈안연〉18장.

25 《설원》〈정리〉.

26 애공이 사당에 대하여 재아에게 물으니 재아가 대답했다. "하나라는 사당에 소나무를 심었고, 은나라는 잣나무를 심었으며, 주나라는 밤나무를 심었습니다. 백성들로 하여 금 전율하게 하려는 것입니다." 선생님께서 이 말을 듣고서는 이렇게 말씀하셨다. "이 뤄진 일은 말할 필요가 없으며, 끝난 일은 다시 간할 필요가 없으며, 이미 지나간 잘못 은 다시 책망할 필요가 없다." [哀公問社於宰我 宰我對曰 夏后氏以松 殷人以柏 周人以 栗 曰 社民戰栗 子聞之曰 成事不說 遂事不諫 旣往不咎]《논어》〈팔일〉21장.

27 유보남劉寶楠,《논어정의論語正義》. 안핑 친,《공자평전》, 88쪽에서 재인용.

28 재아가 선생님께 물었다. "인자는 비록 누가 와서 '우물 안에 사람이 빠져 있다'고 말 해도 따라서 우물에 들어가 사람을 구하겠습니까?" 선생님께서 말씀하셨다. "어찌 그 렇게까지 할 수 있겠는가? 군자를 우물에 가서 다른 사람을 시켜 구하게 할 수 있지만, 우물에 뛰어들지 않는다. 군자는 그럴듯한 말로 속일 수는 있지만, 터무니없는 말로 속 일 수는 없다." [宰我問曰 仁者 雖告之曰 井有仁(人)焉 其從之也 子曰 何爲其然也 君子 可逝也 不可陷 可欺也 不可罔也]《논어》〈옹야〉24장.

29 自生民以來未未有夫子也.《맹자》〈공손추 상公孫丑 上〉.

30 안연이 죽었다. 선생님께서 말씀하셨다. "아! 하늘이 나를 버리는구나, 하늘이 나를 버 리는구나!" [顔淵死 子曰 噫 天喪予 天喪予]《논어》〈선진〉8장.

31 안연이 죽으니, 선생님께서 통곡하셨다. 시종侍從하는 사람이 "선생님께서 너무 슬퍼 하십니다"라고 하니 선생님께서 말씀하셨다. "내가 너무 애통해하는가? 하지만 내가 이 사람을 위해 애통해하지 않고 누구를 위해 애통해하겠는가?" [顔淵死 子哭之慟 從 者曰 子慟矣 曰 有慟乎 非夫人之爲慟 而誰爲]《논어》〈선진〉9장.

32 《논어》〈선진〉10장.

33 스승께서 광 땅에서 박해를 받으실 때 안연이 흩어졌다가 나중에 왔다. 선생님께서 안 연을 보시고 말씀하셨다. "나는 네가 죽은 줄만 알았다." 안연이 말했다. "선생님께서 이렇게 계신데 제가 어찌 감히 죽겠습니까?" [子畏於匡 顔淵後 子曰 吾以女爲死矣 曰 子在 回何敢死]《논어》〈선진〉22장.

34 증자가 말했다. "재능이 있으면서 재능이 없는 사람에게 물어보며, 학식이 많으면서 학식이 적은 사람에게 물어보며, 있어도 없는 것처럼 하고, 충실하면서도 빈 듯이 하

며, 자기에게 잘못을 저질러도 시비를 따지지 않았다. 옛적에 나의 벗이 일찍이 이와 같이 하였다." [曾子曰 以能問於不能 以多問於寡 有若無 實若虛 犯而不校 昔者 吾友嘗 從事於斯矣]《논어》〈태백〉5장.

35 《사기》〈중니제자열전〉

36 《논어》〈선진〉3장.

37 《논어》〈공야장〉25장, 1부 1장 주 10 참조.

38 《논어》〈자한〉19장.

39 선생님이 말씀하셨다. "내가 안회와 하루 종일 이야기를 한 적이 있는데 내 말을 듣기만 하고 내 의견과 다른 어떤 말을 하지 않아 그가 어리석은 사람으로 여겼다. 그런데 그가 물러간 뒤에 그의 생활에 대해 알아보았더니 (내가 말한 바의 이치를) 충분히 드러내고 있었다. 안회는 어리석은 사람이 아니었다." [子曰吾與回 言終日 不違如愚 退而 省其私 亦足以發 回也不愚]《논어》〈위정〉9장.

40 애공이 물었다. "선생님의 제자 중에서 누가 학문을 좋아합니까?" 공자께서 대답하셨다. "안회란 제자가 학문을 좋아하였습니다. 노여움을 남에게 옮기지 않고, 허물을 두 번 다시 저지르지 않았습니다. 불행하게도 수명이 짧아 죽었으므로 지금은 그가 없으니 '호학'하는 사람을 들어보지 못합니다." [哀公問 弟子孰爲好學 孔子對曰 有顔回者好 學 不遷怒 不貳過 不幸短命死矣 今也則亡 未聞好學者也]《논어》〈옹야〉2장.

41 선생님께서 말씀하셨다. "도에 뜻을 두며, 덕을 굳게 지키며, 인에 의지하며, 예술에서 노닌다." [子曰 志於道 據於德 依於仁 游於藝]《논어》〈술이〉6장.

42 선생님께서 말씀하셨다. "아침에 도를 들으면 저녁에 죽어도 좋으리라." [子曰 朝聞道 夕死可矣]《논어》〈이인〉8장.

43 펑유란馮友蘭,《중국철학소사》, 문정복 옮김(이문출판사, 1994), 72쪽에서 차용.

44 정이천程伊川,《근사록近思錄》제2권.

45 人心本自樂 自將私欲縛/私欲一萌時 良知還自覺/一覺便消除 人心依舊樂/樂是樂此學 學是學此樂/不樂不是學 不學不是樂/樂便然後學 學便然後樂/樂是學 學是樂/嗚呼 天下 之樂何如此學 天下之學何如此樂. 왕간王艮,〈낙학가樂學歌〉. 다음에서 차용했다. 채인 후,《공자의 철학》, 천병돈 옮김(예문서원, 2000), 237쪽.

46 顔淵問仁 子曰 克己復禮爲仁 一日克己復禮 天下歸仁焉 爲仁由己 而由人乎哉 顔淵曰 請問其目 子曰 非禮勿視 非禮勿聽 非禮勿言 非禮勿動 顔淵曰 回雖不敏 請事斯語矣. 《논어》〈안연〉1장.

47 선생님께서 말씀하셨다. "인이 먼 곳에 있겠는가. 내가 인을 하고자 하면 인이 바로 이
   르는 것이다." [子曰 仁遠乎哉 我欲仁 斯仁至矣]《논어》〈술이〉 29장.

48 《맹자》〈등문공 상〉.

49 안연이 나라를 다스리는 방법을 묻자 선생님께서 말씀하셨다. "하나라의 역법을 쓰고,
   은나라의 수레를 타고, 주나라의 관을 쓰겠다. 음악과 춤은 순임금의 소와 무를 채택할
   것이다. 정나라 음악은 추방할 것이며, 간사한 자를 멀리할 것이다. 정나라 음악은 음
   탕하고, 간사한 자는 위태로움을 부르기 때문이다." [顔淵問爲邦 子曰 行夏之時 乘殷之
   輅 服周之冕 樂則韶舞 放鄭聲 遠佞人 鄭聲 淫佞人 殆]《논어》〈위령공〉 10장.

50 채인후,《공자의 철학》.

51 《한비자》〈현학顯學〉.

52 시라카와 시즈카,《공자전》을 토대로 각색.

53 回曰 敢問心齋 仲尼曰 若一志 无聽之以耳而聽之以心 无聽之以心而聽之以氣 耳止於聽
   心止於符 氣也者 虛而待物者也 唯道集虛 虛者 心齋也.《장자》〈인간세〉.

54 回益也 何謂也 回忘禮樂矣 可矣 猶未也 回忘仁義矣 可矣 猶未也 回坐忘矣 何謂坐忘 墮
   肢體 黜聰明 離形去知 同於大通 此謂坐忘 同則無好也 化則無常也 而果其賢乎 丘也請
   從後也.《장자》〈대종사大宗師〉.

55 《논어》〈선진〉 18장, 1부 1장 주 47 참조.

56 선생님께서 말씀하셨다. "안회는 그 마음이 석 달 동안이나 인을 떠나지 않았다. 그 나
   머지 사람들은 하루나 한 달에 한 번 인에 이를 뿐이다." [子曰 回也 其心 三月不違仁
   其餘 則日月至焉 而已矣]《논어》〈옹야〉 5장.

57 안연이 죽자 안로가 선생님께 수레를 팔아 덧널을 만들 비용을 마련해주기를 청하
   였다. 선생님께서 말씀하셨다. "재주가 있든 없든 각자가 다 자기 자식이다. 리가 죽었
   을 때도 관만 쓰고 덧널을 쓰지 않았다. 내가 덧널을 마련하려고 걸어 다닐 수는 없다.
   나는 대부의 뒤를 따르는 신분이기에 수레 없이 다닐 수가 없구나." [顔淵死 顔路請子
   之車 以爲之槨 子曰 才不才 亦各言其子也 鯉也 死 有棺以無槨 吾不徒行以爲之槨 以吾
   從大夫之後 不可徒行也]《논어》〈선진〉 7장.

58 안연이 죽자 문인들이 성대하게 장례를 치르고자 하였다. 선생님께서 말씀하셨다. "바
   람직하지 않다." (그럼에도) 문인들이 장례를 후하게 치르니 선생님께서 말씀하셨
   다. "안회는 나를 자기 아버지처럼 여겼는데, 나는 그를 내 자식처럼 보내지 못하는구
   나. 이것은 내 뜻이 아니라 아니라 너희의 짓이다." [顔淵死 門人欲厚葬之 子曰 不可門

人 厚葬之 子曰 回也 視予猶父也 予不得視猶子也 非我也 夫二三子也]《논어》〈선진〉
10장.

59 선생님께서 말씀하셨다. "싹은 났으나 패지 못하는 것도 있고, 이삭이 패었으나 열매를 맺지 못하는 것도 있구나." [子曰 苗而不秀者有矣夫 秀而不實者有矣夫]《논어》〈자한〉21장.

60 선생님께서 안연을 생각하며 논하였다. "애석하구나! (그의 죽음이여) 나는 그가 전진하는 것을 보았을 뿐, 멈춰 있는 것을 보지 못하였다." [子謂顏淵曰 惜乎 吾見其進也 未見其止也]《논어》〈자한〉20장.

61 도연명, 〈자제문自祭文〉 중에서 일부 차용.

62 자로가 완성된 인간에 대해 묻자 선생님께서 말씀하셨다. "만약 장무중의 지혜, 맹공작의 청렴, 변장자의 용기, 염구의 재예를 예와 악으로써 다듬는다면 이 또한 한 사람의 완성된 인간이라고 할 수 있다." 잠시 후 공자께서 다시 말씀하셨다. "지금의 성인은 어떻게 꼭 그럴 수 있겠느냐? 이익을 보면 의를 생각하고, 위태로움을 당해서는 목숨을 바칠 수 있으며, 오래전의 약속을 평소의 말처럼 잊지 않는다면 이 또한 성인이라 할 수 있다." [子路問成人 子曰 若臧武仲之知 公綽之不欲 卞莊子之勇 冉求之藝 文之以禮樂 亦可以爲成人矣 曰 今之成人者 何必然 見利思義 見危授命 久要 不忘平生之言 亦可以爲成人矣]《논어》〈헌문〉13장. 이 구절은 일반적으로 공자의 말로 풀이하지만, 여기서는 공자의 가르침을 받은 자로가 스스로 다짐하며 반복하는 말로 풀었다.

63 자로의 죽음에 관한 내용은《춘추좌씨전》《사기》등에 보이는 기록을 바탕으로 했다. 일부 세부 묘사와 자로의 죽음 현장 및 이후 전개 등은 필자가 각색했다.

64 《춘추좌씨전》애공 15년.

65 1930년대 일본 소설가 나카지마 아쓰시中島敦는 〈제자弟子〉에서 군중들이 자로를 죽이는 데 합세한 것으로 묘사하고 있는데, 아마도 자로의 유체가 젓갈로 담가진 데서 착안했을 것이다.

66 민자건은 (선생님을) 곁에서 모실 때 정중했고, 자로는 뻣뻣했고, 염유와 자공은 기분을 잘 맞추었으니, 선생님께서도 즐거워하시며 말씀하셨다. "허허, 유(자로)와 같다면 어떻게 죽을지 모르겠구나!" [閔子 侍側 誾誾如也 子路 行行如也 冉有 子貢 侃侃如也 子樂 若由也 不得其死然]《논어》〈선진〉12장. 자고는 어리숙하고, 증참은 노둔하고, 자장은 치우치고, 자로는 거칠다. [柴也 愚 參也 魯 師也 辟 由也 喭]《논어》〈선진〉17장.

67 《맹자》〈공손추 상〉.

68 자로는 가르침을 미처 실천하지 못하고 있을 때, (좋은 가르침을) 더 듣게 될까봐 겁을 내었다. [子路 有聞 未之能行 唯恐有聞]《논어》〈공야장〉 13장.

69 선생님께서 말씀하셨다. "누더기 베옷을 입고 여우와 수달 가죽 옷을 입은 사람 옆에서 있어도 부끄러워하지 않을 사람이 바로 자로다. (《시경》에 이르기를) 탐내지 않고, 가지려고도 하지 않으니 어찌 착한 사람이 아니겠는가!" 자로가 (공자의 칭찬이 기뻐서) 이 시를 늘 읊고 다니자, 선생님께서 말씀하셨다. "외는 것도 좋지만, 어찌 그것만으로 되는 일이겠느냐?" [子曰 衣敝縕袍 與衣狐狢者 立而不恥者 其由也與 不忮不求 何用不藏 子路終身誦之 子曰 是道也 何足以藏]《논어》〈자한〉 26장.

70 선생님께서 말씀하셨다. "한마디 말로 옥사를 결단할 수 있는 사람은 바로 유일 것이다. 자로는 승낙하고 미루는 법이 없었다." [子曰 片言 可以折獄者 其由也與 子路 無宿諾]《논어》〈안연〉 12장.

71 선생님이 남자를 만나시자, 자로가 크게 화를 냈다. 선생님이 맹세하며 말씀하셨다. "내가 잘못한 바가 있다면, 하늘이 나를 버리시리라, 하늘이 나를 버리시리라!" [子見南子 子路不說 夫子矢之曰 予所否者 天厭之 天厭之]《논어》〈옹야〉 26장.

72 선생님께서 말씀하셨다. "유의 (미흡한) 비파 소리를 어째서 내 집 문 안에서 듣고 있을까?" 문인들이 자로를 공경하지 않자 선생님께서 말씀하셨다. "유는 당에 오른 사람이다. 아직 방에 들어오지 못했을 뿐이다." [子曰 由之瑟 奚爲於丘之門 門人 不敬子路 子曰 由也 升堂矣 未入於室也]《논어》〈선진〉 14장.

73 《춘추좌씨전》 애공 14년.

74 《사기》〈중니제자열전〉.

75 자로가 물었다. "군자는 용맹을 숭상합니까?" 공자께서 말씀하셨다. "군자는 의를 으뜸으로 삼는다. 군자가 용맹하되 의가 없으면 난을 일으키고, 소인이 용맹하되 의가 없으면 도둑이 된다." [子路曰 君子尚勇乎 子曰 君子 義以爲上 君子有勇而無義 爲亂 小人有勇而無義 爲盜]《논어》〈양화〉 23장.

76 《논어》〈공야장〉 6장, 1부 1장 주 15 참조.

77 《논어》〈술이〉 10장, 1부 1장 주 39 참조.

78 《춘추좌씨전》 애공 15년.

79 이 정변은 3년 만에 실패로 끝났다. 괴외를 장공으로 옹립한 공백희와 공회 모자는 장공의 음모에 걸려 국외로 추방당했다. 대부가 된 혼량부는 그를 혐오한 태자에게 죽임

을 당했다. 장공도 3년 만에 호족들에 의해 임금 자리에서 쫓겨났다. 그는 도망치다가 한 야인의 칼에 비참하게 죽었다. 장공은 어떤 여자의 아름다운 머리칼을 빼앗기 위해 그 여자를 삭발시켜 원한을 산 적이 있었는데, 장공이 달아나다 숨은 집이 바로 그녀의 집이었다. 장공은 그런 줄 모른 채 보옥을 보여주며 목숨을 살려달라고 청했다. 그러자 그 여자의 남편은 "너를 죽인다고 그 보옥이 어디로 가겠느냐?"라며 장공을 죽였다고 한다.《춘추좌씨전》애공 17년.

80 《맹자》〈이루 하〉.

81 《논어》〈미자〉7장, 1부 1장 주 108 참조

82 《맹자》〈공손추 상〉.

83 哀公 十有四年 春 西狩獲麟 …孔子曰 孰爲爲來哉 孰爲來哉 反袂拭面 涕霑袍 顏淵死 子曰 噫 天喪予 子路死 子曰 噫 天祝予 西狩獲麟 孔子曰 吾道窮也.《춘추공양전春秋公羊傳》애공 14년.

2부 위대한 실패자 : 삶이 하나의 사상이 된 사람

1장 잠룡의 시절

1 《춘추좌씨전》양공 17년. 이해 가을 공자 27세 때 담자郯子가 노나라를 방문했는데, 공자가 그를 찾아가 배웠다고 전한다. 곡부의 향토지리지인《궐리지闕里誌》에는 이듬해 공자가 직접 담郯나라로 가서 배운 것으로 되어 있다. 필자는 재상 숙손소자叔孫昭子가 국가 차원에서 전례典禮에 밝은 유사儒士들을 선발해 담자에게 노나라에 관한 고대 지식을 전수받도록 한 것으로 본다.

2 《춘추좌씨전》소공 17년.

3 《춘추좌씨전》소공 7년·24년.《사기》〈공자세가〉에서는 양공 13년 공자가 17세 때 일로 기록했으나 이는 잘못이다. 사마천이 인용했을 것으로 보이는《춘추좌씨전》은 기록의 편의상 이 사건을 양공 13년에 포함시켰을 뿐, 실제로 맹희자가 죽으면서 유언을 남긴 것은 17년 뒤인 양공 24년 때의 일이다.

4 계손씨가 노나라 정권을 실질적으로 독점하게 된 계기는 공자가 태어나기 58년 전인 기원전 609년에 벌어진 권력다툼이었다. 문공文公이 죽자, 유력한 대부인 양중襄仲이 서자 퇴俀를 옹립하는 정변을 일으켰다. 양중은 이 기회에 삼환 세력을 일거에 섬멸하

려는 계획을 세웠으나, 오히려 계문자季文子(계손행보季孫行父)가 양중 세력을 패퇴
시키고 정권을 잡는 데 성공했다. 선공宣公에 이어 성공成公이 죽자, 계문자는 주위의
반대를 물리치고 세 살배기 어린 공자를 양공襄公으로 세웠다. 계문자의 아들 계무자
季武子(계손숙季孫宿)는 한술 더 떴다. 계무자는 군대를 재편해 노나라의 병권은 물론
국가 조세 수입의 절반을 차지했다. 노나라 공실은 삼환이 매년 제공하는 공물로 유지
되는 신세로 전락하고 말았다. 이때의 조처를 실질적으로 이끈 사람이 바로 계무자의
손자인 계평자季平子(계손의여季孫意如)였다. 《춘추좌씨전》소공 5년.

5　공자께서 계씨에 대해 말씀하셨다. "사가의 뜰에서 천자의 춤을 추다니! 이것이 차마
할 수 있는 일이라면 저 사람은 무슨 짓인들 못 하겠는가! [孔子謂季氏 八佾舞於庭 是
可忍也 孰不可忍也]《논어》〈팔일〉 1장.

6　계씨의 가신 남괴南蒯는 아버지 남유南遺의 뒤를 이어 계씨의 근거지인 비읍의 읍재
로 임명될 만큼 계무자의 신임을 받았다. 그러나 할아버지 계무자에 이어 계씨의 수장
이 된 젊은 계평자는 남괴를 신임하지 않았던 듯하다. 계평자는 자신의 권위를 높이기
위해 노나라와 인근한 소국 거莒나라를 쳐서 읍을 하나 빼앗은 다음, 잡아온 포로를 전
승 기념 제사에서 희생으로 쓰는 무도한 짓을 자행했다. 당시 제나라에 망명 중이던 장
무중臧武仲이 이 소식을 듣고 "사람과 짐승을 동일하게 여기다니 도의를 무시해도 한
참 무시했다"는 비난성명을 내놓을 정도였다. 남괴는 공실의 종친 등과 손잡고 무도
한 계평자를 타도하려 나섰다가 실패하자 제나라로 달아났다. 남괴는 "그대는 반도
인가?"라고 묻는 제경공에게 "공실을 강하게 하려고[張公室] 했다"는 대답을 남겼다.
《춘추좌씨전》소공 10 · 12 · 14년.

7　《춘추좌씨전》소공 25년.

8　《춘추좌씨전》양공 21년.

9　《춘추좌씨전》소공 25년.

10　공자께서 말씀하셨다. "천하에 바른 질서가 서면 문물제도와 군사명령이 천자로부터
나오고, 천하 질서가 흐트러지면 문물제도와 군사명령이 제후로부터 나온다. 제후로
부터 나오면 대개는 10대 안에 망하지 않는 자가 드물고, 대부로부터 나오면 5대 안
에 망하지 않는 자가 드물고, 배신(신하의 신하)이 정권을 잡으면 3대 안에 망하지 않
는 자가 드물다. 천하에 바른 질서가 서면 국정이 대부에게 있지 않고, 천하에 바른 질
서가 서면 일반 백성들이 정치를 왈가왈부하지 않는다." [孔子曰 天下有道 則禮樂征
伐 自天子出 天下無道 則禮樂征伐 自諸侯出, 自諸侯出 蓋十世希不失矣 自大夫出 五世

希不失矣 陪臣執國命 三世希不失矣 天下有道 則政不在大夫 天下有道 則庶人不議]《논어》〈계씨季氏〉 2장.

11 《춘추좌씨전》 소공 25년.

12 《한비자》〈외저설 좌하外儲說 左下〉.

13 순망치한脣亡齒寒은 《춘추좌씨전》 희공 5년에 나오는 말이다. 진晉나라 헌공獻公이 괵虢나라를 칠 속셈으로 우虞나라에게 길을 빌려달라며 뇌물을 보내자 우공虞公이 이를 허락했다. 이때 신하 궁지기宮之奇가 "괵나라와 우나라는 한 몸이나 다름없습니다. 괵나라가 망하면 다음은 우리 차례입니다. 옛 속담에도 '수레의 짐받이 판자와 수레는 서로 의지하고, 입술이 없어지면 이가 시리다'고 했습니다"라고 말한 데서 유래했다. 진나라는 괵나라를 멸하고 돌아오는 길에 우나라를 마저 멸했다.

14 《춘추좌씨전》 소공 원년.

15 선생님께서 말씀하셨다. "삼군의 장수는 빼앗을 수 있어도 필부의 뜻은 빼앗을 수 없다." [子曰 三軍可奪帥也, 匹夫不可奪志也]《논어》〈자한〉 25장.

16 맹자가 말하였다. "공자께서 동산에 올라 노나라가 작다고 느끼셨고, 태산에 올라서는 천하가 작다고 느끼셨다. 그러므로 바다를 본 사람에게는 물 이야기를 하기가 어렵고, 성인의 문에서 노니는 사람에게는 말하기가 어려운 것이다." [孟子曰 孔子 登東山而小魯 登泰山而小天下 故觀於海者 難爲水 遊於聖人之門者 難爲言…]《맹자》〈진심 상〉.

17 태사(악대장) 지는 제나라로 가고, 아반(부악장) 간은 초나라로 가고, 삼반(제 3악장) 료는 채나라로 가고, 사반(제 4악장) 결은 진나라로 가고, 북을 치는 방숙은 하내 지방으로 들어가고, 소고를 흔드는 무는 한중 지방으로 들어가고, 소사(보조악사) 양과 경쇠를 치는 양은 바다 건너 섬으로 들어갔다. [大師摯適齊 亞飯干適楚 三飯繚適蔡 四飯缺適秦 鼓方叔入於河 播鼗武 入於漢 少師陽 擊磬襄 入於海]《논어》〈미자〉 9장.

18 선생님이 제나라에 계실 때 소음악을 들으시고 석 달 동안이나 고기 맛조차 잊으셨다. 말씀하셨다. "음악에 이런 경지가 있을 줄 정말이지 생각하지 못했다." [子在齊聞韶 三月不知肉味 曰 不圖爲樂之至於斯也]《논어》〈술이〉 13장.

19 子謂子産 有君子之道四焉 其行己也恭 其事上也敬 其養民也惠 其使民也義.《논어》〈공야장〉 15장.

20 《역주 춘추좌씨전 제6책》 소공 20년, 정태현 역주(전통문화연구회, 2001).

21 선생님께서 말씀하셨다. "덕 있는 사람은 외롭지 않다. 그 뜻을 알아주는 이웃이 반드시 있다." [子曰 德不孤 必有隣]《논어》〈이인〉 25장.

22 선생님께서 말씀하셨다. "거친 밥을 먹고 국물을 마시며 팔을 베고 자더라도 즐거움이
그 가운데 있으니, 의롭지 않은 부와 권력이란 나에게 뜬구름과 같다." [子曰 飯疏食飲
水 曲肱而枕之 樂亦在其中矣 不義而富且貴 於我如浮雲]《논어》〈술이〉15장.

23 《예기》〈단궁 상〉.

24 《예기》〈곡례曲禮〉·〈옥조玉藻〉.

25 자하가 효를 물으니 선생님께서 말씀하셨다. "마음에서 우러나는 따뜻한 얼굴로 늘 대
하는 것이 중요하다. 그런데 그것이 쉽지만은 않다. 젊은이들이 일이 있을 때 부모의
수고를 덜어드리고 좋은 음식을 먼저 올린다고 해서 그것이 효의 전부이겠느냐?" [子
夏問孝 子曰 色難 有事 弟子服其勞 有酒食 先生饌 曾是以爲孝乎]《논어》〈위정〉8장.

26 선생님께서 말씀하셨다. "부모에게 간할 일이 있을 때는 에둘러 해야 한다. 부모가 내
생각을 받아주지 않더라도 또한 공경하여 부모 마음을 거스르지 않도록 해야 한다. 이
런 일이 아무리 힘들더라도 원망하는 마음을 가져서는 안된다." [子曰 事父母 幾諫 見
志不從 又敬不違 勞而不怨]《논어》〈이인〉18장.

27 《효경孝經》.

28 선생님께서 말씀하셨다. "젊은이들은 집에서는 효도하고, 나와서는 공손하며, 행실은
삼가고 믿음직스러워야 한다. 널리 사람들을 사랑하되 특히 인자를 가까이 하여라. 그
렇게 하고도 여력이 있으면 그때 글을 배우도록 한다." [子曰 弟子入則孝 出則弟 謹而
信 汎愛衆 而親仁 行有餘力 則以學文]《논어》〈학이〉6장. (공자와 아들 리의 대화이
다) "시를 배웠느냐?" "아직 못하였습니다." "시를 배우지 않으면 다른 사람과 말을 할
수 없다." … "예를 배웠느냐?" "아직 못하였습니다." "예를 배우지 않으면 독자적인 사
람이 될 수 없다." [… 曰 學詩乎 對曰 未也 不學詩 無以言 … 曰 學禮乎 對曰 未也 不學禮
無以立]《논어》〈계씨〉13장.

29 선생님께서 말씀하셨다. "부모의 나이를 모르고 있어서는 안 된다. 한편으로는 오래
사시는 것이 기쁘고 한편으로는 돌아가실 날이 가까워지는 게 두렵다." [子曰 父母之
年 不可不知也 一則以喜 一則以懼]《논어》〈이인〉21장.

30 《춘추좌씨전》소공 26년.

31 《공자가어》〈치사致思〉에 나오는 이야기를 각색한 것이다.

32 《예기》〈단궁 하〉. 공자가 제나라로 갈 때가 아니라 제나라에서 노나라로 돌아올 때 겪
은 사건으로 보는 견해가 있다. 김학주,《공자의 생애와 사상》(명문당, 2003). 또는 중
국 진한교체기의 대동란시기에 있었던 일화가 공자 행적에 삽입되어 전승된 것이라는

설도 있다.

33 선생님께서 노나라 태사에게 음악을 말씀하셨다. "음악이란 알 법합니다. 시작할 때는 오음을 합하고, 풀어놓을 때에는 조화를 이루어, 뚜렷이 이어지며 한 악장을 이루니 말입니다." [子語魯大師樂曰 樂 其可知也 始作 翕如也 從之 純如也 皦如也 繹如也 以成] 《논어》〈팔일〉 23장.

34 선생님께서 평하시되, "소음악은 지극히 아름답고 또한 지극히 좋다" 하시고, 무음악에 대해서는 "아름다움은 지극하나 지극히 좋지는 못하다" 하셨다. [子謂韶 盡美矣 又盡善也 謂武 盡美矣 未盡善也] 《논어》〈팔일〉 25장.

35 공자가 제나라 성문 밖에 이르렀을 때 호리병 한 개를 들고 있는 아이를 만나 수레에 태워 함께 가게 되었다. 그 아이는 눈빛이 맑고, 마음씨가 바르며, 행동거지가 단정했다. 이에 공자가 마부에게 말했다. "좀 더 빨리 몰아주시오. 어서 갑시다. 바야흐로 소악이 연주되려 하는구려." [孔子至齊郭門外 遇嬰兒 挈一壺 相與俱行 其視精 其心正 其行端 孔子謂御曰 趣驅之 趣驅之 韶樂方作] 《설원》〈수문修文〉.

36 《논어》〈미자〉 6장, 1부 1장 주 107 참조.

37 《논어》〈술이〉 13장, 2부 1장 주 18 참조.

38 공모가 마음속으로 화가 나 경공과 안자에 대한 분노의 표시로 '치이자피'를 전상(진항)의 문 앞에 세우고… 노나라로 돌아갔다. [···孔乃恚 怒於景公與晏子 乃樹鴟夷子皮 於田常之門… 歸於魯] 《묵자》〈비유非儒〉.

39 孔子之去齊 接淅而行. 《맹자》〈만장 하〉.

40 《사기》〈공자세가〉.

41 子曰 齊一變 至於魯 魯一變 至於道 《논어》〈옹야〉 22장.

42 《사기》〈공자세가〉.

43 원헌이 수치에 대하여 물으니, 선생님께서 말씀하셨다. "나라에 도가 있을 때 녹을 먹고, 나라에 도가 없을 때도 녹을 먹으니 수치스러운 일이다." [憲問恥 子曰 邦有道 穀 邦無道 穀 恥也] 《논어》〈헌문〉 1장.

44 子曰 書云孝乎 惟孝 友于兄弟 施於有政 是亦爲政 奚其爲爲政. 《논어》〈위정〉 21장.

45 생각하는 것이 법도에 맞고 훌륭한 선비를 구하여 쓸 줄 안다면 명성을 얻을 것이나, 민중의 마음을 얻는 데까지는 미치지 못한다. 스스로 현명함을 얻어 그 뜻이 멀리까지 미친다면 민중의 마음을 얻겠으나, 진정한 문화를 이루는 데까지는 미치지 못한다. 군자가 민중을 감화시키고 풍속을 아름답게 이룩하고자 한다면 반드시 학문(과 교육)으

로부터 말미암지 않으면 안 된다. [發盧憲 求善良 足以諛聞 不足以動衆 就賢體遠 足以動衆 未足以化民 君子如欲化民成俗 其必由學乎]《예기》〈학기學記〉.

46 선생님께서 말씀하셨다. "마음속으로 배우려고 애쓰지 않으면 열어주지 않고, 말로 드러내려 힘쓰지 않으면 틔워주지 않는다. 사물의 한 모서리를 들어서 설명했는데도 나머지 세 모서리를 알아채지 못하면 되풀이하지 않는다." [子曰 不憤不啓 不悱不發 擧一隅 不以三隅反 則不復也]《논어》〈술이〉 8장.

47 선생님께서 말씀하셨다. "비루한 사람과 더불어 함께 임금을 섬길 수 있겠는가? 부귀를 얻기 전에는 얻을 것을 걱정하고, 얻은 뒤에는 잃을 것을 걱정하니 만일 잃을 것을 걱정한다면 못 하는 짓이 없게 된다.[子曰 鄙夫 可與事君也與哉 其未得之也 患得之 旣得之 患失之 苟患失之 無所不至矣]《논어》〈양화〉 15장.

48 선생님께서 말씀하셨다. "삼 년 정도 배우고서 출사에 뜻을 두지 않는 사람을 보기가 쉽지 않다." [子曰 三年學 不至於穀 不易得也]《논어》〈태백〉 12장.

49 선생님께서 말씀하셨다. "시골에서 선비연하는 자는 덕을 해치는 존재이다." [子曰 鄕愿 德之賊也]《논어》〈양화〉 13장.

50 선생님께서 말씀하셨다. "덕이 닦이지 않는 것, 학문을 제대로 강론하지 못하는 것, 의를 듣고도 실천하지 못하는 것, 잘못을 고치지 못하는 것, 이것이 나의 근심이다." [子曰 德之不修 學之不講 聞義不能徙 不善不能改 是吾憂也]《논어》〈술이〉 3장.

51 선생님께서 말씀하셨다. "비유하건대 산을 쌓을 때 마지막 한 삼태기의 흙이 모자라서 미완성에 그친 것도 내가 그친 것이요. 땅을 고를 때 고작 한 삼태기를 쏟아도 그만큼 내가 진일보한 것이다." [子曰 譬如爲山 未成一簣止 吾止也 譬如平地 雖覆一簣 進 吾往也]《논어》〈자한〉 18장.

52 《논어》〈술이〉 6장, 1부 2장 주 41 참조.

53 《논어》〈헌문〉 13장.

54 선생님께서 말씀하셨다. "묵묵히 속으로 새기며, 배움을 싫증내지 않으며, 가르침에 게으름이 없는 것, 어느 것이 내게 있을까?" [子曰 默而識之 學而不厭 誨人不倦 何有於我哉]《논어》〈술이〉 2장.

55 《논어》〈자한〉 7장.

56 雖有嘉肴 弗食 不知其旨也 雖有至道 弗學 不知其善也 是故 學然後 知不足 敎然後 知困 知不足 然後 能自反也 知困 然後 能自强也 故曰 敎學相長也.《예기》〈학기〉.

57 선생님께서 말씀하셨다. "그대들은 내가 무엇을 숨기고 있다고 생각하는가? 나는 그

대들에게 숨기는 것이 없다. 내가 무엇을 하든 그대들에게 보여주지 않은 적이 없으니, 이것이 바로 나, 구라는 사람이다." [子曰 二三子 以我爲隱乎 吾無隱乎爾 吾無行而不與 二三子者 是丘也] 《논어》 〈술이〉 23장.

2장 천도는 무엇으로 지킬 것인가

1. 선생님께서 말씀하셨다. "선비가 편안한 생활만 생각한다면, 선비가 되기에 부족한 사람이다." [子曰 士而懷居 不足以爲士矣] 《논어》 〈헌문〉 3장.

2. 공자의 벼슬 경력에 대해서는 여러 가지 설이 있다. 노나라에서 최고위직인 사마司馬, 사구司寇, 사공司空은 귀족 가문의 세습직이었다. 당시 사공은 맹손씨의 맹의자가, 사구는 장(臧)씨 가문이 세습하고 있었다. '사구 위의 사구'라는 뜻인 대사구 직책은 춘추시대 사서에 한 번도 등장하지 않는다. 따라서 공자가 이런 직책을 잇따라 맡았다는 것은 당시 노나라 실정을 잘 몰랐던 후세 사람들의 착오일 가능성이 높다. 일부 학자들은 공자 사공설의 경우 공자가 중도재로서 사공인 맹의자를 보좌해 수행한 공실묘역 공사 등 어떤 토목 사업에 근거해 생겨났을 것으로 보기도 한다. 공자 사구설은 조정의 사구직이 아니라 중도와 같은 공실직할 영지의 사법을 관장하는 직책이었을 것으로 보기도 한다. 필자는 이 설을 따랐다.

3. 《논어》 〈옹야〉 3장, 1부 1장 주 85 참조.

4. 마구간에 불이 났다. 선생님께서 퇴근하셔서 말씀하셨다. "혹시 사람이 다치지는 않았는가?" 하시고 말에 대해서는 묻지 않으셨다. [廐焚 子退朝曰 傷人乎不問馬] 《논어》 〈향당鄕黨〉 12장.

5. 《공자가어》 〈상로相魯〉.

6. 制爲養生送死之節 長幼異食强弱異任男女別塗路不拾遺器不雕僞. 《사기》 〈공자세가〉.

7. 《사기》 〈공자세가〉.

8. 《사기》 〈공자세가〉.

9. 《논어》 〈이인〉 14장.

10. 《논어》 〈위령공〉 18장, 1부 1장 주 94 참조.

11. 《맹자》 〈등문공 하〉.

12. 선생님께서 말씀하셨다. "자기 자신이 바르게 행동하면 명령하지 않아도 시행되고, 자기 자신이 바르게 행동하지 못하면 아무리 명령해도 백성들이 자발적으로 따르지 않

을 것이다.”[子曰 其身正 不令而行 其身不正 雖令不從]《논어》〈자로〉6장.

13 선생님께서 말씀하셨다. “진실로 자기를 바르게 한다면 행정을 하는 데 무슨 어려움이 있겠는가. 자기를 바르게 하지 못하고서 어떻게 다른 사람을 바르게 할 수 있겠는가.” [子曰 苟正其身矣 於從政乎 何有 不能正其身 如正人何]《논어》〈자로〉13장.

14 선생님께서 말씀하셨다. “천승(제후)의 나라를 다스리는 데 있어, 맡은 일을 소중히 여겨 백성들이 믿도록 하며, 재정을 아끼고 사람을 사랑하며, 백성의 동원은 때에 맞게 해야 할 것이다.”[子曰 道千乘之國 敬事而信 節用而愛人 使民以時]《논어》〈학이〉5장.

15 “…윗사람이 예절을 좋아하면 백성들이 윗사람을 공경하지 않을 수 없고, 윗사람이 의리를 좋아하면 백성들이 복종하지 않을 수 없고, 윗사람이 신의를 좋아하면 백성들이 성심을 다하지 않을 수 없는 것이다. 이렇게 되면 사방에 있는 백성들이 포대기에 싼 자식들을 등에 지고 너도나도 모여들 것이다.”[…上 好禮則民莫敢不敬 上 好義則民莫敢不服 上 好信則民莫敢不用情 夫如是則四方之民 襁負其子而至矣]《논어》〈자로〉4장.

16 번지가 인에 대해서 물으니 선생님께서 말씀하셨다. “머무는 숙소가 공손하고, 일처리가 경건하며, 여러 사람들과 더불어 일할 때 정성을 다한다. 비록 오랑캐 땅에서도 이는 버릴 수 없는 관리의 덕목일 것이다.”[樊遲問仁 子曰 居處恭 執事敬 與人忠 雖之夷狄 不可棄也]《논어》〈자로〉19장.

17 자하가 거보 고을의 재가 되어 정치에 대해 물으니, 선생님께서 말씀하셨다. “일을 빨리 하려고 서두르지 말아라. 작은 이익에 매달리지 말아라. 빨리 하려고 서두르면 목표에 도달하지 못하게 될 것이고, 작은 이익에 매달리면 큰일을 이루지 못하게 된다.”[子夏爲莒父宰 問政 子曰 無欲速 無見小利 欲速則不達 見小利則大事不成]《논어》〈자로〉17장.

18 《논어》〈위정〉18장, 1부 1장 주 67 참조.

19 자공이 물었다. “(처신을) 어찌해야 (벼슬할 수 있는) 선비라고 하겠습니까?” 선생님께서 말씀하셨다. “자기 행동에 부끄러움을 알고, 사방 여러 나라에 사신으로 가서 나라를 욕되게 하지 않는다면 (벼슬할 수 있는) 선비라고 할 수 있다.” 자공이 그다음에 대해 물으니, 선생님께서 이렇게 말씀하셨다. “종족(친족)들이 다 같이 그 효성을 칭찬하고, 고을 사람들이 다 공손하다고 칭송하는 인물이다.” 자공이 그다음에 대해 다시 물으니, 선생님께서 말씀하셨다. “말에서 벗어나지 않고 행실은 고지식한, 즉 견식과 도량이 좁은 소인이긴 하지만 그래도 그다음은 될 것이다.” 자공이 말하였다. “요즘

정치에 종사하는 사람들은 어떻습니까?" 선생님께서 말씀하셨다. "아하, 한 말 닷 되나
될까 말까 한 놈들을 어찌 셈하랴!" [子貢 問曰如 斯可謂之士矣 子曰 行己有恥 使於
四方 不辱君命 可謂士矣 曰 敢問其次 曰 宗族 稱孝焉 鄕黨 稱弟焉 曰 敢問其次 曰 言必
信 行必果 硜硜然小人哉 抑亦可以爲次矣 曰 今之從政者 何如 子曰 噫 斗筲之人 何足算
也]《논어》〈자로〉20장.

20 선생님께서 말씀하셨다. "자기 자신은 엄격하게 꾸짖고, 남은 가볍게 꾸짖는다면, 사람
들의 원망을 사지 않을 것이다." [子曰 躬自厚而薄責於人 則遠怨矣]《논어》〈위령공〉
14장.

21 선생님께서 말씀하셨다. "군자는 남의 좋은 점을 도와 이루어주고, 남의 나쁜 점을 도
와서 고쳐준다. 소인은 반대로 한다." [子曰 君子 成人之美 不成人之惡 小人 反是]《논
어》〈안연〉16장.

22 선생님께서 말씀하셨다. "중도를 실천하는 사람을 얻을 수 없다면 광자나 견자를 고를
것이다. 광자는 진취성이 있는 사람이고, 견자는 해서는 안 될 일은 결코 하지 않을 사
람이기 때문이다." [子曰 不得中行而與之 必也狂狷乎 狂者 進取 狷者 有所不爲也]《논
어》〈자로〉21장.

23 선생님께서 말씀하셨다. "군자는 자긍심이 강해도 남과 다투지는 않으며, 여러 사람과
어울리면서도 패거리를 짓지는 않는다." [子曰 君子 矜而不爭 群而不黨]《논어》〈위령
공〉21장.

24 자공이 물었다. "고을 사람들이 모두 저를 좋아하면 어떻습니까?" 선생님께서 말씀하
셨다. "바람직하지 않다." "고을 사람들이 모두 저를 미워하면 어떻습니까?" 선생님께
서 말씀하셨다. "그것도 바람직하지 않다. 고을 사람들 중에서 좋은 사람들은 너를 좋
아하고, 나쁜 사람들은 너를 미워하는 것만 못하다." [子貢 問曰 鄕人皆好之 何如 子曰
未可也 鄕人 皆惡之 何如 子曰 未可也 不如鄕人之善者好之 其不善者惡之]《논어》〈자
로〉24장.

25 선생님께서 말씀하셨다. "송사를 판결하는 것은 남들도 나만큼은 하겠지만, 나는 반
드시 먼저 송사가 생기지 않도록 하겠다." [子曰 聽訟 吾猶人也 必也使無訟乎]《논어》
〈안연〉13장.

26 《논어》〈안연〉6장. 1부 1장 주 73 참조.

27 《논어》〈위정〉3장. 1부 1장 주 60 참조.

28 선생님께서 말씀하셨다. "백성들은 분명한 명분을 가지고 이끌어야 하지, 식견만으로

이해시킬 수 없는 것이다." [子曰 民可使由之 不可使知之]《논어》〈태백〉9장.

29 증자가 말하였다. "선비는 도량이 넓고 의지가 굳세지 않으면 안 된다. 책임은 무겁고 갈 길은 멀기 때문이다. 인으로써 자기의 책무를 삼았으니 책무 또한 무겁지 않겠는가. 죽은 뒤에야 끝날 일이니 갈 길이 또한 멀지 않겠는가." [曾子曰 士不可以不弘毅 任重 而道遠 仁以爲己任 不亦重乎 死而後已 不亦遠乎]《논어》〈태백〉7장.

30 《맹자》〈등문공 하〉.

31 부하고자 하면 인하지 못하고, 인하고자 하면 부할 수 없다. [陽虎曰 爲富不仁矣 爲仁 不富矣]《맹자》〈등문공 상〉.

32 《논어》〈술이〉19장, 1부 1장 주 5 참조.

33 선생님께서 말씀하셨다. "성과 인이라면 내가 감히 자처할 수가 없지만, (성과 인을) 배우기 싫어하지 않으며, 사람들에게 가르치기를 게을리하지 않는 것은 내가 할 수 있는 일이라고 말할 수 있다…" [子曰 若聖與仁 則吾豈敢 抑爲之不厭 誨人不倦 則可謂云 爾已矣…]《논어》〈술이〉33장.

34 선생님은 괴이함, 괜한 힘을 쓰는 것, 이치에 맞지 않게 어지러운 것, 귀신의 일 따위는 말씀하지 않으셨다. [子不語 怪力亂神]《논어》〈술이〉20장.

35 《춘추좌씨전》정공 10년.

36 《춘추좌씨전》정공 10년.

37 《사기》〈공자세가〉.

38 《논어》〈위정〉1장, 1부 1장 주 52 참조.

39 정공이 공자에게 물었다. "임금이 신하를 부리는 일과 신하가 임금을 섬기는 일은 어찌해야 하겠소?" 공자께서 대답하셨다. "임금은 신하를 예로써 부리며, 신하는 임금을 충성으로써 섬깁니다." [定公問 君使臣 臣事君 如之何 孔子對曰 君使臣以禮 臣事君 以忠]《논어》〈팔일〉19장.

40 노나라 정공이 공자에게 물었다. "말 한마디에 나라를 흥하게 할 수 있다고 하던데 그렇소?" 공자께서 말씀하셨다. "말이 꼭 액면대로이겠습니까마는, 사람들이 하는 말로 '임금 노릇 하기 어렵고, 신하 노릇 하기도 어렵다'고 합니다. 만일 임금 노릇 하기 어려운 줄 안다면, 말 한마디가 나라 일으킬 실마리가 되지 않겠습니까? (정공이) 말하였다. "한마디 말로 나라를 잃는 수도 있다고 하던데 그렇소?" 공자께서 말씀하셨다. "말이 어디 꼭 그대로이겠습니까마는, 사람들이 하는 말에 '임금 노릇이 즐거운 것이 아니라, 말을 하면 아무도 거역하지 않는 게 임금의 즐거움'이라는 말이 있습니다. 만일 그

말이 옳은데 아무도 어기지 않는다면 또한 좋은 일이지 않겠습니까? 그러나 옳지 않은데도 아무도 거역하는 자가 없다면, 한마디 말이 나라를 망치는 실마리가 되지 않겠습니까?"[定公問 一言而可以興邦 有諸 孔子對曰 言不可以若是其幾也 人之言曰 爲君難爲臣不易 如知爲君之難也 不幾乎一言而興邦乎 曰 一言而喪邦 有諸 孔子對曰 言不可以若是其幾也 人之言曰 予無樂乎爲君 唯其言而莫予違也 如其善而莫之違也 不亦善乎 如不善而莫之違也 不幾乎一言而喪邦乎]《논어》〈자로〉15장.

41 《춘추좌씨전》정공 2년.

42 2부 1장 주 4 참조.

43 공백료가 계손에게 자로를 참소하였다. 자복경백이 이를 공자에게 아뢰었다. "계손이 참소로 공백료의 참소에 넘어갈 듯합니다. 제 힘이 그래도 공백료 정도는 머리를 잘라 그 시체를 저자에 늘어놓을 정도는 됩니다." 선생님께서 말씀하셨다. "도가 장차 행해지는 것도 천명이고, 도가 장차 없어지는 것도 또한 천명이다. 공백료가 천명을 어찌하겠는가?"[公伯寮愬子路於季孫 子腹景伯 以告曰 夫子固有惑志於公伯寮 吾力 猶能肆諸市朝 子曰 道之將行也與 命也 道之將廢也與 命也 公伯寮其如命何]《논어》〈헌문〉38장.

44 자로가 자고를 비읍의 재로 삼고자 하였다. 선생님께서 말씀하셨다. "남이 자시을 그르치는 일이다." 자로가 말하였다. "비읍에는 백성도 있고 사직도 있습니다. 어찌 꼭 글을 읽은 뒤라야 학문을 한다고 하겠습니까?" 선생님께서 같이 말씀하셨다. "이래서 내가 말재주를 부리는 사람이 싫다."[子路使子羔爲費宰 子曰 賊夫人之子 子路曰 有民人焉 有社稷焉 何必讀書然後爲學 子曰 是故惡夫佞者]《논어》〈선진〉24장.

45 《춘추공양전》정공 12년.

46 必也正名也.《논어》〈자로〉3장.

47 子曰 齊一變 至於魯 魯一變 至於道.《논어》〈옹야〉22장.

48 《사기》〈공자세가〉.

49 《사기》〈공자세가〉.

50 시라카와 시즈카,《공자전》.

이야기를 마치며 : 세속의 꿈, 영원의 빛

1 양화가 공자를 만나보고자 하였으나 공자께서 만나주지 않았다. 그러자 공자의 집으

로 삶은 돼지를 예물로 보냈다. 공자께서도 양화가 집에 없을 때를 골라 가서 답례하고 돌아오다가 길에서 양화를 만났다. 양화가 공자에게 말하였다. "이리 오시오. 내 그대에게 할 말이 있소. 귀중한 포부를 품에 간직하고서 어지러운 나라를 내버려두는 것이 인자가 할 일이라고 할 수 있습니까?" 공자께서 대답하셨다. "할 수 없습니다." 양화가 말하였다. "정사에 참여하고 싶으면서도 자주 때를 놓치는 것이 지자의 할 일이라고 할 수 있습니까?" 공자께서 대답하였다. "없겠지요." 양화가 말하였다. "해와 달이 흘러가듯이 세월은 우리를 기다려주지 않습니다." 공자께서 대답하셨다. "좋습니다. 장차 (기회를 보아) 출사하겠습니다." [陽貨欲見孔子 孔子不見 歸孔子豚 孔子時其亡也 而往拜之 遇諸塗 謂孔子曰 來 予與爾言 曰 懷其寶而迷其邦 可謂仁乎 曰 不可 好從事而亟失時 可謂知乎 曰 不可 日月逝矣 歲不我與 孔子曰 諾 吾將仕矣]《논어》〈양화〉1장.

2 선생님께서 말씀하셨다. "함께 배운다고 해서 같은 길을 가는 것은 아니다. 같은 길을 간다고 해서 목표가 같은 것은 아니다. 목표가 같다고 해서 이루는 것이 같은 것은 아니다." [子曰 可與共學 未可與適道 可與適道 未可與立 可與立 未可與權]《논어》〈자한〉29장.

3 카이즈카 시게키,《공자의 생애와 사상》, 박연호 옮김(서광사, 1991) 139쪽.

4 선생님께서 말씀하셨다. "밖에 나가서는 공경을 섬기고, 들어와서는 부형을 섬기며, 상사를 담당할 때는 감히 최선을 다하며, 술로 인해 곤경에 빠지지 않는 것, (이 가운데) 어느 것을 내가 잘할까?" [子曰 出則事公卿 入則事父兄 喪事不敢不勉 不爲酒困 何有於我哉]《논어》〈자한〉15장.

5 《맹자》〈등문공 하〉.

6 《맹자》〈등문공 하〉.

7 선생님께서 말씀하셨다. "나이 마흔이 되어서도 남의 손가락질이나 받고 있다면, 그는 더 볼 게 없는 사람이다." [子曰 年四十而見惡焉 其終也已]《논어》〈양화〉26장.

8 《논어》〈자한〉22장.

9 《논어》〈요왈〉3장, 1부 1장 주 97 참조.

10 선생님께서 말씀하셨다. "내가 몇 년을 더하여 오십에라도 역을 공부할 수 있다면 큰 허물은 없게 되련만." [子曰 加我數年 五十以學易 可以無大過矣]《논어》〈술이〉16장.

11 자공이 말하였다. "여기에 아름다운 옥이 있습니다. 궤 속에 감추어두겠습니까? 좋은 값으로 팔겠습니까?" 선생님께서 말씀하셨다. "팔아야지, 팔아야지! 나는 제값을 주고 살 사람을 기다리는 중이다." [子貢曰 有美玉於斯 韞匵而藏諸 求善買而沽諸 子曰 沽之

哉 沽之哉 我 待賈者也]《논어》〈자한〉12장.

12 《사기》〈공자세가〉.

13 《논어》〈양화〉5장, 1부 1장 주 102 참조.

14 大道之行也 與三代之英 丘未之逮也 而有志焉.《예기》〈예운〉.

15 H. G. 크릴,《공자, 인간과 신화》, 197쪽.

16 펑유란,《중국철학사》, 650쪽.

17 펑유란,《중국철학사》, 687쪽.

18 《논어》〈자한〉5장, 1부 1장 주 103 참조.

19 선생님께서 말씀하셨다. "이제 나도 많이 노쇠했구나. 꿈속에서 주공을 뵙지 못한 지
   오래구나." [子曰 甚矣 吾衰也 久矣 吾不復夢見周公]《논어》〈술이〉5장.

20 明王不興 而天下其孰能宗予.《예기》〈단궁 상〉.

21 《예기》〈단궁 상〉.

22 선생님께서 말씀하셨다. "봉새가 날아오지 않고, 황하에서 용마의 그림이 나타나지도
   않으니, 아, 나의 시대도 끝나는구나!" [子曰 鳳鳥不至 河不出圖 吾已矣夫]《논어》〈자
   한〉8장.

23 필힐이 초빙하므로 선생님께서 가려고 하시지 자로가 말하였다. "예선에 제가 스승님
   에게 배우기를, '옳지 않은 짓을 스스로 저지르는 무리에 군자는 들어가지 않는다'고
   하셨습니다. 필힐은 중모읍을 점거하고 모반한 자인데, 어째서 선생님은 그런 무리에
   가시려 합니까?" 선생님께서 대답하셨다. "그러나 이런 말도 하였지. '갈아도 닳지 않
   으니 얼마나 단단하며, 물들여도 검어지지 않으니 얼마나 흰 존재인가!' 내가 어찌 한
   낱 조롱박처럼 한 곳에 매달려 있으면서 먹지도 못하는 존재이겠느냐?" [佛肹召 子欲
   往 子路曰 昔者 由也聞諸夫子 曰 親於其身爲不善者 君子不入也 佛肹 以中牟畔 子之往
   也 如之何 子曰 然 有是言也 不曰堅乎 磨而不磷 不曰白乎 涅而不淄 吾豈匏瓜也哉 焉能
   繫而不食]《논어》〈양화〉7장.

24 《논어》〈태백〉6장.

25 君子以 自彊不息.《주역周易》〈대상전大象傳〉.

26 H. G. 크릴,《공자: 인간과 신화》, 이성규 옮김(지식산업사, 1997).

별록 | 공자와 노자

1부 공자, 노자를 만나다

1   《논어》〈술이〉 19장, 1부 1장 주 5 참조.

2   선생님께서 말씀하셨다. "10호쯤 되는 조그만 고을에도 반드시 성실하고 믿음직스럽
    기가 나, 구와 같은 사람이 있겠지만, 나만큼 배우기를 좋아하는 사람은 없을 것이다."
    [子曰 十室之邑 必有忠信 如丘者焉 不如丘之好學也]《논어》〈공야장〉 27장.

3   《논어》〈술이〉 23장, 2부 1장 주 57참조.

4   吾少也賤 故多能鄙事.《논어》〈자한〉 6장.

5   선생님께서 말씀하셨다. "세 사람이 길을 가도 반드시 나의 스승이 있게 마련이다. 그
    사람의 좋은 점은 본받아 따르고, 좋지 않은 점은 미루어서 나의 잘못을 고쳐야 한다."
    [子曰 三人行 必有我師焉 擇其善者而從之 其不善者而改之]《논어》〈술이〉 21장.

6   선생님께서 말씀하셨다. "옛것을 익혀서 새것을 알면, 남의 스승이 될 만하다." [子曰
    溫故而知新 可以爲師矣]《논어》〈위정〉 11장.

7   위나라 공손조가 자공에게 물었다. "중니는 어떻게 배웠습니까?" 자공이 말했다. "문왕
    과 무왕의 도가 아직 땅에 떨어지지 않아 사람들에게 남아 있습니다. 현자는 그 큰 것
    을 기억하고, 불현자는 그 작은 것을 기억하여 문무의 도가 있지 않음이 없으니, 선생
    님께서 어찌 배우지 않으시며, 또 어찌 일정한 스승이 있겠습니까?" [衛公孫朝問於子
    貢曰 仲尼焉學 子貢曰 文武之道未墜於地在人 賢者識其大者 不賢者識其小者 莫不有文
    武之道焉 夫子焉不學 而亦何常師之有]《논어》〈자장〉 22장.

8   선생님께서 말씀하셨다. "전해 받은 것을 기술하되 짓지 않으며, 옛것을 믿고 좋아하
    기를 슬며시 나의 노팽과 견주어보노라." [子曰 述而不作 信而好古 竊比於我老彭]《논
    어》〈술이〉 1장.

9   시라카와 시즈카는 노팽이 고대의 유명한 무축이었다고 본다. 노팽이《산해경山海經》
    〈대황서경大荒西經〉에 기재된 고대의 십무十巫 중 네 번째 서열인 무팽巫彭이라는 주
    장이다. 참고로《산해경》에서 십무는 열 개의 태양신을 뜻하는데, 무함巫咸, 무즉巫卽,
    무분巫肦, 무팽, 무고巫姑, 무진巫眞, 무례巫禮, 무저巫抵, 무사巫謝, 무라巫羅를 말한
    다. 시라카와 시즈카,《공자전》.

10 吾不如老農.《논어》〈자로〉 4장.

11 《사기》〈공자세가〉.

12 《사기》〈노자·한비열전〉.

13 《사기》〈노자·한비열전〉.

14 《사기》〈노자·한비열전〉.

15 김용옥,《노자철학, 이것이다》(통나무, 1998)에서 인용·각색.

16 김용옥,《노자철학, 이것이다》에서 인용·각색.

17 공자가 주나라에 가서 예를 배운 시기에 대해서는 과거부터 여러 주장이 있어왔다. 사마천은 공자 17~30세 사이의 일로,《궐리지 연보》는 34~35세 때로, 북위北魏시대 역도원酈道元이 쓴 지리서《수경주水經注》는 17세 때로, 당나라 사마정司馬貞의《사기색은史記索隱》은 34세 때의 일로 주장한다. 필자는 45~46세 때로 본다. 김학주의《공자의 생애와 사상》에 따르면 대만에서 1955년에 발간된 허동래許同萊의《공자연보》에서는《사기》《공자가어》《공총자》 등의 기록을 종합하여 46세라고 결론을 내렸다.

18 《춘추좌씨전》정공 2년.

19 《공사가어》〈관주觀周〉.

20 공자와 노자의 만남에 대한 기록은《사기》의 기사가 대표적이다. 그 밖에 진위 논란이 분분한 대로 공자와 노자의 만남을 다룬 기록은 유가 쪽에서는《공자가어》,《예기》,《순자》 등이 있다.《여씨춘추》,《한비자》도 노자의 노자 사상을 해설하고 있으며《장자》는 '내편'에 노자의 존재가, '외편'에는 7편의 대화가 〈천도天道〉,〈천운天運〉,〈천지天地〉,〈전자방田子方〉,〈지북유知北遊〉 등에 산재해 있다.

21 김용옥,《노자철학, 이것이다》에서 인용·각색.

22 《논어》〈이인〉 8장, 1부 2장 주 42 참조.

23 《노자》 4장.

24 군자는 근본에 힘써야 한다. 근본이 바로 서면 도가 자라는 것이니 효도와 우애는 인을 행하는 근본이다. [君子務本 本立而道生 孝弟也者 其爲仁之本與]《논어》〈학이〉 2장.

25 《노자》 41장.

26 天子(人)者 與天地參 故德配天地 兼利萬物 與日月 並明 明照四海 而不遺微小.《예기》〈경해經解〉.

27 孔德之容 惟道是從 自古及今 其名不去 以閱衆甫.《노자》 21장. 吾不知其名 字之曰道 强爲之名曰大 故道大 天大 地大 王(人)亦大 人法地 地法天 天法道 道法自然.《노자》 25장.

28 善建者不拔 善抱者不脫 子孫以祭祀不輟 修之於身 其德乃眞 修之於家 其德乃餘 修之於

鄉 其德乃長 修之於國 其德乃豊 修之於天下 其德乃普 故以身觀身 以家觀家 以鄉觀鄉 以國觀國 以天下觀天下 吾何以知天下然哉 以此.《노자》 54장.

29 將欲取天下而爲之 吾見其不得已 天下神器 不可爲也 爲者敗之 執者失之.《노자》 29장. 道常無爲而 無不爲 侯王若能守之 萬物將自化 化而欲作 吾將鎭之以無名之樸 無名之樸 夫亦將無欲 不欲以靜 天下將自定.《노자》 37장.

30 大道之行也 天下爲公 選賢與能 講信修睦 故人不獨親其親 不獨子其子 使老有所終 壯有 所用 幼有所長 矜寡孤獨廢疾者 皆有所養 男有分 女有歸 貨惡其棄於地也 不必藏於己 力惡其不出於身也 不必爲己 是故 謀閉而不興 盜竊亂賊而不作 故外戶而不閉 是謂大同. 《예기》〈예운〉. 이하《예기》에 대한 본문 번역은 다음을 저본으로 했다.《예기》, 이상 옥 옮김(명문당, 1993) 참고.

31 今 大道旣隱 天下爲家 各親其親 各子其子 貨力爲己 大人 世及以爲禮 城郭溝池以爲固 禮義以爲紀 以正君臣 以篤父子 以睦兄第 以和夫婦 以設制度 以立田里 以賢勇知 以功 爲己 故 謀用是作 而兵由此起 禹湯文武成王周公 由此其選也 此六君子者 未有不謹於禮 者也 以著其義 以考其信 著有過 刑仁講讓 示民有常 如有不由此者 在執者去 衆 以爲殃 是謂小康.《예기》〈예운〉.

32 故聖人參於天地 並於鬼神 以治政也 處其所存 禮之序也 玩其所樂 民之治也 故天生時而 地生財 人其父生而師教之 四者 君以正用之 故君者立於無過之地也 故君所明也 非明 人者也君者所養也 非養人者也君者所事也 非事人者也 故君明人則有過 養人則不足 事 人則失位 故百姓則君以自治也 養君以自安也 事君以自顯也 故禮達而分定 人皆愛其死而 患其生 時用人之知去其詐 用人之勇去其怒 用人之仁去其貪 故國有患 君死社稷謂之義 大夫死宗廟謂之變 故聖人耐以天下爲一家 以中國爲一人者 非意之也 必知其情 辟於其義 明於其利 達於其患 然後能爲之.《예기》〈예운〉.

33 是故 禮者君之大柄也 所以別嫌明微 儐鬼神 考制度 別仁義 所以治政安君也 故政不正 則君位危君位危 則大臣倍小臣刑肅而俗敝則法無常 法無常 而禮無列 禮無列 則士不事 也刑肅而俗敝 則民弗歸也 是謂疵國 ⋯ 故治國不以禮 猶無耜而耕也 爲禮不本於義 猶耕 而弗種也 爲義而不講之以學 猶種而弗耨也 講之於學而不合之以仁 猶耨而弗獲也 合之 以仁而不安之以樂 猶獲而弗食也 安之以樂而不達於順 猶食而弗肥也.《예기》〈예운〉.

34 선생님께서 말씀하셨다. "억지로 다스리지 않고도 잘 다스린 사람은 순임금이리라. 대 체 어떻게 하셨는가? 스스로 공손하고 바르게 임금의 자리를 지켰을 따름이다."[子曰 無爲而治者 其舜也與 夫何爲哉 恭己正南面而已矣]《논어》〈위령공〉 4장.

35 《논어》〈위정〉1장.

36 오규 소라이荻生徂徠, 《논어징論語徵》, 함현찬·임옥균·임태홍 옮김, 이기동 감수(소명출판, 2011). 오규 소라이는 일본 에도 중기의 유학자이다.

37 《논어》〈위정〉1장.

38 《논어》〈안연〉17장.

39 《노자》57장.

40 시라카와 시즈카, 《공자전》, 106~113쪽에서 발췌·인용.

41 사마천은 공자가 낙양에서 노담을 만났다고 하는데, 《장자》〈천운天運〉에는 공자가 51세 때 남쪽 패 땅에서 노담을 만난 이야기가 전하고 있다. 이에 대해 대만 학자 엄령봉嚴靈峰은 공자가 낙양에 갔을 때는 노담을 직접 만나지 못했으며, 두 사람이 실제로 만난 것은 공자가 59세 때 남쪽 패 땅에서였다고 주장한다. 김용옥, 《노자철학 이것이다》. 이 책은 두 가지 설을 모두 받아들여 이야기를 구성했다. 즉 공자가 46세 때 낙양에서 노담을 만난 뒤, 13년 후 열국을 주유할 때 다시 노담을 만난 것으로 본다.

42 《사기》〈노자·한비열전〉.

43 《시경》〈위풍衛風〉'고반考槃'. 원문의 '고考'는 '이루다'를 뜻하고, 반槃은 '머뭇거려 멀리 떠나지 않는 모양'을 뜻하니, '은거할 집을 이루다'는 의미다. 여기서는 화자의 감정을 전달하고자 '즐거워라'로 의역했다.

2부 노담, 그 잊힌 이야기

1 谷神不死 是謂玄牝 玄牝之門 是謂天地根 綿綿若存 用之不勤. 《노자》6장 전문.

2 道常無爲而無不爲 侯王若能守之 萬物將自化 化而欲作 吾將鎭之以無名之樸 無名之樸 夫亦將無欲 不欲以靜 天下將自定. 《노자》37장 전문.

3 天下莫柔弱於水 而功堅强者莫之能勝 以其無以易之 弱之勝强 柔之勝剛 天下莫不知 莫能行 是以聖人云 受國之垢 是謂社稷主 受國不祥 是謂天下王 正言若反. 《노자》78장 전문. 본문에서는 고딕체로 강조 처리된 부분만 인용했다.

4 夫佳兵者 不祥之器 物或惡之 故有道者不處 君子居則貴左 用兵則貴右 兵者不祥之器 非君子之器 不得已而用之 恬淡爲上 勝而不美 而美之者 是樂殺人 夫樂殺人者 則不可得志於天下矣 吉事尙左 凶事尙右 偏將軍居左 上將軍居右 言以喪禮處之 殺人之衆 以哀悲泣之 戰勝 以喪禮處之. 《노자》31장 전문. 부분 인용.

5   道生一 一生二 二生三 三生萬物 萬物負陰而抱陽 沖氣以爲和 人之所惡 唯孤 寡 不穀 而
    王公以爲稱 故物 或損之而益 或益之而損 人之所教 我亦教之 强梁者不得其死 吾將 以爲敎
    父.《노자》 42장 전문. 부분 인용.

6   《춘추좌씨전》 소공 22년.

7   서왕 세력의 초나라 이동은 고대 중국 문화사의 일대 사건으로 양자강 이남 지역이 중국
    문명에 동화되는 데 크게 기여한 것으로 평가되고 있다. 김학주,《공자의 생애와 사상》.

8   《춘추좌씨전》 소공 26년.

9   絶學無憂 唯之與阿 相去幾何 善之與惡 相去若何 人之所畏 不可不畏 荒兮 其未央哉 衆
    人熙熙 如享太牢 如春登臺 我獨泊兮 其未兆 如嬰兒之未孩 沌沌兮 若無所歸 衆人皆有
    餘 而我獨若遺 我愚人之心也哉 沌沌兮 俗人昭昭 我獨昏昏 俗人察察 我獨悶悶 澹兮其
    若海 飂兮若無止 衆人皆有以 而我獨頑似鄙 我獨異於人 而貴食母.《노자》 20장 전문.
    본문에서는 이야기 전개상 내용의 앞뒤를 바꾸었다.

10 寵辱若驚 貴大患若身 何謂寵辱若驚 寵爲下 得之若驚 失之若驚 是謂寵辱若驚 何謂貴大患
    若身 吾所以有大患者 爲吾有身 及吾無身 吾有何患 故貴以身爲天下 若可寄天下 愛以身爲
    天下 若可托天下.《노자》 13장 전문. 부분 인용.

11 《장자》〈천운〉.

12 증자가 물었다. "장례에 있어서 발인하여 길에 이르렀을 때에 일식이 있으면 무언가
    별다른 조치를 취합니까? 아니면 어떤 조치도 안 합니까?" 공자가 말씀하셨다. "옛날
    에 내가 노담을 따라 항당에서 남의 장사를 돕고 있었는데 도중에 일식이 일어났다. 노
    담이 말하였다. '구야, 영구를 멈추어 길 오른쪽에 놓고 곡은 하지 말아라. 그리고 일식
    이 끝나기를 기다리게 하여라'라고 하였다. 일광이 회복된 뒤에 행진하며, '이렇게 하
    는 것이 예이다'라고 노담이 말했다. 장사를 치르고 돌아와서 내가 노담에게 물었다.
    '대체로 영구는 한 번 나가면 돌아오지 않는 것으로 빨리 묘지로 가는 것이 좋을 것이
    고, 일식은 언제 끝날지 모르는 것이므로 기다리는 것보다 전진하는 것이 옳지 않습니
    까?' 노담이 말하였다. '… 별을 보고 가는 자는 오직 죄인이거나 부모의 상에 분상奔喪
    하는 자뿐인 것이다. 일식이 있으니, 어찌 별을 보지 않을 것을 알 수 있겠는가. 또 군자
    는 예를 행하는데 있어서 남의 어버이로 하여금 위망의 근심에 빠지게 하지 않는다'라
    고 하였다. 나는 이와 같이 노담에게 배웠다." [曾子問曰 葬引 至于壙 日有食之 則有變
    乎 且不乎 孔子曰 昔者 吾從老聃 助葬於巷黨 及壙 日有食之 老聃曰 丘 止柩就道右 止哭
    而聽變 旣明反 而后行 曰 禮也 反葬而丘問之曰 夫柩 不可而反者也 日有食之 不知其已

之遲數 則豈如行哉 老聃曰… 見星而行者 有罪人與奔父母之喪者乎 日有食之 安知其不
見星也 且君子行禮 不以人之親 痁患 吾聞諸老聃云]《예기》〈증자문〉, 이상옥 옮김(명
문당, 1993).

13 춘추전국시대 정나라의 정치가 자산子産이 한 말이다. 공자는 서른 살 정도 위였던 자
산을 존경하고 그의 정치사상을 흡수했다.

14 《논어》〈위령공〉 28장, 1부 1장 주 63 참조.

15 《사기》〈공자세가〉에서 인용·각색.

16 使我介然有知 行於大道 唯施是畏 大道甚夷 而民好徑 朝甚除 田甚蕪 倉甚虛 服文綵 帶
利劍 厭飮食 財貨有餘 是謂盜夸 非道也哉.《노자》53장 전문.

17 《장자》〈천하天下〉.

18 절성기지絕聖棄知는《노자》19장의 처음에 나온다. 전문은 다음과 같다. 성을 끊고 지
혜를 버리면 백성의 이익이 백배가 된다. 인을 끊고 의를 버리면 백성이 효도와 사랑으
로 돌아간다. 기교를 끊고 이익을 버리면 도적이 없어질 것이다. 이 세 가지는 인위로
교화하려는 것만으로는 부족하다. 그러므로 백성들이 따를 수 있는 근본이 있어야 한
다. 소박함으로 중심을 삼아 사심을 적게 하고 욕심을 줄이도록 교화하는 것이다. [絕
聖棄知 民利百倍 絕仁棄義 民復孝慈 絕巧棄利 盜賊無有 此三者 以爲文 不足 故令有所
屬 見素抱樸 少私寡欲]

19 《장자》〈천하〉에서 부분 인용했다. 원문은 다음과 같다. 근본을 정채로 삼고, 사물의
겉은 하찮게 여긴다. 쌓아서 가지는 것을 족하다 여기지 않고, 담담하게 홀로 신명과
더불어 머문다. 옛날의 도는 대개 이와 같은 경지에 있다. [以本爲精 以物爲粗 以有積
爲不足 澹然獨與神明居 占之道術 有在於是者]

20 持而盈之 不如其已 揣而梲之 不可長保 金玉滿堂 莫之能守 富貴而驕 自遺其咎 功遂身
退 天之道.《노자》9장 전문.

21 道沖 而用之或不盈 淵兮似萬物之宗 挫其銳 解其紛 和其光 同其塵 湛兮似或存 吾不知
誰之子 象帝之先.《노자》4장 전문.

22 고대 초나라 도가사상의 연원이 되는 육웅鬻熊은 초의 선조로 90세에 도를 깨닫고 주
나라의 사師가 되었다고 한다. 펑유란,《중국철학사》, 상권 282쪽.

23 知人者智 自知者明 勝人者有力 自勝者强 知足者富 强行者有志 不失其所者久 死而不亡
者壽.《노자》33장 전문.

24 知其雄 守其雌 爲天下谿 爲天下谿 常德不離 復歸於嬰兒 知其白 守其黑 爲天下式 爲天下

式 常德不惑 復歸於無極 知其榮 守其辱 爲天下谷 爲天下谷 常德乃足 復歸於樸 樸散則爲
器 聖人用之 則爲官長 故大制不割.《노자》28장 전문. 본문 인용.

25 《장자》〈천하〉.

26 屈原旣放 游於江潭 行吟澤畔 顔色憔悴 形容枯槁 漁父見而問之曰 子非三閭大夫與 何故
    至於斯 屈原曰 擧世皆濁我獨淸 衆人皆醉我獨醒 是以見放 漁父曰 聖人不凝滯於物 而
    能與世推移 世人皆濁 何不掘其泥 而揚其波 衆人皆醉 何不餔其糟 而歠其醨 何故深思高
    擧 自令放爲 屈原曰 吾聞之 新沐者必彈冠 新浴者必振衣 安能以身之察察 受物之汶汶者
    乎 寧赴湘流 葬江魚之腹中 安能以皓皓之白 而蒙世俗之塵埃乎 漁父莞爾而笑 鼓枻而去
    乃歌曰 滄浪之水淸兮 可以濯吾纓 滄浪之水濁兮 可以濯吾足 遂去不復與言.《초사楚辭》
    〈어부漁父〉 전문.

사마천의 〈공자세가〉

공자는 노나라 창평향 추읍에서 태어났다. 그 선조는 송나라 사람으로 공방숙孔方叔이라 하였다. 방숙은 백하伯夏를 낳고, 백하는 숙량홀을 낳았다. 홀은 안씨 집 여인과 야합하여 공자를 낳았다. 니구산에 기도하여 공자를 얻었다. 노나라 양공 22년이 공자가 태어난 해이다. 태어나면서 정수리가 오목했다. 이 때문에 이름을 구丘라 하였다. 자는 중니이며 성은 공씨이다.

공자가 태어난 뒤 얼마 후 숙량홀이 죽었다. 방산에 장례 지냈는데, 방산은 노나라 동쪽에 있다. 이 때문에 공자는 아버지이 묘가 어디인지 몰랐으나 어머니는 알려주기를 꺼려하였다. 공자는 어렸을 때 소꿉놀이를 하면 언제나 제기를 늘어놓고 예식 흉내를 내며 놀았다. 공자의 어머니가 죽자 오보 거리에 빈소가 차려졌다. 그것은 나중에 (제대로 묻을 자리를 정할 때를) 대비하여 삼간 것이었다. 추읍 사람 가운데 한 상여꾼의 어머니가 공자에게 아버지 무덤이 있는 곳을 알려주니, 공자는 비로소 방 땅에 아버지와 어머니를 합장하였다.

공자가 상중일 때 계평자가 선비를 초대하여 향응을 베풀고자 하였다. 공자가 초대를 받고 갔다. 양호가 막으며 말했다. "계손이 사士를 초대한 것이지, 감히 너 같은 자를 대접하려는 게 아니다." 공자가 이 때문에 참석하지 못했다.

공자 열일곱 살 때의 일이다. 노나라 대부 맹희자가 병으로 죽게 되었다.

후계자인 아들 맹의자에게 훈계하여 말했다. "공구는 성인의 후예이다. (조상은) 송나라에서 집안이 망했다. 할아버지는 불보하弗父何이다. 본래 송나라를 계승할 사람이었는데 (아우) 여공厲公에게 왕위를 양보했다. (증손인) 정고보正考父 대에 이르러 대공戴公, 무공武公, 선공宣公 3대를 보좌했다. 삼명三命을 받고(상경이 되고) 더욱 공손했다. 그러므로 그의 사당 솥에는 이런 말이 새겨져 있다. '첫번째 명을 받으니 허리를 굽히고, 두 번째 명을 받으니 몸을 조아리고, 세 번째 명은 큰 절을 하고 받았다. 길을 갈 때는 길 가운데가 아니라 담장에 붙어 잰걸음으로 다녀서 남들이 감히 나를 경멸하지 않게 하였다. 죽을 끓이고 미음을 끓여 입에 풀칠하듯이 청렴하게 살았다.[一命而僂 再命而傴 三命而俯 循牆而走 亦莫敢余侮 饘於是 粥於是 以餬余口]' 그 공손함이 이와 같았다. 내가 듣기를, 성인의 후예는 비록 높은 지위에 이르지 못해도 반드시 사리에 밝은 자라 하였다. 지금 공구는 나이가 젊어도 예를 좋아하니 반드시 통달함이 있을 것이다. 나는 곧 죽을 것이다. 너는 반드시 그를 스승으로 삼도록 하여라." 그리고 맹희자가 죽었다. 맹의자와 동생 남궁경숙이 공자에게 가서 예를 배웠다. 이 해에 계무자가 죽고 계평자가 계손의 자리를 물려받았다.

공자는 가난하고 신분이 낮았다. 성장하자 계씨의 창고지기가 되었는데 그 양을 재는 것이 공평했다. 또 목장지기가 되었는데 기르는 가축들이 잘 번식하였다. 이로 말미암아 (훗날) 사공이 되었다. 일찍이 노나라에서 쫓겨나고 제나라에서 배척받았다. 송과 위나라에서 쫓겨나고 진나라와 채나라 사이에서 곤궁을 당하자 이에 노나라로 돌아왔다. 공자는 키가 9척 6촌으로 커서 사람들이 모두 '키다리'라고 부르며 기이하게 여겼다. 노나라에서 다시 잘 대우하였기에 노나라에 되돌아온 것이다.

노나라 남궁경숙이 노나라 군주에게 말하였다. "청컨대 공자와 함께 주나라 낙양에 가게 해주십시오." 노나라 임금이 허락하면서 수레 한 대와 말 두

필, 시동 한 명을 주었다. 두 사람은 함께 주나라에 가서 예를 물었다. 그때 노자를 만났다고 한다. 대화를 마치고 공자가 돌아갈 때에 노자가 작별하며 말하였다. "나는 부귀한 자는 재물로 전송하고, 어진 자는 말로써 전송한다고 하는 말을 들은 적이 있습니다. 나는 부귀한 사람은 아닙니다. 그래서 어진 사람의 이름을 잠깐 빌려 말로써 그대를 전송하고자 합니다. 귀 밝고 눈 밝아 깊이 살필수록 죽음에 가까워집니다. 다른 사람을 비평하기를 좋아하고 지식과 능변이 넓고 뛰어날수록 그 자신을 위태롭게 만드니, 다른 사람의 잘못을 들춰내게 되기 때문입니다. 다른 사람의 자식 된 자는 자기를 함부로 해서는 안 되며, 신하 된 몸으로 자기를 내세워서는 안됩니다." 공자가 주나라에서 노나라로 돌아오니, 제자들이 점점 더 늘어났다.

이때 진晉나라 평공平公은 음탕하고 육경들은 마음대로 권력을 휘두르며 동쪽의 여러 제후들을 공격했다. 초나라 영왕은 군대가 강성하여 중국을 우습게 여겼다. 제나라는 대국으로 노나라와 가까이 있었다. 노나라는 약소국으로, 초나라에 붙으면 진나라가 노하고 진나라에 붙으면 초나라가 쳐들어왔고, 제나라를 방비하지 않으면 제나라 군대가 진나라를 침략했다.

노 소공 20년, 공자가 서른 살 때일 것이다. 제 경공이 안영과 함께 노나라를 방문하였는데, 경공이 공자에게 물었다. "옛날에 진秦나라 목공穆公이 나라가 작고 지역이 외졌음에도 패업을 이룬 것은 무엇 때문이오?" 공자가 대답했다. "진나라는 비록 작아도 뜻이 컸고, 지역이 가난하고 외졌음에도 정치를 정도에 맞게 하였습니다. 몸소 오고五羖를 등용하여 대부의 작위를 주었습니다. 오랏줄에 묶인 몸을 풀어 일으켜 세워 더불어 사흘 동안 이야기를 나누어본 뒤 그에게 정치를 맡겼습니다.(현인 백리혜百里傒는 우나라 대부였으나 진晉 헌공에게 포로로 잡혔다가 진秦 목공에게 시집보내는 딸의 시종으로 보내졌다. 백리혜는 도망쳤다가 초나라 변방에서 잡히고 마는데, 그의 인물됨을 들은 목공은 기지를 발휘해 그를 구해 오고대부로 삼았다.) 이로써 그를 얻어 가히 왕 노릇도 할 수 있었으니, 패업을 이룬 것은 작은 일입니다." 경공이 이를 듣고 기뻐하였다.

공자 나이 서른다섯 되던 해에 계평자와 후소백이 닭싸움을 한 일로 노 소공에게 죄를 얻었다. 소공이 군사를 이끌고 평자를 쳤다. 이에 평자와 맹씨, 숙손씨 삼가가 함께 소공을 공격했다. 소공의 군사가 패하자 소공이 제나라로 달아났다. 제나라는 소공을 간후에 머물게 했다. 그 후 얼마 지나지 않아 노나라가 어지러워지므로 공자가 제나라로 갔다. 공자는 제나라 대신 고소자의 가신이 되어 경공과 통하여 벼슬을 얻고자 하였다. 제나라 태사와 음악을 논하였다. 소음악을 듣고 배우는 석 달 동안 고기 맛을 잊을 정도로 심취하였다고 제나라 사람들이 칭찬했다.

경공이 공자에게 정치에 대해 물으니 공자가 말하였다. "임금은 임금답고, 신하는 신하답고, 아버지는 아버지답고, 자식은 자식다운 것입니다." 경공이 말했다. "좋구려! 진실로 임금이 임금답지 못하고, 신하가 신하답지 못하고, 아버지가 아버지답지 못하고, 자식이 자식답지 못하다면, 비록 곡식이 있을지라도, 내가 어찌 이를 얻어서 먹을 수 있으리오?" 다른 날에 또다시 정치에 대해 공자에게 묻자, 공자가 말하였다. "정치의 요체는 재정을 절약하는 데 있습니다." 경공이 기뻐하여 공자에게 니계의 땅을 주어 대부에 봉하고자 하였다. 그러나 안영이 나서서 말했다. "무릇 유자는 말재주나 부리는 자들로서 그들의 말은 모범으로 삼을 만한 것이 못 됩니다. 교만하여 제 주장에서 벗어나지 못하니 아랫사람으로 부리기 어렵습니다. 상례를 받들어 슬픔을 표시하느라 파산할 정도로 장례를 후하게 치르니, 일반 백성의 풍속으로 삼을 수 없습니다. 유세를 다니며 대가를 구걸하니, 나라를 다스리는 일을 맡길 수도 없습니다. 문왕과 무왕, 주공 같은 대현이 사라지고 주 왕실도 쇠락하여 예악이 무너진 지 오래입니다. 지금은 공자가 겉치레를 요란히 꾸미고 제대를 오르내리는 예禮와 걷고 행동하는 절節을 번잡하게 하고 있습니다. 유자의 학문은 오랜 세월이 지나는 동안 거의 끊어져 다 규명하기 어렵고, 또 평생을 배워도 다 배울 수가 없습니다. 임금께서 공자 같은 유자를 기용하여 제나라 풍속을 바꾸려 하심은 군주로서 백성들에게 하실 바가 못 됩니다." 나중에 경공은 공자를 만날 때 경의를 표하였지만, 예에 대해서는 더 이상 묻지 않았다. 다른 날에 경공이 공자를 불러 머물게 하며 "계씨에 준하는 봉록으로 그대를 대우하기 어렵다. 계씨와 맹씨 중간 정도로 대우하겠다"고 하였다. 제나라 대부가 공자를 해치려 하였고 공자도 이 소문을 듣게 되었다. 경공이 말하기를, "나는 늙어서 그대를 등용할 수 없다"고 하였다. 공자는 마침내 제나라를 떠나 노나라로 돌아왔다.

공자 나이 마흔두 살일 때, 노 소공이 간후에서 죽고 정공이 즉위했다. 징공 5년 여름에 계평자가 죽고 계환자가 뒤를 이었다. 계환자가 우물을 파다가 흙으로 빚은 장군을 얻었다. 장군 안에는 양羊 비슷한 것이 들어 있었다. 공자에게 "개를 얻었다"고 말하니, 공자가 말하였다. "제가 들은 바로는 양일 것입니다. 목식의 괴물이라넌 기夔와 망량罔閬일 것이고, 물의 괴물이라면 용과 망상罔象, 땅의 괴물이라면 분양墳羊일 것입니다."

오나라가 월나라를 공격하여 회계의 성을 칠 때 뼈를 주웠는데 그 뼈마디가 수레 하나를 다 채울 정도였다. 오나라가 사자를 보내 공자에게 물었다. "뼈 중에 무엇이 가장 큽니까?" 공자가 말하였다. "우임금이 회계산에 여러 신을 불러모았을 때, 방풍씨防風氏가 늦게 왔습니다. 우임금이 노하여 방풍씨를 죽였는데 그 뼈가 수레를 다 차지하였습니다. 이것이 가장 큰 것입니다." 오나라 사자가 물었다. "무엇을 신神이라 합니까?" 공자가 말했다. "산천의 영

靈은 구름과 비를 움직여 족히 천하를 이롭게 하며 그것을 지키는 것이 신입니다. 토지의 신[社]과 곡식의 신[稷]을 지키는 것은 공후公侯이니 모두 다 왕자王者에 속합니다." "방풍씨는 무엇을 지키는 신입니까?" "왕망씨汪罔氏의 임금으로 봉산과 우산을 지키는 신이며 성은 희釐입니다. 우·하·상 시대에는 왕망이라 하고, 주나라 때는 장적長翟이라 했으며, 지금은 대인大人이라 합니다." "그 사람들의 키가 얼마나 됩니까?" "초요씨僬僥氏는 3척으로 그가 가장 작습니다. 큰 자도 10척을 넘지 않으니 이것이 한도입니다." 이에 사자가 감탄했다. "정말 대단하다! 성인이로세!"

계환자가 총애하는 가신 중에 중량회仲梁懷가 있었는데 양호와 사이가 나빠졌다. 양호가 중량회를 내쫓으려 하였으나, 다른 가신 공산불뉴(공산불요)가 제지했다. 그해 가을, 중량회가 더욱 교만하게 군다는 이유로 양호가 중량회를 체포하자 계환자가 노하였다. 양호는 계환자마저 가둔 뒤, 자신과 더불어 다스릴 것을 맹약시키고서야 풀어줬다. 이에 양호는 계씨를 더욱 우습게 알았다. 계씨 또한 공실을 참월하고 있었으니 노나라 국정은 사실상 배신들이 장악했다. 이에 노나라는 대부에서 아래까지 모두 (서로를) 참월하니 정치가 정도에서 벗어났다. 이에 공자는 출사하지 않고 물러나《시詩》《서書》《예禮》《악樂》을 정리했다. 제자들은 점점 많아져서 멀리서 찾아와 배우지 않는 자가 없었다.

정공 8년 공산불뉴가 계씨와 뜻이 맞지 않자, 양호의 지원을 받아 반란을 일으켰다. 이들은 삼환의 적자를 폐하고 양호와 친한 서자를 세우고자 하였다. 이들은 계환자를 붙잡는 데 성공했으나 계환자는 양호를 속이고 탈출했다. 정공 9년 양호는 결국 반란에 실패하여 제나라로 달아났다. 이때 공자 나이 쉰이었다.

공산불뉴가 비읍에서 계씨에게 반기를 들었을 때 몰래 사람을 보내 공자를 자기 진영에 끌어들이고자 했다. 공자는 오랫동안 도를 추구하여 충분히 도를 펼 만한 경륜인데도 시도해볼 곳이 없었고, 자신을 기용해주는 사람도 없었다. 그래서 말하기를, "주나라 문왕과 무왕은 사방 100리의 작은 풍과 호 땅에서 왕업을 일으켰다. 지금 비읍이 비록 작으나, 어쩌면 새 도를 행할 수 있지 않을까!" 하고 공산씨에게 가려고 하였다. 자로가 기뻐하지 않고 공자를 말렸다. 이에 공자가 말했다. "무릇 나를 부르는 자가 하릴없이 그리하겠느냐? 나를 써주는 자가 있다면, 그 땅에 동쪽의 주나라를 세우리라!" 그러나 결국 가지는 않았다.

그 후 정공이 공자를 중도의 재로 삼았다. 일 년 만에 사방의 읍들이 모두 공자의 법도를 따랐다. 공자는 중도재를 거쳐 사공이 되었고, 사공 다음에는 대사구가 되었다.

정공 10년 봄 노나라가 제나라와 화평하게 되었다. 여름에 제나라 대부 여서犁鉏가 제 경공에게 말했다. "노나라가 공구를 등용하였으니 그 세가 우리 제나라를 위협할 수 있습니다." 이에 사자를 보내 노나라에게 우호를 요청하여 두 나라가 협곡에서 회합하게 되었다. 노 정공은 곧 수레에 올라 기쁘게 가려 했다. 이 일을 돕게 된 공자가 말하였다. "신이 듣기로 문사文事에는 반드시 무비武備가 필요하고, 무사에는 반드시 문비가 필요합니다. 옛날에 제후가 강역 밖으로 나갈 때는 반드시 문무의 관리를 뒤따르게 하였습니다. 청컨대 좌우 사마를 거느리고 가십시오." 정공이 허락하고 좌우에 사마를 거느리고 갔다. 정공이 제나라 임금과 협곡에서 만나 회맹할 제단을 쌓았는데, 흙 계단을 3단으로 쌓고 예법에 따라 상견례를 하였다. 서로 읍양하고 단에 올라 술잔을 주고받는 예를 마쳤다. 이때 제나라 관리가 잰걸음으로 나와 말했다. "사방의 음악을 연주하고자 합니다." 경공이 허락하자, 정모(큰 깃발)와 우불(새의 깃털로 장식한 깃발), 창과 칼, 방패를 흔들고 요란하게 북을 치며 입장했다. 이를 본 공자가 재빨리 앞으로 나와 계단을 한 발씩 차례로 밟고 올라가 마지막 계단 아래에 이르러 긴 소매를 쳐들며 말하였다. "우리 두 임금께서 우호하는 자리에 어떻게 이적의 음악을 연주할 수 있단 말입니까! 청컨대 관리에게 명하시어 물러가게 하십시오." 제나라 관리가 황급히 제지했으나 공자는 물러서지 않았다. 이에 좌우의 신하들이 경공과 안자의 눈치를 살폈다. 경공은 내심 부끄러워 손짓으로 물러가게 하였다. 잠시 후에 제나라 관리가 다시 잰걸음으로 나와 궁중음악 연주를 청하자 경공이 이를 허락했다. 광대들과 난쟁이들이 재주를 부리며 앞으로 나왔다. 공자가 재빨리 앞으로 나아가 다시 한 걸음씩 계단을 밟고 올라가 마지막 계단 아래에 서서 말했다. "필부로써 제후를 현혹하면 그 죄가 죽음에 해당합니다! 청컨대 관리에게 명하시어 처결토록 하십시오!" 이에 관리가 형벌을 가하지 않을 수 없게 되니, 그들의 팔다리가 따로 놓이게 되었다. 이를 본 경공은 두려워 마음이 동요했고, 공자의 도의에 미치지 못함을 깨달았다. 제나라로 돌아온 경공은 신하들을 모아놓고 대노하며 말했다. "노나라는 군자의 도리로 군주를 보필하는데 그대들은 오로지 이적의 도리로 과인을 가르치니 과인이 노후魯侯에게 죄를 짓게 되었다! 어찌하면 좋겠는가?" 한 관리가 나와서 말했다. "군자는 잘못이 있으면 물증으로 사과하고, 소인은 빈말로써 사과하려 합니다. 임금께서 정 마음이 불편하시다면, 군자답게 물질로 사과하시면 됩니다." 이에 제나라 임금은 노나라에서 빼앗은 운, 민양, 구음 세 땅을 사과의 뜻으로 돌려주었다.

정공 13년 여름 공자가 정공에게 말하였다. "신하는 무기와 군사를 비축할 수 없고, 대부는 성이 100치가 넘어서는 안 됩니다." 이에 중유를 계씨의 재가 되게 하여 삼도를 허물려고 하였다. 이에 숙손씨가 먼저 후읍의 성을 허물었고, 계씨가 이어 비읍의 성을 허물려고 하였다. 그러나 (비읍을 점거 중인) 공산불뉴와 숙손첩이 비읍 사람들을 이끌고 노나라 곡부를 습격하였다. 정공과 삼환의 세 수장은 계씨의 사저로 가 무자대에 피신했다. 비읍 사람들이 곡부를 공격하다가 정공이 피신한 무자대에 이르렀다. 공자가 신구수申句須, 악기樂頎에게 명해 이들을 물리치도록 하자 비읍 사람들이 달아났다. 곡부 사람들이 이들을 추격하여 고멸성에서 패퇴시켰다. 공산불뉴와 숙손첩은 제나라로 달아났고, 마침내 비읍의 성이 파괴됐다. 이어서 맹손씨의 성읍 성을 허물려고 하자, 성읍의 대부 공렴처보가 맹손에게 말했다. "성읍의 성을 허물면 제나라 사람들이 반드시 곡부의 북문까지 들어올 것입니다. 성읍은 우리 맹씨의 보루, 성읍이 없으면 맹씨도 없습니다. 나는 결코 허물 수 없습니다." 12월에 노 정공이 성읍을 포위했으나, 성을 접수하지 못했다.

정공 14년 공자가 56세의 나이로 대사구가 되어 국정을 대행하게 되자 얼굴에 기쁜 빛이 돌았다. 문인들이 물었다. "저희들이 듣기에 군자는 화가 닥쳐도 무서워지지 않고, 복을 만나도 기쁜 모습을 드러내지 않는다고 하였습니다." 공자가 말했다. "그런 말이 있지. 그러나 '귀하게 되면 다른 사람 위에 겸손하게 서는 즐거움이 있다'는 말도 있지 않더냐?" 얼마 뒤 공자는 노나라 대부로 정사를 어지럽힌 소정묘少正卯를 주살했다. 정공과 더불어 국정을 돌본 지 석 달이 지나자, 양과 돼지를 파는 사람들이 값을 속이지 못했다. 남녀가 길을 다닐 때 따로 걸었으며, 길에 떨어진 물건을 줍지 않았다. 사방에서 노나라에 일 보러 오는 여행자들은 관리의 허가를 받지 않고도 각자 자기 용무를 마치고 무사히 돌아갈 수 있도록 했다.

제나라 사람들이 이를 듣고 두려워하며 말했다. "공자가 정치를 하면 노나라가 반드시 패업을 이루고, 노나라가 패권을 잡으면 가까운 제나라가 맨 먼저 병합당하고 말 것이다. 어째서 땅을 미리 땅을 조금 떼어주지 않는가." 제나라 대신 여서가 경공에게 말했다. "우선 방해공작을 해서 막아보고 그래도 안 되면 그때 가서 땅을 떼어 주어도 늦지 않습니다." 이리하여 제나라는 미녀 80인을 뽑아 각자 아름다운 옷을 입히고 강락무를 가르친 뒤 멋지게 장식한 말 120필과 함께 노나라 임금에게 선물로 보냈다. 제나라 사절단은 미녀 악대와 화려하게 장식한 마차들을 노나라 도성 남쪽 높은 문 밖에 보란 듯이 전시했다. 계환자는 신분을 감추고 가서 두 번 세 번 살펴본 뒤 그 뇌물을 받기로 마음먹었다. 계환자는 정공과 더불어 두루 나라 안을 순시한다는 핑계로 나와서는, 정작 하루 종일 미녀들과 말들을 구경하며 정사를 게을리하였다. 자로가 말했다. "선생님, 떠날 때가 되었습니다." 공자가 말했다. "임금이 곧 교제를 지낼 텐데, 만약 대부들에게 제사 지낸 고기를 내리시면 나는 남아 있는 게 낫다고 본다." 환자는 마침내 제나라 미녀 악대를 접수하고 그것을 즐기는 사흘 동안 정사를 돌보지 않았다. 또 제사를 지내고도 제육을 대부들에게 보내지도 않았다. 공자가 마침내 노나라를 떠났다. 떠나가는 길에 둔 땅에 묵었을 때, 악사 기己가 전송하며 말했다. "선생님은 죄가 없습니다." 공자가 "내가 노래를 불러도 되겠는가?" 하고 노래를 불렀다. "저 여인의 입은 독이니 달아나야만 하고 저 여인의 바람은 우리 군주와 나라가 패망하는 것이라. 아, 나는 유유자적하며 남은 세월을 보내리라." 악사 기가 돌아와 고하니 환자가 말했다. "공자는 또 무슨 말을 하더냐?" 악기가 사실대로 고하자 환자는 안타까운 듯 탄식하며 말했다. "선생은 내가 제나라 무녀를 받아들였다고 꾸짖는구나!"

공자가 마침내 위나라에 가서 자로의 처형인 안탁추顏濁鄒의 집에 머물렀다. 위나라 임금 영공이 공자에게 묻기를 "노나라에서는 녹봉을 얼마나 받았습니까?" 공자가 대답했다. "곡식 6만 두를 받았습니다." 위나라 사람이 곡식 6만 두를 주었다. 제나라에 머문 지 얼마 후에 어떤 사람이 위 영공에게 공자를 모함하여 영공이 공손여가公孫余假를 시켜 공자를 감시하게 하였다. 공자가 이때 죄를 뒤집어쓸까 두려워 머문 지 열 달 만에 위나라를 떠났다.

공자가 진陳나라로 가려고 광 땅을 지날 때였다. 안각顔刻이 수레를 몰고 있었는데 채찍을 들어 가리키며 말했다. "제가 옛날에 이곳에 올 때 저쪽에 성벽이 뚫린 곳으로 들어갔습니다." 광 사람들이 이를 듣고, 노나라 양호가 온 줄 알았다. 양호는 일찍이 광 사람들에게 포악하게 굴었다. 이리하여 광 사람들이 공자 일행을 막았는데 공자의 모습이 양호와 닮아서 일행을 구금했다. 구금된 지 닷새 만에 실종됐던 안연이 찾아왔다. 공자가 말했다. "나는 네가 죽은 줄만 알았다." 안연이 말했다. "선생님께서 계신데, 회가 어찌 감히 죽을 수 있겠습니까!" 광 사람들이 공자를 구금하고 더욱 괴롭히니 제자들이 두려워하였다. 공자가 말했다. "문왕이 이미 돌아가셨으나, 그 문명은 여기에 있지 않은가? 하늘이 이 문명을 버리려 하였다면, 뒤에 있는 내가 이 문명을 함께할 수 없을 것이다. 하늘이 이 문명을 버리지 않을진대, 광 사람들 따위가 이 문명의 계승자인 나를 어찌하겠는가!" 공자가 사람을 위나라 대신 영무자甯武子에게 보낸 연후에 그곳을 떠날 수 있었다.

공자는 광 땅을 떠난 뒤 바로 포 땅으로 가서 한 달 남짓 머물다가 다시 위나라로 돌아와 거백옥의 집에 머물렀다. 영공의 부인 중에 남자南子가 있었는데, 사람을 보내 공자에게 말했다. "우리 임금과 형제처럼 지내고 싶어 하는 군자들은 모두 먼저 우리 소군(부인을 가리킴)을 만납니다. 우리 소군께서 뵙고 싶어 하십니다." 공자는 사양했으나, 나중에 어쩔 수 없이 부인을 만나주게 되었다. 부인은 휘장 안에 있었다. 문 안으로 들어간 공자는 북쪽을 향하여 엎드려 이마를 바닥에 대고 절하였다. 부인은 휘장 안에서 답례로 두 번 절하였다. 허리에 찬 환패(바퀴모양의 둥근 옥 장식)가 찰랑찰랑 소리를 냈다. 공자가 돌아와 말했다. "나는 처음에는 만나려 하지 않았는데, 어쩔 수 없이 만나 예로써 답례했다." 자로가 기뻐하지 않았다. 공자가 하늘에 맹세하고 말했다. "내가 부정한 짓을 했다면 하늘이 나를 버릴 것이다! 하늘이 나를 버릴 것이다!" 이후 위나라에서 한 달 남짓 머물 때였다. 영공과 부인 남자가 함께 수레를 타고 환관 옹구雍渠를 참승(수레에 동승해 보좌하는 것)시켜 외출했는데, 그때 공자도 뒤에서 수레를 타고 따랐다. 그들은 거리 구경을 하며 시내를 돌아다녔다. 공자가 말했다. "나는 아직 색을 좋아하듯이 덕을 좋아하는 자를 보지 못했다." 이에 공자는 영공이 꼴 보기 싫어 위나라를 떠나 조나라로 갔다. 이해에 노 정공이 죽었다.

공자가 조나라를 떠나 송나라로 갔다. 어느 날 큰 나무 아래서 제자들과 예를 익히고 있었다. 송나라 사마환퇴司馬桓魋가 공자를 죽이려고 그 나무를 뽑았다. 공자가 피했다. 제자들이 말했다. "얼른 가십시다." 공자가 말했다. "하늘이 나에게 덕을 주셨다. 환퇴 따위가 나를 어쩌겠느냐!"

공자가 정나라에 머물 때였다. 제자들과 서로 흩어진 공자는 성곽의 동문에 혼자 서 있었다. 어떤 정나라 사람이 자공에게 말했다. "동문에 사람이 있는데, 그 이마는 요임금과 흡사하고, 그 목은 고요와 비슷하고 그 어깨는 자산을 닮았습니다. 그런데 허리 아래로는 우임금에게 세 치가 모자란 것이 꼭 풀죽은 상갓집 개 같았습니다." 자공이 이 말을 그대로 공자에게 고하였다. 공자가 흔연히 웃으며 말했다. "생김새 묘사는 영 아니지만, 상갓집 개 같다는 말은 그럴싸하구나! 그럴싸하구나!"

공자가 마침내 진陳나라에 이르러 사성정자의 집에 머물렀다. 일 년 남짓

지나서 오나라 왕 부차가 진나라를 쳐들어와 세 읍을 빼앗았다. 진晉나라 조
앙趙鞅이 위나라 도읍 조가를 쳤다. 초나라가 채나라를 포위하자 채나라가 오
나라 땅으로 옮겨갔다. 오나라가 월왕 구천을 회계에서 패배시켰다.

어느 날 매 한 마리가 진陳나라 궁정에 떨어져 죽었는데, 몸통에 싸리나무
화살이 꽂혀 있었다. 살펴보니 화살촉은 돌이었고, 화살 길이가 1척 8촌이었
다. 진 민공湣公이 사람을 시켜 공자에게 물었다. 공자가 말했다. "매가 멀리서
왔습니다. 화살은 숙신의 것입니다. 옛날에 무왕이 상나라를 멸한 뒤 주변의
여러 이민족과 교통하면서 각자 그 지방 특산물로 공물을 바치게 하여 각자
자기 직분을 잊지 않도록 했습니다. 이때에 숙신의 공물이 싸리나무화살과
돌화살촉으로 그 길이가 1척 8촌이었습니다. 선왕(주나라 무왕)께서는 그 영
덕이 멀리 미쳤음을 널리 보여주기 위해 숙신의 화살을 큰딸 대희大姬에게 주
어 우의 호공胡公과 결혼시키고 (우 호공을) 진에 봉했습니다. 같은 성씨의 제
후들에게는 진귀한 옥을 나누어 주어 친족의 도리를 다하도록 하고, 다른 성
씨의 제후들에게는 먼 나라에서 온 공물을 나누어 주어 (수 왕실에) 복종할 것
을 잊지 않도록 했습니다. 진나라에 숙신의 화살이 주어진 까닭이 이러합니
다." 진 민공이 시험 삼아 옛 창고를 찾아보니, 과연 그 화살이 있었다.

공사가 진나라에 머문 지 3년, 때마침 진晉나라와 초나라가 서로 강함을 다
투어 번갈아가며 진陳나라를 쳤다. 이어서 오나라까지 진나라를 치는 바람에
진나라는 항상 노략질을 당했다. 공자가 말했다. "돌아가자! 돌아가자! 우리
노나라 젊은이들은 뜻이 크나 어떻게 펼칠지를 모른다. 그러나 그들은 진취
적이며 또 초심을 잃지 않고 있다." 이에 공자는 진나라를 떠났다.

포 땅을 지날 때, 때마침 공숙씨가 포 땅에서 위나라에 저항하고 있었다.
포 사람들이 공자를 막아섰다. 제자들 중에 공량유公良儒라는 이가 있었는데
자기 수레 다섯 승을 내어 공자를 따르고 있었다. 그 사람이 키가 크고 똑똑

한데다 용력이 있었다. 그가 말했다. "내가 지난번에 선생님을 모시고 광 땅에서 환란을 당했는데, 오늘 또 이런 난을 만나니 아무래도 운명인가보다. 우리는 선생님과 다시 고난에 시달리느니 차라리 싸우다 죽으리라." 싸움이 매우 격렬해지자 포 사람들이 두려워서 공자에게 말하였다. "위나라로 가지 않겠다고 약속한다면 그대를 놓아드리리다." 공자가 이들과 맹약하자 공자 일행을 동문으로 나가게 하였다. 공자 일행은 마침내 위나라에 다다랐다. 자공이 물었다. "맹약을 저버려도 되는지요?" 공자가 말했다. "강요된 맹약은 신도 들어주지 않는다."

위 영공이 공자가 왔다는 소식을 듣고 기뻐하여 교외까지 영접을 나왔다. 영공이 물었다. "포를 칠 수 있을까요?" 공자가 대답했다. "칠 수 있습니다." 영공이 말했다. "우리 대부들은 안 된다고 합니다. 지금 우리 위나라에게 포 땅은 진나라와 초나라의 공격에 대비하는 요충지입니다. 이런 곳을 치는 것은 불가한 게 맞지 않나요?" 공자가 말했다. "포 땅의 남자들은 위나라를 위해 죽을 태세이고, 아녀자들도 자기들 서하의 땅을 지킬 의지가 굳셉니다. 제가 벌하고자 하는 자는 반란의 우두머리 네댓 명에 불과합니다." 영공이 말했다. "좋소이다." 그러나 영공은 포를 벌하지 않았다.

영공은 늙어서 정사에 태만해져서도 공자를 등용하지 않았다. 공자가 안타까워하며 말했다. "진실로 나를 써주는 자가 있다면, 단 일 년 안에 기강을 잡고 삼 년이면 성과를 이룰 수 있을 텐데!" 공자는 위나라를 떠났다.

필힐은 중모의 재였다. 진晉나라의 조간자가 범씨와 중항씨(조간자와 경쟁관계의 족벌들)를 공격하기 위해 중모를 치려 하였다. 필힐이 이에 대항하여 모반하고 사람을 보내 공자를 자기 진영에 끌어들이고자 했다. 공자가 가려고 하자 자로가 말했다. "제가 선생님에게 듣기로 '군자는 불선을 자행하는 자의 나라에는 들어가지 않는다'고 하였습니다. 지금 필힐은 중모에서 모반하고 있습니다. 선생님은 어째서 그런 자에게 가려고 하십니까?" 공자가 말하였다. "그런 말을 한 적이 있었지. 그러나 진실로 굳건한 것은 아무리 갈아도 닳아지지 않고, 진실로 순백한 것은 아무리 검게 물들여도 검어지지 않는다는 말도 하지 않았던가! 내 어찌 쓸모없는 조롱박이란 말인가, 어찌 먹히지 않고 매달려 있기만 하겠는가?"

공자가 경을 연주하고 있을 때였다. 망태를 메고 문 앞을 지나가던 자가 연주를 듣고 말했다. "사심이 많구나. 저 연주 소리! 소신을 지키면 그만인 것을, 나를 알아주는 이가 없으면 없는 대로 그만인 것을!"

공자가 사양자師襄子로부터 거문고를 배웠는데 열흘 동안 한 곡만을 연주하며 더 나아가지 않았다. 사양자가 말했다. "다른 곡을 배워도 될 것 같습니다만." 공자가 말했다. "저는 곡은 이미 익혔으나, 연주하는 수법은 다 깨우치지 못했습니다." 얼마 후에 사양자가 말했다. "연주법을 익혔으니 다른 곡을 배워도 될 것 같습니다." 공자가 말하였다. "저는 아직 곡의 뜻을 깨우치지 못했습니다." 얼마 후 사양사가 말했다. "곡의 뜻을 다 익히셨으니, 다른 곡을 배우십시오." 공자가 말하였다. "저는 아직 곡을 지은 사람을 알지 못하겠습니다." 얼마 후 사양자가 말했다. "당신은 고즈넉이 깊이 생각하는 사람입니다. 즐거운 마음으로 높이 바라보며 원대한 뜻을 갖고 계시군요." 공자가 말했다. "저는 작곡자가 어떤 사람인지 알 것 같습니다. 피부는 검고 키가 크며, 눈은 망양처럼 멀리 볼 수 있으니 마치 사방의 제후들을 다스리는 왕과 같습니다. 문왕이 아니라면 누가 이와 같을 수 있겠습니까!" 사양자가 자리에서 일어나 공자에게 재배하고 말했다. "저의 스승께서도 문왕이 지으신 곡조라고 말하셨습니다."

공자는 일찍이 위나라에서 등용되지 못하자, 서쪽 진나라로 가서 조간자

478

를 만나려고 하였다. 황하에 이르렀을 때 진나라 대부 두명독과 순화가 죽었다는 소식을 들었다. 공자는 황하를 바라보며 탄식했다. "아름답도다 황하여, 넓고 넓구나! 내가 저 강을 건너지 못하는 것도 다 천명인가보다!" 자공이 잰걸음으로 달려와 물었다. "지금 하신 말씀이 무슨 뜻인지요?" 공자가 대답했다. "두명독과 순화는 진나라의 어진 대부들이다. 조간자가 뜻을 얻지 못하고 있을 때 이 두 사람의 후견을 얻어 정사를 펼 수 있었다. 그런데 자신이 뜻을 얻고 나자 이 두 사람을 죽여서 정사를 펼쳤다. 내가 듣기로, 태를 갈라 어린 것을 죽이면 기린이 교외에 이르지 않고, 연못물을 말려 고기를 잡으면 교룡이 음양의 조화를 이루지 않고, 둥지를 뒤엎어 알을 깨뜨리면 봉황이 날아오지 않는다고 하였다. 왜 그러한가? 군자는 자기와 같은 무리가 다치는 것을 꺼리기 때문이다. 무릇 새와 짐승들도 오히려 불의를 피할 줄 알건만, 하물며 이 공구에 있어서랴!" 이에 공자는 추향으로 가 쉬면서 추조陬操라는 노래를 지어 두명독과 순화를 애도했다. 이후 위나라로 돌아가 거백옥의 집에 머물렀다.

어느 날 영공이 군진 치는 법을 물었다. 공자가 말했다. "조두俎豆에 관한 일(조두는 제사 그릇이니, 조두에 관한 일은 제사 지내는 일을 뜻한다)은 일찍이 들은 바 있습니다만, 군사의 일은 배우지 않았습니다." 다음 날 영공이 공자와 이야기를 나누는데 기러기가 날아가자 그것을 쳐다보며 공자의 말에 귀 기울이지 않았다. 공자가 마침내 위나라를 떠나 다시 진나라로 갔다.

여름에 위 영공이 죽고 손자 첩이 서니 이 사람이 위 출공이다. 6월에 조앙이 (망명 와 있던) 태자 괴외를 위나라 땅인 척으로 들여보냈다. 이때 조앙은 양호를 시켜 태자에게 문을 입히고, 여덟 명의 사람들에게 최질을 입혀 마치 위나라에서 영접 나온 사람처럼 꾸며서 곡을 하며 입국하여 마침내 거기서 살 수 있게 하였다.(문과 최질은 상중에 입는 상복이다) 겨울에 채나라가 주래로 천도했다(초나라를 피해 천도한 것으로, 주래는 오나라 땅이었다). 이해는 노 애공 3년으로 공자 나이 60세였다. 제나라의 지원을 받아 위나라가 척 땅을 포위했는데, 위 태자 괴외가 그곳에 있다는 사실을 알았기 때문이다.

여름에 노 환공과 희공僖公의 묘에 불이 났다. 남궁경숙이 불을 껐다. 공자가 진나라에 있으면서 이 소식을 듣고 말했다. "화재는 반드시 환공과 희공의 묘당일 것이다." 나중에 보니 과연 그러하였다.

가을에 계환자가 병이 들었는데, 연을 타고 노나라 도성을 바라보며 서글프게 탄식했다. "옛날에 이 나라는 거의 흥성할 수 있었는데, 내가 그만 공자에게 죄를 짓는 바람에 흥하지 못하고 말았다." 그는 후계자인 계강자를 돌아보고 말했다. "내가 죽으면 네가 노나라의 국상이 된다. 국상이 되거든 반드시 공자를 불러들여라." 며칠 뒤에 환자가 죽고 강자가 섰다. 장례를 마치고 나서 강자는 공자를 부르고자 하였다. 공지어公之魚가 말했다. "옛날 우리 선군(정공)께서 공자를 기용했으나 결과가 좋지 못해 다른 제후들의 웃음거리가 되었습니다. 지금 다시 그를 등용하여 또 제대로 쓰지 못한다면 또 한번 제후의 비웃음을 살 일입니다." 강자가 물었다. "그럼 누구를 부르면 좋겠소?" 공지어가 말했다. "반드시 염구를 부르십시오." 이에 사람을 보내어 염구冉求를 초빙했다. 염구가 부름에 응해 갈 때, 공자가 말하였다. "노나라가 염구를 부르는 것을 보니 작게 쓰려는 것이 아니라 장차 크게 쓰려고 그러는 것이다." 공자가 또 말하였다. "돌아가자 돌아가자! 우리 고장의 젊은이들은 뜻이 크고 진취적이다. 찬연하게 문장을 이룰 줄 안다. 그러나 아직 중정中正의 도는 모르고 있다. 내가 어떻게 다듬어주어야 할지 모르겠구나." 자공은 공자에게 돌아갈 뜻이 있음을 알아채고 노나라로 가는 염구를 전송하며 단단히 일렀다. "등용되면 곧 선생님이 초빙되도록 하시게."

염구가 떠나고 이듬해 공자는 진나라에서 채나라로 옮겨 갔다. 채 소공昭公

은 이때 오나라로 가려고 하였는데, 오나라 왕이 불렀기 때문이다. 지난날 소공은 신하들을 속이고 주래로 천도하였는데, 이번에 또 오나라로 가려 하자 대부들이 또다시 도읍을 옮길까봐 싫어하였다. 결국 공손편公孫翩이 소공을 쏘아 죽였다. 초나라가 채나라를 침공했다. 가을에 제 경공이 죽었다.

이듬해 공자는 채나라를 떠나 섭으로 갔다. 섭공이 정치에 대해 묻자 공자가 말하였다. "정치란 먼 데 있는 사람들이 살려고 오게 만들고, 가까이 있는 사람들의 마음을 얻는 데 있습니다." 다른 날에 섭공이 자로에게 공자의 됨됨이를 물었으나 자로가 대답하지 않았다. 공자가 이를 듣고 말했다. "유야, 너는 어째서 이렇게 말하지 않았느냐? 그 위인은 도를 배움에 게으르지 않고, 사람을 가르치는 일을 싫증내지 않으며, 한 번 무언가에 몰두하면 밥 먹는 것도 잊어버리고 이를 즐김에 근심조차 잊어서 자기가 늙어가는 것도 모르고 살아가는 사람이라고."

공자는 섭을 떠나 채나라로 돌아왔다. 돌아오는 도중에 장저와 걸익이 나란히 밭을 갈고 있었다. 공자는 그들이 은자라고 여기고 자로를 시켜 나루터를 알아보게 했다. 장저가 말했다. "저기 수레 고삐를 잡고 있는 이가 누구인가?" 자로가 말했다. "공구이십니다." "노나라의 공구인가?" "그렇습니다." "노의 공구라면 나루터쯤은 알고 있을 텐데." 걸익이 자로에게 말했다. "그대는 뉘시오?" "저는 중유입니다." "그대는 공구의 문도인가?" "그렇습니다만." 걸익이 말했다. "천하가 온통 어지러운 탁류 같은데, 누가 이를 바꿀 수 있단 말인가? 그대는 사람을 피하는 선비를 따르기보다는 세상을 피하는 선비를 따르는 것이 낫지 않겠는가!" 그러면서 다시 씨 뿌리기를 계속할 뿐이었다. 자로가 이들의 말을 공자에게 고하자 공자가 무연히 말하였다. "사람이 사는 세상을 버리고 짐승과 무리지어 같이 살 수는 없다. 천하에 도가 있다면 내가 구태여 바꾸려 하지 않았으리라."

어느 날 자로가 일행과 떨어져 가다가 삼태기를 멘 노인을 만났다. 자로가 말했다. "노인께서는 우리 선생님을 보셨습니까?" 노인이 말했다. "사지를 움직여 부지런히 일하지 않고, 오곡도 구분 못 하는 주제에 선생은 무슨!" 그러면서 노인은 지팡이를 꽂아놓고 계속 밭의 풀을 뽑았다. 자로가 돌아와 고하자 공자가 말했다. "은자로구나." 자로가 다시 가보았으나 노인은 이미 떠나고 없었다.

공자가 채나라로 옮기고 삼 년 되던 해에 오나라가 진나라를 쳤다. 초나라가 진나라를 구원하기 위해 출병해 성보에 주둔했다. 공자가 진나라와 채나라 사이에 있다는 소식이 알려지자 초나라가 사람을 보내 공자를 초빙했다. 공자가 초나라에 가서 답례하려 하자, 진나라와 채나라의 대부들이 모의했다. "공자는 현자다. 그의 의론은 모두 제후의 잘못을 정확하게 지적하고 있다. 지금 그는 진나라와 채나라에서 오래 머물렀는데, 그동안 여러 대부들이 꾸미고 행한 바는 모두 공자의 뜻에 맞지 않았다. 지금 초나라는 대국인데 공자를 초빙하고 있다. 공자가 초나라에 등용된다면, 진나라와 채나라 정사에 종사해온 대부들은 위험하게 될 것이다." 이에 이들은 역부들을 보내 공자를 들판에서 포위했다. 그래서 공자는 초나라로 가지 못하고 식량마저 떨어졌다. 따르는 제자들은 굶어서 병이 나 잘 일어서지도 못할 지경이었다. 그러나 공자는 평소처럼 강론을 하고 시서를 낭송하고 거문고도 타면서 조금도 모습이 흐트러지지 않았다. 자로가 화가 나서 말했다. "군자가 이처럼 곤궁할 수 있습니까!" 공자가 말하였다. "군자란 본디 궁한 자이다. 소인은 궁하면 흐트러진다." 이 말에 자공이 화가 나 얼굴색이 변했다. 공자가 말하였다. "사야, 너는 내가 많이 배우고 많이 외워서 박학하다고 여기느냐?" "그렇습니다. 아닙니까?" 공자가 말하였다. "아니다. 나는 하나로 전체를 꿰뚫을 뿐이다."

공자는 제자들의 성난 마음을 알고서 자로를 불러 물었다. "《시경》에 '외뿔소도 아니고 호랑이도 아닌데, 저 광야를 헤매네'라는 구절이 있다. 나의 도에 잘못이라도 있는가? 우리는 어째서 이런 곤경에 처하게 된 것일까?" 자로가 말했다. "생각건대 우리가 아직 인의 경지에 미치지 못해서가 아닐까요? 사람들이 우리를 믿지 않으니 말입니다. 생각건대 우리의 지혜가 모자라서가 아닌가요? 사람들이 우리를 놓아주지 않으니 말입니다." 공자가 말하였다. "그러나 유야, 이런 말도 있지 않느냐! 예를 들면 인하다고 해서 사람들이 반드시 믿어준다면 어째서 백이와 숙제가 수양산에서 굶어죽었겠는가? 지혜가 있다고 해서 반드시 실행할 수 있다면 어째서 왕자 비간처럼 심장이 도려내지는 화를 당했겠느냐?"

자로가 나가고 자공이 들어와 뵈었다. 공자가 말하였다. "사야, 《시경》에 '외뿔소도 아니고 호랑이도 아닌데, 저 광야를 헤매네'라는 구절이 있다. 나의 도에 잘못이라도 있는가? 우리는 어째서 이런 곤경에 처하게 된 것일까?" 자공이 말했다. "선생님의 도는 지극히 큽니다. 그러므로 천하가 선생님을 제대로 수용하지 못합니다. 선생님은 어째서 도를 약간 낮추지 않으십니까?" 공자가 말하였다. "사야, 훌륭한 농부가 씨를 잘 뿌렸다고 해서 반드시 수확이 좋은 것은 아니다. 훌륭한 장인이 뛰어난 솜씨를 발휘해도 반드시 쓰는 사람 마음에 든다는 보장이 없다. 군자가 능히 그 도를 닦고 기강을 세우고 이치에 통달해도, 반드시 세상에 받아들여지는 것은 아니다. 지금 너는 너의 도를 닦지 않으면서 스스로 도를 낮추면서까지 세상에 받아들여지기만을 바라고 있다. 사야, 뜻이 원대하지 못하구나!"

자공이 나가고 안회가 들어와 뵈었다. 공자가 말하였다. "회야, 《시경》에 '외뿔소도 아니고 호랑이도 아닌데, 저 광야를 헤매네'라는 구절이 있다. 나의 도에 잘못이라도 있는가? 우리는 어째서 이런 곤경에 처하게 된 것일까?" 안회가 말했다. "선생님의 도는 지극히 큽니다. 그러므로 천하가 선생님을 제대로 수용하지 못합니다. 비록 그렇기는 하나, 선생님은 선생님의 도를 끝까지 밀고 나가셔야 합니다. 받아들여지지 않는다고 해서 무슨 걱정이겠습니까? 받아들여지지 않고 나서야 군자의 참모습이 드러나는 것입니다! 무릇 도를 닦지 않음은 도를 닦는 우리의 수치요, 무릇 도가 이미 크게 닦였음에도 쓰이지 못한다면 그것은 나라를 가진 자의 수치입니다. 받아들여지지 않는다고 해서 무슨 걱정이겠습니까. 받아들여지지 않고 나서야 비로소 군자의 참모습이 드러날 것입니다!" 공자가 기뻐서 웃으며 말했다. "그렇구나, 안씨의 아들아! 그대가 큰 부자가 된다면 나는 그대의 집사가 되겠네." 이에 자공을 초나라에 보냈다. 초 소왕이 군사를 일으켜 공자를 맞이하니, 공자가 비로소 곤경에서 벗어날 수 있었다.

초 소왕이 장차 서사 땅 700리로 공자를 봉하려고 하였다. 초나라 영윤 자서가 말했다. "전하의 사신으로 제후들에게 파견할 만한 신하로 자공만한 사람이 있습니까?" 왕이 말했디. "없습니다." "전하를 보좌할 신하로 안회만한 사람이 있습니까?" "없습니다." "전하의 장수 중에 자로만한 사람이 있습니까?" "없습니다." "전하의 관리 중에 재여만한 사람이 있습니까?" "없습니다." "하물며 우리 초나라 선조께서 주나라로부터 봉해질 때 봉호는 자작, 남작, 봉지는 50리였습니다. 지금 공구가 삼황오제의 법을 말하며 주공과 소공의 덕업을 밝히고 있습니다. 전하께서 만약 그를 등용하신다면 우리 초나라가 어찌 세세토록 당당하게 수천 리의 나라를 유지해나갈 수 있겠습니까? 무릇 문왕은 풍 땅에서, 무왕은 호경에서 둘 다 불과 사방 백 리의 작은 군주에 불과했으나, 마침내는 천하의 왕이 되었습니다. 지금 공구에게 의거할 땅이 생겨서 어진 제자들의 보좌를 받는다면 이는 결코 초나라의 복이 아닙니다." 소왕이 이에 공자를 봉하려던 생각을 거두었다. 그해 가을, 초 소왕이 성보에서 죽었다.

초나라의 미친 접여가 공자 곁을 지나가며 노래를 불렀다. "봉황새야! 봉황새야! 어찌 이리 덕이 쇠했느냐? 지나간 일은 돌이킬 수 없지만, 닥칠 일은 충분히 알 수 있지 않겠나! 그만두시게! 그만두시게! 요즘 정치에 뛰어드는 것은 위험하다네!" 공자가 수레에서 내려 말하려 하자 빠른 걸음으로 피해 가버려 그와 더불어 말할 수 없었다.

이때 공자는 초나라에서 위나라로 돌아왔다. 이해 공자의 나이는 63세였으며, 때는 노 애공 6년이었다.

그 이듬해 오나라가 노나라와 증 땅에서 회합하고, 회맹에 쓸 백뢰百牢(소, 양, 돼지를 각각 100마리씩 희생으로 바치는 것)를 요구하였다. 오나라 태재 비嚭가 계강자를 부르자 강자는 자공을 보내 초나라를 설복시킨 후에야 그 일을 모면할 수 있었다.

공자가 말했다. "노나라와 위나라 정치는 형제처럼 닮았구나." 이때 위나라 임금 첩의 아버지는 즉위하지 못한 채 국외에 있었다. 이에 제후들이 위나라 임금에게 아버지에게 양위하라고 여러 차례 요구했다. 이때 공자의 여러 제자들이 위나라에서 벼슬하고 있었고, 위나라 임금도 공자에게 정치를 맡기려고 하였다. 자로가 말했다. "위나라 임금이 선생님을 모시고 정치를 하고자 하는데, 정치를 맡으면 무엇부터 먼저 하시겠습니까? 공자가 말했다. "반드시 명분을 바르게 하겠다!" 자로가 말했다. "이렇다니까요, 선생님은 너무 우원하십니다! 명분을 바로잡아서 무엇을 하시려고요?" 공자가 말하였다. "거칠구나, 유의 말이! 무릇 사물의 이름이 바르지 않으면 말이 도리에 맞지 않고, 말에 도리가 없으면 일이 이뤄지지 않는다. 일이 제대로 이뤄지지 않으면 예악이 일지 못하고, 예악이 일지 못하면 형벌이 적중하지 않는다, 형벌이 적중하지 않으면 백성들은 안심하고 손발을 둘 곳이 없어진다. 무릇 군자는 일을 하면 명분에 부합하여야 하고, 말을 했으면 반드시 실행해야 한다. 그리고 군자가 말을 할 때는 진실로 경솔함이 없어야 한다."

이듬해 염유가 계씨의 군대를 지휘해 제나라와 랑 땅에서 싸워 이겼다. 계강자가 말했다. "그대는 군사의 일을 잘하는데 누구에게 배웠는가? 아니면 타고난 것인가?" 염유가 말했다. "공자에게 배웠습니다." 계강자가 말했다. "공자는 어떤 사람인가?" 염유가 대답했다. "공자를 등용하면 그 나라의 이름을 높이고, 그 가르침과 다스림을 백성들에게 펴거나 귀신에게 물어도 유감스러운 점이 없을 겁니다. 선생님에게 정치를 구하면 이처럼 정도에 이를 것입니다. 비록 수천 사의 땅을 주어 봉해도 선생님은 사리를 취하지 않을 분입니다." 강자가 말했다. "나도 공자를 초치하고 싶은데, 되겠소?" 염유가 대답했다. "부르고 싶으시면, 신임을 주어 소인들이 방해하지 않도록 하십시오. 그러면 될 것입니다." 이때 위나라 공문자가 태숙太叔을 공격하려 하면서 공자에게 계책을 물었다. 공자는 모른다고 사양하고 물러나와 수레를 불러 떠나면서 말했다. "새는 나무를 골라 둥지를 틀 수 있지만, 나무가 어찌 새를 고르랴!" 문자가 한사코 만류하였으나 때마침 계강자가 공화公華, 공빈公賓, 공림公林 등을 내쫓고 폐백을 갖추어 공자를 맞이하려 하니, 공자가 노나라로 돌아왔다. 공자가 떠난 지 거의 14년 만에 다시 노나라에 돌아온 것이다.

노 애공이 정치에 대해 묻자 공자가 대답하였다. "정치의 요체는 신하를 잘 뽑는 데 있습니다." 계강자가 정치에 대해 물으니 대답하였다. "마음이 곧은 사람을 뽑아서 마음이 굽은 사람 위에 두면, 굽은 사람도 곧은 사람이 됩니다." 계강자가 도적이 횡행함을 걱정하자 공자가 말하였다. "진실로 그대가 탐욕하지 않는다면, 백성들은 비록 상을 준다 해도 남의 물건을 훔치지 않을

것입니다." 노나라는 끝내 공자를 등용하지 않았다. 공자 또한 벼슬을 바라지
않았다.

  공자의 시대에 주나라 왕실이 쇠미하여 예와 악이 시들고 시와 서가 흩어
져 있었다. 이에 공자는 하은주 3대의 예를 추적하고 서書의 전傳을 차례대로
정리했다. 위로는 요임금과 순임금의 시대로부터, 아래로는 진나라 목공 대
에 이르기까지 그 사적을 편찬했다. 공자가 말하였다. "하나라의 예는 그 대
강을 내가 충분히 설명할 수 있으나 기杞나라(하나라의 후예가 봉해진 나라)는
증거를 대기가 어렵다. 은나라의 예도 그 대강을 내가 충분히 설명할 수 있
지만 송나라(은나라의 후예가 봉해진 나라)에 관해서는 그 증거를 대기가 어렵
다. 만일 자료가 충분하다면 내가 충분히 그 사적을 증거할 수 있으련만." 공
자는 또 은나라와 하나라 이래의 예에서 더하고 뺀 것을 살펴본 뒤에 말하
였다. "이후로는 비록 백세가 지나더라도 예제의 변천을 알 수 있을 것이다.
은나라는 질박을 숭상했고, 주나라는 문화文華함을 숭상했다. 주나라는 하와
은 2대를 거울삼았으니 그 문화가 그토록 뛰어난 것이다. 나는 주나라를 따
르리라." 그리하여 서전書傳들과 《예기禮記》는 공자와 그 문도로부터 나오게
된 것이다.
  공자가 노나라 태사(악장)에게 말하였다. "음악의 본질은 알 수 있습니다.
연주를 시작할 때는 5음이 성대한 조화를 이루고, 연주 중에는 소리가 순수
하게 어우러지고, 또 곡조가 흐트러지지 않고 잘 이어져서 마지막에는 아름
다운 여운을 남김으로써 한 곡의 음악이 완성됩니다." "내가 위나라에서 노
나라로 돌아온 후에 비로소 음악이 바르게 연주되고, 아雅(궁중아악)와 송頌
(종묘제례악)이 제자리를 찾았습니다."

옛날에는 시가 3000여 편 있었으나 공자에 이르러 겹친 것을 빼고 예의에 맞게 시행할 수 있는 것만을 취하였다. 윗대는 설契(은나라 시조)과 후직后稷(주나라 시조)에 관한 시편들이고, 중간은 은나라와 주나라가 번성한 것을 술회하는 시편들이며, 아래로는 유왕幽王과 여왕厲王 같은 실패한 정치에 관한 시들이었다. 시작은 '임석衽席'처럼 알기 쉽고 친근한 시부터 하였다. 그러므로 "'관저關雎'가 국풍의 시작이고, '녹명鹿鳴'이 소아의 시작이며, '문왕文王'이 대아의 시작이고, '청묘淸廟'가 송의 시작이다"라고 하였다. 305편 모두에 공자가 곡을 붙여서 소韶, 무武, 아, 송의 음악 형식에 맞도록 했다. 이로부터 (완전한) 예악을 말할 수 있게 됨으로써 비로소 왕도가 갖춰지고 육예가 완성되었다.

공자는 만년에 《역》을 좋아하여, 〈단彖〉〈계繫〉〈상象〉〈설괘說卦〉〈문언文言〉 등을 정리했다. 《역》을 읽기를 좋아함에 죽간을 묶은 가죽끈이 세 번이나 끊어질 정도였다. 공자가 말하였다. "만약 하늘이 나에게 몇 년의 시간을 더 주어 내가 지금처럼 이렇게 《역》을 공부한다면, 내가 역리를 꿰뚫을 수 있으련만."

공지는 《시》《서》《예》《악》을 가지고 가르쳤는데, 제자가 대략 3000명에 이르렀다. 그중에 육예에 통달한 자가 72명이었다. 안탁추의 무리처럼 어느 정도 학업을 이룬 자는 무수히 많았다.

공자는 네 가지 덕목을 핵심적으로 가르쳤다. 문文, 행行, 충忠, 신信이 그것이다. 반대로 네 가지를 금지시켰다. '억측하지 말 것[毋意]' '독단하지 말 것[毋必]' '고집하지 말 것[毋固]' '아집에 빠지지 말 것[毋我]'이었다.

삼가는 것은 재계(제사에 앞서 근신하는 것)와 전쟁과 질병이었다. 공자는 천명과 더불어서나 인과 더불어서는 이익을 말하는 법이 거의 없었다. 가르칠 때는 배우는 사람이 발분하여 배우고자 하지 않으면 깨우쳐주지 않았고, 네 모서리 중에서 한 모서리를 들어 설명하여 배우는 자가 깨닫고 나머지 세 모서리를 물어오지 않으면 다시 되풀이해서 가르치지 않았다.

향당에 있을 때는 공손히 말도 못하는 사람처럼 처신했고, 종묘와 조정에 임할 때는 말은 조리 있고 분명하게 하였으되 매우 신중하게 했다. 조정에서 상대부들과 이야기할 때는 조신하면서도 할 말을 능히 다 하였으며, 하대부들과 이야기할 때는 언제나 화락한 태도로 대하였다.

임금이 있는 궁문에 들어갈 때는 몸을 굽혔다. 빠른 걸음으로 갈 때는 새가 날개를 펴고 날듯이 단정하고 예의 바르게 했다. 임금이 사신을 접대하라고 부르면 (소임에 맞게) 몸가짐을 바꾸었다. 임금의 부름을 받으면 마차가 대령할 때를 기다리지 못할 정도로 서둘렀다.

한물간 생선, 상한 고기, 제대로 손질하지 않은 음식은 먹지 않았다. 자리가 바르지 않으면 앉지 않았다. 상을 당한 사람 곁에서 식사를 할 때는 많이 먹지 않았다.

조문을 가서 곡을 한 날은 노래를 부르지 않았다. 자최(상복)를 입은 자나 장님을 만나게 되면 비록 어린아이라 해도 반드시 표정을 바꾸어 동정을 표시했다.

공자는 이런 말을 했다. "세 사람이 길을 가도 반드시 나의 스승이 될 사람이 있다." "덕이 닦이지 않고, 학문을 강구하지 못하고, 의를 듣고도 이행하지 못하고, 잘못을 알고도 고치지 못하는 것, 이것이 나의 근심이다." 사람들에게 노래를 시켜보아 잘 부르면, (격려하여) 다시 부르게 하고 그런 연후에는 함께 노래부르며 화답했다.

공자는 괴이함과 폭력, 문란함과 귀신 따위에 대해서는 말하지 않았다.

자공이 말했다. "선생님의 시서예악에 관한 가르침은 들은 적이 있어도, 천도天道와 성명性命에 관한 설명은 들은 적이 없었습니다." 안연이 탄식하며 말했다. "우러러볼수록 더욱 높네. 뚫을수록 더욱 단단하게 느껴지네. 앞에 있다고 여기고 있는데 어느새 뒤에 와 계시네. 우리 선생님, 차근차근 단계를 밟아 잘 이끌어주시고, 문으로 나를 넓혀주시며, 예로써 나를 절제하게 해주셨네. 학문하기 힘들어 그만두고 싶어도 (선생님을 생각하여) 그만둘 수 없게 하셨네. 가진 재주를 다 해보건만 늘 내 앞에 우뚝 서 계시니, 나도 따라가서 높이 서고자 하여도 어디서 어떻게 시작해야 할지 모르겠네." 달항達巷이라는 향당 사람이 비웃었다. "위대하도다 공자는! 박학하다면서 무엇 한 가지 제대로 명성을 이룬 게 없구나." 공자가 이 말을 듣고 말하였다. "내가 어떤 일을 전문으로 삼을까? 수레몰기? 활쏘기? 그런 식이라면 수레몰기가 좀 더 낫겠군." 제자 자뢰가 말했다. "선생님께서는 '나는 등용되지 못했기 때문에 여러 가지 기예를 배울 수 있었다'고 말씀하셨다."

노 애공 14년 봄, 대야에서 사냥이 있었다. 숙손씨의 마부 서상鉏商이 짐승을 잡았는데, 사람들이 상서롭지 않게 여겼다. 공자가 이 짐승을 보고 "기린이다"라고 하니, 사람들이 가지고 돌아왔다. 공자가 말하였다. "황하에서 용마의 그림이 다시 나오지 않고, 낙수에서 신령스러운 거북의 서가 나타나지 않으니, 나의 때도 이제 다하는가보다!" 안연이 죽자 공자가 말했다. "하늘이 나를 버리는구나!" 이어서 서쪽 들판에서 잡힌 기린을 보고 말하였다. "나의 도가 다했구나!" 그리고 탄식하며 말하였다. "나를 알아주는 이가 아무도 없구나!" 자공이 말했다. "어찌 선생님을 알아주는 이가 없다고 하십니까?" 공자가 말하였다. "하늘을 원망하지도, 사람을 탓하지도 않았다. 아래로 사람을 배워 위로 하늘에 이르고자 하였을 뿐이다. 나를 알아주는 이 하늘뿐이리라!"

공자가 말하였다. "그 뜻을 굽히지 않고, 그 몸을 욕되지 않게 한 이는 바로 백이와 숙제가 아닌가!" 또 말하기를 "류하혜와 소련은 뜻을 굽히고 몸을 욕되게 하였다." 또 말하기를 "우중과 이일은 숨어 살며 마음껏 말하고, 깨끗하게 행동하고, 적절하게 권력을 마다할 줄 알았다. 그러나 나는 이들과 다르다. 나는 가함도 없고 불가함도 없다." 공자가 말하였다. "안 된다, 안 된다. 군자는 죽은 뒤에 이름이 알려지지 않을 것을 걱정한다. 나의 도가 행해지지 않았으니, 내가 무엇으로 후세에 이름을 남기겠는가?" 이에 공자는 역사 기록에 의거하여《춘추》를 지었다. 이것은 위로는 노나라 은공隱公부터 아래로는 애공 14년까지 12공의 시대를 기술했다. 노나라 역사에 의거하여, 주나라를 종주로 삼고 은나라를 상고하였으니 하은주 3대의 도를 계승했다. 그 문사는 간략하나 가리키는 의미는 넓다. 그러므로 오나라와 초나라 임금은 스스로 왕이라 칭하였으나《춘추》는 이를 낮추어 본래 작위인 '자작'으로 불렀다. 천토에서 있었던 회맹은 실은 제후들이 천자를 부른 것인데,《춘추》에서는 이를 피하고자 "천왕天王이 하양으로 사냥을 나갔다"고 기록했다. 이런 유의 표현으로 미루어 당세를 바로잡는 기준을 알게 했다. 이같이 제후를 높이고 낮추는 의는 후대의 왕자들이 숙고하여 실행하게 하는 데 있다.《춘추》의 대의가 행해진다면 천하의 난신적자들이 두려워할 것이다.

공자는 관위에 있을 때 송사를 듣고 문장으로 작성할 경우, 함께 할 다른 관리가 있으면 결코 혼자서 하지 않았다. 그러나《춘추》를 지으실 때는 써야할 것은 반드시 쓰고, 삭제할 것은 반드시 삭제하였으니 자하 같은 (문장이 능한) 제자조차 한마디도 가감할 수 없었다. 제자들은 공자로부터《춘추》의 뜻을 전수받았다. 공자가 말하였다. "후세에 나를 알아주는 사람이 있다면《춘추》 때문일 것이며, 나를 죄주려는 사람이 있다면 그 또한《춘추》 때문일 것이다."

이듬해 자로가 위나라에서 죽었다. 공자가 발병하자, 자공이 문병을 청했다. 공자는 마침 지팡이를 짚고 문 앞을 거닐다가 말하였다. "사야, 너는 어째서 이제야 왔느냐?" 그리고 탄식하며 노래를 읊으셨다. "태산이 무너지는가! 기둥이 부러지는가! 철인이 시들고 있는가!" 그러고는 눈물을 흘렸다. 자공을 보고 말하였다. "천하에 도가 사라진 지 오래, 이제는 나를 종주로 받드는 이도 없다. 하나라 사람은 동쪽 계단에 빈소를 두고, 주나라 사람은 서쪽 계단에 두고, 은나라 사람은 두 기둥 사이에 두었다. 간밤에 나는 두 기둥 사이에 앉아서 제물을 받는 꿈을 꾸었다. 나는 은나라 사람이구나." 그 이레 뒤에 공자가 세상을 떠났다.

공자의 나이 73세였으며, 때는 노 애공 16년 4월 기축일이었다.

애공이 애도하는 글을 지어 말했다. "하늘도 무심하여 이 노인[―老]을 잠시 더 머물게 하여 이 사람이 자리를 잘 지키도록 돕게 하지 않으시는구나. 이제 노인을 떠나보내니 나 한 사람은[―人] 외롭도다. 아, 슬프다! 니보[尼父]시여! 그대가 안 계시니 내가 의지할 법도가 없도다." 자공이 말했다. "임금은 아마도 노나라에서 천명을 다하지 못할 것이다! 선생님이 말씀하시기를 '예를 잃으면 혼란해지고, 명분을 잃으면 과오를 저지른다. 뜻을 잃음은 혼란한 것이고, 정당한 자리를 잃음을 과오라고 한다'고 하셨다. 살아생전에는 중용하지 않고 죽고 나서 겨우 추도의 말을 하는 것은 예가 아니다. 또 제후의 신분으로 (천자의 자칭인) '나 한 사람'이라고 한 것[稱―人]은 실로 명분에 맞지 않는 일이다."

공자는 노나라 도성 북쪽 사수가에 묻혔다. 제자들은 모두 삼 년간 상복을 입었다. 그들은 삼 년간의 심상心喪을 마치고 서로 작별하고 헤어졌다. 헤어질 때 모두 통곡하고 각자 돌아보며 슬퍼하였다. 어떤 이는 다시 머물기도 하였는데, 오직 자공만이 무덤가에 여막을 짓고 삼 년을 더 시묘한 뒤에 돌아갔다. 제자들과 노나라 사람들이 와서 무덤가에 집을 짓고 사니 백여 가구가 되었다. 이로 인해 이곳을 '공자 마을'이라 하였다. 노나라 대대로 새해를 맞을 때마다 공자 무덤에 제사를 지냈다. 여러 유생들이 무덤가에 모여서 예를 강론하고 향음례를 행하고 활쏘기를 하였다. 공자의 무덤은 크기가 1경이나 되었다. 제자들이 기거하며 시묘하던 곳은 훗날 공자의 묘당이 되어 공자의 의관과 거문고, 수레와 서적들을 보관했는데, 한나라 대까지 이백여 년 동안 끊이지 않고 이어졌다. 한나라 고황제(한 고조 유방)가 노나라를 지나갈 때 태뢰(나라에서 제사를 지낼 때, 소를 통째로 바치던 일)로써 제사를 지냈다. 제후와 경대부, 재상 들이 이곳에 이르면 항상 먼저 공자의 무덤을 참배한 후에 정사를 시작했다.

공자는 리를 낳았는데, 자는 백어이다. 백어는 50세에 공자보다 먼저 죽었다. 백어는 급을 낳았는데, 자는 자사이다. 62세까지 살았다. 일찍이 송나라에서 어려움을 겪었다. 자사는《중용》을 지었다. 자사는 백白을 낳았는데, 자는 자상子上이다. 47세까지 살았다. 자상은 구求를 낳았는데, 자는 자가子家이다. 45세까지 살았다. 자가는 기箕를 낳았는데, 자는 자경子京이다. 46세까지 살았다. 자경은 천穿을 낳았는데, 자는 자고子高이다. 51세까지 살았다. 자고는 자신子慎을 낳았는데, 57세까지 살았다. 일찍이 위魏나라 재상을 지냈다. 자신은 부鮒를 낳았는데, 57세까지 살았다. 진陳나라 왕 섭涉의 박사를 지냈으며 진나라에서 죽었다. 부의 아우 자양子襄은 57세까지 살았다. 일찍이 효혜황제孝惠皇帝의 박사를 지냈으며 장사 태수에 천거되었다. 키가 9척 6촌이었다. 자양은 충忠을 낳았는데 57세까지 살았다. 충은 무武를 낳고, 무는 연년延年과 안국安國을 낳았다. 안국은 지금 황제(한 무제武帝)의 박사가 되었다가 임회 태수에까지 올랐으나 일찍 죽었다. 안국은 앙卬을 낳고, 앙은 환驩을 낳았다.

태사공은 말하였다.

"《시경》에 '높은 산을 우러러보며 큰 길을 걸어가네'라는 구절이 있다. 비록 그런 경지에는 이르지 못해도 마음만은 늘 그리로 향하여 간다. 나는 공씨의 서를 읽고 그 사람됨의 위대함을 상견했다. 노나라에 가서 공자의 묘당에 있는 수레와 의복과 예기를 보았으며, 여러 유생들이 그 집에서 예를 시습하는 것을 보았다. 나는 경모하는 마음에 고개를 숙인 채 배회하며 한동안 그곳을 떠나지 못했다. 천하에는 군주로부터 현인에 이르기까지 많은 인물이 있었지만, 살았을 당시에는 영화로웠으나, 죽고 나면 그것으로 모두 그만이었다. 공자는 포의의 신분으로 그 덕이 십여 대에 걸쳐 전승되고, 학자는 그를 종주로 삼고 있다. 천자, 왕후로부터 중국에서 육예를 말하는 자는 모두 선생을 표준으로 여기고 있으니, 참으로 최고의 성인이라 할 만하다."

삶의 절벽에서 만난 스승, 공자

펴낸날 초판 1쇄   2016년 4월 20일
초판 2쇄   2016년 5월 20일

지은이 이인우
펴낸이 김현태

펴낸곳 책세상
주소 서울시 종로구 경희궁길 33 내자빌딩 3층(03176)
전화 02-704-1251(영업부), 02-3273-1334(편집부)
팩스 02-719-1258
이메일 bkworld11@gmail.com
홈페이지 www.bkworld.co.kr
등록 1975. 5. 21. 제1-517호

ISBN 979-11-5931-057-7 03100

이 도서의 국립중앙도서관 출판시도서목록(CIP)은 서지정보유통지원시스템 홈페이지
(http://seoji.nl.go.kr)와 국가자료공동목록시스템(http://www.nl.go.kr/kolisnet)에서
이용하실 수 있습니다.(CIP제어번호 : CIP2016008886)